港珠澳大桥跨海集群工程建设技术总结与应用成果书系

港珠澳大桥主体工程技术协同管理与创新成果
桥梁篇

景　强　汪劲丰　高文博
段国钦　陈春雷　向华伟　编著

人民交通出版社股份有限公司
北　京

内 容 提 要

港珠澳大桥跨海桥梁工程采用“大型化、工厂化、标准化、装配化”的建设理念，本书全面阐述了大型化装配式桥梁结构设计、制造、运输和安装技术与创新工作。主要内容包括：大直径钢管复合桩的设计与施工技术、埋置式全预制墩台设计与施工技术、钢箱梁抗疲劳设计与大节段吊装施工技术、大跨组合梁设计与整孔安装技术、大型钢塔结构设计与整塔安装技术、跨海斜拉桥结构设计和安装技术、钢桥面铺装结构设计和施工工艺等。

本书可供从事桥梁工程研究、设计、施工、监理、监控等的工程技术人员，以及高等院校相关专业的教师和研究生学习参考。

图书在版编目(CIP)数据

港珠澳大桥主体工程技术协同管理与创新成果. 桥梁篇 / 景强等编著. — 北京 : 人民交通出版社股份有限公司, 2023.4

ISBN 978-7-114-18522-9

Ⅰ. ①港… Ⅱ. ①景… Ⅲ. ①跨海峡桥—桥梁工程—工程管理—创新管理—成果—汇编—中国 Ⅳ. ①U448.19

中国版本图书馆 CIP 数据核字(2022)第 258146 号

Gang-Zhu-Ao Daqiao Zhuti Gongcheng Jishu Xietong Guanli yu Chuangxin Chengguo Qiaoliang Pian

书　　名：港珠澳大桥主体工程技术协同管理与创新成果　桥梁篇

著 作 者：景　强　汪劲丰　高文博　段国钦　陈春雷　向华伟

责任编辑：侯蓓蓓　王海南　李　沛

责任校对：席少楠

责任印制：张　凯

出版发行：人民交通出版社股份有限公司

地　　址：(100011)北京市朝阳区安定门外外馆斜街 3 号

网　　址：http://www.ccpcl.com.cn

销售电话：(010)59757973

总 经 销：人民交通出版社股份有限公司发行部

经　　销：各地新华书店

印　　刷：北京市密东印刷有限公司

开　　本：787 × 1092　1/16

印　　张：24.25

字　　数：432 千

版　　次：2023 年 4 月　第 1 版

印　　次：2023 年 4 月　第 1 次印刷

书　　号：ISBN 978-7-114-18522-9

定　　价：160.00 元

港珠澳大桥跨海集群工程建设技术总结与应用成果书系

编审委员会

《港珠澳大桥主体工程技术协同管理与创新成果　桥梁篇》

编　写　组

组　　长：景　强

副组长：汪劲丰　高文博　段国钦　陈春雷　向华伟

编写人员：（排名不分先后）

王宇同　刘　洋　万珂羽　何　澜　杨松伟

曾雪芳　张鸣功　张顺善　戴希红　曹汉江

郑向前　吴清发　刘　坤　李书亮　李国红

李洁玮　夏子立　周　妮　常　林　钟勇华

朱翼翔　罗谷安　胡德亮　徐小萍　唐丽娟

蓝晓燕　刘　彬　田　睿　麦权想　任海威

黄志雄　陈　伟　胡敏涛　温　华

FOREWORD | 序　言

2018年10月23日,港珠澳大桥正式通车。习近平总书记出席大桥开通仪式并巡览港珠澳大桥。他指出,港珠澳大桥是国家工程、国之重器。他强调,港珠澳大桥的建设创下多项世界之最,非常了不起,体现了一个国家逢山开路、遇水架桥的奋斗精神,体现了我国综合国力、自主创新能力,体现了勇创世界一流的民族志气。这是一座圆梦桥、同心桥、自信桥、复兴桥。大桥建成通车,进一步坚定了我们对中国特色社会主义的道路自信、理论自信、制度自信、文化自信,充分说明社会主义是干出来的,新时代也是干出来的!对港珠澳大桥这样的重大工程,既要高质量建设好,全力打造精品工程、样板工程、平安工程、廉洁工程,又要用好管好大桥,为粤港澳大湾区建设发挥重要作用。

港珠澳大桥是在"一国两制"框架下粤港澳三地首次合作共建的超大型交通基础设施项目,东接香港特别行政区,西接广东省珠海市和澳门特别行政区,是珠三角环线的重要组成部分和跨越伶仃洋海域、连接珠三角东西岸的关键性工程。路线起自香港口岸人工岛,接珠澳口岸、珠海连接线,止于珠海洪湾;全长约55km。大桥主要由海中桥隧主体工程,香港、珠海、澳门三地口岸,香港、珠海、澳门三地连接线三部分组成。

港珠澳大桥的建成为完善国家综合运输体系和高速公路网络,密切珠江西岸地区与香港地区的经济社会联系,改善珠江西岸地区投资环境,加快产业结构调整和布局优化,提升珠江三角洲地区综合竞争力,保持港澳地区的持续繁荣和稳定,支持香港、澳门融入国家发展大局,对内地与香港、澳门互利合作起到了重要的推进作用。

港珠澳大桥主体工程集桥、岛、隧于一体,面临诸多世界级技术挑战,包括海中快速成岛、隧道基础处理与沉降控制、隧道管节沉放对接、大规模工厂化制造、海上埋置式承台施工、水下结构止水、大节段钢结构安装、超长钢桥面铺装、交通工程系统集成等。来自全国各地的建设精英云集伶仃洋,逢山开路遇水架桥,用智慧和汗水浇筑了这一举世瞩目的超级工程,在浩瀚伶仃洋上创造了中国桥梁建设的崭新诗篇。

2003—2009年,六年前期研究奠定共建基础。2003年8月,国务院正式批准三地政府开展港珠澳大桥前期工作,同意粤、港、澳三地成立"港珠澳大桥前期工作协调小组"。2004年3月,协调小组办公室正式挂牌成立,港珠澳大桥各项建设前期工作全面启动。

港珠澳大桥前期工作推进的过程远非一帆风顺，内地与港澳地区在政策法规、管理体制、办事程序、技术标准、思维习惯等多方面存在差异，每一项问题都需反复论证、反复协调。六年的前期研究工作开展了大量的专题论证，共完成了专题研究报告 51 项。在各方的不懈努力下，协调解决了大桥登陆点、桥位方案、桥隧工程方案比较、口岸查验模式论证、投融资方案、通航标准及锚地影响、环境影响评价等关键性问题。

2009—2018 年，九年创新管理引航工程建设。作为“一国两制”框架下粤港澳三地首次合作共建的超大型跨海交通工程，同时作为世界总体跨度最长、钢结构桥体最长、海底沉管隧道最长的公路跨海大桥，也是公路建设史上技术最复杂、施工难度最大、工程规模最庞大的桥梁，港珠澳大桥在管理机制、建设理念、科研技术等方面进行了一系列的创新。港珠澳大桥科技创新工作始终坚持“项目来源于工程，研究依托于工程，成果应用于工程、服务于行业”的理念，注重科研与生产的紧密结合，突出科研成果应用。在科学技术部、交通运输部的支持下，“港珠澳大桥跨海集群工程建设关键技术研究与示范”于 2010 年列入“十二五”国家科技支撑计划，由交通运输部组织实施，研究参与单位包括 21 家企事业单位、8 所高等院校，组成了以企业为龙头，产学研用相结合，覆盖桥、岛、隧工程全产业链的“智囊团”，科研队伍人数超过 500 人，共设 5 大课题、19 个子课题、73 项课题研究。一系列的研究成果大范围应用于项目实践，解决了工程推进中的重点难题，积累形成了数百项发明专利和一系列科技成果，构建了跨海集群工程建设关键技术的体系，有力支撑了港珠澳大桥工程建设，对我国大型跨海通道工程技术进步发挥了重要推动作用。

2019—2022 年，四年总结凝练深化创新成果。4 年来，管理局克服疫情等种种困难，组织编写组人员查阅、收集、整理相关工程设计施工咨询监理等档案资料，对港珠澳大桥项目建设总体组织、桥梁工程、人工岛工程、隧道工程和交通工程等方面的先进做法、关键技术以及由大桥工程推动的产业变革进行了总结提炼；同时，通过深入调查研究、广泛征求意见、反复修改完善，编制完成这套“港珠澳大桥跨海集群工程建设技术总结与应用成果书系”。

这套丛书包括总体篇、桥梁篇、人工岛篇、隧道篇和交通工程篇 5 个分册，贯穿港珠澳大桥跨海集群工程可行性研究到工程建设的全周期。丛书的出版，将有利于推动港珠澳大桥主体工程技术协同管理与创新成果的公开，有利于加强科技成果的推广应用，为我国跨海交通集群工程建设与管理提供借鉴和范式，有利于中国桥梁建设技术走出国门，为构建“一带一路”作出新的贡献，为世界桥梁建设贡献中国智慧。

港珠澳大桥管理局局长
本书系编审委员会主任

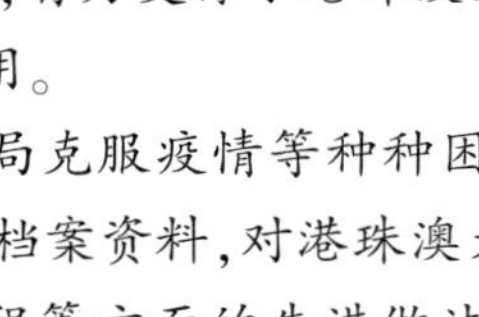

2022 年 10 月

PREFACE | 前　言

港珠澳大桥跨海桥梁全长22.9km，其中通航孔桥2.8km、浅水区及深水区非通航孔桥20.1km；桥梁结构类型丰富，包括钢箱梁斜拉桥、钢混组合梁斜拉桥、大跨钢箱梁连续梁桥和钢混组合连续梁桥等。桥梁用钢管复合桩基础，非通航孔桥上、下部结构全部采用大型化装配施工，通航孔桥钢桥塔采用整塔工厂制造、吊装安装；如此大范围、大型化、高比例的装配施工在国内外均尚属首次，技术难度大，施工装备要求高，质量安全控制难。本书基于港珠澳大桥的工程实践结果，对跨海桥梁钢管复合桩、埋置式全预制墩台、钢箱梁大节段吊装施工、钢塔整塔安装、组合梁整孔安装、超大钢桥面铺装等关键技术进行全面总结，旨在将港珠澳大桥跨海桥梁建设中的实践成果、工程认识等转化为系统成套技术，以供同类工程借鉴参考。

全书共9章：第1章简要介绍了港珠澳大桥跨海桥梁所面临的关键技术难题及重大创新成果；第2章总结了钢结构制造、墩台预制、钢桥面铺装的决策实施；第3章分析和总结了大直径钢管复合桩的设计、模型试验、数值模拟和施工工艺四个方面的关键技术；第4章阐述了埋置式全预制墩台结构设计、预制、运输、水下基坑开挖、柔性止水安装等关键技术；第5章介绍了钢箱梁的结构设计、制造和运输技术、安装工艺以及钢桥面板疲劳试验；第6章介绍了组合梁的结构设计以及预制、运输、吊装、监控技术；第7章简单介绍了钢塔的结构，同时对钢塔的设计、运输、吊装、监控全过程进行了总结；第8章对青州航道桥、江海直达船航道桥和九洲航道桥的主梁设计、工厂预制过程、海上运输技术、主梁安装技术、斜拉索安装技术和主梁安装过程监控等方面进行了总结；第9章从方案选定、结构设计、加速加载试验、施工工艺四个方面对港珠澳大桥钢桥面铺装进行了技术总结。

港珠澳大桥工程革新了跨海桥梁建设管理理念，经实践形成了一大批新工艺、新材料、新装备、新技术，为我国从桥梁大国迈向桥梁强国奠定了基础。本书内容是在参与桥梁建设管理、设计、咨询、科研、施工、监理、监控等单位的技术成果和所提供的技术资料基础上整理而成，在此对参与大桥建设、提供相关资料和文件的单位和人员表示衷心的感谢和深深的敬意！

限于编者的水平和经验以及技术资料的完整性，书中错误、疏漏及片面之处在所难免，恳请读者批评指正。

作　者

2022 年 6 月

CONTENTS | 目　　录

CHAPTER ONE

第1章

绪　论

港珠澳大桥位于我国华南地区珠江口伶仃洋上，东连香港，西接珠海和澳门，是粤港澳大湾区的重要交通枢纽。大桥的建成使湾区连接成一个环状的交通路网，珠江口东西岸通行时间缩短至30min，大桥的开通进一步扩大湾区城市1h与2h交通圈、缩减3h交通圈，大大提高湾区城市可达性。2019年2月18日，中共中央、国务院发布了《粤港澳大湾区发展规划》，指出要充分发挥粤港澳综合优势，深化内地与港澳合作，发挥港珠澳大桥的作用，构建区域经济发展轴带，打造世界级城市群。大桥的开通，增强了珠江东西两岸城市间联系，香港的引力向湾区西侧延伸，通过珠海进一步辐射至珠江口西岸城市，港珠澳大桥为珠江口经济发展奠定了坚实的基础。

港珠澳大桥是集桥岛隧于一体的交通集群工程，桥隧主体工程长约29.6km，其中内地负责修建的海上桥梁段全长约22.9km，占海上主体工程比例约为77%，包括通航孔桥、深水区非通航孔桥和浅水区非通航孔桥；香港侧近海区域还有一段引桥位于海上，长约6km，由香港负责修建。海中主体桥梁结构涵盖钢箱梁斜拉桥、组合梁斜拉桥、大跨钢箱梁连续梁桥和组合钢箱梁连续梁桥。港珠澳大桥建设有三大目标：①建设世界级的跨海通道；②为用户提供优质服务；③成为地标性建筑。每个目标均具有丰富及深刻的内涵和要求。

港珠澳大桥桥梁工程建设条件复杂、建设难度大，面临一系列管理和技术上的挑战。首先管理层面的挑战主要体现在：三地共建共管，法律制度、政府职能、社会和文化背景均存在差别，导致管理理念上存在差异，从而给工程建设带来不确定性影响，这种模式下的超级工程建设在世界范围内无案例可借鉴；逾千家单位参与港珠澳大桥建设，使得工程管理边界数量庞大、信息流转复杂、协调难度大。其次，技术层面的挑战主要体现在：①珠江口台风频发、弱水动力和深淤地质条件等气象、水文和地质因素带来的工程技术挑战；②桥址穿越铜鼓水道和香港国际机场等海空航线，水运空运繁忙，大桥建设必须考虑对航运的影响；③桥址跨越中华白海豚保护区，生态环境保护给工程建设带来的技术挑战；④120年设计使用寿命带来的技术挑战。

针对大桥建设面临的系列难题，成立了由粤、港、澳三方共同组建的港珠澳大桥管理局，专门负责大桥主体部分的建设和运营管理。在标准体系方面，按照就高不就低的原则，并依托国家科技支撑计划研究成果，制定了港珠澳大桥建设统一标准。这些标准分为执行性标准和指导性标准两大类，共计57本。大桥建成后，在总结大桥建设成功经验的基础上又陆续完成了《大节段钢箱梁施工监控技术规范》《水下埋置式预制墩台技术规程》等标准（草案）的编制。在具体建设实施过程中提出了“大型化、工厂化、标准化、装配化”的四化建设理念，充分采用工业化技术，以适应工程复杂建设条件。四化的核心是装配化,港珠澳大桥装配化率达到95%,最大程度保证施工安全和航运安全、确保工程质量品质、减少现场工作量、减少海中作业时间、降低施工风险、保障工期。在大桥建成通车后,管理局进一步组织开展了港珠澳大桥关键技术总结,通过技术总结将建设过程中的工程经验总结提升转化为技术成果,为未来我国交通基础设施建设提供参考。这些关键技术涉及桥梁钢结构自动化制造、大型墩台预制安装以及超大体量钢桥面铺装等方面内容。

桥梁钢结构制造方面,港珠澳大桥主体桥梁工程大规模采用钢结构,上部结构钢结构制造量高达42.5万t,如此规模在世界范围内尚属首次。为保证120年设计使用寿命,以及满足桥梁快速施工的要求,对钢结构制造提出了严格要求,为此专门打造了国际首条钢结构板单元制造自动化示范生产线,突破传统工艺,打造先进制造技术,使得生产效率提高了30%以上,工厂产能增加2.5倍以上,且焊接质量大幅提升。此外,桥梁上部结构建造中,实现了长逾百米、重约4000t的钢箱梁整孔架设、大型结形撑高空精准对接、超大型钢桥塔海上转体安装等高难度施工。

桥梁下部墩台预制与安装方面,为满足珠江口水利防洪要求提出大桥建成后桥隧组合轴线断面阻水率控制在10%以内。为此,在国内首次将非通航孔桥的承台埋于海床面以下,非通航孔桥梁的承台及首节墩身采用了整体预制,并根据吊装能力分成1~3节预制拼装,最大构件重量达3600t。下部桩基采用钢管复合桩,首次提出综合考虑钢管内泥皮、防腐涂层和剪力环等因素的钢管复合桩抗弯和抗压刚度计算公式,填补了国内外研究空白,并首次形成了全预制墩台吊装、定位、止水、连接的成套关键技术。

大体量钢桥面铺装方面,据不完全统计,目前国内大跨径公路桥已完成钢桥面铺装面积约200万m^2,港珠澳大桥主体桥梁工程钢箱梁铺装面积达50万m^2,其工程量为世界之最。经攻坚克难,港珠澳大桥最终采用了4cm厚SMA(Stone Mastic Asphalt,沥青玛蹄脂碎石混合料)+3cm厚浇注式沥青混凝土组合铺装结构体系的钢桥面铺装设计方案,该方案为国内首次提出GMA(Guss Mastic Asphalt,高温拌和型浇注式沥青玛蹄脂混凝土)新技术,具有大幅提高工效且混合料性能(高温稳定性、低温疲劳性能)不低于原MA(Mastic Asphalt,浇注式沥青玛蹄脂混凝土)性能的技术特点;同时,港珠澳大桥创建了世界领先的集料生产线,采用车载式抛丸除锈技术、防水黏结层自动化喷涂及风雨棚等,大大提升了我国桥面铺装的整体技术实力。

港珠澳大桥于2009年12月15日正式开工建设;2016年6月29日,港珠澳大桥主体桥梁全线完成合龙;2017年7月7日,港珠澳大桥主体工程全线贯通;同年12月28日,港珠澳大桥主体工程桥面铺装完成;2018年10月23日,港珠澳大桥开通仪式在广东珠海举行,国家主席习近平出席仪式并宣布大桥正式开通;2018 年 10 月 24 日,港珠澳大桥公路及各口岸正式通车运营。整个工程从开工至建成通车历时不到 9 年,再次向世界展示了中国速度。港珠澳大桥建设实践催生了跨海桥梁建设管理理念,形成了一大批新工艺、新材料、新设备,实现了桥梁钢结构自动化生产、大节段钢箱梁及组合梁逐孔高精度安装、墩台整体式预制及快速安装、异形钢塔高空精确定位以及超大体量钢桥面铺装等关键工程技术。港珠澳大桥工业化建造实践为我国从桥梁大国迈向桥梁强国奠定了基础。本书基于港珠澳大桥的工程实践,对其桥梁建设的关键技术进行总结,以便于推广港珠澳大桥的技术成果。

CHAPTER TWO

第2章

施工建造规划

2.1　概述

为应对港珠澳大桥复杂的建设条件带来的挑战,实现大桥建设目标,在工程建设前期开展了一系列的调研和科学研究工作。针对桥岛隧集群项目,总体层面上构建了《港珠澳大桥主体工程建设项目管理规划》,完成项目建设规划的顶层设计。施工建造规划,旨在解决大桥建设过程中的关键难题,为大桥顺利建设奠定基础。这些关键难题不仅在港珠澳大桥项目中存在,而且在业界内普遍存在。具体而言,在桥梁工程方面,存在这些难题:桥梁上部结构超大体量钢结构高品质制造、桥梁下部结构大规模墩台预制以及超大体量钢桥面铺装等。

在港珠澳大桥建设以前,我国桥梁钢结构制造总体水平与国际先进水平还有较大差距,体现在我国桥梁钢结构制造主要以人工为主、钢结构桥位加工量占比大、制造精度及质量难以保证、钢结构桥梁运营不久即出现开裂等病害。而同期国际先进钢结构制造已普遍采用自动化焊接机器人,钢结构制造主要工作均在工厂内采用标准化作业完成,钢结构制造效率高、质量稳定可靠。为追赶国际先进水平,提升我国钢结构桥梁制造技术,推动行业进步,在港珠澳大桥建设中实施钢结构制造规划,与国际接轨,建立自动化、智能化生产线,改变传统钢结构制造方式,实现港珠澳大桥钢结构高品质制造。

桥梁下部结构装配化施工率是桥梁建造水平的重要体现。港珠澳大桥建设以前,我国跨海桥梁建设中上部结构已普遍采用装配化施工,但下部结构仍然是部分采用装配化施工,主要是墩身预制装配,吊装节段重量一般不超过500t;承台采用现浇,海上施工作业量大、施工时间长、作业风险高。港珠澳大桥为实现不超过10%的阻水率,采用埋置式承台,若仍采用承台现浇施工,将面临数量巨大的深水基础施工,施工风险、成本、工效均难以接受。为此,针对港珠澳大桥提出了墩身与承台整体预制、一体安装的方案。这个方案吊装的最小重量均超过1000t、最大吊重约3200t,预制体量大、安装难度高,尤其是安装过程中的止水,在港珠澳大桥之前国内还未有施工先例,缺乏有经验的施工企业。因此,在项目前期开展预制墩台施工规划,摸索整体式预制墩台施工关键技术,为后续工程实施奠定基础。

目前国内大跨径公路桥已完成钢桥面铺装面积约200万m^2,港珠澳大桥钢箱梁铺装面积达50万m^2,其工程量为世界之最,而工期又非常紧张,加之桥位高温、高湿、高盐等恶劣的自然条件,约16km长距离运输以及长寿命使用要求,这些因素对钢桥面铺装形成巨大挑战,传统的环氧沥青、MA 和 GA(Guss Asphalt,高温拌和型浇筑式沥青混凝土)均无法满足港珠澳大桥施工要求。为此,针对钢桥面铺装提出以 GA 拌和方式生产 MA 配合比的沥青,形成 GMA 铺装方案,在保障长寿命的同时实现快速施工。但这一方案为业内首创,需要解决沥青原材料加工、高温生产、运输、摊铺等成套技术问题。因此,在项目前期开展钢桥面铺装规划,经铺装方案比选、足尺模型试验等研究,实现港珠澳大桥超大体量钢桥面铺装。

围绕这些技术难题的解决,首先成立了由粤港澳三地委共同组建的港珠澳大桥管理局,代表三地政府协调、解决项目建设和运营过程中涉及的重要问题;然后通过开展"国家科技支撑计划"对大桥建设中存在的关键技术问题进行攻关;最后从行业发展水平出发,整合现有设计、施工、检测以及科研等资源,推动示范性国际合作,引领、推动、超越行业发展。以下就港珠澳大桥桥梁工程施工规划进行总结,为今后类似桥梁工程建设提供借鉴。

2.2 跨海桥梁钢结构制造规划

2.2.1 钢结构板单元自动化制造策划

港珠澳大桥主体桥梁工程上部结构主要采用钢结构,钢结构制造量高达 42.5 万t,与之前国内建造的钢结构桥梁相比,吨位大了近一个数量级,如建成时跨径世界第一的斜拉桥苏通大桥钢梁用钢量约为 5 万t,建成时跨径世界第二的斜拉桥香港昂船洲大桥钢梁用钢量为 3.6 万t。港珠澳大桥的用钢量规模在世界范围内尚属首次,然而其制造工期与苏通大桥和昂船洲大桥基本相当。市场调研表明,具备与港珠澳大桥类似业绩的钢结构制造企业,在生产产能、供应保障、合同履约、工期保障、基地部署等资源方面都无法与港珠澳大桥相匹配。同时,港珠澳大桥建设时期,我国基础设施建设飞速发展,钢结构制造企业现有产能已趋近于饱和。此外,正交异性钢桥面的抗疲劳问题一直困扰着我国桥梁工程界。考虑港珠澳大桥设计使用寿命 120 年,设计上对钢结构抗疲劳性能提出了更高要求,U 形肋角焊缝质量要求高,其熔深不得低于 U 形肋板厚的 80%,且不得焊漏。综上,港珠澳大桥钢结构制造的突出矛盾是钢结构制造体量大、生产周期短、质量要求高。钢结构板单元生产是整个钢结构制造的基础环节,具体解决港珠澳大桥大体量钢结构生产难题从以下两方面着手:

(1)调研国内外钢结构制造现状:港珠澳大桥钢结构制造立足国内、自主创新,项目前期对国内外钢结构制造企业进行了全面调研,如调研了中铁山桥集团有限公司、上海振华重工集团股份有限公司,充分了解了国内钢结构生产企业的产能、技术水平以及与港珠澳大桥建设要求的匹配程度等情况；通过对日本、美国等发达国家设备和工艺水平的调研，对钢结构制造的最新技术有了清晰的认识。通过调研对比分析，国内钢结构焊接、组装仍以传统的工地式为主，板单元、钢结构拼装阶段大量采用码板，粗放式管理钢结构，运输过程损伤较常见；整体而言，自动化程度不及美、日等国，大型焊接机器人、信息化管理手段还没有大规模应用。

（2）组织业内一流企业采用先进技术进行钢结构生产：钢结构生产必须实现精细化、高品质，最大程度实现在工厂内制造，这是最基本要求。钢结构制造体量大、120 年设计使用寿命长、质量要求高，为保障建造工期及质量，须从钢结构制造的基础环节抓起。板单元是钢结构制造的基础环节，尤其是正交异性桥面板中 U 形肋的焊接，U 形肋的自身加工精度及与桥面板的焊接关乎桥面疲劳寿命。鉴于此，对钢结构板单元生产规划提出了“板单元人最少，采用工厂全自动流水线制造”的建造与管理理念，在满足施工效率的同时使得制造质量可控。在招投标阶段即明确提出了板单元生产线质量控制要求，尤其是 U 形肋的自动化、智能化生产。

港珠澳大桥建立了国际首条钢结构板单元制造自动化生产线，基于电弧自动跟踪、接触传感、示教编程等核心技术，全面研制了 U 形肋板单元自动组装定位机床、板肋板单元自动组装定位机床、U 形肋反变形多头机器人焊接、横隔板自动化机器人焊接、迷你机器人焊接等自动化、智能化的先进制造工艺和装备，相比传统工艺，生产效率提高了 30% 以上，工厂产能增加 2.5 倍以上，且焊接质量大幅提升。传统钢结构制造与自动化生产线对比如图 2.2-1 所示。

a）传统钢结构制造

b）钢结构自动化生产线

图 2.2-1　传统钢结构制造与自动化生产线对比

2.2.2　装配化钢箱梁制造策划

板单元制造是港珠澳大桥钢结构制造的基础，完成板单元制造后进入桥梁结构制造环节。装配化施工并不陌生，但港珠澳大桥的装配化基本要求是大型构件的装配化。之所以提出大型化要求，目的是真正发挥桥梁装配化施工的优势。这一构想是由珠江口建设环境条件所决定的：

(1)港珠澳大桥桥址位于亚热带海洋性季风气候区，常年高温潮湿，台风频繁，台风年平均1.84个，近年最高时多达6个，施工风险大，有效作业时间短。

(2)珠江口是国内繁忙的海上交通区段之一，海上航线密集，船多且杂，最大航运日流量超过4000艘次，桥梁施工必须考虑航运影响。

(3)港珠澳大桥跨越中华白海豚国家级自然保护区，环保要求高，施工对海洋生态和渔业资源的影响需高度重视。

基于这些制约性因素，港珠澳大桥桥梁建设只能采用大型构件装配化施工，这样才能最大限度地减少海上施工时间，将对海运和海洋环境的影响降至最小。

港珠澳大桥大节段钢箱梁装配化施工在我国桥梁建设领域是一个量变到质变的飞跃。港珠澳大桥为降低阻水率，对于数量巨大的非通航孔桥采用大跨径桥梁布置，标准联跨径为110m，跨越崖气田管线桥最大跨径达150m，考虑合理受力进行分段，而实际吊装施工的梁段更大，最大达152.6m；港珠澳大桥采用宽体钢箱梁结构，标准梁段宽33.1m。节段长、梁段宽使得吊装的大节段质量约3200t，如此大规模、大尺寸、超大重量钢箱梁吊装施工在国内尚属首次。

为实现大节段钢箱梁装配化施工，在项目建设规划中针对制造过程、运输过程和海上安装过程提出了规划：

(1)针对工厂制造：首先大节段钢箱梁总拼厂需离桥址尽可能地近，以降低运输成本、提高运输效率。工程实施阶段，实际钢箱梁总拼厂选址位于中山火炬开发区，该区位于珠江口沿岸，非常便于海上运输。其次，针对总拼厂制造，提出了“总拼厂人最好，变工地化施工为工厂法制造”的制造与管理理念。不同于钢结构板单元的自动化制造，大节段总拼主要依靠人工连接，把各钢结构制造企业中技术最娴熟的工人放到总拼厂作业可以最大程度地保证钢箱梁总拼质量。

(2)针对大节段钢箱梁海上运输：要求由专业的运输单位负责实施，具备大型构件海上运输资质、具有大型运输船只、组织实施过大型钢结构运输等相关条件。运输单位具体由钢箱梁制造总拼单位负责招标，组织具备大型超重构件海上运输资质的单位，并制定专项运输方案及运输路线；运输前向海事局进行报备审批。

(3)针对大节段钢箱梁海上吊装：在港珠澳大桥建设前，国内具备3000t级别海上吊装施工的企业很少，而港珠澳大桥大节段钢箱梁普遍接近3000t，加上吊具的重量，实际总质量远超3000t。项目规划中明确提出装备适应施工的原则，要求参与港珠澳大桥建设的投标企业根据招标文件提出的吊装要求，必须具备满足大型超重构件海上吊装的装备。实际实施时，相关施工单位根据自身标段的业务对象，专门建造了 4000t 和 3200t 的大型浮式起重机，顺利实现了港珠澳大桥大节段钢箱梁海上吊装。

2.2.3 钢结构制造标准及检测

钢结构制造的质量控制是港珠澳大桥桥梁工程重点关注问题之一，完成板单元制造规划和大节段钢箱梁总拼规划是从宏观层面对钢结构制造进行质量控制。由于港珠澳大桥桥梁工程的钢结构体量大、构件重复率高，应保证所有构件制造均是在高水平下完成，避免某批构件制造时因人为疏忽等原因导致质量下滑。为实现钢结构制造过程每一环节均是按统一的高水平制造，港珠澳大桥采取了这些措施：制定统一的钢结构制造标准，采用严格的检测技术，推行首件认证制度。

（1）制定统一的钢结构制造标准

制定生产标准是实现标准化管理的前提，是保证产品质量满足要求的必要手段。由于港珠澳大桥桥梁工程钢结构制造体量达 42.5 万 t，远超国内其他钢结构桥梁工程；加之 120 年设计使用寿命要求，也超出目前现行国内规范 100 年设计寿命要求。这就导致港珠澳大桥钢结构制造既不能完全照搬执行目前现行规范，又无成功的案例参考。港珠澳大桥项目前期编制了《港珠澳大桥设计技术规范使用指南》《港珠澳大桥施工技术指南》《港珠澳大桥专项工程质量检验评定指南》和《港珠澳大桥专用运营及维护标准》，这些标准体系涵盖钢结构设计、制造、验收、运营等环节，最终实现了钢结构建造标准化。

（2）试验检测规划

除了从标准体系、制造工艺层面来保证结构制造质量外，另一有效措施即是开展试验检测。①管理层面，港珠澳大桥建设中建立了专门的试验检测中心，为了和大桥建设目标相匹配，首先提出了试验检测中心建设目标：以“一流的设备、一流的人员、一流的管理”为标准，强调权威性，检测数据及报告准确、可靠。其次，明确了试验检测中心职责，包括：对工程实体质量进行随机抽检；对整个项目的试验检测工作进行统一规划和管理；对承包人试验室建设和试验检测工作提出标准化要求并抽检；对监理人的试验检测工作提出明确的技术要求；统一整个项目的试验检测技术标准、操作流程、记录表格、报告格式、试验检测台账及档案资料管理等要求；组织对整个项目的试验检测工作人员进行培训和考核，并颁发证书；组织对试验检测工作事故进行调查，提出整改措施，并做好跟踪落实工作；参与阶段性工程验收工作并提供翔实的检测数据。②技术层面，港珠澳大桥成功将超声波相控阵检测技术运用于钢结构 U 形肋焊缝的熔透率及内在质量检测，解决了以往检测手段对焊缝熔深和内部质量无法判定的问题，实现了检测全覆盖，为提高钢桥面抗疲劳性能及120年设计使用寿命提供了保证。

(3)推行首件认证制

港珠澳大桥还首次推行首件认证制度。由于钢结构制造体量大、构件生产重复率高，为保证生产质量的可靠恒定，实行首件认证制。首件认证制通过将前期的科研成果先以试验的性质用于首轮钢结构生产，在生产过程中查漏补缺，进一步优化相关的管理制度和技术，并以首件认证形式开展总结，之后形成行之有效的标准化作业程序，从而保证钢结构生产质量的稳定性。钢结构制造首件认证的具体内容包括：钢材焊材等原材料检验、板单元生产工艺、小节段拼装工艺、大节段组拼工艺、梁段线形控制以及制造过程中的检测等。实践证明，这一制度非常有效地保证了整个钢结构的高质量制造。

2.3 墩台施工规划

2.3.1 墩台设计方案比选

在桥梁工程下部结构建造规划方面，除了来自气象、航运和环保的挑战外，还有更为棘手的问题，那就是复杂的水文地质条件。伶仃洋是珠江最大的喇叭形河口湾，属弱潮河口，海洋水深浅，建桥后由于桥墩对水流的阻挡作用会造成防洪隐患，水利部门要求大桥建成后阻水率必须控制在10%以内。港珠澳大桥桥梁工程主体工程共有墩台约200个，必须考虑桥墩的阻水率问题。如何最大限度地减小桥墩阻水率，并快速、高质量地完成桥墩施工，在规划阶段必须明确解决方案。

通过调研国内外跨海大桥下部结构施工方面，发现无一例外均采用了预制装配施工，但装配化程度不一。如丹麦的大贝尔特桥，由于桥址海洋环境恶劣，海上施工难度大，桥梁建设伊始提出了“桥位处施工作业量最小”的总体施工原则。大贝尔特桥东桥引桥和西桥，其下部结构桥墩全部采用陆上预制、运至现场安装的施工工艺。国外采用类似施工工艺的还有连接丹麦与瑞典的厄勒海峡大桥，以及加拿大的诺森伯兰海峡大桥。

通过调研国内典型跨海桥发现，在东海大桥、杭州湾大桥、金塘大桥以及青岛胶州湾大桥建设中下部结构也采用了装配化施工，但装配化施工主要体现在墩身预制上，承台仍采用海上现浇施工。

不难看出，不同于港珠澳大桥，上述国内跨海桥梁建设没有10%阻水率要求，因此，承台设置于海平面附近，采用现浇施工，墩身采用分段预制吊装，预制构件小，最大吊装质量不超过500t；承台位于海平面位置，承台与墩身采用湿接缝，存在不同程度的开裂（东海大桥和杭州湾大桥墩身湿接缝均发现裂缝），再加上湿接缝处于浪溅区，接头裂缝对桥梁耐久性形成挑战。

港珠澳大桥苛刻的建设环境，以及高水平的建设目标，决定了桥梁下部结构建造必须另辟蹊径突破传统，为此，港珠澳大桥提出了"埋置承台＋墩台整体预制安装"施工方案。对港珠澳大桥提出的墩台预制施工方案和国内已建成的跨海桥梁下部结构方案（承台现浇、墩身分段预制吊装）进行了全面对比，如表2.3-1所示。

桥梁下部结构设计方案比选　　表2.3-1

比选因素	传统墩台（承台现浇、墩身分段预制）	埋置式墩台（墩身与承台一体预制）
受力性能	通过设置接缝钢筋和浇筑混凝土提供抗力，承载能力可以满足要求，但接缝位置易出现裂缝	墩身与承台不存在接缝结构，整体性能好，承载能力满足要求
对施工装配的要求	结构整体重量小（约为整体预制墩台的一半重量），对浮式起重机吨位要求较低	结构整体重量大（墩身重量约3400t），需配置大型浮式起重机方能安装
耐久性	承台与墩身连接缝存在开裂的风险，加上承台为埋置式承台，位于海床面以下，接缝长期浸泡在海水中，若开裂对结构耐久性影响大	墩身与承台在工厂预制，方便采取养护措施，接缝出现裂缝的概率低，海洋环境下结构的完整性对混凝土结构耐久性非常有利
施工质量	墩身与承台需要在现场进行连接，海上施工受风、浪、日照等的影响，施工条件差，施工质量较难保证	墩身与承台在工厂整体预制，工厂条件完善，施工质量有保证
环保效益	墩身与承台需进行现场连接，增加了现场施工作业，增大了对环境影响的概率	仅有承台与桩基的连接，现场施工作业量小，施工对海洋环境造成的影响小
经济效益	当墩台数量较大时，如超过100个，施工费用较高，经济效益差	当存在大规模墩台时，陆上施工费用较海上施工少，经济效益好

综上可知，在具备大型浮式起重机的前提下，采用墩身与承台整体预制在各方面均具有明显优势：结构整体性更好、耐久性更有保障、施工更快速、施工质量更易保证，减少

了海上作业，将施工对环境的影响降至最低，大规模墩台安装经济效益好。经过比选后，港珠澳大桥选择了埋置式墩台预制方案，并在招投标阶段对承包人提出了必须具备满足墩台吊装施工的大型浮式起重机的要求。

2.3.2 墩台预制厂建设规划

港珠澳大桥下部结构约有200个桥墩需在工厂预制，最大构件质量达3600t。同钢结构生产一样，埋置墩台预制厂建设对确保墩台生产质量至关重要。对于墩台预制厂的建设规划须重点考虑材料来源、交通条件、场地条件、经济条件和环境保护等关键因素。港珠澳大桥基于以上因素，并通过对珠三角地区出海口水域的现场实地踏勘，按照"大型化、工厂化、标准化、装配化"理念，将墩台预制场地址分别选在了中山火炬开发区和东莞市洪梅镇。

2.3.3 墩台安装工艺试验规划

港珠澳大桥创造性地提出了埋置式预制墩台整体安装方案，但国内外对于桥梁建设中墩身和承台整体预制安装、预制墩台与钢管桩间快速止水及墩身采用干接头等关键技术的研究极少，未有成功先例。如何保障预制和匹配精度、安装定位精度，实现15m水下墩台与桩基连接止水和安全可靠的干法施工等都存在很高的风险和难度。国内的施工企业通过调研发现，国内企业未有类似工程的成功经验，对埋置墩台安装工艺、施工装备、施工控制精度等均没有可靠的技术参数。鉴于此，要实现埋置承台方案的落地实施，必须在项目前期进行工艺试验研究，对该方案涉及的新材料、施工装备和施工工艺进行设计和验证。

为此，项目前期科研中专门成立了"埋床法全预制海上桥梁墩台建设关键技术"课题，并将该课题列入国家科技支撑计划。通过系统、科学的研究，取得了以下成果：①研制了ϕ75mm螺纹高强钢棒预应力系统，突破了现有规范限制，解决了预制墩身干法连接构造的安全可靠性问题。②研发了工具式墩台安装三向调位系统和柔性分离式止水系统，保障了安装精度要求，具有很好的海洋环境适应性。③提出了基于模具定位件的墩台竖向预制匹配方法，保证了预制的高精度。④开展了埋置承台施工工艺试验研究，对埋置墩台预制、安装、定位、止水和连接全过程进行工艺试验，全面检验了新材料、新装备和新工艺的实际可行性，形成了埋置承台施工成套技术。⑤最终实现了桥梁"大型化、工厂化、标准化、装配化"建造，缩短了海上作业时间、降低了施工安全风险，提高了工程品质，节省了工程造价。

2.4 钢桥面铺装规划

2.4.1 钢桥面铺装方案比选

钢桥面铺装是一个世界性的技术难题。正交异性钢桥面铺装不同于一般公路沥青混凝土路面,它直接铺设在正交异性钢板上,钢桥面板柔度大,桥面系结构刚度不足(例如桥面板太薄、纵横向加劲间距过大等)。在行车荷载与温度变化、风载、海洋气候、地震等自然因素共同影响下,特别是严重超载汽车荷载作用下,正交异性钢桥面铺装容易出现纵向和横向裂缝、车辙、坑槽等病害,严重影响行车舒适性和安全。

我国应用的钢桥面铺装基本覆盖了世界上典型的铺装方案,每种铺装方案的特点和差别也较显著,而且多数铺装方案整体上应用时间还不长,工程项目在选择钢桥面铺装方案时也存在较大难度。我国的气候环境复杂多样,导致单一桥面铺装方案无法普遍推广,必须因地制宜结合桥址环境研究与之适应的钢桥面铺装。总体而言,我国钢桥面铺装在铺装结构设计、铺装材料研发以及铺装施工工艺方面均还有待提高,铺装技术和规范还不成熟,相关理论研究还需要进一步发展。

港珠澳大桥桥面铺装面积约 70m^2,其中钢桥面铺装面积达 50 万m^2。据不完全统计,目前国内大跨径公路桥已完成钢桥面铺装面积仅 200 万m^2,如此巨大的钢桥面铺装工程量在国内尚属首次。此外,港珠澳大桥钢桥面铺装工程技术指标要求高、施工环境恶劣、施工窗口期短、交叉作业多、交通组织难度大、社会关注度高,这些因素对港珠澳大桥桥面铺装形成了巨大挑战。为确保港珠澳大桥桥面铺装质量,须充分借鉴国外成功经验,尤其是相邻地区成熟的铺装技术。

通过调研发现既有的工程中主要是环氧沥青铺装体系和浇注式铺装体系,我国主要钢桥面铺装概况如表 2.4-1 所示。环氧类沥青混合料具有较好的高温稳定性,在高温、重载交通下优势尤为凸显。但是因场地限制,港珠澳大桥只能在珠澳口岸人工岛设置沥青混合料搅拌站,钢桥面最远运输距离达到 23km,且施工区域位于外海,气象多变,环氧类沥青混合料抗气候干扰能力和大规模施工组织可行性的缺点明显,加之施工质量可靠度、工期要求和后期维养等因素,导致环氧类铺装方案在该项目技术可行,但施工实施不可执行。

浇注式属于悬浮密实结构,具有“三高”的特性,分别是沥青用量高、矿粉及细集料含量高、拌和温度高。施工窗口期可达 2.5 ~ 3h,面对外海复杂气候条件的适用性及应对能力远强于环氧类，施工中流动成型，无须碾压，通过专用浇注式摊铺机摊铺整平即可。浇注式的空隙率小于1%，在高温、高湿、高盐的环境下对桥面钢板有很好的保护作用，其抗疲劳能力强，但高温稳定性弱于环氧类。

我国主要钢桥面铺装概况　　表2.4-1

铺装体系	结构设计	技术来源	技术特点	工程案例
环氧沥青	双层 5.5～6cm	美国温拌环氧 中国温拌环氧	拌和温度110～130℃	南京长江二桥、润扬长江大桥、苏通大桥、黄冈长江大桥、上海长江大桥、宁波大榭二桥、虎门二桥（在建）等
		日本热拌环氧	拌和温度170～180℃	
浇注式沥青	GA＋SMA 6.5～7.5cm	德国	GA拌和温度210～240℃ SMA采用高弹性改性沥青	重庆朝天门长江大桥、安徽马鞍山长江大桥、厦漳跨海大桥等
	GA＋EA 6～6.5cm	中国	综合GA和EA（Epoxy Asphalt，环氧沥青混凝土）的各自特点和优势，EA采用日本热拌环氧	泰州长江大桥等
	MA 单层4.5cm	英国	MA采用两阶段拌和，湖沥青掺量高，混合料稳定性好	香港青马大桥、江阴长江大桥等

浇注式沥青混合料根据生产工艺可以分为GA和MA两种。GA起源于德国，在欧洲、日本及中国运用较多；MA起源于英国，在香港运用较多。MA具有天然湖沥青含量高、细集料级配分档严格、路用性能稳定等特点，生产工艺是先拌和沥青、矿粉和细集料生成沥青胶砂（ME），再掺加粗集料在浇注式沥青混凝土运输车内进行二次拌和，拌和时间较长（5～7h），施工效率低，不能满足港珠澳大桥钢桥面铺装规模巨大、工期紧的要求。而以德国、日本为代表的GA，采用沥青拌和站对构成沥青混合料的所有原材料进行集中拌和生产，连续施工，施工效率高，但是配合比设计时，湖沥青用量较少，细集料级配要求较宽松，其质量稳定性不及MA。香港青马大桥采用是单层MA铺装方案，西部通道深圳湾大桥钢桥面铺装采用MA加SMA铺装体系，2007年7月开通运行至2013年6月

近6年时间内基本没有病害,目前使用情况良好。浇注式沥青铺装应用历史较长,在中轻交通荷载条件下有较多成功案例。施工过程对雨水条件要求与普通沥青路面施工类似,采用GA生产方式的工效较高,MA铺装维修方便快捷,造价显著低于环氧沥青铺装。

根据港珠澳大桥钢桥面铺装运行交通荷载、温度环境要求,考虑港珠澳大桥工程特点、施工条件、工期要求,结合典型铺装方案比较分析、相邻地区成熟的技术,以及对浇注式沥青铺装与热拌环氧沥青铺装比较分析,同时综合各种技术条件和各方要求、意见,提出充分发挥MA的性能稳定优势和GA的工效优势,采用GA工艺生产MA。这种方法是解决港珠澳大桥大体量高效率铺装的一种最佳方法,这种创新沥青混合料产品在港珠澳大桥中首次被命名为GMA。GMA工艺和英国传统MA工艺的差别仅在于拌和,但是集料级配、混合料运输、摊铺工艺均是一致的。综上,最终确定港珠澳大桥钢桥面铺装推荐方案为“GMA+SMA”方案。

2.4.2　钢桥面铺装施工规划

由于港珠澳大桥采用的GMA工艺为全新施工工艺,系国内首次实施,尚无成功施工经验可借鉴,为确保港珠澳大桥钢桥面铺装顺利实施,从管理、关键技术和组织实施三个方面对桥面铺装施工进行了科学规划。

(1)管理层面

项目法人在招标阶段就针对集料加工生产提出“自动化加工生产线及设备”的强制性资格条件,列入评标办法,配套了集料专用技术标准和要求。考虑到合理的产品价格是技术革新的原动力,价格合理才能使承包人在适度竞争的基础上保持饱满的热情,因此在业主控制价中,考虑了自动化加工生产线及设备的摊销价格,体现优质优价,此举极大地激发了潜在投标人的参与热情。在此基础上,项目法人通过公开招标增加竞争性,设置相应合同条款,以适当降低成本,最终实现本项目的造价控制目标。

(2)技术层面

根据BS1447,MA细集料分级细分为0~0.075mm、0.075~0.212mm、0.212~0.6mm、0.6~2.36mm四种规格,这种分级技术在国内尚无成功经验。采用精细化工行业的空气筛分技术结合多点驱动概率筛的使用,实现细集料分级技术及效率问题。建立集料工厂,并配置粗、细集料生产线及相关自动化设备,采用欧式立轴冲积式破碎机以保证集料的粒形,并借鉴沥青拌和站的布袋式引风除尘系统及全封闭传送通道来抑制粉尘。对生产线进行了全新优化设计,并合理功能分区。生产过程采用信息化技术手段进行全过程质量控制。

(3)组织实施

进行大面积铺装前,需要对施工组织设计、试验段验证和首件制总结层层把控。桥面铺装施工组织设计是基础,规划中明确对施工组织设计提出了严格要求:

①组建优质高效的施工作业队伍,加强人员培训,提升管理及作业水平。

②按照"以准入保材料、以考核保人员、以设备保工艺、以工艺保质量"的项目质量管理理念,切实提高桥面铺装管理水平。

③研发、引进先进的施工工艺及机械设备,提高施工机械化水平。

④提高原材料质量控制,提升集料加工、运输及储存标准,引进优质进口原材料,严格材料准入制度。

⑤加强关键指标优化,提升铺装整体性能。

⑥加强标准化建设,提高施工工艺及施工管理水平。

⑦建立完善的质量管理体系及HSE(健康、安全和环境管理体系),提升质量管理及安全文明施工水平。

施工组织设计经专家评审通过后,进入具体的试验段环节。通过试验段进一步确定桥面铺装具体工艺参数、设备组合、人员配备、施工功效、GMA边带摊铺及SMA-13铺装层排水方案,检验车辙动稳定度集等技术指标性能,最终从性能、工艺、人员、设备、材料、管理等各方面对钢桥面铺装技术进行全方位的验证。

试验段验证完成后,开展桥面铺装首件制总结,进一步完善施工中发现的问题,此后方进入大面积桥面铺装施工。

港珠澳大桥桥面铺装采用"GMA浇注式+SMA"沥青混合料铺装方案,根据"露天工厂化"施工理念,创建了世界一流的集料生产线,首次引进车载式抛丸机,研制了防水层机械化自动喷涂设备,有效提高了施工质量和效率。

港珠澳大桥建立的集料厂与沥青混合料拌和楼如图2.4-1所示。

a)集料厂

b)沥青混合料拌和楼

图2.4-1 港珠澳大桥建立的集料厂与沥青混合料拌和楼

2.4.3 钢桥面铺装施工控制指标

港珠澳大桥首次提出 GMA 铺装方案，兼具 GA 快速施工和 MA 性能稳定的优点，为确保 GMA 铺装方案高效高质，经一系列试验确定了关键控制指标，这些指标包括混合沥青、粗集料、细集料、矿粉性能以及 GMA 实际生产性能，具体如表 2.4-2 ~ 表 2.4-6 所示。

(TLA + A - 70 号)混合沥青指标要求 表 2.4-2

项 目	针入度(0.1mm)	软化点(℃)	RTFOT 质量变化(%)	三氯乙烯溶解度(%)	总矿物(%)
指标	10 ~ 20	≥65	≤1.0	≥66	20 ~ 30

粗集料(5 ~ 10mm)物理指标要求 表 2.4-3

项 目	指 标	项 目	指 标
针片状颗粒含量(%)	≤12	黏附性(级)	≥4
坚固性(%)	≤12	小于 0.075mm 颗粒含量(%)	≤1
吸水率(%)	≤2	表观相对密度	≥2.6
洛杉矶磨耗损值(%)	≤26	软石含量(%)	≤3

细集料物理指标要求 表 2.4-4

项 目	指 标	项 目	指 标
表观相对密度	≥2.5	亚甲蓝值(%)	≤2.5
坚固性(≥0.3mm)(%)	≤12	棱角性(%)	≥30
砂当量(%)	≥60		

矿粉性能指标要求 表 2.4-5

项 目	指 标	项 目		指 标
表观相对密度	≥2.5	亲水系数(%)		<4
含水率(%)	≤1	通过率(%)	0.3mm	100
塑性指数	<4		0.15mm	95 ~ 100
外观	无团粒结块		0.075mm	85 ~ 95

GMA 实际生产性能检测数据 表 2.4-6

项 目	硬度(0.01mm)	冲击韧性(N·mm)	单层 GMA-10 动稳定度(次/mm)	流值 5mm 时马歇尔稳定度(kN)
指标	50 ~ 200	≥400	300 ~ 800	≥4

2.5 本章小结

本章从宏观层面对港珠澳大桥桥梁工程施工建造规划进行了总结,针对港珠澳大桥的钢结构制造,从板单元自动化生产、钢箱梁总拼及钢结构制造标准制定三个方面总结了钢结构制造的决策实施;针对墩台预制,从埋置式墩台方案选择、预制厂建设规划和墩台安装工艺试验规划等几个方面总结了墩台预制的决策实施;针对桥面铺装,从GMA钢桥面铺装方案选择、桥面铺装施工规划及桥面铺装关键控制指标等几个方面总结了桥面铺装的决策实施。

CHAPTER THREE

第3章

大直径钢管复合桩技术

3.1　概述

跨海大桥易受到台风、波浪、潮汐和地震等自然灾害的影响，传统的大直径预制钢筋混凝土桩及预应力高强混凝土管桩难以满足跨海大桥对基础承载力、沉降控制以及抗横向荷载等方面的要求，而大型钻孔灌注桩，虽然在承载力和沉降方面可以满足要求，却也难以适应外海恶劣的施工条件。目前，在处于地质构造复杂、地层活动频繁的海上大型桥梁工程结构设计中，越来越多地考虑基础的抗拔、抗剪和抗弯能力。此外，海洋环境下桩基础受强腐蚀作用，结构寿命降低趋势明显。在这种背景下，钢管复合桩基础因其承载力高、沉桩工艺相对简单、排土量较小、抗弯性能良好等优点，近些年来常常用于特大型跨海大桥的深水基础。

随着我国钢材产量的增加，钢管复合桩防腐新技术及新材料的研制与开发，钢管复合桩日益受到设计人员的重视，大直径钢管复合桩已广泛应用于承载特性要求高的跨海大桥桩基、近岸和沿海码头工程中，例如：我国的杭州湾跨海大桥，其下部采用了桩径1.5m和1.6m两种规格的大直径钢管复合桩，桩长71～89m、最大桩重74t，钢管桩总用钢量37万t；东海大桥深海区域60m、70m低墩采用桩径1.5m的钢管复合桩，桩长50～70m；苏通长江大桥的主墩基础由131根长约115～120m、直径2.5～2.8m的钢管复合桩群桩组成；海南铺前大桥主墩采用分离式独立承台，每个承台下由16根最大直径达4.3m的钢管复合桩支撑。港珠澳大桥地处珠江口伶仃洋海域，海况恶劣，地质条件复杂，环境敏感度高，其桩基础设计是大桥设计的关键。钢管复合桩具有竖向承载力高、水平承载力大、延性和塑性好以及经济效果明显等优点，由它组成的桥梁桩基，能够很好地抵抗地震力、风力、水流和船舶撞击力。因此，港珠澳大桥非通航孔桥同样也采用这种大直径钢管复合桩作为海域大桥的深海基础。

大直径钢管复合桩的工程应用还存在多方面的难题。在计算理论和设计方法方面，目前对大直径钢管复合桩承载机理、沉降变形控制的理论及分析计算尚未有可靠的方法，特别是对特大深基础工程中采用的大直径钢管复合桩的强化机理和变形承载特性以及受力性能等缺乏系统性的研究，从而使得大直径钢管复合桩的应用受到阻碍和限制。施工方面，在复杂的海洋环境中修建特深长桩基，对施工及施工精度控制而言，是极为困难的。此外，海洋环境中腐蚀性强，如何保障服役期钢管复合桩的可靠寿命，实现耐久，也是一大难题。因此，针对大直径钢管复合桩的受力变形特性、钢管与混凝土的黏结滑移、钢管桩耐腐蚀、钢管桩制作工艺、钢管沉桩、钻孔沉桩等方面的研究是非常有必要的。本章结合港珠澳大桥的建设，开展了关于大直径钢管复合桩设计、模型试验、数值模拟、施工工艺等方面的分析和总结，形成了关于大直径钢管复合桩的设计及施工技术。

3.2 钢管复合桩设计技术

钢管复合桩作为港珠澳大桥主体工程桥梁工程采用的主要基础形式，在工程实践中形成了钢管复合桩的成套设计理论。因此，有必要对钢管复合桩的设计进行分析和总结，为今后类似工程积累相关经验。

3.2.1 地质情况

港珠澳大桥非通航孔桥桥位处主要地层情况大致为：海床面至海床面以下约 50m 主要为淤泥和淤泥质黏土层，其含水率高、孔隙比大、强度低、易压缩，且多为欠固结土，稳定性极差，易造成不均匀沉降；再往下约 35m 厚为粉砂、中砂和粗砂层，透水性较好，易液化；下卧层为强风化花岗岩和中风化花岗岩，其物理渗透可忽略不计、热稳定好、高密度、高强度且具有很好的抗腐蚀性能。

3.2.2 构造设计

钢管复合桩桩身由上下两段组成，上段为钢管混凝土结构，下段为钢筋混凝土结构。上段桩基嵌入承台，承台以下长度根据地质条件、结构受力、沉桩能力和施工期间承载等综合因素确定，下段桩基嵌入中风化岩石持力层。

非通航区钢管复合桩在浅水区和深水区分别有两种形式，具体分类和各参数取值详见表 3.2-1，钢管对接时外壁对齐。钢管内壁在桩顶设置 10 道剪力环，高 50mm，宽 25mm，保证钢管与混凝土协同受力。钢管复合桩钢管结构如图 3.2-1 所示。钢管内壁在桩顶 12.6m 范围内设置 10 道剪力环；第一道剪力环距桩顶 0.3m，各剪力环中心距为 $0.3\text{m} + (4\times1)\text{m} + (4\times2)\text{m}$；钢管外壁在桩顶设有两道剪力环，第一道剪力环距桩顶 0.2m，第二道剪力环与第一道剪力环中心距为 0.2m。剪力环截面宽 50mm，高 25mm，顶部有 $15\text{mm}\times15\text{mm}$ 的倒角，其结构组成详见图 3.2-2 所示。

钢管复合桩形式分类及参数指标　　表 3.2-1

参数指标	浅水区		深水区	
	第一种	第二种	第一种	第二种
有钢管段直径(m)	2.2	2.0	2.2	2.0
有钢管段壁厚(mm)	22	22	25	25
无钢管段直径(m)	2.0	1.8	1.95	1.75

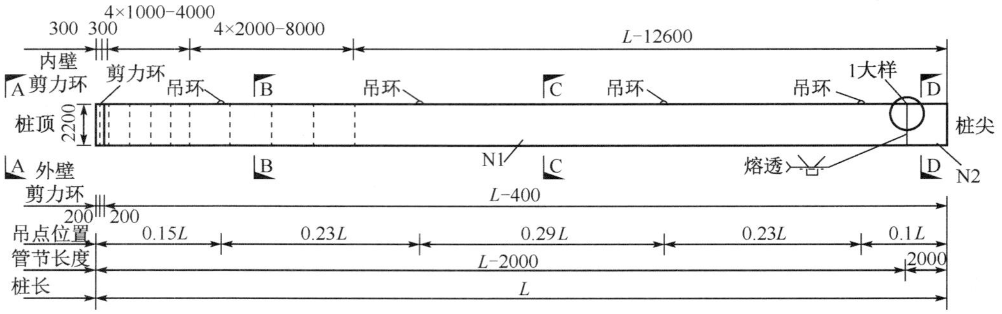

图 3.2-1　钢管复合桩钢管结构示意图(尺寸单位:mm)

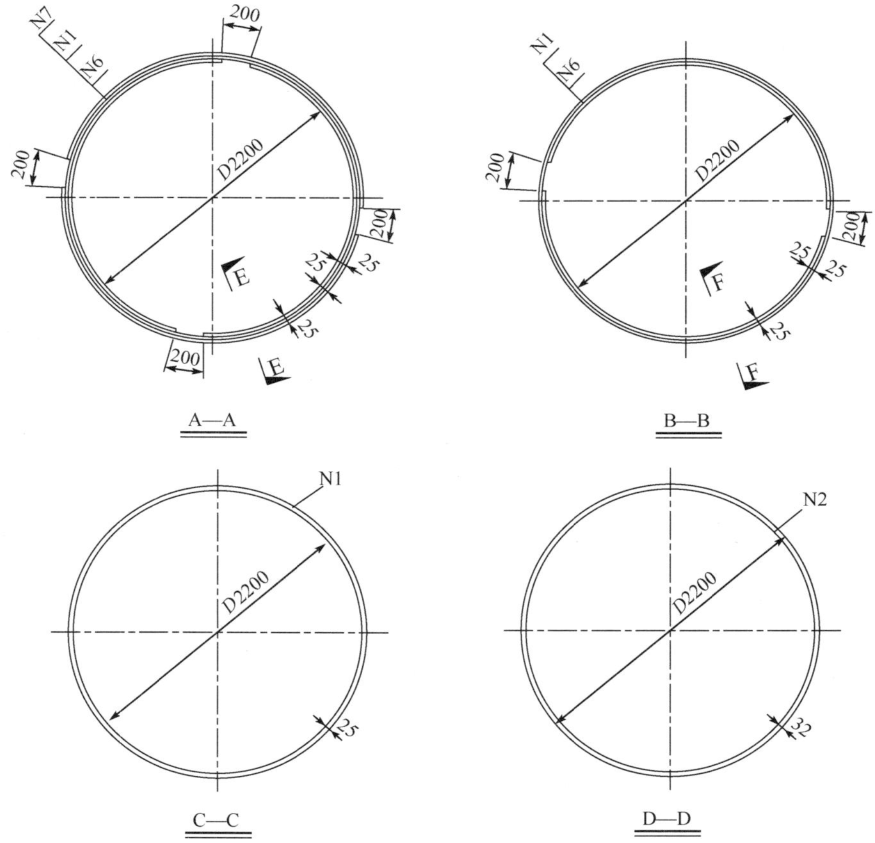

图　3.2-2

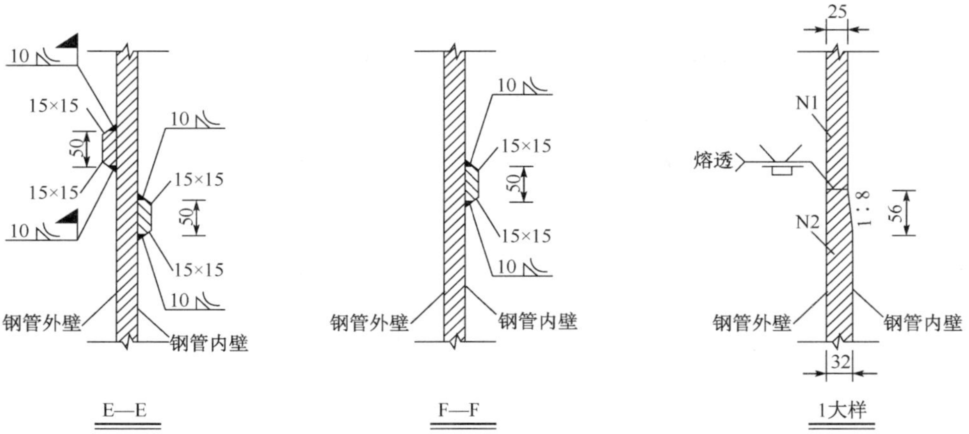

图 3.2-2 剪力环构造图(尺寸单位:mm)

根据结构受力需要,钢管复合桩采用 C45 混凝土,钢管与剪力环采用材质为 Q345C 的钢材,桩基通长配置普通钢筋,纵向主筋采用 40 根直径为 28mm 的 HRB335 钢筋,螺旋箍筋采用直径为 10mm 的 HPB235 钢筋,钢筋布置立面图详见图 3.2-3。

3.2.3 设计计算

结合港珠澳大桥的基础施工,需对钢管复合桩压-弯-剪复杂受力状态下的结构受力进行计算,钢管复合桩的设计计算内容见图 3.2-4 所示,其中关于钢管复合桩的施工过程计算主要是针对钢管复合桩吊装状态下的受力与变形计算,该工况下仅有钢管,结构刚度、边界条件和承受荷载较明确,采用常规计算方法即可。

对于钢管复合桩成桥状态下已形成复合结构,同时又有剪力环嵌固效应和泥皮/防腐涂装弱化效应共同作用,钢管和混凝土之间的黏结强度难以准确确定,钢管复合桩的抗压刚度、抗弯刚度不明确,规范中也未给出此种情况下的刚度取值。为此,港珠澳大桥前期专门针对钢管复合桩的刚度取值进行了模型试验研究,得到了钢管复合桩在考虑防腐层和泥皮弱化作用以及剪力环增强效应下的抗弯、抗压刚度值以及钢管与混凝土界面黏结应力强度。

(1)作用及作用组合

根据《公路桥涵设计通用规范》(JTG D60—2004)相关条款,针对该项目,主要考虑的作用包括:结构重力、水浮力、基础变位作用、汽车荷载、风荷载、波流力、温度作用、支座摩阻力、船舶的撞击作用、地震作用等。作用组合主要包括基本组合、偶然组合、标准组合、短期组合和长期组合五种。

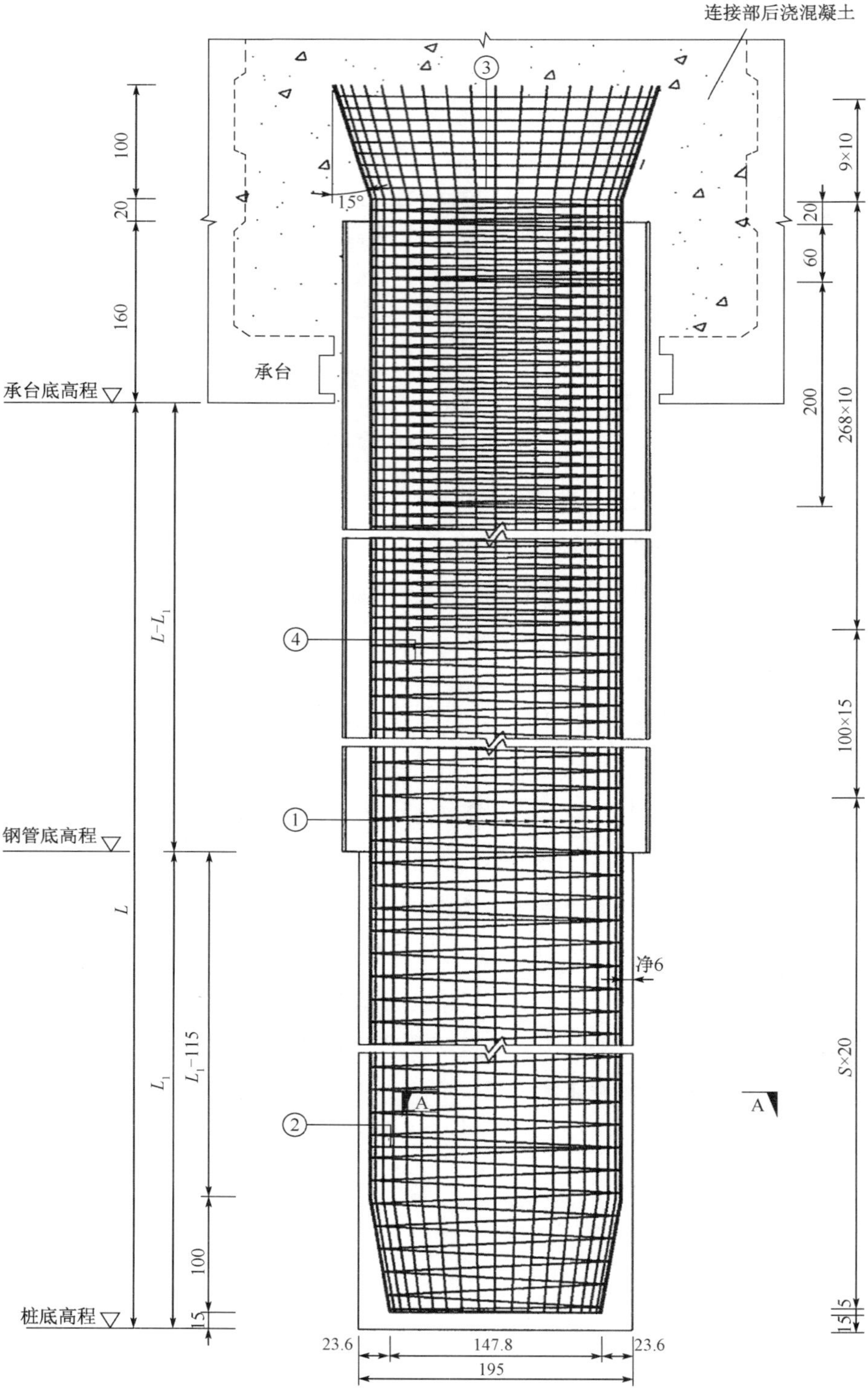

图 3.2-3 钢管复合桩钢筋布置立面图(尺寸单位:cm)

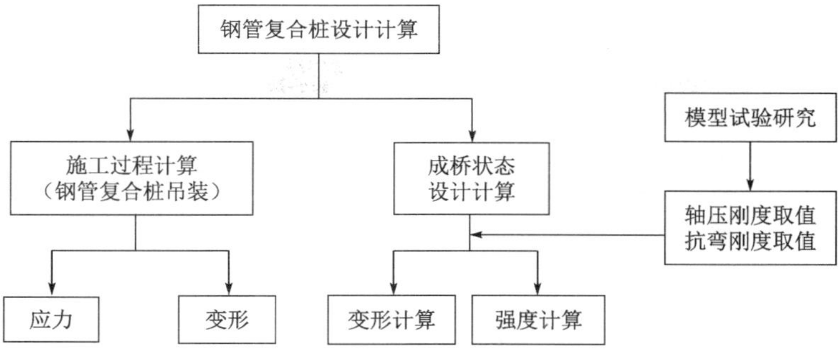

图 3.2-4 钢管复合桩的设计计算内容

①基本组合见表 3.2-2。

基本组合 表 3.2-2

组合编号	作用效应组合
基本 1	1.1×(1.2×结构重力+1.0×水的浮力+0.5×基础变位作用+1.4×汽车荷载)
基本 2	1.1×(1.0×结构重力+1.0×水的浮力+0.5×基础变位作用+1.4×汽车荷载)
基本 3	1.1×[1.2×结构重力+1.0×水的浮力+0.5×基础变位作用+1.4×汽车荷载+0.6×1.4×(运营风+波流力+温度作用+支座摩阻力)]
基本 4	1.1×[1.0×结构重力+1.0×水的浮力+0.5×基础变位作用+1.4×汽车荷载+0.6×1.4×(运营风+波流力+温度作用+支座摩阻力)]
基本 5	1.1×[1.2×结构重力+1.0×水的浮力+0.5×基础变位作用+1.4×120 年极限风+0.7×1.4×(波流力+温度作用+支座摩阻力)]
基本 6	1.1×[1.0×结构重力+1.0×水的浮力+0.5×基础变位作用+1.4×120 年极限风+0.7×1.4×(波流力+温度作用+支座摩阻力)]

②偶然组合见表 3.2-3。

偶然组合 表 3.2-3

组合编号	作用效应组合
偶然 1	1.0×结构重力+1.0×水的浮力+0.5×基础变位作用+1.0×船舶撞击作用+0.7×汽车荷载+0.75×运营风+波流力+0.8×温度作用+支座摩阻力
偶然 2	1.0×结构重力+1.0×水的浮力+0.5×基础变位作用+P2 地震作用
偶然 3	1.0×结构重力+1.0×水的浮力+0.5×基础变位作用+P3 地震作用

③标准组合见表 3.2-4。

标准组合 表 3.2-4

组合编号	作用效应组合
标准 1	1.0×结构重力+1.0×水的浮力+1.0×基础变位作用+1.0×汽车荷载

续上表

组合编号	作用效应组合
标准 2	1.0×结构重力+1.0×水的浮力+1.0×基础变位作用+1.0×汽车荷载+1.0×运营风+1.0×波流力+1.0×温度作用+1.0×支座摩阻力
标准 3	1.0×结构重力+1.0×水的浮力+1.0×基础变位作用+1.0×120年极限风+1.0×波流力+1.0×温度作用+1.0×支座摩阻力
标准 4	1.0×结构重力+1.0×水的浮力+1.0×船舶撞击作用+0.5×(汽车荷载+运营风+波流力+温度作用+支座摩阻力)
标准 5	1.0×结构重力+1.0×水的浮力+1.0×基础变位作用+1.0×P2地震作用
标准 6	1.0×结构重力+1.0×水的浮力+1.0×基础变位作用+1.0×P3地震作用

④短期组合见表3.2-5。

短期组合　　表3.2-5

组合编号	作用效应组合
短期 1	1.0×结构重力+1.0×水的浮力+1.0×基础变位作用+0.7×汽车荷载
短期 2	1.0×结构重力+1.0×水的浮力+1.0×基础变位作用+0.7×汽车荷载+0.75×运营风+1.0×波流力+0.8×温度作用+1.0×支座摩阻力
短期 3	1.0×结构重力+1.0×水的浮力+1.0×基础变位作用+0.75×120年极限风+1.0×波流力+0.8×温度作用+1.0×支座摩阻力

⑤长期组合见表3.2-6。

长期组合　　表3.2-6

组合编号	作用效应组合
长期 1	1.0×结构重力+1.0×水的浮力+1.0×基础变位作用+0.4×汽车荷载
长期 2	1.0×结构重力+1.0×水的浮力+1.0×基础变位作用+0.4×汽车荷载+0.75×运营风+1.0×波流力+0.8×温度作用+1.0×支座摩阻力
长期 3	1.0×结构重力+1.0×水的浮力+1.0×基础变位作用+0.75×120年极限风+1.0×波流力+0.8×温度作用+1.0×支座摩阻力

(2)钢管复合桩刚度计算

在现有钢管混凝土桩的刚度计算公式的基础之上，考虑泥皮、防腐层、剪力环的影响，进行钢管复合桩的刚度计算。

①轴压刚度

在钢管与核心混凝土共同受力和协调变形的条件下，根据经典力学理论，并采用叠加原理，对钢管复合桩抗压刚度进行分析。认为钢管复合桩抗压刚度是钢管和混凝土抗压刚度按一定形式的叠加，结合钢管复合桩实际情况，得出抗压刚度计算公式为：

$$EA = k_{ys}E_sA_s + k_{yc}E_cA_c \tag{3.2-1}$$

式中：k_{ys}——考虑钢管复合桩使用寿命的折减系数，海洋环境中主要考虑钢管的腐蚀，可取1.0；

k_{yc}——考虑泥皮、防腐涂层、剪力环的综合影响系数，可按式(3.2-2)计算；

$$k_{yc} = k_{yN}k_{yJ}k_{yF} \tag{3.2-2}$$

k_{yN}——考虑泥皮效应的折减系数，无泥皮时 $k_{yN}=1$，有泥皮时 $k_{yN}\leqslant 1$，具体取值还需试验进一步确认；

k_{yJ}——考虑剪力环加固效应的修正系数，无剪力环时 $k_{yJ}=1$，有剪力环时 $k_{yJ}\geqslant 1$，具体取值还需试验进一步确认；

k_{yF}——考虑防腐涂层的折减系数，无防腐涂层时 $k_{yF}=1$，有防腐涂层时 $k_{yF}\leqslant 1$，具体取值还需试验进一步确认；

②抗弯刚度

考虑泥皮＋防腐层弱化及剪力环加固效应影响系数，钢管复合桩抗弯刚度计算公式：

$$EI = k_{ws}E_sI_s + k_{wc}E_cI_c \tag{3.2-3}$$

式中：k_{ws}——考虑钢管复合桩使用寿命的折减系数，海洋环境中主要考虑钢管的腐蚀，可取1.0；

k_{wc}——考虑泥皮、防腐涂层、剪力环的影响系数，可按下式计算；

$$k_{wc} = k_{wN}k_{wJ}k_{wF} \tag{3.2-4}$$

k_{wN}——考虑泥皮效应的折减系数，无泥皮时 $k_{wN}=1$，有泥皮时 $k_{wN}\leqslant 1$，具体取值还需试验进一步确认；

k_{wJ}——考虑剪力环加固效应的修正系数，无剪力环时 $k_{wJ}=1$，有剪力环时 $k_{wJ}\geqslant 1$，具体取值还需试验进一步确认；

k_{wF}——考虑防腐涂层的折减系数，无防腐涂层时 $k_{wF}=1$，有防腐涂层时 $k_{wF}\leqslant 1$，具体取值还需试验进一步确认。

(3)黏结强度计算

钢管与混凝土界面黏结应力不是滑移的简单线性函数，而是关于 x 的指数函数。因此，假定界面黏结应力的分布函数为：

$$\begin{cases}\tau(x)=\tau_u e^{kx}=\tau_u\left(1+kx+\dfrac{(kx)^2}{2!}+\dfrac{(kx)^3}{3!}+\cdots\right)\approx\tau_u(Ax^2+Bx+C) & N<N_u\\ \tau(x)=K\tau_u & N\geqslant N_u\end{cases} \tag{3.2-5}$$

式中：$\tau(x)$ ——x 处钢管与混凝土界面黏结应力；

N_u ——黏结破坏荷载，可通过试验确定；

τ_u ——黏结强度，按下式计算；

$$\tau_u=\frac{N_u}{\pi dL} \tag{3.2-6}$$

L ——界面长度；

N ——黏结破坏荷载；

d ——混凝土直径。

A、B、C ——待定常数；

k、K ——常数，通过试验可确定其值。

根据钢管与核心混凝土两者变形协调，分析可得试件任一位置 x 处的相对滑移为：

$$S_x=\begin{cases}\tau_u\dfrac{(1+n\alpha)u}{A_sE_s}\left(\dfrac{A}{12}x^4+\dfrac{B}{6}x^3+\dfrac{C}{2}x^2+Dx+E\right) & N<N_u\\ \dfrac{1}{2}K\tau_u x^2+Gx+H & N\geqslant N_u\end{cases} \tag{3.2-7}$$

式中：S_x ——x 处的钢管与核心混凝土的相对滑移量；

u ——钢管横截面周长；

D、E、G、H ——待定常数。

关于待定常数 A、B、C、D、E、G、H 的取值：

①当 $N<N_u$ 时，

$$A=-\frac{6N}{ul_s^3(1+n\alpha)};B=\frac{6N}{ul_s^2(1+n\alpha)};C=0;D=-\frac{N}{u(1+n\alpha)};E=\frac{Nl_s}{2u(1+n\alpha)}$$

②当 $N\geqslant N_u$ 时，

$$G=-\varepsilon_s;H=-\frac{1}{2}K\tau_u l_s^2-\varepsilon_s l_s$$

式中：ε_s ——钢管纵向应变；

l_s ——剪力传递长度，可按下式计算：

$$l_s=\frac{N}{(1+n\alpha)u\tau_u} \tag{3.2-8}$$

n ——钢材与混凝土弹模之比 E_s/E_c；

α ——钢管与混凝土截面面积之比 A_s/A_c。

3.2.4 耐久性设计

为满足港珠澳大桥120年的设计使用寿命要求,需要综合考虑不同混凝土构件所处的腐蚀环境、构件重要性与承载能力以及施工水平等因素,确定港珠澳大桥不同混凝土构件的氯离子扩散系数、最小保护层厚度(未考虑施工偏差)等,如表3.2-7所示。对钢管复合桩耐久性设计主要包括混凝土防腐蚀设计、钢管阴极保护设计和钢管外加防腐设计三个方面。

钢管复合桩混凝土耐久性关键控制指标　　表3.2-7

环境	设计使用年限(年)	环境等级	最低强度等级	最小保护层厚度(mm)	NT Build492 氯离子扩散系数($10^{-12}m^2/s$)	
					28d	56d
浪溅区	120	Ⅲ-F	C35	60	7.0	5.0
水下区	120	Ⅲ-C	C35	60	7.0	5.0

(1)混凝土外加防腐蚀设计

混凝土外加防腐蚀措施可分为两大类:一类是通过阻止或延缓氯离子渗透进钢筋表面从而达到保护钢筋的目的,例如:硅烷浸渍、混凝土涂层、施工采用透水模板以及混凝土掺加硫水化合孔栓物等;另一类是通过提高钢筋原有的抗腐蚀性能使钢筋不锈蚀,如不锈钢钢筋、热浸镀锌钢筋以及环氧树脂涂层钢筋等。钢管复合桩腐蚀环境为水下区和泥下区,利用外侧钢护筒抵抗腐蚀,混凝土采用水下不分散海工耐久混凝土。

(2)钢管复合桩钢管阴极保护设计

钢管采用牺牲阳极保护阴极系统,阳极材料选择高效铝阳极。第一期阴极保护寿命为60年,设计更换一次,每次有效期为60年。港珠澳大桥采用的大直径钢管复合桩耐久性设计的前提是钢管外壁涂覆高性能FBE(Fusion Bond Epoxy,熔结环氧树脂)防护涂层,涂层初始破损率为0.5%,60年涂层破损率为8%。裸钢在海泥中的初期阴极保护电流密度设定为$25mA/m^2$,平均阴极保护电流密度和末期阴极保护电流密度设为$20mA/m^2$。在有效保护时间内,牺牲阳极保护的保护电位范围如表3.2-8。阳极化学成分及电化学性能详见表3.2-9和表3.2-10。

牺牲阳极保护的保护电位范围(V)　　表3.2-8

参比电极	铜/饱和硫酸铜	银/氯化银/海水	锌参比电极/海水
保护电位	-0.85~-1.10	-0.85~-1.05	0.25~0.00

阳极化学成分(%)　　表3.2-9

化学元素	Zn	In	Mg	Ti	Si	Fe	Cu	Al
成分含量	4.0~7.0	0.02~0.05	0.5~1.5	0.01~0.08	<0.1	<0.15	<0.01	余量

阳极电化学性能　　表 3.2-10

项　目	开路电路（V）	工作电路（V）	实际电容量（Ah/kg）	电路效率（%）	溶解状况
电化学性能	-1.18 ~ -1.10	-1.12 ~ -1.05	>2600	>90	表面溶解均匀

（3）钢管外加防腐蚀设计

钢管外壁防腐需对水中区和泥下区分别设计。水中区即钢管上端20m，采用高性能复合加强双层熔融结合环氧粉末涂层，内层厚度≥300μm，面层厚度≥700μm，涂层总厚度≥1000μm。除水中以外，外壁其余部位为泥下区，采用高性能符合普通双层熔融结合环氧粉末涂层，内层厚度≥300μm，面层厚度≥350μm，涂层总厚度≥650μm。内层为耐腐蚀型涂层，面层为抗划伤耐磨涂层。钢管内壁防腐方案按照普通级防腐涂层设计，采用高性能无溶剂液体环氧涂层，厚度≥200μm。为了提高内防腐涂层与钢桩内部灌注混凝土的相对黏结强度，在内壁防腐涂层上载喷涂一层耐磨防滑涂层，厚度≥50μm。涂层具有耐腐蚀、抗划伤耐磨的特性。

3.3　钢管复合桩模型试验

针对大直径钢管复合桩抗弯、抗压等关键设计参数的取值，开展了大直径钢管复合桩及无钢管复合桩模型试验、理论研究和数值模拟分析，研究钢管复合桩的协同受力机理和特性，获得桩身在压-弯-剪组合作用下的受荷和变形规律，揭示钢管复合桩在各受力工况下的工作性能及可靠性，同时考虑钢管的壁厚、钢管长度、内壁剪力环构造、剪力环间距、泥皮弱化效应、防腐涂层影响等。在实验的研究基础上，提出钢管复合桩设计计算理论与方法，指导港珠澳大桥大直径钢管复合桩设计。

试验重在了解在荷载作用下钢管复合桩结构协同工作性能、变形特性、抗剪切黏结-滑移机制和破坏形态等，获得不同荷载作用下考虑钢管剪力环作用和泥皮/防腐涂装弱化效应的钢管复合桩的组合刚度、荷载-位移曲线变化、钢管与混凝土之间的黏结强度等，为钢管桩的力学性能研究和设计计算提供参考，为钢管复合桩有限元分析提供理论依据。钢管复合桩模型试验路线图如图 3.3-1 所示。

3.3.1　偏压试验

（1）研究目的

为了研究压-弯-剪复杂荷载作用下钢管复合桩的工作特性，开展了普通钢筋混凝土

桩与钢管 + 泥皮/防腐涂层/剪力环 + 钢筋混凝土桩力学性能对比试验以及泥皮、防腐涂层和剪力环对钢管复合桩受力及变形特性影响的试验，进行压-弯-剪复杂受荷条件下考虑剪力环、泥皮、防腐层不同组合下的钢管复合桩力学性能模型试验研究，分析复杂受荷条件下钢管复合桩的力学性能，泥皮/防腐涂层弱化效应和剪力环抗剪效应对钢管复合桩力学性能的影响规律，为泥皮、防腐涂层、剪力环效应对钢管复合桩的影响系数取值提供实验依据和参考，进一步确定出剪力环的合理间距。

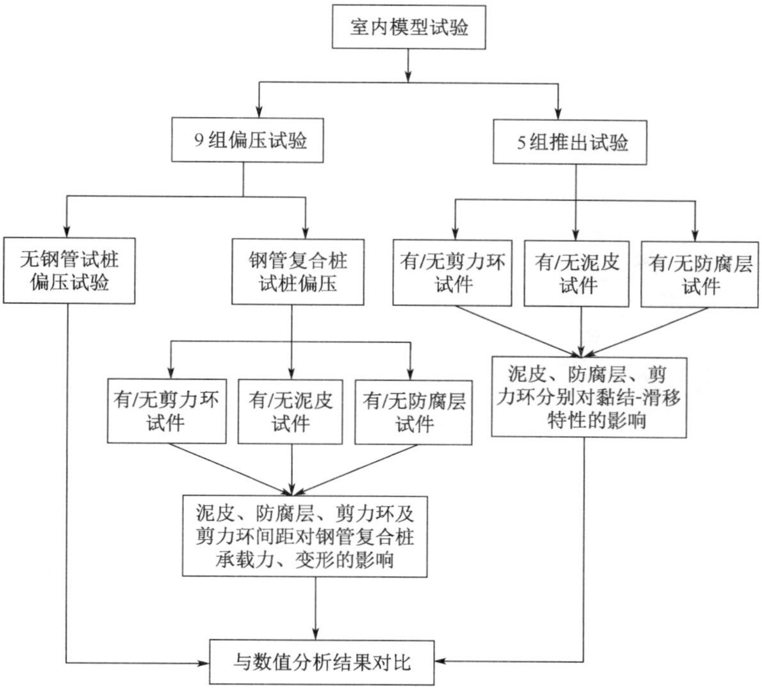

图 3.3-1　钢管复合桩模型试验路线图

（2）试验设计

由于室内模型试验很难采用与原型相同的几何尺寸，根据港珠澳大桥钢管复合桩（直径 2200mm，钢管壁厚 25mm）的设计，遵循模型试验的相似性原则，采用 1:7.33 的比例缩尺模型。同时，试件采用与原型相同的配筋率。试验模型总长 4.1m，其中试验段 2.5m，加载段长 1.2m，锚固段长 0.4m。钢管直径 $D = 30\text{cm}$，壁厚 $t = 3\text{mm}$；钢管面积与核心混凝土面积之比（即含钢率）为 4.1%；剪力环与原设计类型相同，宽度 $b = 0.6\text{cm}$、厚度 $d = 0.3\text{cm}$ 的钢片，间距分别为 $1D$（30cm）、$1.5D$（= 45cm）、$2D$（60cm）、$3D$（90cm）。钢管和混凝土均采用原设计材料类型和强度等级。剪力环与钢管内壁之间采用焊接连接。钢管复合桩模型试验图如图 3.3-2 所示。

a)现场试验图

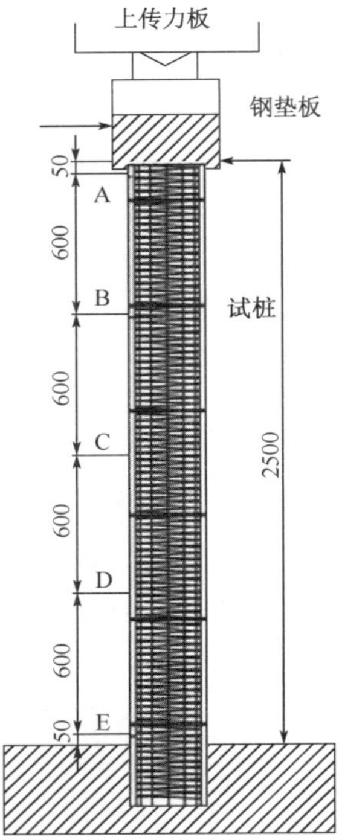

b)设计图

图 3.3-2　钢管复合桩模型试验图(尺寸单位:mm)

模型试验共设 9 组,其中无钢管模型试验 1 组(YWJ-8),有钢管且内壁无剪力环、无泥皮、有防腐涂层 1 组(YWJ-1),有钢管无剪力环、有泥皮、无防腐涂层 1 组(YWJ-2),有钢管且内壁无剪力环、有泥皮、有防腐涂层 1 组(YWJ-3),有钢管且内壁设有剪力环、有泥皮、有防腐涂层 4 组(YWJ-4 ~7),有钢管且内壁设有剪力环、无泥皮、有防腐涂层 1 组(YWJ-9)。各试件信息见下表 3.3-1 所示。采用控制变量对比不同试桩,可以各自分析钢管、泥皮、防腐涂层、剪力环以及剪力环间距对钢管复合桩工作性能的影响规律,如对比 YWJ-1 和 YWJ-3 可以分析泥皮对钢管复合桩的影响,对比 YWJ-2 和 YWJ-3 可以分析防腐涂层对钢管复合桩的影响,对比 YWJ-3 和 YWJ-4 可以分析剪力环对钢管复合桩的影响,对比 YWJ-4 ~ YWJ-7 可以分析不同剪力环间距对钢管复合桩的影响,对比 YWJ-8 和 YWJ-9 可以分析钢管对桩的影响。

(3)试验结果

图 3.3-3 给出了试件顶部中心点处的竖向变形随荷载的变化关系曲线。从图中可以看出,YWJ-8 试件的荷载-变形曲线具有明显的拐点,拐点之后试件竖向变形随荷载增加急剧增加,最终产生脆性破坏。YWJ-9 试件的荷载-位移曲线未出现明显的拐点,竖向

变形随荷载基本按直线规律增加。YWJ-8 和 YWJ-9 两试件承载力分别为 1172kN、2221kN，YWJ-9 试件约为 YWJ-8 试件的 1.9 倍。可见，钢管复合桩与普通钢筋混凝土桩相比，承载能力显著提高。

试件信息表　　表 3.3-1

试桩编号	钢管型号	钢管	泥皮	防腐涂层	剪力环	剪力环间距 S_J(cm)
YWJ-1	$\phi300 \times 3$	√	×	√	×	—
YWJ-2		√	√	×	×	—
YWJ-3		√	√	√	×	—
YWJ-4		√	√	√	√	30
YWJ-5		√	√	√	√	45
YWJ-6		√	√	√	√	60
YWJ-7		√	√	√	√	90
YWJ-8		×	×	×	×	—
YWJ-9		√	×	√	√	—

注："√"表示有，"×"表示无。

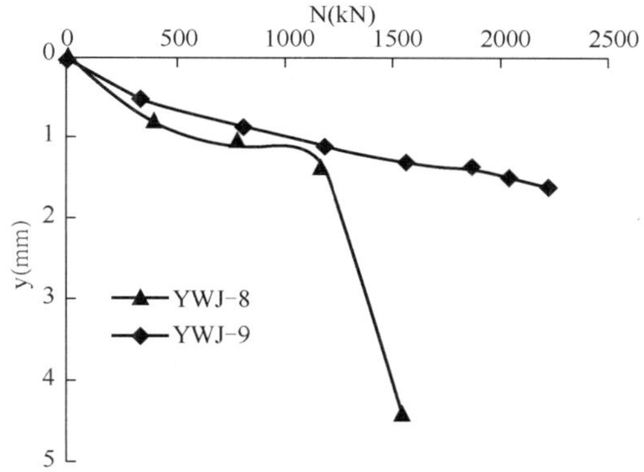

图 3.3-3　YWJ-8 和 YWJ-9 荷载-位移曲线图

表 3.3-2 给出了钢管复合桩在考虑泥皮、防腐涂层和剪力环不同组合作用时的组合刚度计算表达式，将试验结果代入式(3.2-1)和式(3.2-3)分别求解钢管复合桩抗压和抗弯刚度值。

钢管复合桩刚度计算表达式　　表 3.3-2

试件编号	EA(kN)	EA 表达式	EI(kN·m^2)	EI 表达式
YWJ-1	2699839	$E_sA_s + 0.96E_cA_c$	17229.60	$E_sI_s + 0.91E_cI_c$
YWJ-2	2699839	$E_sA_s + 0.96E_cA_c$	17349.10	$E_sI_s + 0.92E_cI_c$

续上表

试件编号	EA(kN)	EA 表达式	EI(kN·m^2)	EI 表达式
YWJ-3	2611359	$E_sA_s+0.92E_cA_c$	17110.10	$E_sI_s+0.90E_cI_c$
YWJ-4	2987397	$E_sA_s+1.09E_cA_c$	19978.03	$E_sI_s+1.14E_cI_c$
YWJ-5	2839187	$E_sA_s+1.023E_cA_c$	18663.56	$E_sI_s+1.03E_cI_c$
YWJ-6	2817074	$E_sA_s+1.013E_cA_c$	18460.42	$E_sI_s+1.013E_cI_c$
YWJ-7	2766191	$E_sA_s+0.99E_cA_c$	18185.58	$E_sI_s+0.99E_cI_c$

由表3.3-2可知,剪力环钢管复合桩的抗压和抗弯刚度约为无剪力环的1.07和1.09倍。表明,在其他条件相同情况下,剪力环的存在使得钢管复合桩刚度明显提高,提高幅度约为7%~9%。通过将试件YWJ-1与YWJ-3相比可知,SLF(solvent-free liquid epoxy,无熔剂液体环氧)防腐涂层存在的条件下,带泥皮试件的抗压和抗弯刚度约为无泥皮的0.97和0.99倍。可见,泥皮弱化效应使钢管复合桩的刚度有所降低,抗压和抗弯刚度分别降低约为3%和1%。试件YWJ-2与YWJ-3相比可知,泥皮存在的条件下,带SLF防腐涂层试件的抗压和抗弯刚度约为无防腐涂层的0.97和0.98倍。可见,SLF防腐涂层使钢管复合桩的刚度略有降低,抗压和抗弯刚度分别降低3%和2%。在考虑泥皮和防腐涂层弱化效应的钢管复合桩组合刚度表达式中,核心混凝土刚度修正系数足k_{yc}在0.92~0.96之间,k_{wc}在0.90~0.92之间,两者均小于1。可见,泥皮、防腐涂层的弱化效应使得钢管复合桩的组合刚度减小,主要是由于泥皮、防腐涂层的存在致使钢管与混凝土间的黏结减弱,从而对钢管复合桩的整体性能产生不利影响。

对比分析试件YWJ-4~YWJ-7可知,钢管复合桩在泥皮、防腐涂层和剪力环(间距分别为30cm、45cm、60cm、90cm)的作用下,核心混凝土刚度修正系数k_{yc}在0.99~1.09之间,k_{wc}在0.99~1.14之间。在泥皮和防腐涂层弱化效应下,当间距为30cm、45cm、60cm时,混凝土刚度修正系数均大于1;当剪力环间距为90cm时,核心混凝土刚度修正系数小于1。可见,随剪力环间距的增加,钢管复合桩组合刚度逐渐降低。当间距为3D时,剪力环的嵌固作用则小于泥皮和防腐涂层弱化效应对刚度的不利影响;间距在1D~2D之间变化时,剪为环的嵌固作用大于泥皮和防腐涂层弱化效应对刚度的不利影响。

(4)试验结论

偏压试验开展了2组压-弯-剪荷载作用下普通钢筋混凝土桩和钢管复合桩力学性能对比试验,7组压-弯-剪荷载作用下泥皮、防腐涂层和剪力环对钢管复合桩工作特性影响试验。获得以下主要结论:

①钢管复合桩明显改善了钢筋混凝土桩的力学性能,具有更好的承载能力和抗变形

特性，钢管复合桩的承载能力为无钢管混凝土桩的1.9倍。

②压-弯-剪复杂受力状态下，剪力环能够显著提高钢管复合桩的抗弯性能，能有效地减小桩的水平位移；同比条件下，剪力环(间距$1D \sim 3D$)钢管复合桩平均组合刚度：无剪力环钢管复合桩平均组合刚度=1.22:1。

③钢管内壁泥皮和防腐涂层降低了钢管复合桩变形特性和承载能力。试验条件下，泥皮使钢管复合桩刚度减小了2%，SLF防腐涂层使其减小约2%，两者影响较小且在工程控制精度允许范围内。

④剪力环明显改善钢管与混凝土的受力特性，有效地将核心混凝土的应力传递至钢管；间距在$1D \sim 2D$之间变化时，剪力环能提高钢管复合桩的组合刚度，但随着剪力环的间距增大，钢管复合桩组合刚度会逐渐降低；当间距为$3D$时，剪力环的嵌固作用甚至小于泥皮和防腐涂层弱化效应对刚度的不利影响，这说明剪力环合理间距应小于$3D$。

3.3.2 推出试验

(1)试验目的

为了量测钢管复合桩的黏结应力和相对滑移值，本试验通过开展5组圆钢管复合桩推出试验，着重研究了泥皮、防腐涂层和剪力环对钢管复合桩黏结-滑移性能的影响规律。

(2)试验设计

试件总长度为4.1m，其中包含2.5m的测试段，1.2m的加载段，0.4m的锚固段。试件的详细尺寸及相关参数如表3.3-3所示。钢管直径$D=30$cm，厚度$t=3$mm，推出试验试件及试件端部布置如图3.3-4和图3.3-5所示。对于推出试验试件端部预留5cm空钢管推出段。压-弯-剪推出试验共设5组，分别研究了泥皮、防腐涂层和剪力环对钢管复合桩黏结-滑移性能的影响规律。

推出试验试件参数表 表3.3-3

试件编号	钢管型号	径厚比 D/t	含钢率 α	泥皮	SLF防腐涂层	剪力环	剪力环间距 S_J(cm)
TC-1	$\phi300 \times 3$	100	0.041	×	√	×	—
TC-2				√	×	×	—
TC-3				√	√	×	—
TC-4				×	√	√	30
TC-5				√	√	√	30

注："√"表示有，"×"表示无。

图 3.3-4 推出试验试件

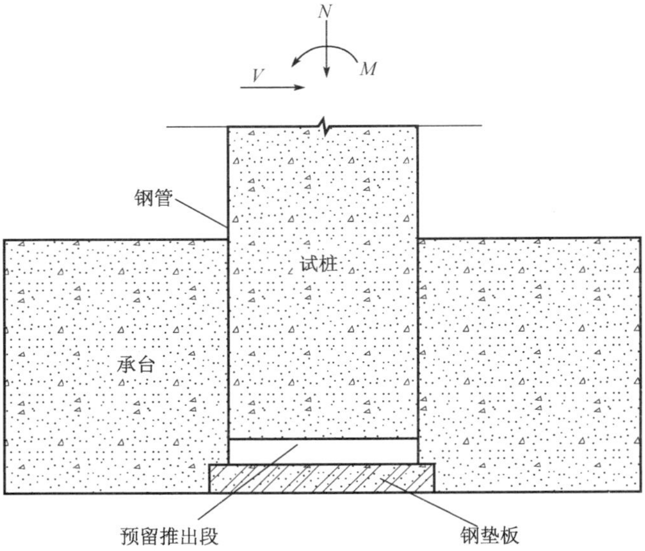

图 3.3-5 推出试验试件端部布置图

N-轴力(kN);V-剪力(kN);M-弯矩(kN·m)

(3)试验结果

表 3.3-4 给出了 5 组推出试验结果以及各组时间的截面极限黏结强度 τ_u 的计算结果。从表中可以看出:5 组试件的界面极限黏结强度在 0.242~0.404MPa 之间变化,设有剪力环试件的黏结强度显著提高,提高幅度为 66.7%。由此说明,考虑泥皮和防腐涂层作用的情况下,可通过在钢管内壁增设剪力环的方式提高界面黏结强度。在泥皮存在

的条件下，防腐涂层对钢管复合桩黏结强度的影响不明显。

推出试验结果 表 3.3-4

序号	试件编号	黏结破坏荷载 N_u（kN）	黏结强度 τ_u（MPa）	备　注
1	TC-1	1172	0.343	防腐涂层
2	TC-2	828	0.242	泥皮
3	TC-3	828	0.242	防腐涂层 + 泥皮
4	TC-4	1380	0.404	防腐涂层 + 剪力环
5	TC-5	1380	0.404	防腐涂层 + 泥皮 + 剪力环

（4）试验结论

推出试验开展了 5 组压-弯-剪推出试验，并对 5 组试验结果进行了详细对比分析，主要得到以下结论：

①泥皮和防腐涂层使钢管复合桩的黏结减弱，剪力环则改善了钢管复合桩的黏结-滑移性能。推出试验范围内，压-弯-剪复杂荷载条件下，钢管复合桩与承台连接处破坏，表现为钢管屈曲破坏；钢管与核心混凝土的黏结强度为 0.242 ~ 0.404MPa，黏结破坏时相对滑移量均小于 0.2mm。

②在泥皮和防腐涂层弱化作用下，剪力环使界面黏结强度显著提高。在压-弯-剪复杂受力条件下，剪力环（间距 30cm）使钢管复合桩在考虑泥皮和防腐涂层作用下的界面黏结强度提高了 66.7%。

3.3.3 数值模拟

（1）模拟目的

在现有理论知识的基础上，建立钢管混凝土非线性静力分析模型。模拟设置钢管复合桩单桩的约束边界条件，分析钢管复合桩协同受力机理，研究钢管复合桩在竖向、水平向、弯矩荷载下考虑钢管套箍效应时的结构协同工作性能，并考虑有无剪力环、有无泥皮、有无防腐涂装的影响。同时，进行剪力环截面形状效应的模拟计算研究，验证试验结果是否与数值模拟计算结果一致，并分析了剪力环间距和截面形式、钢管壁厚等因素对钢管复合桩工作性能的影响规律，推进钢管复合桩的进一步的力学性能研究，为钢管混凝土桩设计提供一定参考价值。

（2）模拟方法

采用大型有限元软件 ABAQUS，进行钢管复合桩在压-弯-剪复杂荷载状态下的受力性能的数值模拟。本模型试验中，钢管与剪力环采用材质为 Q345C 的钢材，并使用

HRB335 钢筋。为了模拟钢材的弹塑性性能,采用了 ABAQUS 中的等向弹塑性模型。该模型满足 Mises(米塞斯)屈服准则,使用一系列应力-塑性应变的数据点来模拟材料的塑性行为,在有足够多的数据点的情况下,可以非常好地模拟材料的真实塑性应变函数。核心混凝土模型是钢管复合桩有限元分析的基础。ABAQUS 提供三种混凝土塑性本构模型:混凝土塑性损伤模型,混凝土弥散裂缝模型和混凝土开裂模型。根据钢管混凝土桩在复杂受力状态下的工作机理,在进行本次有限元分析时混凝土的塑性行为采用 ABAQUS 中的混凝土塑性损伤模型。

在 ABAQUS 软件中,钢管可使用壳单元与实体单元来模拟。钢管厚度与长度的比值相当小,考虑到壳单元在单元划分、计算量方面都要比实体单元更适宜,故采用四节点缩减积分壳单元(S4R),并在厚度方向设置了 9 个积分点来加强其计算精确性。S4R 单元允许沿厚度方向的剪切应变,求解方法会自动服从厚壳或薄壳理论,同时其作为线性缩减单元能很好地适用于接触分析与大应变分析,网格划分如图 3.3-6 所示。剪力环与钢管材料相同并连接钢管,故考虑使用和钢管相同的单元(S4R),网格划分如图 3.3-6 所示。

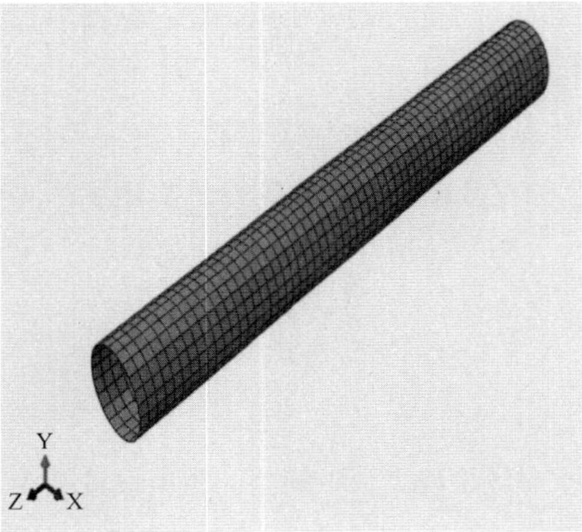

a)钢管

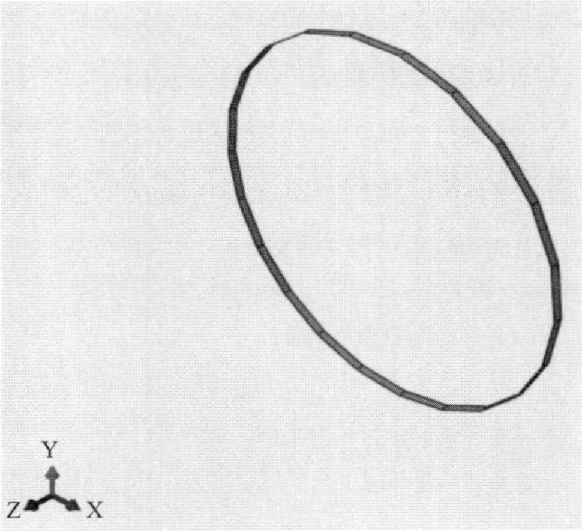

b)剪力环

图 3.3-6　钢管、剪力环有限元网格划分

ABAQUS 中模拟钢筋的方法通常有两种,其中一种是使用 Rebar Layers(预应加强筋层),另一种是使用 Truss 单元(杆单元)。考虑到 Rebar Layer 显示单根钢筋应力较为复杂,故在本次分析中采用更为简便 Truss 单元模拟钢筋,并确定使用两节点三维杆单元(T3D2),网格划分如图 3.3-7 所示。箍筋采用与钢筋相同的单元(T3D2),网格划分如图 3.3-8所示。混凝土采用实体单元来模拟,考虑到需要进行接触分析,故采用六面体线性缩减单元(C3D8R)。这种单元与其他高次或者完全积分单元比起来计算精度稍低,但是却可以大大节省计算的时间,使得网格的划分可以更细,并很好地适应接触分析与

大应变分析,网格划分如图 3.3-9 所示。

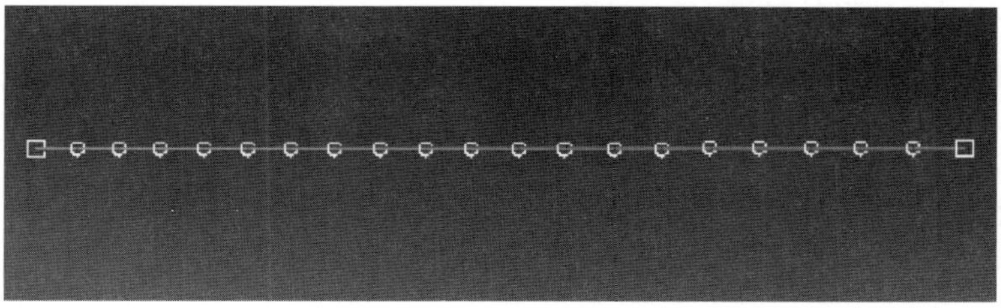

图 3.3-7　纵向钢筋有限元网格划分

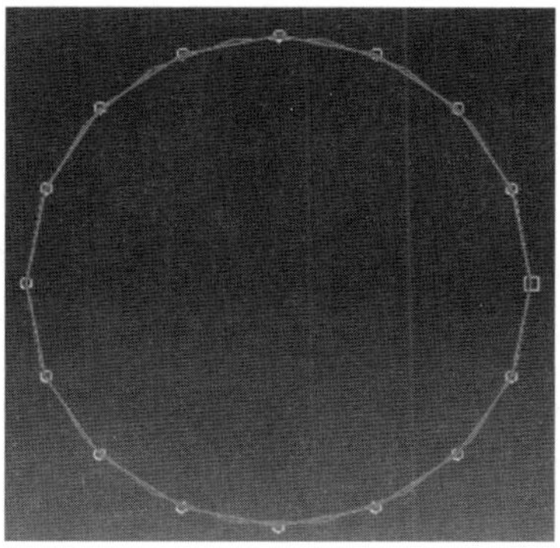

图 3.3-8　箍筋有限元网格划分

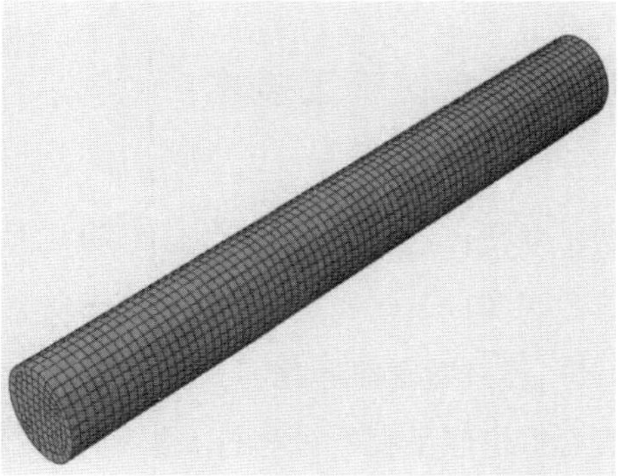

图 3.3-9　核心混凝土有限元网格划分

(3)模拟结果

将有限元法计算结果与试验结果进行对比分析,得到钢管复合桩压弯剪荷载-变形关系曲线,如图 3.3-10 所示。由图 3.3-10 的比较结果可见,计算结果与试验结果吻合较好。

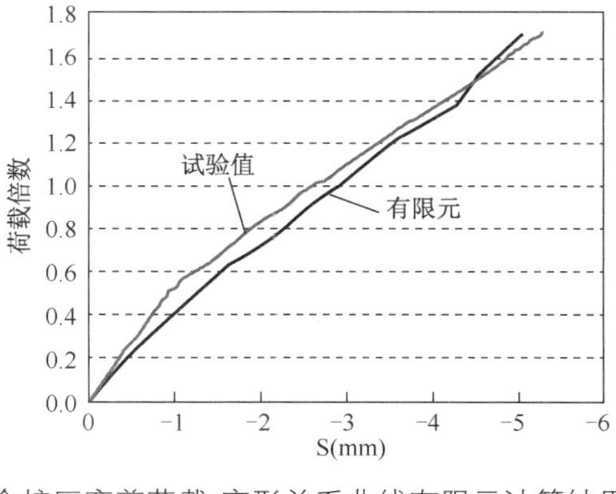

图 3.3-10　钢管复合桩压弯剪荷载-变形关系曲线有限元计算结果与试验结果的比较

(4)分析结论

通过数值模拟分析,并与试验结果对比,可以得出以下结论:

①有限元法提出了适用于钢管复合桩分析的单元以及合理的接触处理方式，计算结果与试验结果吻合较好。

②剪力环使得钢管复合桩的整体性能提高，有效地将应力传递分配到钢管上；剪力环间距 60cm 较为合理，计算得出的变形较为均匀合适。

③通过对比不同截面形式的有限元计算结果可知，剪力环截面形式的改变对钢管复合桩承载力及变形特性的影响不明显。当剪力环截面形式为矩形时，有限元计算结果与试验结果吻合较好。

3.4　钢管复合桩施工技术

根据工程特点、施工环境以及总工期要求，确定基础施工方案如下：先在工厂进行钢管复合桩的制作以及防腐措施，后运输至现场，再进行钢管沉桩施工。沉桩时，运输导向架首先就位，浮式起重机起吊，打桩锤插打定位桩，完成定位桩插打施工，然后导向架退出。浮式起重机起吊打桩锤插打 6 根钢管桩及 19 根钻孔平台钢桩，整体吊装钻孔平台就位。平台上安装大型液压反循环钻机，桩基成孔后浇筑水下混凝土，对桩基进行检测，待桩基检测合格后检测管压浆，完成桩基施工，拆除钻孔平台。其中，钢管桩在制作中一定要严格控制焊缝质量和钢管段制作误差，并且做好钢管内外防腐涂层；钢管沉桩时也要严格控制偏差在控制范围内；钻孔沉桩过程中要进行二次清孔，沉淀厚度及泥浆指标都要符合要求。

3.4.1　钢管桩制作

钢管桩桩径为 2000mm、2200mm 两种形式，壁厚 $\delta = 25$mm，底部 2m 段壁厚 $\delta = 32$mm，采用工厂整桩一次加工成型。根据设计图纸，可将钢管复合桩制作大致分为以下几个工序：螺旋管的制作；直缝管的制作；异壁厚管节对接及剪力环制作；焊缝质量检测及修补；吊耳的制作及安装；最终检验及成品标识；堆存及吊运。

1）钢管桩制造主要工艺流程

钢管桩制造主要包括螺旋管制作、直缝管制作、异壁厚管节对接及剪力环制作及焊接等几个步骤。

（1）螺旋管制作

螺旋管制作流程如图 3.4-1 所示。

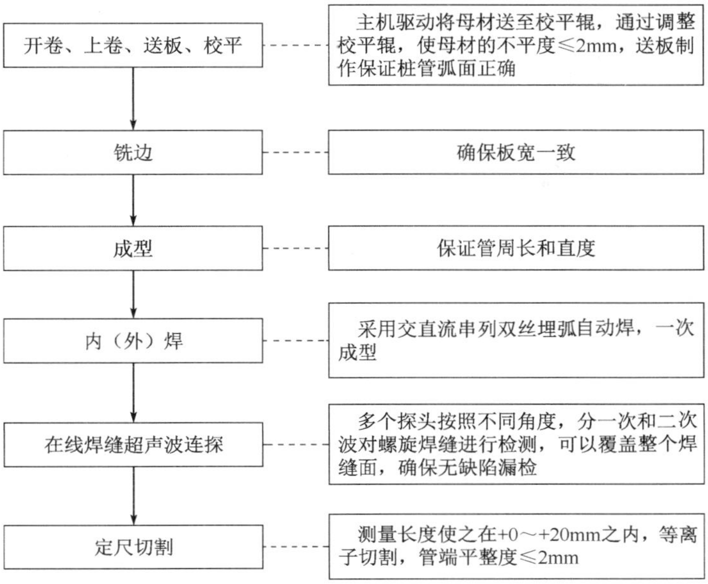

图 3.4-1　螺旋管制作流程图

(2)直缝管制作

数控火焰切割机双定尺下料(长、宽),长度方向允许误差 ±3mm,宽度方向允许误差 ±2mm,对角线长度误差 ±2mm。直焊缝坡口形式为 Y 形,钝边在管外。环焊缝坡口按工艺要求开 1:5 过渡坡口,直边段为 25mm,然后在 25mm 直边段处开内 Y 形坡口。

清理、打磨火焰切割料渣,然后将合格的板料送进卷板机,要求进料角度应保证直缝边与卷板机辊轴平行,确保直缝对接错边量≤3mm。在卷板机上调整错边和端面平整度,用手弧焊分 5 ~8 处焊接定形,再进行对接焊及修补。

(3)异壁厚管节对接

异壁厚管节对接时,由于钢管桩为内径相同,板厚不同的管节对接而成,为了保证两管节对接后的直度或者说是同心度,主要注意以下几点:

①调整滚轮架的测线和母线,使对接两管中心线在同一平面上。

②通过平口工序确保相对接的两根管节的管端平整度符合要求,以降低钢管的弯曲度。

③由于板厚不同,按工艺制作焊接坡口和厚管节的过渡坡口,这样既保证了弯曲度,又能保证焊接质量。

对接环缝焊接是采用的直流单(双)丝自动埋弧焊分五步完成,具体流程见图 3.4-2 所示。

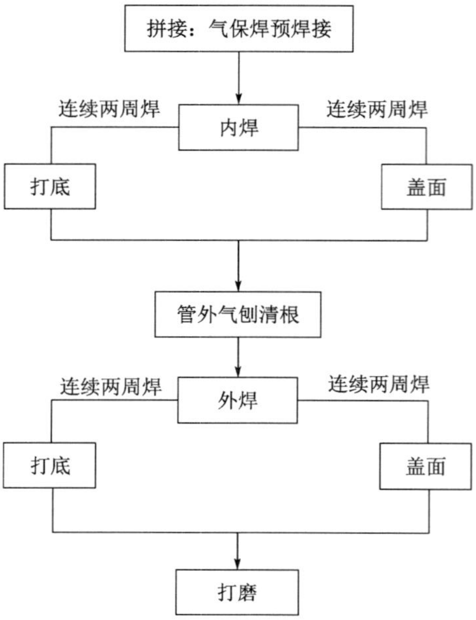

图 3.4-2　对接环缝焊接流程图

(4)剪力环制作及焊接

剪力环采用螺旋钢管制管工艺,先根据母管规格制管并修补后按照设计要求采用火焰切割将其切成环状,然后用气体保护焊将其按工艺焊接在钢管管体内,焊接后用磁粉检测法对角焊缝进行检验,用焊接检验尺测量焊缝高度及焊脚。在剪力环焊接过程中,为了使焊接应力分散,采取分点装配,分段多次焊接的操作方法,以确保钢管在经过大量焊接工序后管体弯曲度、椭圆度等物理尺寸仍能符合要求。焊接完毕后,检验焊接数量,用焊接检验尺检测其焊脚长度,并目测检查焊缝是否圆滑,焊渣与飞溅物是否清除干净,用钢卷尺测量剪力环之间距离是否合乎要求。

2)施工质量控制

钢材、焊接材料的品种、型号、规格和性能符合设计要求及规范的规定;钢板厚度及允许偏差应符合其产品标准的要求;钢管制作、主体焊缝质量等级标准和焊接工艺、焊缝检测、焊接接头的试验等应满足设计及施工技术规范的相关要求。

焊缝经外观检查符合要求后,需对焊缝进行无损探伤检查,并对连探和手探准确标示的焊缝缺陷进行手弧焊修补,将缺陷部位用碳弧气刨一次性清根,用烘烤合格的碱性焊条一次性施焊修补(返修部位的处理不得超过两次),打磨使之达到合格焊缝。焊缝外观缺陷允许范围及处理方法如表 3.4-1 所示。

焊缝外观缺陷允许范围及处理方法　　表 3.4-1

缺陷名称	允许范围		超过允许的处理办法
咬边	一级	二级	补焊
	不允许	深度不超过 0.5mm,累计总长度不超过焊缝长度的 10%	
余高	≤4.8mm		进行修正
表面裂缝、未熔合、未焊透	不允许	不允许	铲除缺陷后重新补焊
表面气孔、弧坑、夹渣	不允许	不允许	铲除缺陷后重新补焊

钢管桩制作完成后,需要对所有管节或管桩进行 100% 检验,管节或管桩尺寸允许偏差应符合表 3.4-2 的规定。

钢管复合桩管节或管桩尺寸允许偏差(mm) 表 3.4-2

序号	项　　目	规　定　值	检查方法和频率
1	外周长	±5*S*(1000)	用钢卷尺量两端
2	管端椭圆度	±5*D*(1000)	用钢卷尺量管端互相垂直两直径之差,每根(节)2 个测点
3	管端平整度	2	用 1/4 周长的弧形靠尺和塞尺检查两端,或用 V 形尺检查,取大值,每根(节)2 个测点
4	桩顶倾斜	5*D*(1000 且不大于 4)	用大直角尺和楔形塞尺检查垂直两方向,每根(节)2 测点
5	桩长度	300	用钢卷尺量,每根(节)1 个测点
6	桩纵轴线弯曲矢高	*L*(1000 且不大于 30)	在平台上转动或拉线用钢尺量,每根(节)1 个测点
7	桩尖对纵轴线偏斜	10	用大直角尺或拉线用钢尺量,每根(节)1 个测点
8	管节对接错牙	δ(10 且不大于 3)	用焊口检测器检查,每根(节)取一大值,每根(节)1 个测点
9	焊缝尺寸及外观	—	样板尺,目测 10 点
10	焊缝探伤	Ⅱ级	超声:100%;X 射线:按设计规定或 2%

注:*S*-钢管外周长,*D*-钢管外径,*L*-钢管长度,δ-钢板厚度。

3.4.2 钢管桩防腐

海洋钢管桩结构可采用一定材料包覆在待保护材料表面,使之与水、氧气等产生腐蚀的必要条件隔离以达到防腐目的。包覆方法包括涂层包覆和金属喷涂包覆等。港珠澳大桥非通航孔桥钢管桩防腐涂层包括钢管桩外防腐涂层和钢管桩内防腐涂层。

钢管桩外壁防腐涂层:采用高性能复合加强双层熔融结合环氧粉末涂层,涂层厚度为大于或等于 800μm。防腐工艺采用自动化流水线双层粉末喷涂作业技术,内层采用高性能 SEBF-6-1G 粉末,涂层厚度大于或等于 300μm;面层采用高性能 SEBF-6-3G 粉末,涂层厚度大于或等于 500μm。内层为耐腐蚀型涂层,面层为抗划伤耐磨涂层。钢管桩外壁防腐涂层施工工艺流程如图 3.4-3 所示。

钢管桩内壁防腐涂层:采用高性能超厚型无溶剂液体环氧涂层,涂层厚度为加强级大于或等于 450μm。防腐工艺采用高压无气热喷涂技术,喷涂 SLF-2G 高性能超厚型无溶剂液体环氧涂层。为了提高内防腐涂层与钢管桩内部灌注混凝土相对黏结强度,在涂层上再预制一层耐磨防滑涂层，涂层具有耐蚀型、抗划伤耐磨特性，涂层厚度≥50μm。钢管桩内壁防腐涂层施工工艺流程如图 3.4-4 所示。

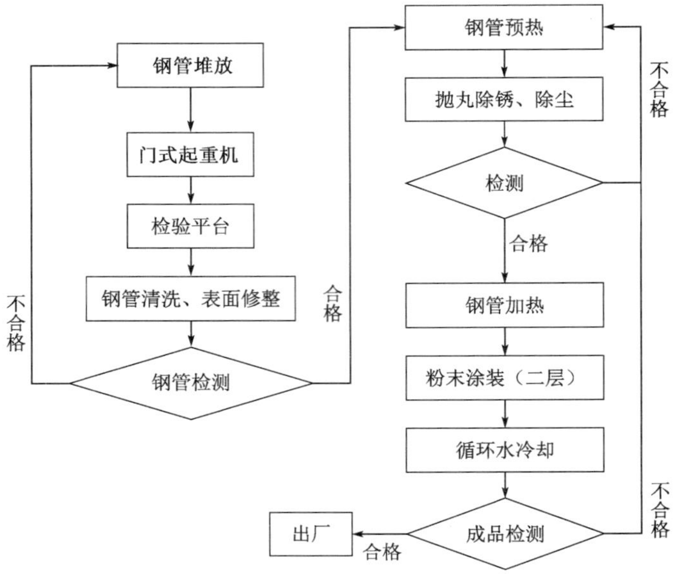

图 3.4-3　钢管桩外壁防腐涂层施工工艺流程图

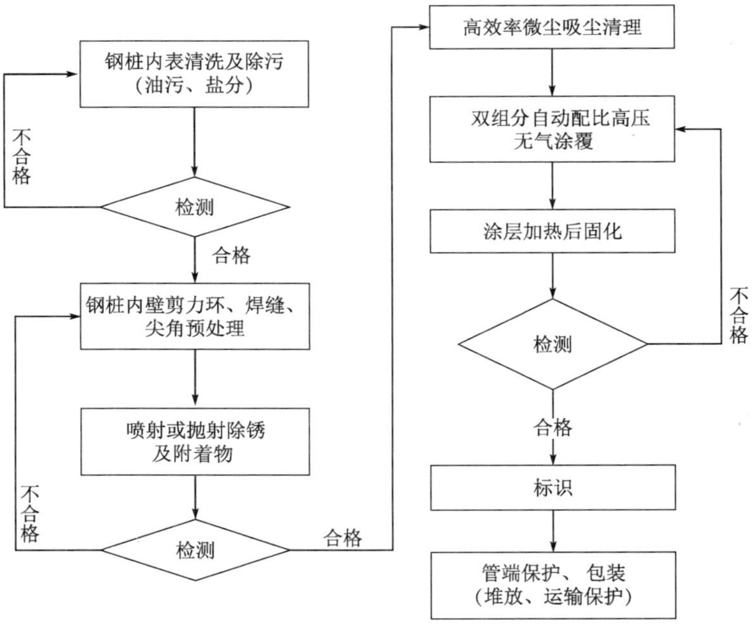

图 3.4-4　钢管桩内壁防腐涂层施工工艺流程图

钢管内、外壁防腐涂料性能满足产品说明书中规定的质量指标，并附有其生产厂家提供的合格证、质量保证书、质量测试证书。钢管涂层外观质量、涂层总厚度、底层厚度、面层厚度和漏点的检验等应满足施工技术规范要求。涂层表面完整光洁，均匀一致，无破损、气泡、裂纹、针孔、凹陷、麻点、流挂和皱皮等缺陷。复合桩钢管内、外涂层检验标准如表3.4-3所示。

复合桩钢管内、外涂层检验标准　　表3.4-3

项次	实测项目			规定值或允许偏差	检查方法和频率
1	关键项目	除锈清洁度		符合设计要求，设计未规定时，Sa2.5(St3)	比照板目测:100%
2		粗糙度(μm)	外表面	70~100	粗糙度仪:6点/段，取平均值
			内表面	40~80	按设计要求检查
3	一般项目	总干膜厚度(μm)	外表面	满足设计要求	磁性测厚度仪:3点测平均值
			内表面	250	
4		附着力(MPa)		符合设计要求	划格或拉力试验:按设计规定频率检查

3.4.3　钢管沉桩施工

港珠澳大桥不同标段根据其水文、地质等因素，选择采用固定导向架沉桩或移动导向架沉桩对钢管进行沉桩施工。钢管沉桩施工采用在定位船上设置的整体式导向架和大功率液压振动锤进行六根桩基同时振动下沉，以确保沉桩施工的总体精度和高效率，钢管桩沉桩施工应严格满足验收标准。

1)固定导向架沉桩施工技术

(1)固定导向架沉桩施工

固定导向架沉桩施工流程(图3.4-5)：先将导向架运至施工现场精确定位，再进行插打定位桩，接着插打桩基钢管，沉桩结束后，安装钻孔平台，钻孔结束后需进行清孔，二次清孔后再安装钢筋笼和灌注混凝土成桩。

(2)固定导向架结构

港珠澳大桥CB05标段采用固定导向架沉桩施工技术，以确保钢管桩施工精确定位。固定导向架由架体和导向装置组成。导向架架体分为上、中、下3层，各层均由型钢焊接而成。上、中两层架体四个角处设导向架套管，用于定位桩插打时导向，中层架体向外延伸出两翼，可放置于运架一体起重船("小天鹅"号)甲板上的滑道梁上并滑动。

导向装置由导环和液压调节系统组成。导环均由钢板焊接而成，液压调节系统均由四个液压千斤顶及限位钢结构组成，固定导向架结构如图3.4-6所示，实景图如图3.4-7所示。

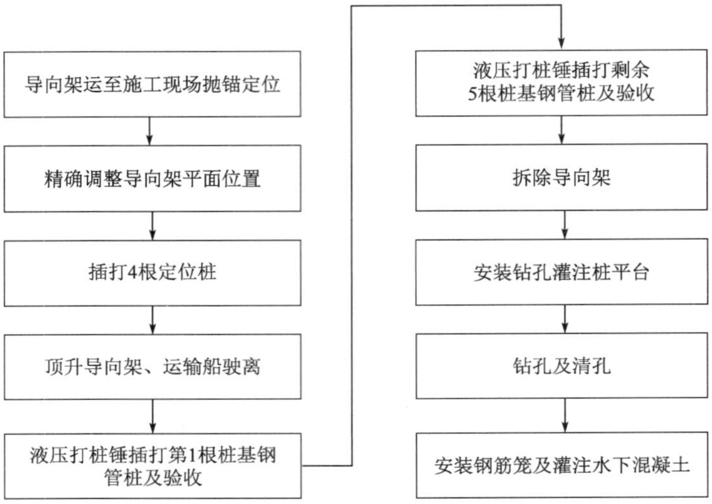

图 3.4-5　固定导向架沉桩施工流程图

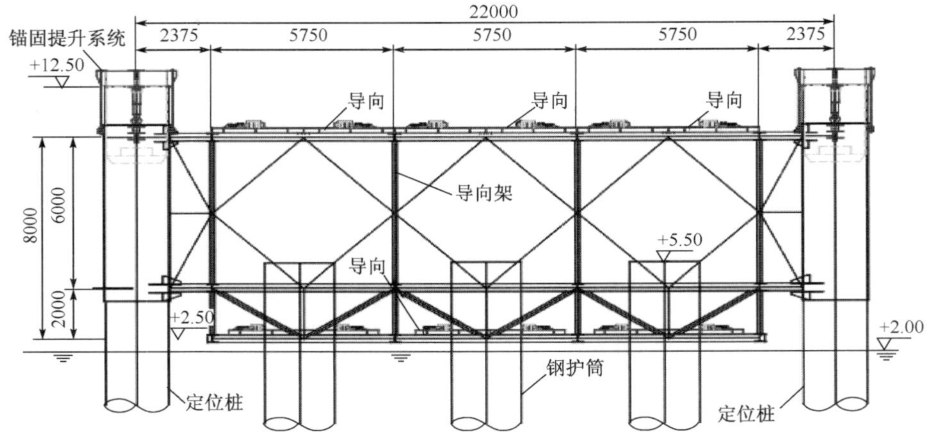

a)正视图

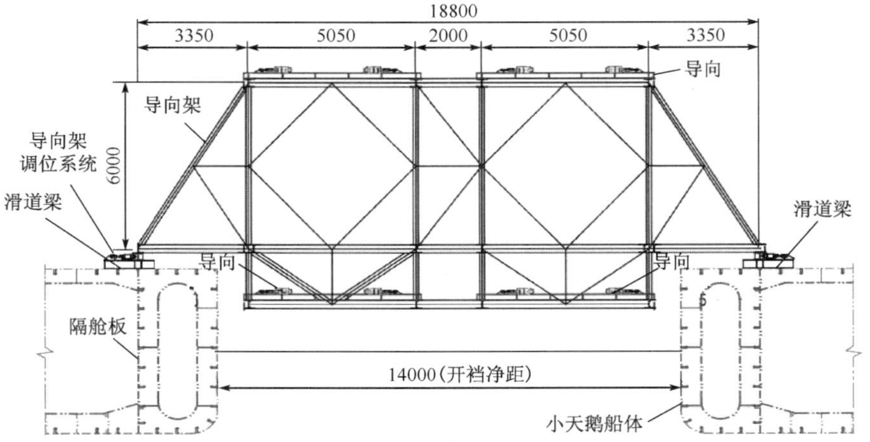

b)侧视图

图　3.4-6

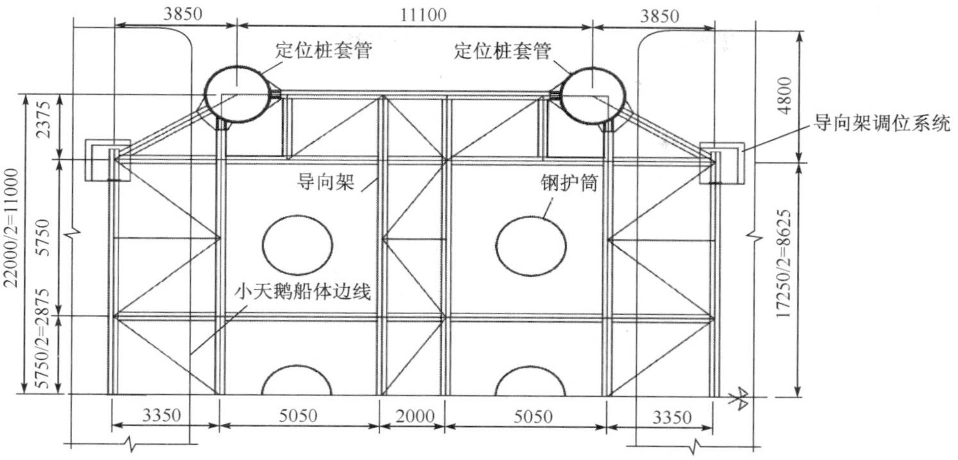

c)平面图

图 3.4-6　固定导向架结构(尺寸单位:mm,高程单位:m)

(3)固定导向架沉桩技术关键施工工艺

①导向架平面位置精确调整。

固定导向架由预制场加工制作,经运架一体起重船("小天鹅"号)运至墩位抛锚就位。运架一体起重船("小天鹅"号)甲板上安装有导向架专用滑道梁,用于精确调整导向架结构平面位置,导向架就位实景图如图 3.4-8 所示。滑道梁两端设置由液压千斤顶组成的液压系统,通过顶推导向架滑块,使导向架在滑道梁上纵横向移动。反复微调导向架纵、横向位置,待导向架平面位置调整到位后,采用钢楔块将调整好的定位架锁定,保证其在定位桩插打施工时固定不动。

图 3.4-7　固定导向架实景图

图 3.4-8　导向架就位实景图

②导向架顶升。

定位桩插打施工完成后,在四根定位桩桩顶安装顶升装置,顶升导向架 50cm 脱离船体,调整导向架平面位置及高程,将导向架与定位桩锚固成整体,运输船退出,导向架顶升实景图如图 3.4-9 所示。

图 3.4-9 导向架顶升实景图

③钢管桩精确定位。

测量导向架平台轴线偏差:采用海上 RTK(Real-Time Kinematic,实时动态)测量方法,按观测精度要求观测导向架轴线上的平面测量控制点,根据解算出的平面坐标计算临时控制点精度,在导向架顶面标定出墩位实际轴线位置。

调整各桩中心位置:根据临时控制点轴线与理论轴线的差值,进一步计算出墩位处各桩位理论轴线的位置,在导向装置顶面放样出各桩中心的纵横轴线点。调整上下二层各桩位的导向装置,指导钢管桩下放。

钢管桩沉桩时,通过理论轴线点检查平面位置偏差,通过吊线锤检查钢管桩倾斜度,计算设计桩顶位置处钢管桩偏位情况。若满足要求,继续插打钢管桩;若超限,则采用液压导向装置对钢管桩平面位置和垂直度进行反复调节,调整到位后继续插打桩。

2)移动导向架沉桩施工技术

(1)移动导向架沉桩施工

移动导向架沉桩施工流程(图 3.4-10):先将在起重船上安装导向架,立桩就位后,测量调整桩位进行钢管桩振动自沉,待沉桩完毕,再安装钻孔平台,钻孔结束后需进行清孔,二次清孔后安装钢筋笼和灌注混凝土成桩。

(2)移动导向架结构

港珠澳大桥 CB03 标采用移动导向架沉桩施工技术,以简化施工流程,降低施工风险。导向架设在起重船左侧船舷,长 15.3m,架高 18.65m,在甲板面宽 6m,甲板外悬挑共设两层,悬挑宽度为 8.85m。下部为第一层平台,中心高程为甲板上 6.5m;上部为第二层平台,中心高程为甲板上 18.5m。

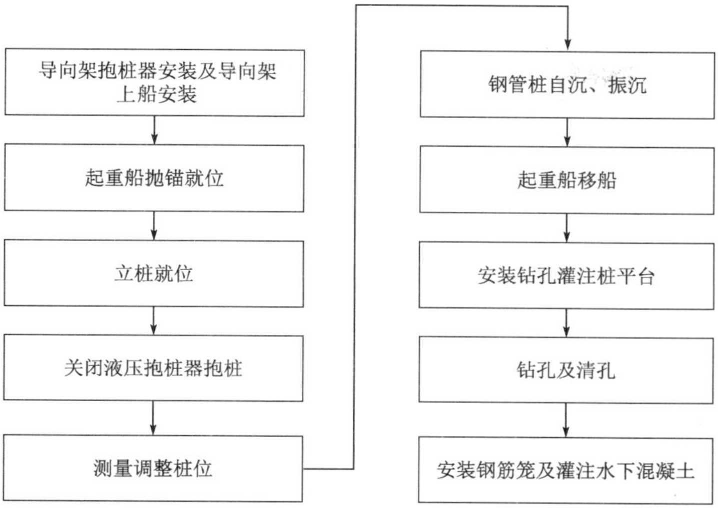

图 3.4-10　移动导向架沉桩施工流程图

导向架立柱与起重船甲板面焊接,导向架中间腰梁通过焊接侧向支撑角钢与导向架平台连接,二者一起形成稳固空间结构框架。在两层外悬导向架上设有可进行平面位置调整的液压抱桩器,两层液压抱桩器纵向间距为 12m。移动导向架结构如图 3.4-11 所示。

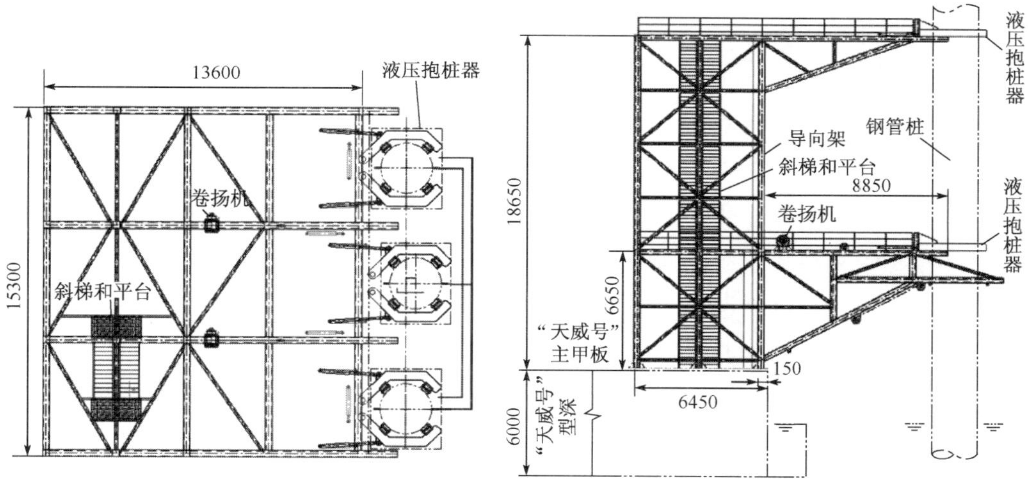

a)平面图　　b)立面图

图 3.4-11　移动导向架结构图(尺寸单位:mm)

(3)移动导向架沉桩技术关键施工工艺如下:

①导向架抱桩器安装。

抱桩器安装在码头上进行。首先对导向架进行调平;然后检测抱桩臂转轴中心位置,上下两层抱桩器高差 12m。在抱桩器附近选择两点建立坐标系,使用全站仪对抱桩臂转轴中心位置进行测量,精确定位后进行抱桩臂与导向架的连接固定。通过调整,单组抱桩器垂直度可达到1/1000。

②钢管桩精确定位。

初定位：三台GPS(Global Positioning System，全球定位系统)实时坐标可以确定起重船的位置和方向，通过导向架中间一组抱桩器中心位置坐标和船体实时扭角数据完成一次定位。每个墩台打桩船驻位两次，每次完成三根桩的初定位。初定位时要求与设计坐标偏差小于5cm。

下桩后定位：初定位完成后开始入桩，钢管桩进入抱桩器，扫描仪即获得数据，桩位实际坐标由扫描仪实时测量获得。首先将抱桩器抱紧，使桩与打桩船形成整体性；然后根据打桩系统显示数据指导打桩船位置的微调整以及桩垂直度的调整。桩在绝对位置和垂直度均满足要求的情况下下桩，从开始下桩到打桩结束整个过程中打桩系统全程监控。第1根桩完成后的其余5根桩在满足绝对位置和垂直度要求情况下，必须要考虑相对位置偏差，有效保障绝对和相对位置设计要求，扫描仪扫描桩位示意图如图3.4-12所示。

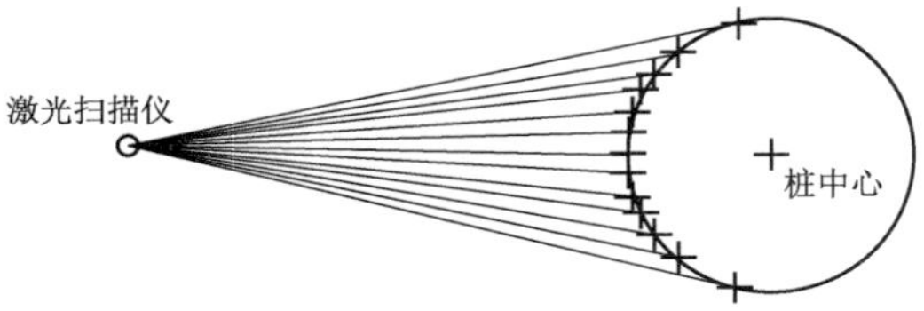

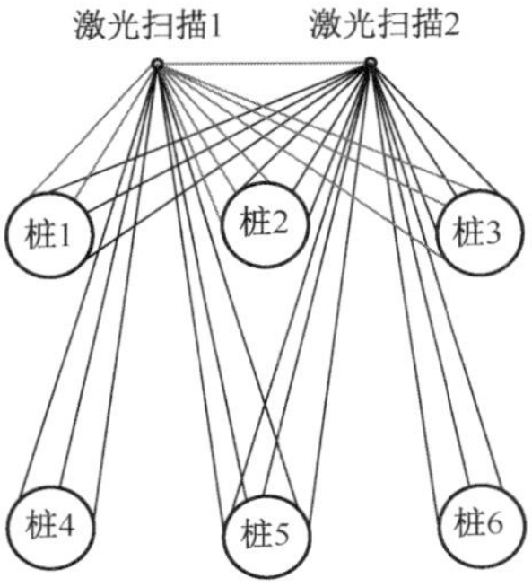

图3.4-12　扫描仪扫描桩位示意图

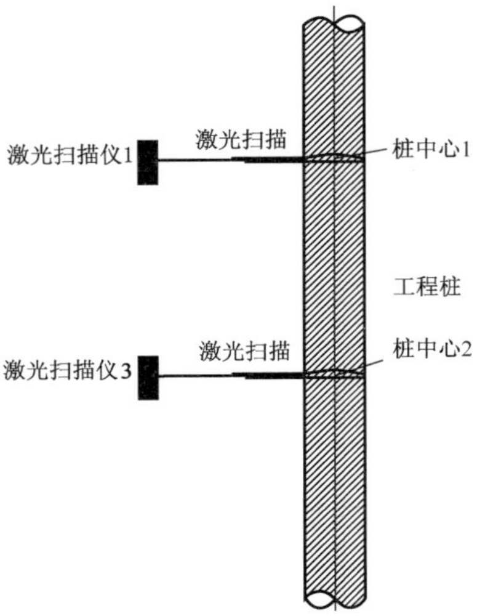

图3.4-13　垂直度控制图

垂直度获取：扫描仪分别布置在导向架上下两层，通过激光扫描仪1、2确定三根桩上部中心坐标，通过激光扫描仪3确定三根桩下部桩中心坐标。根据同一根桩上下两个平面的位置差和两个扫描仪的高差，确定每根桩的垂直度。垂直度顺船向通过抱桩器调整，横船向通过调节船压载水调整，垂直度控制图如图3.4-13所示。

3)钢管桩沉桩验收标准

(1)基本要求

①沉桩施工设备，施工工艺及方案应能保证沉桩精度要求。

②沉桩施工应满足设计及施工技术规范要求。

(2)外观鉴定

无涂层破坏,桩身变形、桩端卷边及破损。

(3)实测项目及验收标准

钢管复合桩钢管端沉桩允许偏差如表3.4-4所示。

钢管复合桩钢管段沉桩允许偏差　　表3.4-4

项次	实测项目		规定值或允许偏差	检验方法
1	桩尖高程(mm)或 最后贯入度(mm/击)		符合设计要求	查沉桩记录
2	设计高程处桩顶 平面位置(mm)		50	用GPS定位
3	倾斜度	直桩	非通航孔桥 (组合钢箱梁):1/250	吊线用钢尺量或测斜仪检查, 抽查10%,且不少于10根

3.5 本章小结

本章从钢管复合桩设计、模型试验研究及钢管复合桩施工等方面对港珠澳大桥采用的大直径钢管复合桩相关技术进行了总结,得到如下创新技术成果:

(1)钢管复合桩主要由上段的钢管混凝土结构和下段的钢筋混凝土结构组成,设计时需格外重视钢管段剪力环构造以及剪力环间距的取值问题。在进行钢管复合桩设计计算时,应该重点关注在剪力环嵌固效应和泥皮/防腐涂装弱化效应共同存在的条件下,钢管复合桩抗压、抗弯、抗剪和相应位移变形的计算以及钢管与混凝土之间的黏结强度计算,尤其是剪力环加固修正系数、泥皮弱化折减系数和防腐涂层弱化折减系数的取值。除此之外,关于钢管复合桩的耐久性设计也十分有必要。

(2)根据港珠澳大桥钢管复合桩的设计,按1:7.33相似比制作试验模型,考虑有无钢管、防腐涂层、泥皮、剪力环以及剪力环的间距对试桩受力与变形特性的影响,分别进行9组偏压试验和5组推出试验。从试验结果得知,钢管复合桩能改善钢筋混凝土桩的力学性能,其承载能力约为无钢管混凝土桩的1.9倍;在压弯剪受力状态下,剪力环(间距$1D \sim 3D$)能够显著提高钢管复合桩的抗弯性能约1.22倍(取平均值),能有效地减小桩的水平位移;钢管内壁泥皮和防腐涂层分别使钢管复合桩刚度减小约2%,两者影响较小且在工程控制精度允许范围内；通过数值模拟分析，并与试验结果对比，可以看出有限元法计算结果与试验结果吻合较好。

(3)钢管在工厂加工成型，然后在现场沉桩施工，宜采用在定位船上设置的整体式导向架和大功率液压振动锤进行多根桩基同时振动下沉，以确保沉桩施工的总体精度和高效率。待钢管桩沉桩施工完毕后，用驳船将整体装配式钻孔平台运输至施工现场，以便钢管复合桩钻孔成桩施工的进行。其中，钢管桩在制作中一定要严格控制焊缝质量和钢管段制作误差，并且做好钢管内外防腐涂层；钢管沉桩时也要严格控制偏差在允许范围内，如钢桩倾斜度应严格控制在1/250。

本章总结的主要创新点为：

(1)首次系统开展了考虑泥皮、防腐涂层及剪力环影响因素的大直径钢管复合桩承载性能和变形特征研究，揭示了大直径钢管复合桩受力与变形机理。

(2)提出了大直径钢管复合桩构造及设计方法。

(3)研发了工具式沉桩系统，实现了垂直度1/400的沉桩精度。

CHAPTER FOUR

第4章

埋置式全预制墩台技术

4.1　概述

埋置式全预制墩台是指将承台设置在海床/河床面以下,将包含墩身与承台的整个下部结构均在工厂分阶段预制,现场通过张拉预应力、钢筋套筒灌浆或浇筑混凝土湿接缝等措施连接形成整体的墩台。承台设置在海床面以下,最大限度地降低了阻水率。承台与墩身均在工厂整体预制,避免了海上现浇施工承台作业,提高了施工效率,保障了施工质量,实现了跨海大桥下部结构的快速预制拼装。

埋置式全预制墩台是一项全新的工程技术,其设计、预制、运输、安装等各个环节均面临诸多技术难题。本章从预制墩台总体设计、结构设计、节段墩身连接方法、承台与钢管复合桩连接方法、计算分析方法等方面对其设计要点进行阐述;从预制场地规划建设、墩台预制要求及流程、干接缝匹配模具、大体积混凝土温控技术、混凝土裂缝处理预案等方面对其工厂预制技术进行阐述;从预制墩台场内转运及海上运输等方面对其运输技术进行阐述;从基坑边坡稳定控制及超挖量、水下基坑施工方法等方面对水下基坑开挖技术进行阐述;从预制墩台总体施工工艺设计、吊装窗口作业分析、分离式止水系统设计、精确定位系统设计、吊装全过程计算分析等方面对其现场安装技术进行阐述。最后,从安装控制精度、监测内容、测试方法及精度等方面对预制墩台安装监控工作进行叙述。

4.2　埋置式全预制墩台结构体系设计

墩台尺寸和构造、预制承台与钢管复合桩连接设计、节段墩身连接设计是埋置式全预制墩台结构设计的关键。本节主要从墩台总体设计、墩台结构设计、节段墩身连接设计、钢管复合桩和承台连接设计、预制墩台计算设计等方面阐述预制墩台设计内容。

4.2.1　总体设计

港珠澳大桥浅水区非通航孔桥和深水区非通航孔桥采用埋置式全预制墩台。预制墩台重2019~3380t,整体墩高15.400~44.887m,具有重量大、整体高度高等特点,给工厂预制、海上运输、现场安装等都带来了较大挑战。考虑预制场预制能力、海上运输设备载重能力、现场施工浮式起重机吊重能力限制,依据墩台整体高度对墩台进行分节段预制。

浅水区非通航孔桥共62个桥墩，墩身为C50海工耐久混凝土，承台和承台后浇孔为C45海工耐久混凝土，钢管复合桩混凝土部分为C35水下海工耐久混凝土，钢管部分为Q345C钢材。墩高19.143～42.974m，根据墩高可分为高墩区和低墩区，其中高墩区墩高>27m，分上中下节段预制，低墩区墩高≤27m，分上下节段预制。

深水区非通航孔桥共122个桥墩，墩身为C50海工耐久混凝土，承台和承台后浇孔为C45海工耐久混凝土，钢管复合桩混凝土部分为C35水下海工耐久混凝土，钢管部分为Q345C钢材。墩高15.400～44.887m，根据上部结构横桥向宽度是否发生变化可分为等宽段和变宽段，其中等宽段部分根据墩高可分为高墩区和低墩区。等宽段低墩区桥墩的预制分两类：一类墩身分上下节段预制，一类墩身整体预制。等宽段高墩区墩身分上中下节段预制。变宽段墩身分上下节段预制。预制墩台类型如表4.2-1所示。

预制墩台类型 表4.2-1

区域	分类	预制方式	最大高度(m)	最大重量(t)
浅水区	低墩区	下节段	18.500	2350.00
		上节段	14.800	1332.56
	高墩区	下节段	17.500	2370.00
		中节段	19.370	1246.86
		上节段	8.000	1221.97
深水区	等宽段低墩区	整体式	26.650	2837.00
	等宽段低墩区	下节段	19.100	2479.00
		上节段	17.097	2026.10
	等宽段高墩区	下节段	19.600	2645.84
		中节段	21.787	3343.70
		上节段	8.500	1461.60
	变宽段	下节段	19.000	2598.00
		上节段	15.044	1476.50

预制墩台采用薄壁空心形式，墩身下部内壁设有肋板，上部设有变截面段。浅水区非通航孔桥墩身节段通过湿接缝连接，深水区非通航孔桥墩身节段通过剪力键+预应力粗钢筋连接。

浅水区非通航孔桥承台为矩形，四周倒圆角，深水区非通航孔桥承台为六边形。承台设有预留后浇孔，施工时通过现浇后浇孔混凝土将承台与钢管复合桩连接为整体。

墩台于预制场制作完毕后，运输至施工现场进行安装，精确定位及临时固定后，焊接承台预埋钢板和钢管复合桩外壁之间剪力键，浇筑预留孔混凝土，完成承台与钢管复合桩的连接。

4.2.2 预制墩台结构设计

浅水区非通航孔桥墩身采用矩形薄壁空心墩，内部设1道纵向腹板。高墩区墩底截面尺寸为(11×4)m(横桥向×纵桥向)，壁厚为(1.2×0.8)m(横桥向×纵桥向)。桥墩自墩顶以下6m处横桥向逐渐从11m加宽至墩顶23.5m。承台尺寸为(16.8×12.1×4.5)m(横桥向×纵桥向×高度)，设有6个预留后浇孔，孔径为3.3m。

低墩区墩底截面尺寸为(11×3.5)m(横桥向×纵桥向)，壁厚为(1.2×0.8)m(横桥向×纵桥向)，承台尺寸为(15.6×11.4×4.5)m(横桥向×纵桥向×高度)，预留后浇孔直径为3.0m。为增强预留后浇孔新老混凝土相互作用，后浇孔内壁设置2道环向剪力齿，齿高0.1m。浅水区非通航孔桥墩台总体构造尺寸如表4.2-2所示，浅水区墩身构造如图4.2-1所示，浅水区承台构造如图4.2-2所示，浅水区剪力齿构造如图4.2-3所示。

浅水区非通航孔桥墩台总体构造尺寸　表4.2-2

项　目	高　墩　区	低　墩　区
承台尺寸 (横桥向×纵桥向×高度)	(16.8×12.1×4.5)m	(15.6×11.4×4.5)m
墩身尺寸 (横桥向×纵桥向)	墩底截面尺寸(11×4)m 墩顶截面尺寸(23.5×4)m 壁厚(1.2×0.8)m	墩底截面尺寸(11×3.5)m 墩顶截面尺寸(23.5×4)m 壁厚(1.2×0.8)m

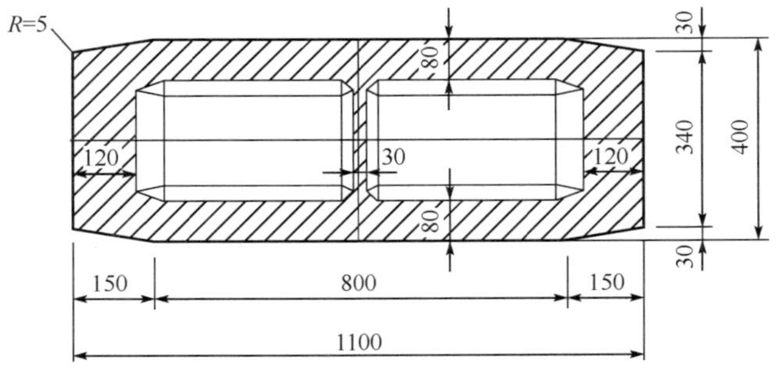

a)墩身横断面

图　4.2-1

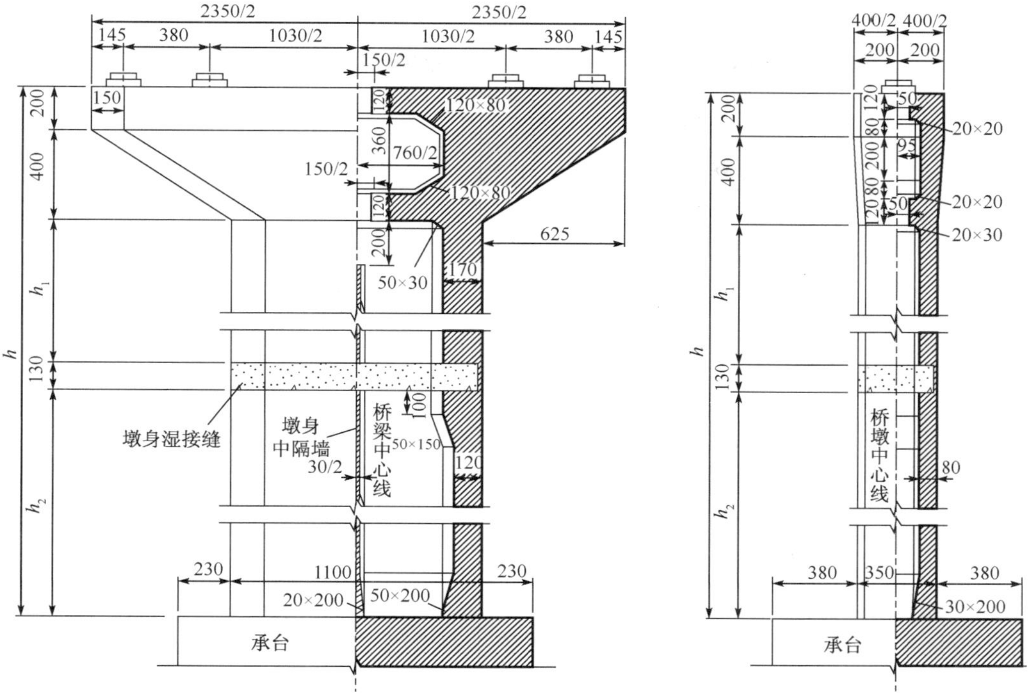

b)墩身正立面　　　　c)墩身侧立面

图 4.2-1　浅水区墩身构造(尺寸单位:cm)

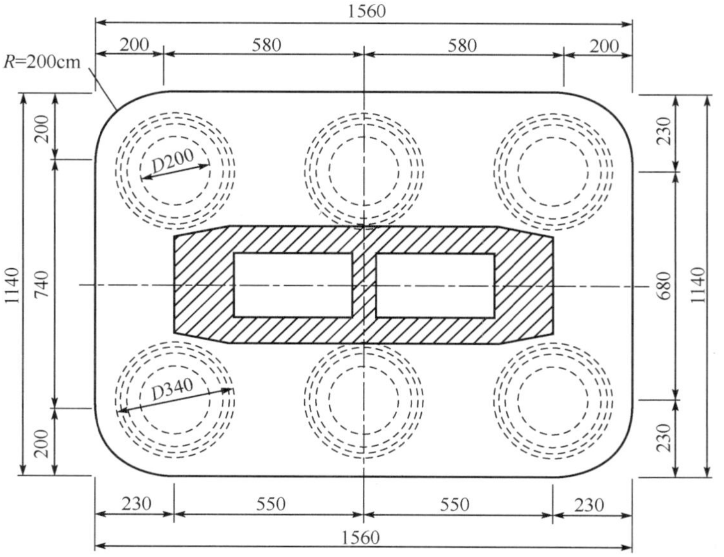

a)平面图

图　4.2-2

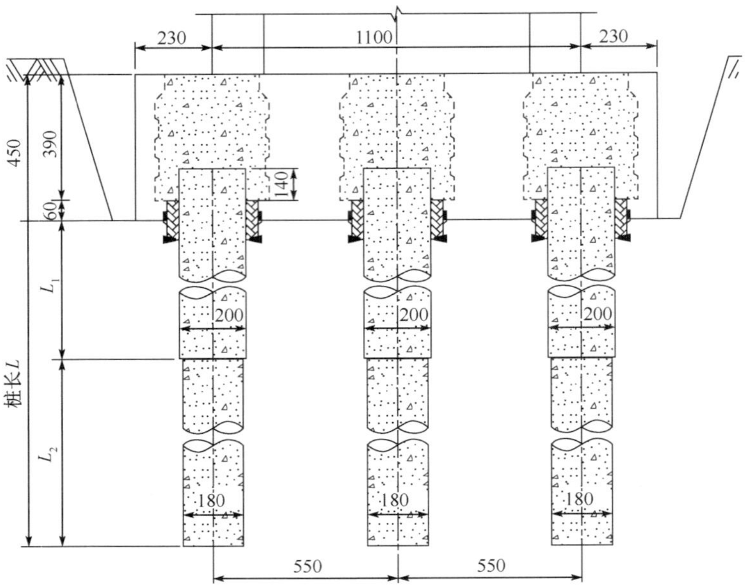

b)立面图

图 4.2-2　浅水区承台构造图(尺寸单位:cm)

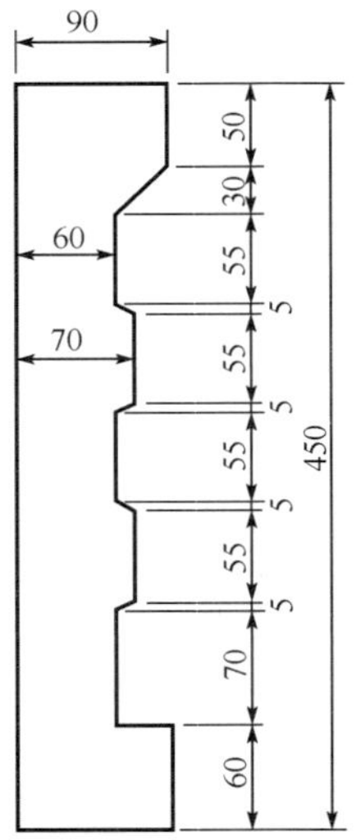

图 4.2-3　浅水区剪力齿构造(尺寸单位:cm)

深水区非通航孔桥墩身采用矩形薄壁空心墩,内部设 1 道纵向腹板。等宽段低墩区墩身截面尺寸为(10 × 3.5)m(横桥向 × 纵桥向),壁厚为(1.2 ×0.8)m(横桥向 ×纵桥向)。承台尺寸为横桥向长 14.8m,边缘纵桥向宽 10.3m,中心顺桥向宽 11.1m,高4.5m,设有 6 个预留后浇孔,孔径为 3.6m。

等宽段高墩区墩身截面尺寸为(11 ×4)m(横桥向 × 纵桥向),壁厚为(1.2 ×1.2)m 或(1.2 ×0.8)m(横桥向 ×纵桥向)。承台尺寸为横桥向长 16m,边缘纵桥向宽 11.2m,中心顺桥向宽 12m,高 5m,后浇孔直径为 3.8m。

变宽段墩身截面尺寸包括(14.3 ×4)m、(15.9 ×4)m、(18 ×4)m、(19.7 ×4)m(横桥向 ×纵桥向)4 种形式,壁厚为(1.2 ×0.8)m(横桥向 ×纵桥向)。承台尺寸为横桥向长 16m,边缘纵桥向宽 11.2m,中心顺桥向宽 12m,高 5m,后浇孔直径为 3.8m。深水区非通航孔桥后浇孔内壁均设置 2 道环向剪力齿,齿高 0.1m。深水区非通航孔桥墩台总体构造尺寸如表 4.2-3 所示,深水区墩身构造如图 4.2-4 所示,深水区承台构造如图 4.2-5所示,深水区剪力齿构造如图 4.2-6 所示。

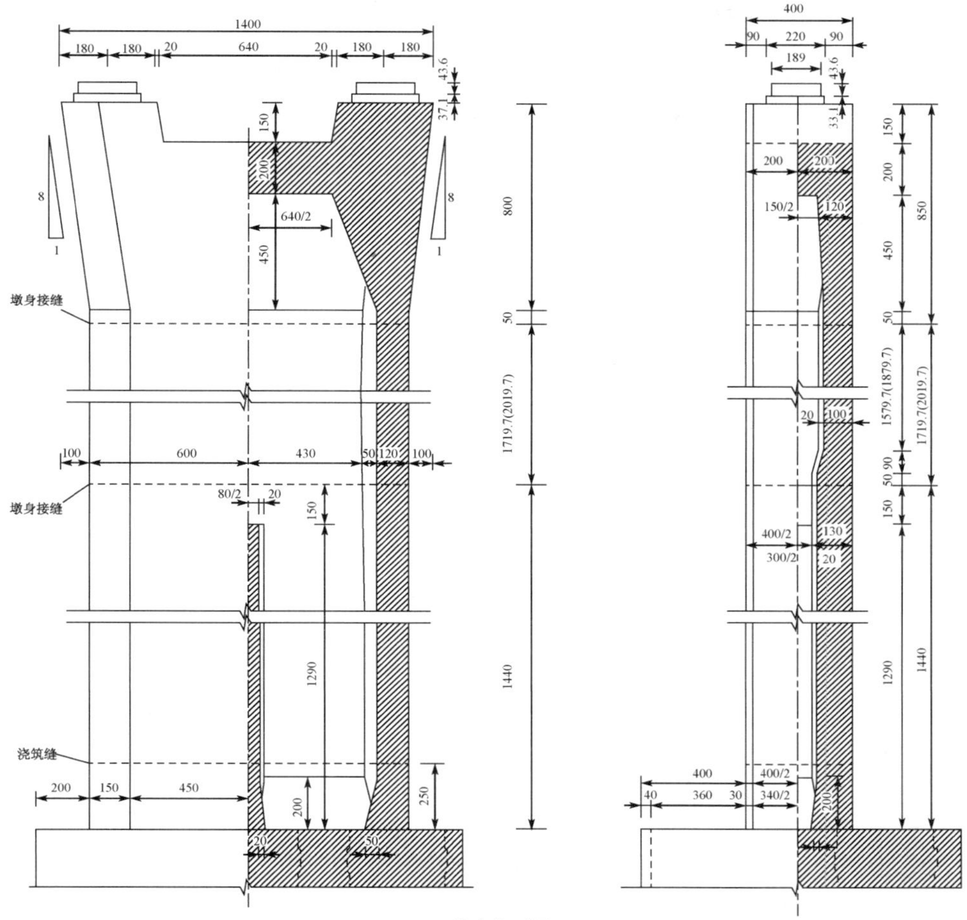

a)墩身立面图

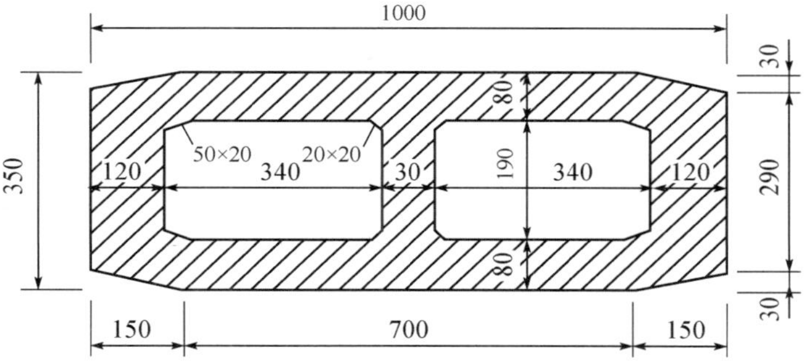

b)墩身横断面

图 4.2-4　深水区墩身构造(尺寸单位:cm)

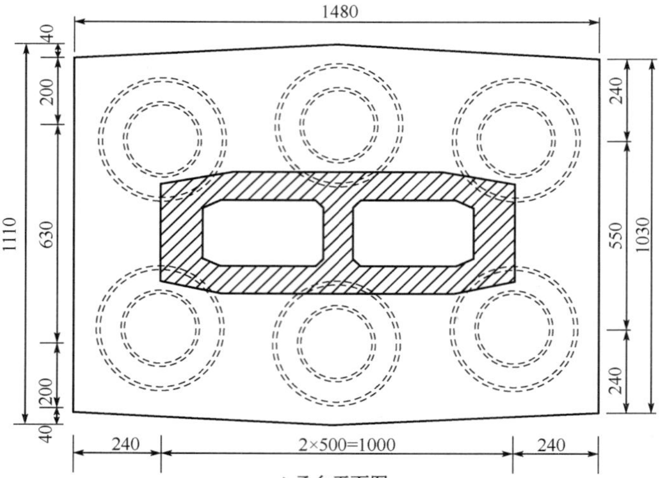

a) 承台平面图

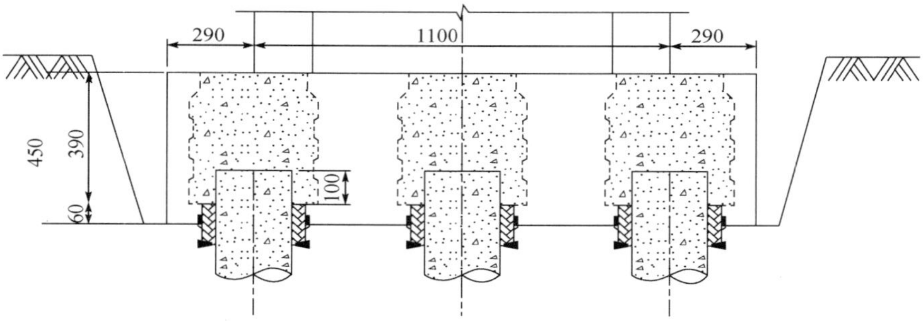

b)承台立面图

图 4.2-5　深水区承台构造(尺寸单位:cm)

深水区非通航孔桥墩台总体构造尺寸　　表 4.2-3

项　　目		等宽段低墩区	等宽段高墩区	变　宽　段
承台尺寸		边缘纵桥向宽 10.3m 中心纵桥向宽 11.1m 横桥向长 14.8m,高 4.5m	边缘纵桥向宽 11.2m 中心纵桥向宽 12m 横桥向长 16m,高 5m	边缘纵桥向宽 11.2m 中心纵桥向宽 12m 横桥向长 16m,高 5m
墩身尺寸(横桥向×纵桥向)	中墩	墩身截面尺寸(10×3.5)m 墩顶截面尺寸(14×3.5)m 壁厚(1.2×0.8)m	墩身截面尺寸(11×4)m 墩顶截面尺寸(14×4)m 壁厚(1.2×1.2)m 或(1.2×0.8)m	墩身截面尺寸(10×4)m 或(12×4)m 墩顶截面尺寸包括(14.3×4)m,(15.9×4)m,(18×4)m,(19.7×4)m 四种形式 壁厚(1.2×0.8)m
	过渡墩	墩身截面尺寸(10×3.5)m 墩顶截面尺寸(14×5)m 壁厚(1.2×0.8)m		—

4.2.3 连接设计

湿缝连接是指在不同节段墩身之间设置钢筋混凝土现浇段，通过现场连接钢筋、浇筑混凝土将不同节段墩身连接为整体。干缝连接是指在上下节段墩身设置剪力键和剪力槽，张拉高强度螺纹钢筋将不同节段墩身连为整体。港珠澳大桥浅水区非通航孔桥分节段墩身采用湿缝进行连接，深水区非通航孔桥分节段墩身采用干缝(预应力粗钢筋 + 剪力键)进行连接，承台与钢管复合桩采用剪力键 + 预留后浇孔进行连接。

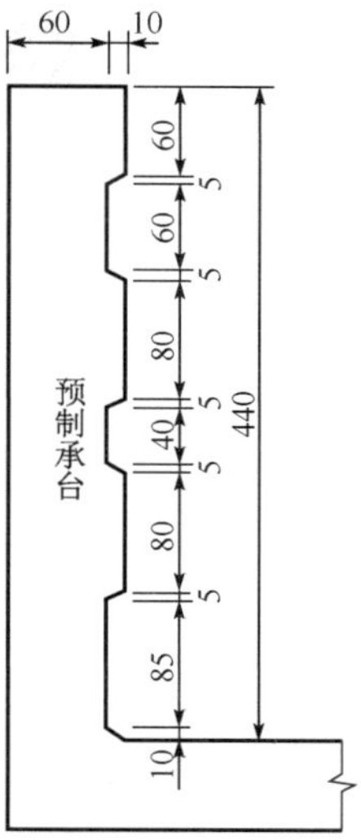

图 4.2-6 深水区剪力齿构造
(尺寸单位:cm)

(1)浅水区非通航孔桥节段墩身湿缝连接

预制桥墩的湿接缝应设置于浪溅区以上，防止湿接缝处钢筋受海水侵蚀。港珠澳大桥浅水区非通航孔桥墩台首道湿接缝设置于 +8.0m，对于高墩区墩台，在距墩顶 8m 处再设一道，墩身湿接缝布置如图 4.2-7 所示。

每道湿接缝高 1.3m，采用 C50 海工耐久混凝土进行浇筑。为提高湿接缝部位混凝土耐久性，在下节段墩身外侧设置 15cm 厚混凝土挡墙，同时兼顾湿接缝施工时外模使用。

(2)深水区非通航孔桥节段墩身干缝连接

深水区非通航孔桥节段墩身连接界面上设有剪力键，并涂刷环氧涂层，环氧涂层厚度不小于 3mm，每个连接界面设置 12 个剪力键，其中Ⅰ类剪力键 8 个，Ⅱ类剪力键 4 个。剪力键构造如图 4.2-8 所示。

高强预应力滚压螺纹粗钢筋直径为 75mm，屈服强度 ≥830MPa，抗拉强度 ≥1030MPa，塑钢波纹管内径为 115mm，塑料层壁厚≥3mm，钢带厚度为 0.5mm。预应力粗钢筋系统主要由固定端锚固系统、接长系统、张拉端锚固系统组成。其中，固定端锚固系统主要由密封筒和钢垫板、固定端螺母和螺母压紧杆、保护罩、热缩套管、螺旋筋等组成，如图 4.2-9 所示；接长系统主要由粗钢筋连接器、波纹管连接套管、止转螺母、热缩套管、连接帽等组成，如图 4.2-10 所示；张拉端锚固系统主要由密封筒及钢垫板、球形垫板、张拉端螺母、保护罩、螺旋筋和热缩套等组成，如图 4.2-11 所示。预应力粗钢筋实景如图 4.2-12所示。

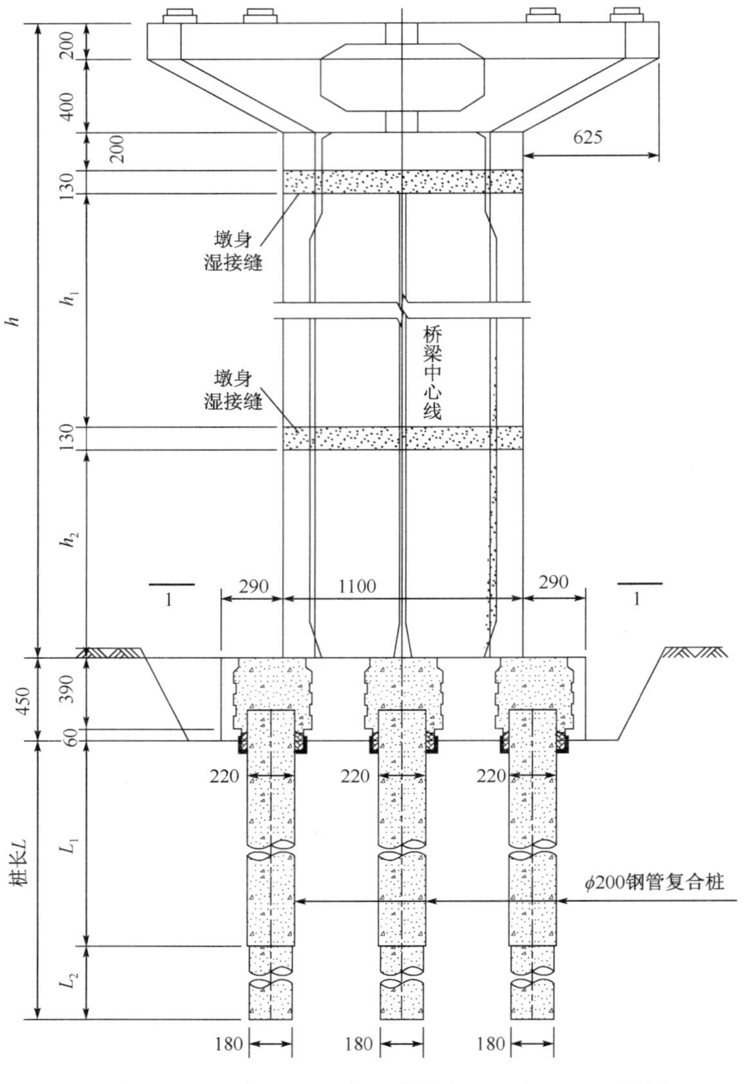

图 4.2-7 浅水区非通航孔桥墩身湿接缝布置示意图(尺寸单位:cm)

(3)承台与钢管复合桩连接

非通航孔桥承台预埋钢板与钢管复合桩外壁均焊接 12 个剪力键。剪力键焊接完毕后,浇筑预留后浇孔混凝土,后浇孔如图 4.2-13 所示。预留后浇孔混凝土是承台结构重要受力部位,施工中需保证钢管与混凝土之间以及新老混凝土之间的黏结特性,后浇孔混凝土具体技术要求如表 4.2-4 所示。首先根据混凝土技术要求计算混凝土理论配合比,然后按照低水胶比、低胶凝材料用量、掺加优质掺合料和选用优质高效减水剂的原则,以混凝土拌合物工作性能、力学性能、抗渗性能为基础,对混凝土理论配合比进行优化,得到最终混凝土配合比,其配合比如表 4.2-5 所示。

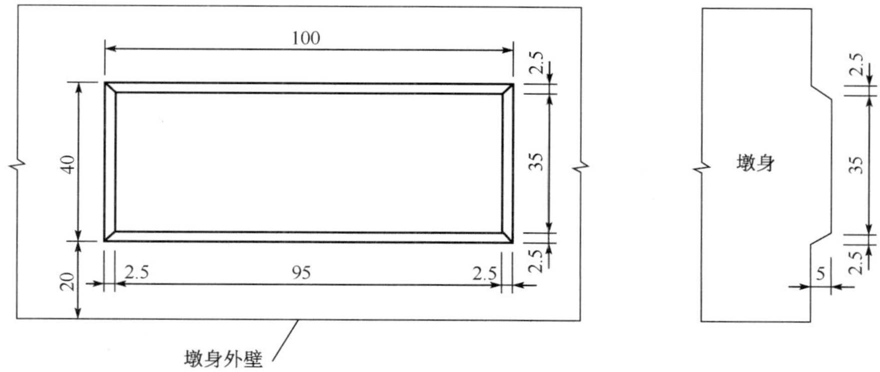

a) Ⅰ类剪力键尺寸

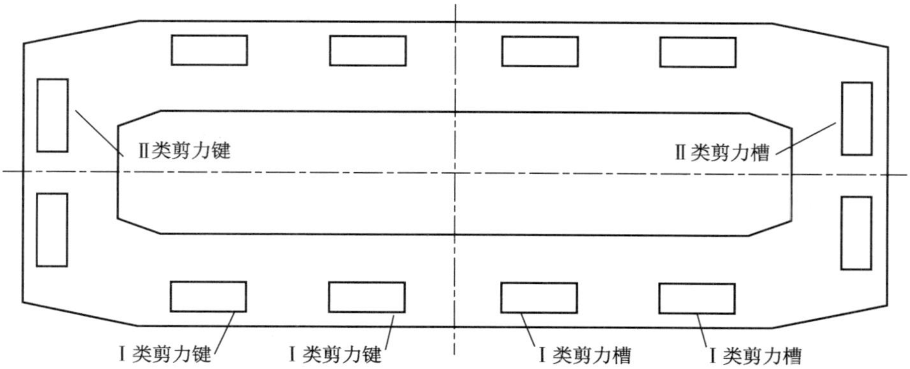

b)分段墩身界面剪力键布置示意图

图 4.2-8　剪力键构造示意图(尺寸单位:cm)

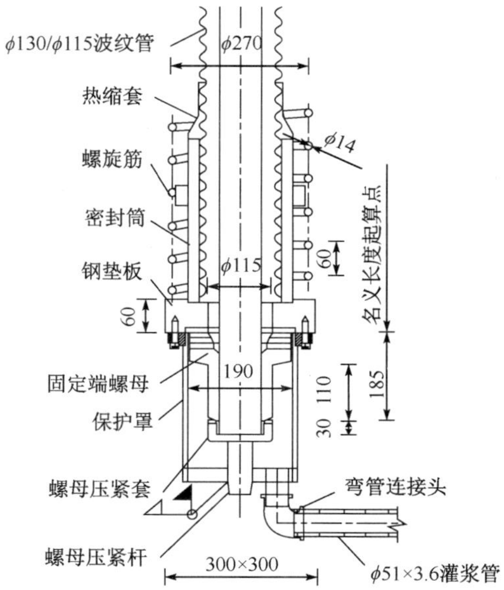

图 4.2-9　固定端锚固系统(尺寸单位:mm)

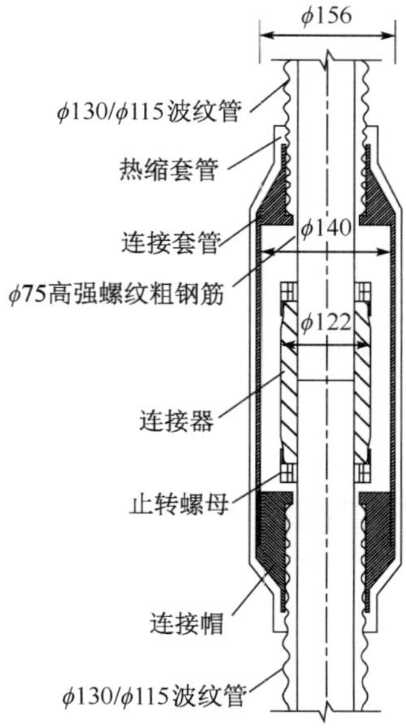

图 4.2-10　接长系统

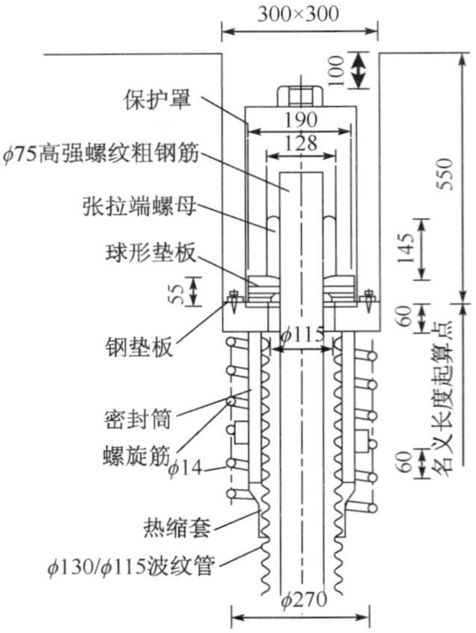

图 4.2-11 张拉端锚固系统(尺寸单位:mm)

图 4.2-12 预应力粗钢筋实景图

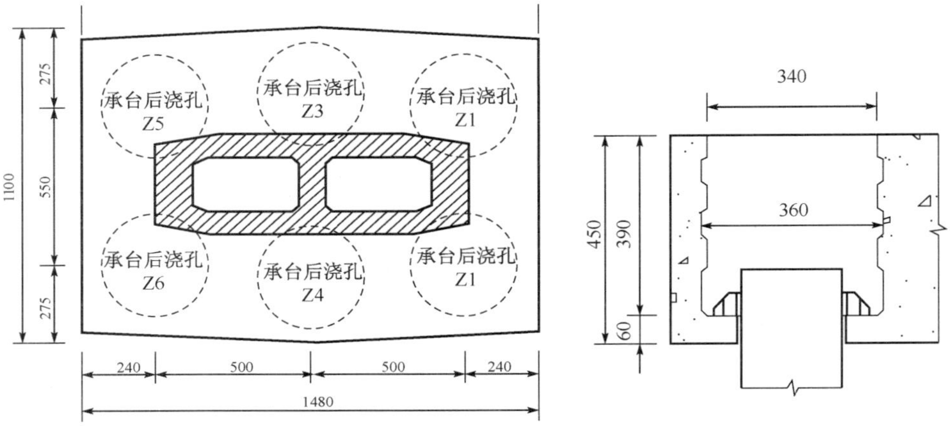

图 4.2-13 承台后浇孔示意图(尺寸单位:cm)

预留后浇孔混凝土技术要求 表 4.2-4

工作性能	坍落度 180 ± 20mm,坍落扩展度 500 ± 50mm,常温下坍落度 1h 损失不大于 20mm,无离析、泌水,含气量控制在 2% ~ 4% 的范围
力学性能	配制 28d 强度≥54MPa
耐久性能	28d 氯离子扩散系数不大于 7.0×10^{-12} m^2/s ,56d 不大于 4.5×10^{-12} m^2/s
混凝土限制膨胀率	小于 2.5×10^{-4}

预留后浇孔混凝土最终配合比 表4.2-5

材料用量(kg.m^{-3})									设计参数	
水泥	粉煤灰	矿粉	膨胀剂	水	砂	碎石	减水剂	胶材用量	水胶比	砂率
210	115	80	35	147	742	1068	3.65	440	0.33	41%

4.2.4 计算设计

根据《公路桥涵设计通用规范》(JTG D60—2004)、《公路钢筋混凝土及预应力混凝土桥涵设计规范》(JTG D62—2004)等相关规范对预制墩台承载能力极限状态、正常使用极限状态等进行计算验算,以保证预制墩台在各种工况下的工作性能。

预制墩台设计计算主要内容如下:

(1)节段墩身接缝截面承载能力、应力验算。

(2)墩身底面承载能力、应力、短期抗裂验算。

(3)承台下冲切承载能力、角桩边桩上冲切承载能力、撑杆—系杆及抗剪承载能力验算。

预制墩台设计计算时所考虑的主要作用如表4.2-6所示。

预制墩台设计计算考虑的主要作用 表4.2-6

荷载分类	荷载名称	备注
永久作用	墩顶恒载	上部结构受力分析获得
	墩台自重	根据设计资料确定
	墩台预应力	根据设计资料确定
	水浮力	根据设计资料确定
	基础变位作用	根据《公路桥涵设计通用规范》(JTG D60—2004)取值
可变作用	汽车荷载	根据设计资料及《公路桥涵设计通用规范》(JTG D60—2004)确定
	波浪力与水流力	根据专题研究确定
	温度作用	根据《公路桥涵设计通用规范》(JTG D60—2004)确定墩台温度变化
	制动力及支座摩阻力	根据支座摩阻系数及墩顶恒载确定
	风荷载	根据专题研究及《公路桥涵设计通用规范》(JTG D60—2004)确定
	施工阶段荷载	根据施工过程确定如吊挂系统自重、千斤顶顶力

续上表

荷载分类	荷载名称	备　注
偶然作用	船撞力	根据专题研究确定
	地震作用	根据《公路桥梁抗震设计细则》(JTG/T B02-01—2008)确定

预制墩台作用效应组合主要包括基本组合、偶然组合、标准组合、频遇组合、准永久组合等,各组合如表4.2-7～表4.2-11所示。

作用效应基本组合　表4.2-7

组合编号	作用效应组合
基本1	1.1×(1.2×结构重力+1.0×水的浮力+0.5×基础变位作用+1.4×汽车荷载)
基本2	1.1×(1.0×结构重力+1.0×水的浮力+0.5×基础变位作用+1.4×汽车荷载)
基本3	1.1×[1.2×结构重力+1.0×水的浮力+0.5×基础变位作用+1.4×汽车荷载+0.6×1.4×(运营风+波流力+温度作用+支座摩阻力)]
基本4	1.1×[1.0×结构重力+1.0×水的浮力+0.5×基础变位作用+1.4×汽车荷载+0.6×1.4×(运营风+波流力+温度作用+支座摩阻力)]
基本5	1.1×[1.2×结构重力+1.0×水的浮力+0.5×基础变位作用+1.4×120年极限风+0.7×1.4×(波流力+温度作用+支座摩阻力)]
基本6	1.1×[1.0×结构重力+1.0×水的浮力+0.5×基础变位作用+1.4×120年极限风+0.7×1.4×(波流力+温度作用+支座摩阻力)]

作用效应偶然组合　表4.2-8

组合编号	作用效应组合
偶然1	1.0×结构重力+1.0×水的浮力+0.5×基础变位作用+1.0×船舶撞击作用+0.7×汽车荷载+0.75×运营风+波流力+0.8×温度作用+支座摩阻力
偶然2	1.0×结构重力+1.0×水的浮力+0.5×基础变位作用+P2地震作用
偶然3	1.0×结构重力+1.0×水的浮力+0.5×基础变位作用+P3地震作用

作用效应标准组合　表4.2-9

组合编号	作用效应组合
标准1	1.0×结构重力+1.0×水的浮力+1.0×基础变位作用+1.0×汽车荷载
标准2	1.0×结构重力+1.0×水的浮力+1.0×基础变位作用+1.0×汽车荷载+1.0×运营风+1.0×波流力+1.0×温度作用+1.0×支座摩阻力
标准3	1.0×结构重力+1.0×水的浮力+1.0×基础变位作用+1.0×120年极限风+1.0×波流力+1.0×温度作用+1.0×支座摩阻力

续上表

组合编号	作用效应组合
标准4	1.0×结构重力+1.0×水的浮力+1.0×船舶撞击作用+0.5×（汽车荷载+运营风+波流力+温度作用+支座摩阻力）
标准5	1.0×结构重力+1.0×水的浮力+1.0×基础变位作用+1.0×P2地震作用
标准6	1.0×结构重力+1.0×水的浮力+1.0×基础变位作用+1.0×P3地震作用

作用效应频遇组合　　表4.2-10

组合编号	作用效应组合
频遇1	1.0×结构重力+1.0×水的浮力+1.0×基础变位作用+0.7×汽车荷载
频遇2	1.0×结构重力+1.0×水的浮力+1.0×基础变位作用+0.7×汽车荷载+0.75×运营风+1.0×波流力+0.8×温度作用+1.0×支座摩阻力
频遇3	1.0×结构重力+1.0×水的浮力+1.0×基础变位作用+0.75×120年极限风+1.0×波流力+0.8×温度作用+1.0×支座摩阻力

作用效应准永久组合　　表4.2-11

组合编号	作用效应组合
准永久1	1.0×结构重力+1.0×水的浮力+1.0×基础变位作用+0.4×汽车荷载
准永久2	1.0×结构重力+1.0×水的浮力+1.0×基础变位作用+0.4×汽车荷载+0.75×运营风+1.0×波流力+0.8×温度作用+1.0×支座摩阻力
准永久3	1.0×结构重力+1.0×水的浮力+1.0×基础变位作用+0.75×120年极限风+1.0×波流力+0.8×温度作用+1.0×支座摩阻力

基于规范提供的荷载与荷载组合,以及相关的承载能力计算公式可以完成预制墩台的整体受力计算,给出大致合理的结构尺寸。但由于规范提供的承载能力计算公式做了简化处理,无法给出结构在荷载作用下的破坏形态,也无法全面精确地反映不同配筋方案下结构受荷时各部位的承载能力变化历程。对于埋置式预制墩台,为了降低施工吊装重量,同时满足结构受力要求,需要进行精细设计,即在满足结构受力前提下尽可能地把结构设计得轻薄,显然按规范提供的方法无法满足设计需求。作为规范的补充,采用实体退化单元对埋置式预制墩台进行精细的设计受力分析是非常必要的。

港珠澳大桥埋置式预制墩台采用实体退化单元进行设计分析,基于数学网格与物理网格分离技术,全面细致地考虑钢筋作用,对墩台承载能力全过程进行分析,通过精细的有限元分析,给出不同配筋方案对墩台承载能力的影响,为设计确定最优墩台配筋方案提供参考。预制墩台实体退化单元模型及部分计算结果如图4.2-14所示。

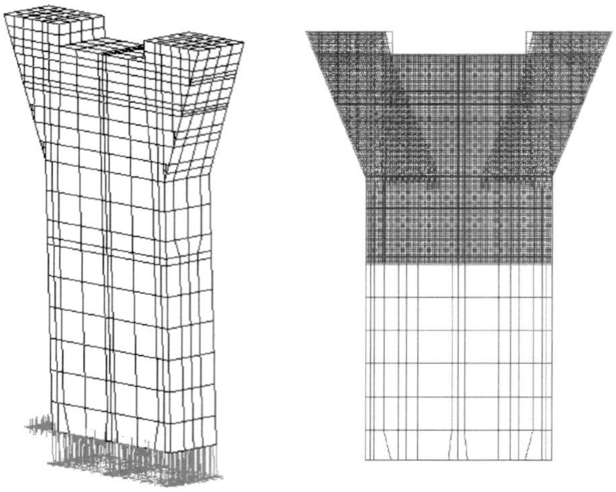

a)有限元模型　　　　b)钢筋有限元网格

图 4.2-14　预制墩台实体退化单元模型

4.3　埋置式全预制墩台预制技术

为保证预制施工安全、预制墩台质量、墩台装配化施工顺利，需要对预制场地进行合理规划、严格控制墩台尺寸精度、制定合理施工流程、设计高精度匹配模具、控制混凝土温度裂缝、制定裂缝处理预案等。本节主要阐述墩台预制场地规划和建设、墩台预制要求和预制流程、干接缝匹配模具设计、大体积混凝土温控技术、混凝土裂缝处理预案等内容。对于常规施工，如混凝土浇筑、钢筋绑扎、混凝土表观检查等，应满足相关规范要求。关于环氧钢筋、不锈钢的施工，另见相关资料。

4.3.1 预制场地布置

预制场选址会影响预制墩台运输时间、费用、便利性等，为完成浅水区和深水区非通航孔桥墩台制作和转运，对预制场选址考虑因素、预制场功能划分、预制场建设等内容进行阐述。

(1)场地规划

预制场规划主要内容包括预制场选址、预制场区域划分等。预制场选址时综合考虑以下因素：

①材料来源：充分考虑材料来源是否丰富、稳定，运距长短是否合理，交通是否便利。

②交通条件：陆上交通应便利，满足原材料、大型施工设备的运输要求；预制场至施工

现场航行水域应能满足运输要求,充分考虑运输船舶的尺寸、吃水深度、航速、吨位等因素。

③场地条件:应有足够面积满足预制场各功能区布置;应尽量选择地质条件较好的场地,考虑防洪排涝要求以确保雨季施工安全,避开取土场、弃土场、塌方、高压线等危险区域。

④经济条件:在满足场地生产管理、安全和环保的前提下,尽量选择运输距离短、场地建设费用低的场址。

综合考虑上述因素,港珠澳大桥各标段预制场选址如表4.3-1所示。

港珠澳大桥各标段墩台预制场选址(n mile) 表4.3-1

标段	场址	运输距离
CB03	东莞市洪梅镇金鳌沙村大汾北水道西岸	55
CB04	中山市火炬开发区沿江东五路茂生村靠珠江出海口	29
CB05	中铁大桥局原广深沿江高速中山梁场基地(改建)	22

预制场整体布置可分为预制墩台生产区、办公生活区、拌和区、试验室、钢筋加工场、材料堆放区、预制墩台出水码头等。其中预制墩台生产区可进一步细分为预制区、存放区、场内运输网络等,预制墩台生产区平面布置如图4.3-1所示。

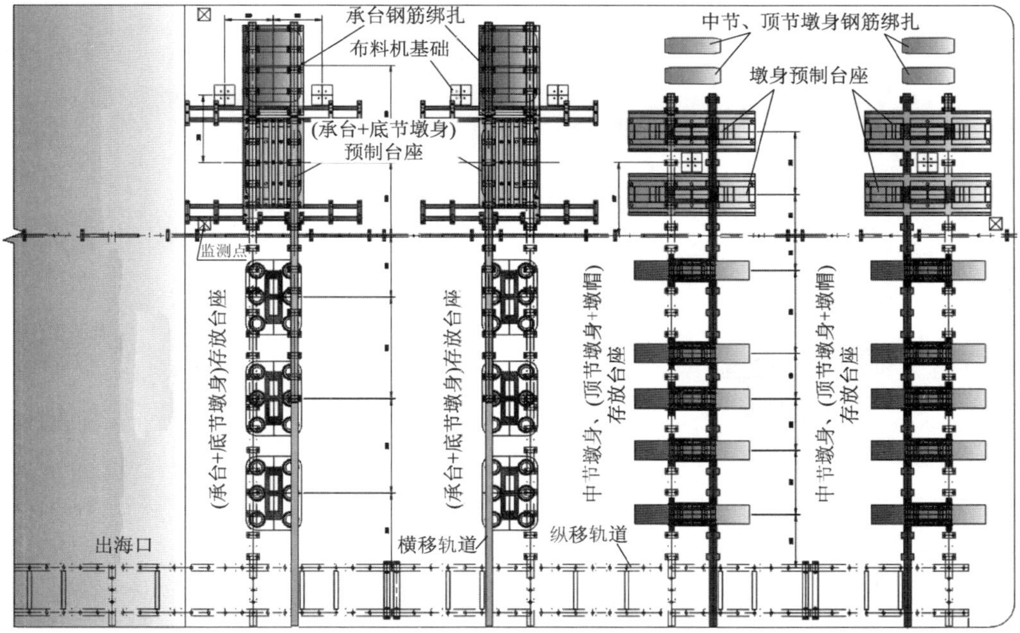

图4.3-1 预制场生产区平面布置图

场内运输网络主要由运输轨道和转换台座两部分组成。转换台座实现预制件在横移轨道和纵移轨道间的转化。运输轨道可分为横移轨道和纵移轨道,横移轨道实现预制件在预制台座、存放台座和转换台座间的移运；纵移轨道实现预制件在转换台座和装船码头间的移运，场内运输网络示意如图4.3-2所示。

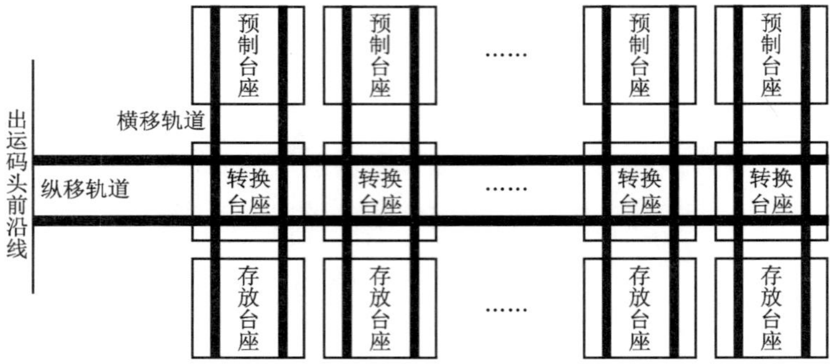

图4.3-2　场内运输网络示意图

预制场划分布置应保证预制生产区、生产辅助区和生活区相互独立，互不干扰，且码头布置必须满足《重力式码头设计与施工规范》（JTS 167-2—2009）等工程技术规范的有关规定。构件生产区中预制台座和存放台座数量、运输网络设置是保证墩台按期完成的关键。预制台座和存放台座数量应根据项目工期计划、预制构件数量、存放能力要求等综合确定。港珠澳大桥各标段墩台预制场生产能力规划如表4.3-2所示。

港珠澳大桥各标段预制场生产能力（个）　表4.3-2

标段	预制件		预制台座	存放台座
CB03	承台+墩身构件	68	8	16
	墩身和墩帽构件	49		
CB04	承台+墩身构件	55	4	12
	墩身和墩帽构件	20	2	6
CB05	承台+墩身构件	62	2	6
	墩身和墩帽构件	75	4	10

（2）预制场建设

因预制构件重量大、重心高，为保证预制构件平稳移运，需严格控制运输轨道几何精度，具体要求如表4.3-3所示。

运输轨道几何精度要求　表4.3-3

参数	轨道直线度	轨道纵向平整度（mm）	轨道横向平整度（mm）	轨道中心线距离偏差（mm）	轨道纵坡
允许偏差	1/2000	轨道间距的1/400	3	±5	2%

运输轨道基础主要承受预制构件自重、移运台车重量、移动荷载等。按照承载能力极限状态和正常使用极限状态对轨道基础进行设计。依据上述设计原则，CB03 标预制场运输轨道采用钢筋混凝土筏板结构，筏板厚 105cm，下设 10cm 厚的 C15 混凝土垫层及 30cm 厚的碎石基层，轨道下设间距 2～2.5m 的 ϕ600mmPHC（预应力高强混凝土）桩，运输轨道构造如图 4.3-3 所示。

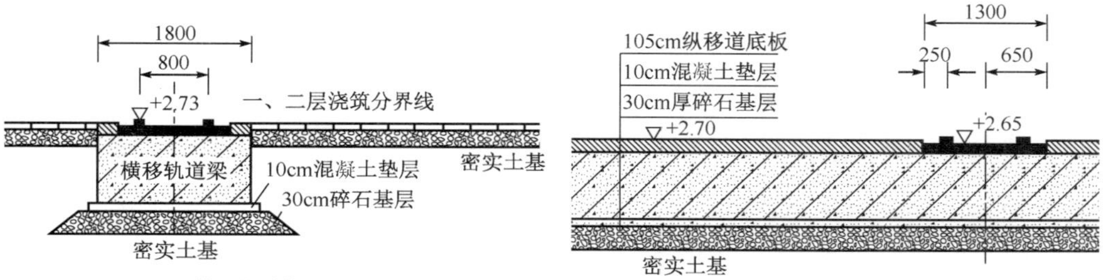

a)横移轨道构造图　　b)纵移轨道构造图

图 4.3-3　运输轨道构造图（尺寸单位：mm；高程单位：m）

预制台座基础主要承受预制构件自重、台座自重、模板重量、施工荷载、振捣荷载、移运台车重量、风荷载等，按照承载能力极限状态和正常使用极限状态对台座基础进行设计。依据上述设计原则，CB03 标预制场预制台座采用上翻梁型钢筋混凝土筏板结构，筏板下设 10cm 厚的 C15 混凝土垫层及 30cm 厚的碎石基层，台座下设间距 2～2.5m 的 ϕ600mmPHC 桩。

存放台座基础主要承受预制构件自重、台座自重、风荷载等，按照承载能力极限状态和正常使用极限状态对台座基础进行设计。依据上述设计原则，CB03 标预制场存放台座采用钢筋混凝土整体平台，平台下设 10cm 厚的 C15 混凝土垫层及 30cm 厚的碎石基层。台座下设间距 2～2.5m 的 ϕ600mmPHC 桩。

4.3.2　墩台预制要求

墩台预制过程中，墩台尺寸、预埋件和预留孔洞应严格遵循设计图纸。预制墩台控制项目如表 4.3-4 所示，预埋件和预留孔洞允许偏差如表 4.3-5 所示。

预制墩台控制项目　　表 4.3-4

序号	实测项目	规定值或允许偏差（mm）	检查方法和频率
1	混凝土强度（MPa）	在合格标准内	按《公路工程质量检验评定标准　第一册　土建工程》（JTG F80/1—2004）附录 D 检查

续上表

序号	实测项目		规定值或允许偏差(mm)	检查方法和频率
2	断面尺寸(mm)	外廓尺寸	±15	尺量,检查3个断面
		壁厚	±10	尺量,检查3个断面
3	竖直度或斜度(mm)		H/3000且不大于20	吊垂线或经纬仪,测量2点
4	墩身高度(mm)		±10	水准仪,测量3处
5	轴线偏位(mm)		10	全站仪或经纬仪,纵、横各测量2点
6	顶面高程(mm)		±10	水准仪,测量3处
7	大面积平整度(mm)		5	2m直尺,检查竖直、水平方向,每20 m^2 测1处
8	湿接头混凝土强度及氯离子扩散系数		$\leqslant 4.0\times10^{-12}\ m^2/s$	按《公路工程质量检验评定标准　第一册　土建工程》(JTG F80/1—2004)附录检查

注:H 为墩台身高度。

预埋件和预留孔洞的允许偏差(mm)　　表4.3-5

序号	项目		允许偏差	检查方法
1	预埋件	中心线位置	2	钢尺量
		外露长度	+10,-0	钢尺量
2	预留孔洞	中心线位置	10	钢尺量
		截面内部尺寸	+10,-0	钢尺量

混凝土强度和表观质量、钢筋安装等要求应符合《公路工程质量检验评定标准　第一册　土建工程》(JTG F80/1—2004)和《混凝土结构工程施工质量验收规范》(GB 50204—2002)的相关规定。

4.3.3　墩台预制流程

预制墩台采用立式分段预制法,对于承台与下节段墩身[图4.3-4a)],先浇筑"承台+2.5m墩身",再浇筑2.5m以上墩身。对于中、上节段墩身[图4.3-4b)、图4.3-4c)],当墩身高度大于13m时,先浇筑下节墩身,再浇筑上节墩身;当墩身高度小于13m时,一次浇筑成型。

承台与下节段墩身预制工艺流程如图4.3-5所示,分段式桥墩中、上节段墩身预制工艺流程如图4.3-6所示。

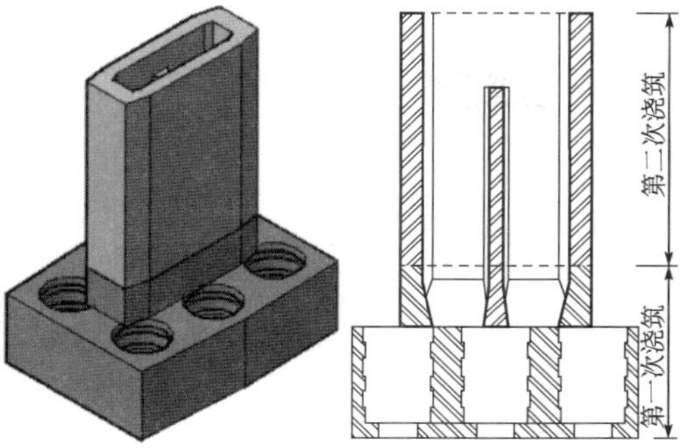

a)下节段墩身浇筑示意图

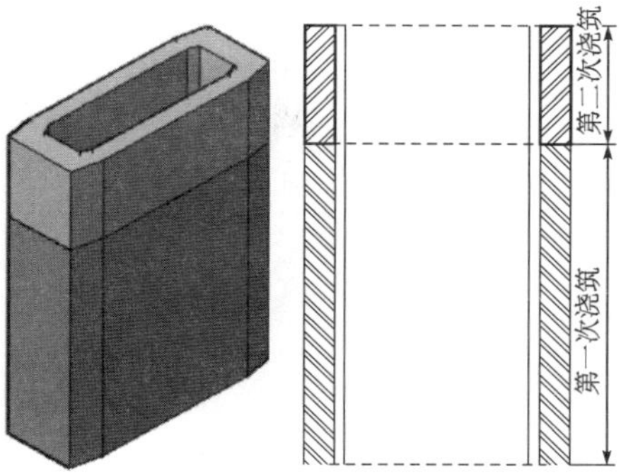

b)中节段墩身浇筑示意图

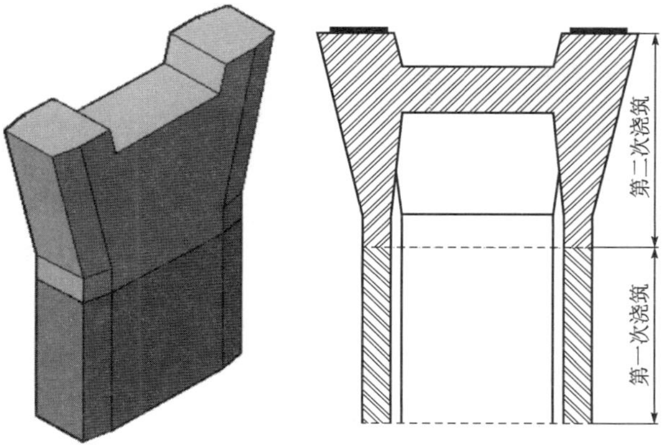

c)上节段墩身浇筑示意图

图 4.3-4　墩台浇筑示意图

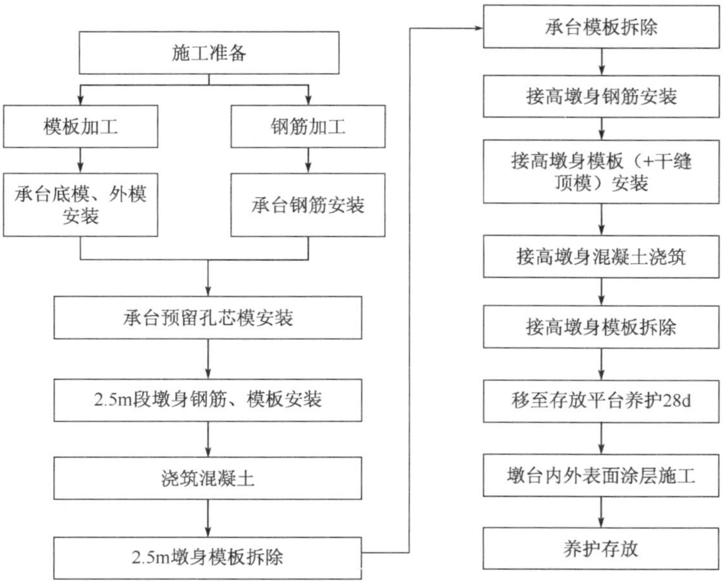

图 4.3-5　承台与下节段墩身预制工艺流程图

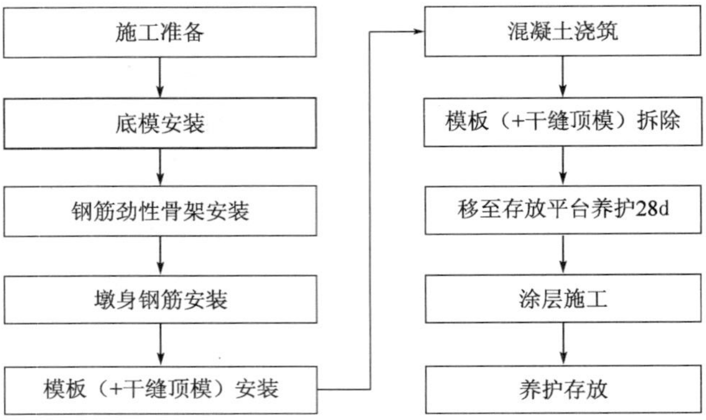

图 4.3-6　分段式桥墩中、上节段墩身预制工艺流程图

4.3.4　干接缝匹配模具

为实现分段式桥墩各节段于现场安装时精确对接，需设计干接缝匹配模具。干接缝匹配模具包括底模具和顶模具，底模具用于两段式上墩身模板底口、三段式中墩身和上墩身模板底口；顶模具用于两段式下墩身模板顶口、三段式下墩身和中墩身模板顶口。考虑上下节段海上对接时安装偏差，模具剪力键与剪力槽之间侧面预留间隙 5mm，顶面预留间隙 3mm。模具由中厚钢板加工为箱梁结构，保证模具在容许范围内不发生塑性变形。

(1) 底模具结构

底模具箱梁结构底板、腹板及加强腹板均采用 12mm 厚钢板，顶板采用 20mm 厚钢板，底模具内外边线缩尺 0.3mm。顶板上安装方台构件用于形成墩身底口剪力槽。方台和顶板上通过预应力筋的地方设置凹槽，用于固定限位通过此处的预应力筋。干接缝底模具实物如图 4.3-7 所示。

底模具顶面外缘设置一定数量 ϕ28mm 的孔，对上连接加固墩身钢筋劲性骨架，对下连接钢平台，起到对底模具自身加固的作用。底模具外侧面设置 4 个安放千斤顶的位置，用于调整干接缝平面和墩身的垂直度。底模具内侧设置 4 个吊耳板，用于吊装底模具。

(2) 顶模具结构

顶模具箱梁结构顶板、腹板、加强腹板均采用 12mm 厚钢板，顶板除和腹板焊接处保留部分板面，其他部位全部挖空。底板采用 20mm 厚钢板，顶模具外边线缩尺 2mm，内边线缩尺 5mm，顶模具底面上安装方构件，采用厚度为 20mm 钢板焊接成型后进行机加工，形成墩身顶口的剪力键。干接缝顶模具实物如图 4.3-8 所示。

图 4.3-7　干接缝底模具实物图

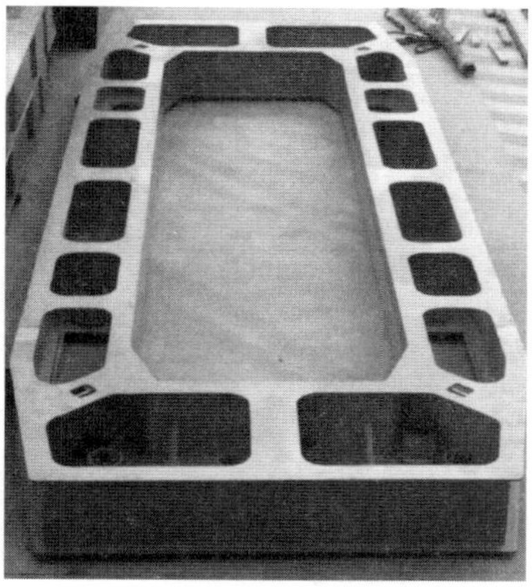

图 4.3-8　干接缝顶模具实物图

对于剪力键内部的预应力筋,采用独立加工的圆台形模具进行加固。对于无剪力键处的预应力筋,在模具底板下表面焊接一个圆钢板,采用40mm钢板机加工成型,使预应力筋从圆台中孔穿过。顶模具外侧面焊接4个调整丝杆,用于调整模具平整度和高程。顶模具四角位置设置4个卧式吊耳板,用于吊装顶模具。

(3)施工要求

干接缝匹配模具施工中控制重点如下:

①模具吊装、翻转时应配备吊装锁具,轻吊轻放,使模具平衡、稳定,保护模具的工作面。

②底模具内部灌浆必须密实,底部压浆必须按要求施工,达到1MPa施工压力,以满足分段式桥墩预制施工方案底模具承受桥墩压力的要求。

③模具调平按毫米级控制,确保模具顶面平整度的精度要求。

④墩身内外模板顶口尺寸控制要严格要求,模板顶口对角线应控制在3mm之内,确保顶模具顺利安装。

4.3.5　大体积混凝土温控技术

大体积混凝土施工应符合技术先进、经济合理、安全适用等原则,并确保工程质量。各温控指标和技术措施应符合《大体积混凝土施工规范》(GB 50496—2009)、《大体积混凝土温度测控技术规范》(GB/T 51028—2015)等相关规范的规定。

为防止混凝土浇筑时产生温度裂缝、保证混凝土浇筑质量,港珠澳大桥非通航孔桥预制墩台混凝土温控要求如下:

(1)混凝土浇筑时温度控制在 10 ~ 28℃。

(2)新浇混凝土与邻接已硬化混凝土温差不大于 20℃。

(3)混凝土浇筑昼夜平均温度不宜低于 5℃,不宜高于 35℃。

(4)混凝土入模后最高温度不大于 70℃。

(5)混凝土构件在养护期间内部最高温度与表面温度之差不大于 25℃。

(6)混凝土拆模时,中心混凝土与表层混凝土的温差、表层混凝土与环境的温差均不得大于 25℃。

为实现上述温控要求,港珠澳大桥非通航孔桥预制墩台温控措施如下:

(1)原材料温度控制

延长胶凝材料存放时间以降低其温度,集料存放于料仓棚内且遮阳存放,通过制冷机组生产洁净冷却水且温度控制在 10℃以下,在混凝土罐车的拌和罐上增加保温层,减小混凝土运输过程中升温。

(2)优化配合比

根据试验室试配,选择抗裂能力最好的配合比,即水泥:粉煤灰:矿粉:5 ~ 10mm 碎石:10 ~ 20mm 碎石:河砂水:外加剂 = 203 :110 :128 :315 :736 :725 :150 :3.53(质量比,单位 kg/m^3)。

(3)布置冷却管

在承台和墩帽处设冷却管,冷却管布置分别如图 4.3-9、图 4.3-10 所示。冷却水的进水温度与混凝土内部最高温差控制在 25℃以内,并定期改变冷却水进出方向。通过控制通水流量,使冷却管的进出水温差控制不超过 10℃。

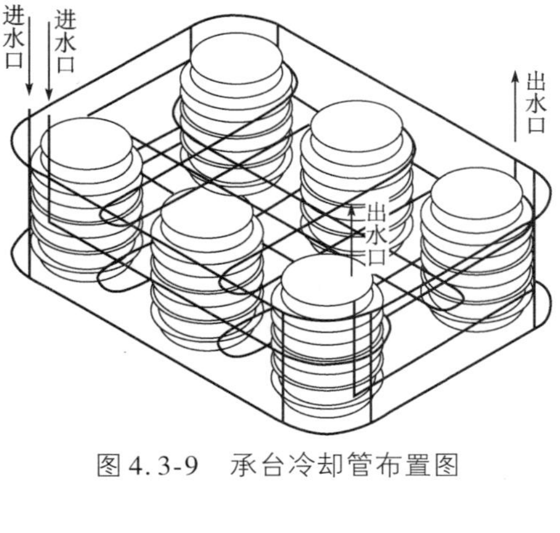

图 4.3-9　承台冷却管布置图

(4)养护措施

承台及墩身顶面混凝土抹面后采用塑料布及土工膜覆盖保湿养护,承台及墩身侧面混凝土采用裹塑料布保温保湿养护，如图4.3-11所示。施工缝采用蓄水养护，养护时间不得低于15d，如图4.3-12所示。

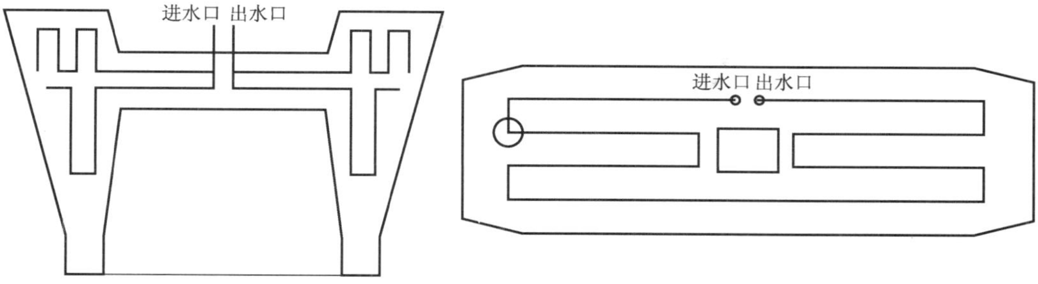

a)冷却管立面图　　b)冷却管平面图

图4.3-10　墩帽冷却管布置图(尺寸单位:cm)

图4.3-11　塑料布包裹养护

图4.3-12　施工缝蓄水养护

(5)混凝土温度监测

大体积混凝土温度监测系统由用户计算机、计算机监测软件、数据适配器、电源系统、数据及电源传输线、现场数据采集器、传感器等组成。选用定时测温记录仪进行测温。以24号承台为例，测温结果如表4.3-6所示。

承台温测结果　　表4.3-6

监测内容	监测结果	规范要求
入模温度	26℃	≤28℃
承台内部温度峰值	69.7℃	≤70℃
承台内表温差最大值	23.7℃	≤25℃
混凝土表面降温速率	5~7.5℃/d	≤4℃/d

4.3.6　裂缝处理预案

预制混凝土构件产生裂缝后，需及时对裂缝进行修补，以保证混凝土耐久性。根据裂缝宽度和深度将裂缝分为三类，如表 4.3-7 所示。

裂缝分类　　表 4.3-7

Ⅰ类裂缝	Ⅱ类裂缝	Ⅲ类裂缝
裂缝宽度 <0.05mm	0.05mm≤裂缝宽度 <0.15mm 且深度 <保护层厚度	裂缝宽度≥0.15mm 或深度≥保护层厚度

拆模后对出现的裂缝进行检测，观测裂缝发展，在养护完成、发展稳定后进行裂缝修补。根据裂缝宽度及深度采用不同的修补方法，具体见表 4.3-8。

裂缝修补方法　　表 4.3-8

适用范围	修补方法	修补材料
Ⅰ类裂缝	不修补	—
Ⅱ类裂缝	封闭修补	膏体环氧树脂封缝胶
Ⅲ类裂缝	化学灌浆	液体环氧树脂

注：注意对修补材料进行调色处理并试修补，使修补部位与实体颜色相近。

4.4　埋置式全预制墩台运输技术

预制墩台运输是施工过程中的重要环节，为实现预制墩台运输的安全性与高效性，需对墩台场内转运、装船、海上运输进行合理规划。本节主要从预制墩台场内转运方法、装船及海上运输方法、海上运输加固措施等方面对预制墩台运输技术进行阐述。

4.4.1　预制墩台场内转运

预制构件采用立式出运技术以保证其在陆上横、纵移运的稳定性及结构受力安全，其场内转运方案主要有两种：一是移运台车 + 专用轨道方案，该方案对轨道基础及承载力标准要求较高，钢筋混凝土基础工程造价高，但移梁设备购置费、使用费和维修费较低，操作较为简便易行。二是起重机吊移方案，该方案起吊设备加工周期长，且设备购置费、使用费和维修费较高。

港珠澳大桥非通航孔桥预制墩台采用移运台车 + 专用轨道方案进行场内转运。根据预制构件类型分为两种转运方案，第一种转运方案对应整体式桥墩（带承台）及下节段墩身（承台 + 下节墩身），直接将预制构件放在移运台车上运输，如图 4.4-1 所示；第二种转运方案对应中节段墩身及上节段墩帽，在台车上放置转运平台，再将构件固定到转运平台上，使用转运平台辅助转运，如图 4.4-2 所示。

图 4.4-1 整体式转运

图 4.4-2 转运平台辅助转运

转运平台为箱梁主次梁结构，箱梁采用钢板焊接而成，内部填筑 240m^3 混凝土。箱梁顶板采用厚 20mm 钢板，底板为厚 30mm 钢板，肋板为厚 25mm 钢板，箱梁高 2.05m，实景图如图 4.4-3 所示。

图 4.4-3 转运平台实景图

通过精轧螺纹钢将墩身预埋内加固牛腿与转运平台连接，使墩身与转运平台连接成整体。每件墩身内部设置 8 组内加固牛腿，每个转运平台设置 8 个轨道，分别对应 8 组内加固牛腿。精轧螺纹钢直径 40mm，屈服强度为 1080MPa，可在轨道内移动，用以适应不同尺寸的墩身。通过贯穿转运平台的精轧螺纹钢、连接器以及接长螺纹钢、钢牛腿将墩身及转运平台牢靠地连接在一起，使其变为一个整体。墩台与转运平台间内加固系统示意图如图 4.4-4 所示。

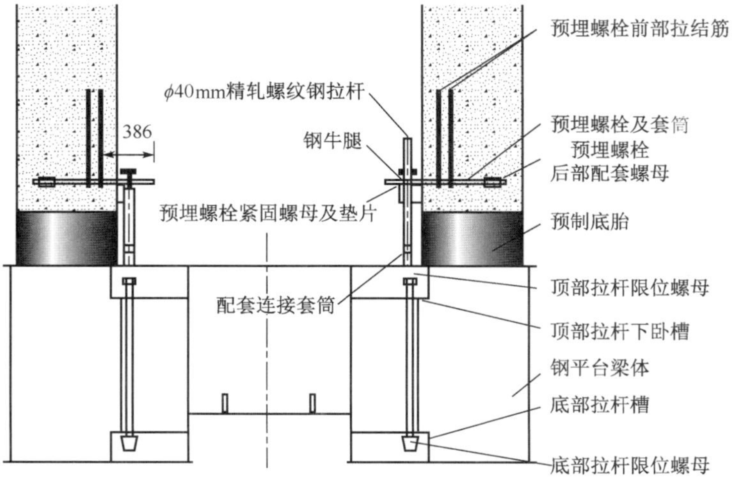

图 4.4-4 墩台与转运平台间内加固系统示意图(尺寸单位:mm)

预制墩台场内移运主要包括横移、横纵转化、纵移等步骤。

(1)横移

在预制墩台下对称布置6~8台千斤顶,由一台高压油泵驱动控制同步顶升,顶升高度为10cm。顶升完成后推入横移台车,千斤顶同时回油,使构件坐落在横移车上。采用步履式液压顶推器推动横移台车离开预制台座或存放台座,到达转化台座。

(2)横纵转化

在预制墩台下对称布置6~8台千斤顶,摆放位置与横移顶升位置相同。千斤顶再次顶升,使构件脱离横移台车,然后用叉车将横移台车拉出一半,拉进纵移台车,再将另一半横移台车拉出,拉进另一辆纵移台车。千斤顶回油落顶,使预制墩台坐落在纵移台车上,完成横纵转化。

(3)纵移

将半潜驳驻位坐底,利用特质短轨将纵移轨道与半潜驳钢轨对接,液压顶推器顶推纵移车至半潜驳并加固,具体加固措施见下文。

4.4.2 预制墩台装船

大型预制构件装船工艺主要有吊装上船、浮装、轨道平移装船和滚装上船等。吊装上船利用码头起重机或浮式起重机起吊墩台装船,需考虑墩台可吊性和码头有足够的位置够驳船和浮式起重机回转。浮装适用于具有自浮能力的大型构件,需考虑运输船舶具有一定的下潜功能。轨道平移装船将码头运输轨道和船上轨道对齐并驳接,墩台从存放场地移运至驳船过程中需保持驳船稳定,因此对码头强度和运输船舶压载水调节能力要求较高。滚装上船具有安全性高、摆脱吊装对重量和体积的限制、节约运输成本等优点,但装卸时间较长,受潮汐影响较大,需考虑船舶和码头有相应的滚装设施。

港珠澳大桥CB03和CB04标段预制墩台采用轨道对接平移方式进行装船,CB05标段预制墩台采用起重船吊装方式进行装船。

(1)轨道对接平移装船工艺

预制构件运输及装船示意图如图4.4-5和图4.4-6所示。驳船通过拖轮靠泊在预制场码头,驻位通过陆上系船柱与半潜驳艏艉八字缆进行位置调整。调整至设计位置后,灌水将驳船坐到码头刚性支撑的座底平台上,且在驻位座底前,清除座底顶面所有杂物,保证预制构件在上船时驳船稳定。将码头运输轨道和船上轨道对齐驳接后,通过纵移台车将预制构件水平移运至驳船,每次运输1个预制构件。预制构件移运至驳船后进行加固处理,加固措施在下节具体阐述,加固完成后由拖轮拖至海上施工现场进行安装。

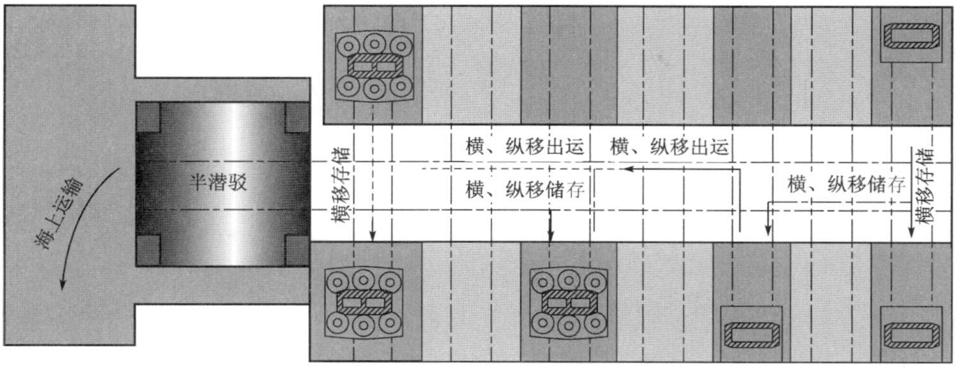

图4.4-5 预制构件运输示意图

(2)起重船吊装上船工艺

起重船吊装实景图如图4.4-7所示。构件预制完成后,通过移运台车在纵移轨道和横移轨道上移至出海栈桥前端。起重船起吊预制构件并安装限位装置,然后退出码头,自航至构件安装位置进行现场安装,每次运输1个预制构件。预制构件吊装完成后,起重船退出桥位,起锚返航,进行下一预制构件运输安装。

图4.4-6 预制构件装船示意图

图4.4-7 起重船吊装实景图
(“小天鹅”号吊装)

4.4.3 预制墩台海上运输及加固措施

大型预制构件海上运输方式主要包括:甲板驳船+拖轮运输、半潜驳船+拖轮运输和运架一体起重船运输,三者特点如表4.4-1所示。港珠澳大桥非通航孔桥各标段运输方案如表4.4-2所示,运输船舶实景图如图4.4-8所示。

运输船舶特点　表4.4-1

类型	特点
甲板驳船	1.无自航能力,需拖船或顶推船拖带航行; 2.设备简单、载货量大、吃水浅、运输费用较低
半潜驳船	1.船身可下潜至一定深度,无自航能力; 2.专门运输超长超重又无法分割吊运的超大型设备
运架一体起重船	1.具有自航能力和起吊能力; 2.运架程序简单、施工速度快、吊装精度高

各标段预制墩台海上运输方案　表4.4-2

标段	运输方案
CB03标段	半潜驳船(半潜驳3/半潜驳9)+拖轮(交工80)
CB04标段	普通驳船(粤工驳38)+拖轮(长大21拖轮、长大22拖轮)
CB05标段	"小天鹅"号运架一体起重船

a)半潜驳船

b)运架一体起重船("小天鹅"号)

图4.4-8　运输船舶实景图

选择航线时应充分考虑航行水域经过的桥梁和跨江电缆等障碍物影响,调查运输线路内船只出航频率,并对拟定线路进行分析和统筹规划,尽可能避开交通繁忙时段和区域,当航道水深不满足要求时应进行运输路线内航道疏浚作业。

为保证预制墩台海上运输的稳定性和安全性,需从抗滑移、抗倾覆、抗摆动等方面对预制墩台进行加固。主要加固措施包括:纵移台车加固、转运平台加固、墩身抗滑移加固、墩身抗倾覆加固等。

(1)驳船海上运输加固措施

①纵移台车加固:台车纵向利用驳船甲板上焊制的艏艉两个端墩固定,通过横梁将

台车首尾两端顶紧;台车横向利用驳船甲板上焊制的支墩上的悬臂水平钢撑固定,通过钢制楔块支顶台车车体。

②转运平台加固:加固装置主要由拉杆、拉力盒、驳船固定底座和转运平台上拉耳组成,通过拉杆将转运平台四角与驳船固定底座连接。

③墩身抗滑移加固:加固装置由锚固板、底座、顶杆、盖板、木制楔块等组成。每个墩身由6组支顶装置进行侧向支顶,长边方向4组、短边方向2组,用于限制墩身侧移。

④墩身抗倾覆加固:加固装置由锚固板、底座、加固架、支墩、横梁、拉杆等组成。每个墩身由2个抗倾覆加固架进行侧向加固,用于限制桥墩倾覆。对于不同宽度墩身,需调整加固架角度来达到加固要求。

(2)运架一体起重船海上运输加固措施

"小天鹅"号起重船运输墩台时,将预制墩台起吊至距离甲板1~2m处,通过墩台与甲板间限位装置限制墩台摆动。限位装置由旋转接头、反力座和伸缩梁组成。在墩身运输至施工墩位后,拆除限位装置,准备墩台安装。

4.5　埋置式全预制墩台水下基坑开挖技术

对于水下基坑开挖,确定合理基坑开挖边坡比可有效降低桥梁主体工程对海洋主体环境的影响,且可缩短桥梁基础施工工期,因此,应结合水文、地质条件等因素确定合理基坑开挖边坡比。埋置墩台施工期海床回淤会影响结构安装,回淤量的多少直接关系到基坑超挖量的确定。本节主要阐述基坑边坡稳定分析方法、基坑超挖量确定和水下基坑施工方法及注意事项。

4.5.1　基坑边坡稳定分析

影响边坡稳定的主要作用包括边坡自重、波浪、流场等。边坡稳定性计算主要考虑正常波浪工况和偶然波浪工况(10年一遇波浪),其荷载组合区别主要是波高不同。正常波浪工况下,须保证边坡稳定;偶然波浪工况下,须保证边坡不能发生滑坡等太大变形。边坡稳定性计算设计标准如表4.5-1所示。

边坡稳定性计算设计标准　　表4.5-1

工　况	荷载组合	土层参数	要求安全系数
正常波浪工况	永久作用+波浪(正常波高)	十字板	1.3
偶然波浪工况	永久作用+波浪(10年重现期)	十字板	1.0

边坡稳定性计算理论主要包括极限平衡方法、塑性极限方法、数值计算方法、模糊综合评判方法、灰色分析理论和神经网络法等。港珠澳大桥基坑边坡稳定通过 G-SLOPE 软件进行稳定性验算,该软件可将动力、静力、渗流与边坡稳定极限平衡法进行耦合,并计算边坡动力各个时步的安全系数,且可考虑动力、波浪及水下边坡渗流等因素。

土体材料模型在静力分析时,采用摩尔-库仑材料模型;在动力分析时,采用等效线性模型。地震动力通过输入地震波进行动力计算。计算原理及假定如下:

(1)稳定性安全系数计算采用 Morgenstern-Price 法。

(2)根据波浪理论,静力计算波浪的简化模式如图 4.5-1 所示。

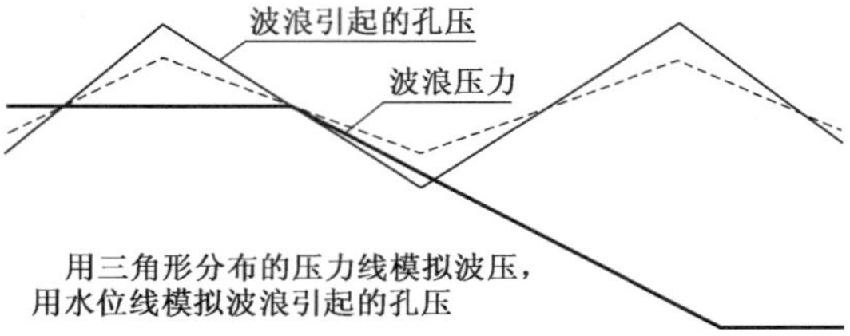

图 4.5-1　静力计算波浪简化模式

从动力计算中找出最不利布置的波浪,然后将此波浪作用分离成波压与孔压,用三角形或曲线近似模拟正弦波压与孔压,并布置在边坡表面。动力计算的简化模式如图 4.5-2所示,波浪波动随时间变化的全过程模拟如图 4.5-3 所示。

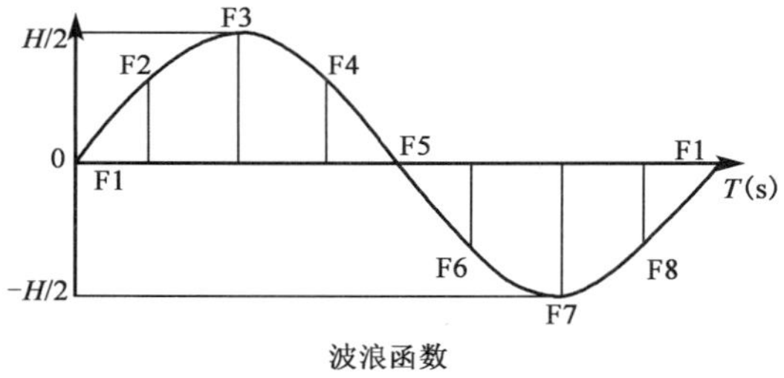

图 4.5-2　动力计算简化模式

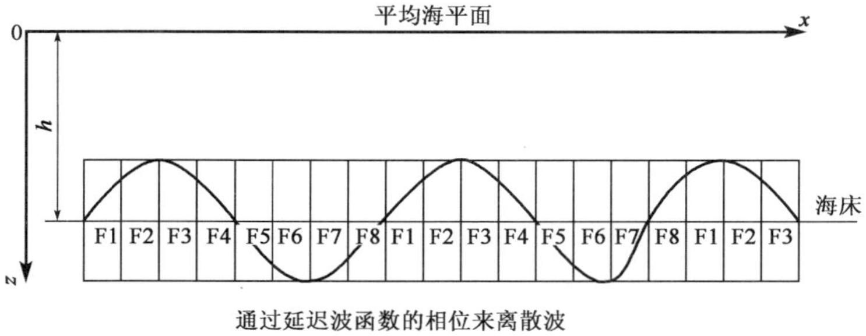

图 4.5-3　波浪波动随时间变化的全过程模拟示意图

(3)考虑地质的不确定性,对于不利断面采用邻近的不利钻孔参数。

(4)不考虑表层2m清除的有利作用。

港珠澳大桥水下不同边坡比安全系数如表4.5-2所示,由于边坡存在期较短,认为边坡土体处于不排水状态,仅有黏聚力,无摩擦力。

不同边坡比安全系数　　表4.5-2

边坡比	安全系数	
	正常波浪工况	偶然波浪工况
1:3	1.346	0.948
1:4	1.405	0.985
1:5	1.481	1.055

4.5.2　基坑超挖量分析

《海港水文规范》(JTS 145-2—2013)附录P.0.2对于航道淤积的经验公式给出在t时段内单位面积上的回淤强度为:

$$P_1 = \frac{\omega S_1 t}{\gamma_0}\left\{K_1\left[1-\left(\frac{d_1}{d_2}\right)^3\right]\sin\theta + K_2\left[1-\frac{1}{2}\frac{d_1}{d_2}\left(1+\frac{d_1}{d_2}\right)\right]\cos\theta\right\} \tag{4.5-1}$$

式中:P_1——航道底面的淤积强度(MPa);

ω——细颗粒泥沙的絮凝沉降速度(m/s);

S_1——相应于平均水深d_1的平均含沙量(kg/m^3);

γ_0——淤积物的干密度(kg/m^3);

K_1、K_2——横流和顺流的淤积系数,在缺少现场资料的情况下,K_1可取0.35,K_2可取0.13;

d_1、d_2——平均水深和基坑开挖后的水深(m);

θ——基坑走向和潮流流向之间的夹角。

选取港珠澳大桥一埋置承台进行计算,埋置承台基坑处水深约为5.5m,基坑底水深约为11.5m。假定基坑与水流每差15°进行1次计算。由于承台基坑剖面呈近似正方形,故需考虑两个方向的淤积。理论计算回淤值如表4.5-3所示。

理论计算回淤值　　表4.5-3

基坑与水流夹角(°)	0	90	12	75	30	60	45
单向回淤厚度(m)	0.010	0.037	0.019	0.039	0.027	0.037	0.034
总回淤厚度(m)	0.047		0.058		0.065		0.067

4.5.3　水下基坑施工

1)水下基坑开挖方案

(1)基坑开挖时间

由于钢管桩沉桩、钻孔灌注桩施工至承台吊装时间跨度较长,基坑回淤风险大,将基坑开挖时间选择在钢管复合桩施工完成后、墩台安装前完成。严格控制基坑开挖时间,确保基坑开挖完成后未被扰动的原状土不受海水涨潮落潮长时间冲刷而浸泡软化过深。

(2)基坑开挖的边坡和超挖量

基坑开挖的边坡和超挖量与墩位地质水文条件及墩台安装施工方法相关。墩位基坑开挖施工前,应熟悉域位工程地质状况,并根据墩台安装方法制定施工控制要求及措施,指导施工。港珠澳大桥各标段如下:

①CB03 标段 30 号、31 号墩台为低墩区埋置式墩台,在 30 号、31 号墩台进行基坑开挖典型施工。墩台平面尺寸为 14.8m×11.1m,基坑底面尺寸为 16.8m×13.1m,设计边坡坡度为 1∶7,基坑底边距墩台外缘 1m,开挖深度距墩台底面 1.5m。

②CB04 标段钢管复合桩直径为 2m 的承台尺寸为 14.8m×11.1m,基坑开挖尺寸为 18.8m×15.1m,深度 7m;钢管复合桩直径为 2.2m 的承台尺寸为 16m×12m,基坑开挖尺寸 20m×16m,深度 7.5m;边坡按 1∶3 控制。

③CB05 标段承台平面尺寸为 15.6m×11.4m,围堰平面尺寸为 17.6m×13.4m,现场挖泥施工平面尺寸为 18m×14m。基坑开挖设计底高程根据承台底高程严格控制,确保围堰入土深度,且不影响封底质量。围堰内开挖到承台底高程以上 50cm,围堰四周开挖至封底混凝土以下 50cm。

2)基坑开挖控制措施

基坑开挖前,进行一次完整的初始水下地形测量。水下地形测量采用多波束测深系统,如图 4.5-4 所示。根据《水运工程质量检验标准》(JTS 257—2008)规定,10m 取一个测量断面,2m 一个测点,按照 1∶500 绘制水深测量图,测量范围大于基坑开挖范围 20m。

基坑开挖过程中,安排多波束进行水深检测。多波束测深系统能进行全覆盖测量,通过结合 GPS 获得的船舶定位信息、运动传感器获得的船舶姿态信息、罗经获得的方位信息等,利用先进的数据处理技术,绘出高分辨率、高精度的海底地形图,编制相应施工文件,指导抓斗船扫浅施工。

基坑开挖完成后,根据《水运工程质量检验标准》(JTS 257—2008),结合工程实际情况,制定验收标准,验收要求平均超深小于1.5m,每边平均超宽小于3.0m。

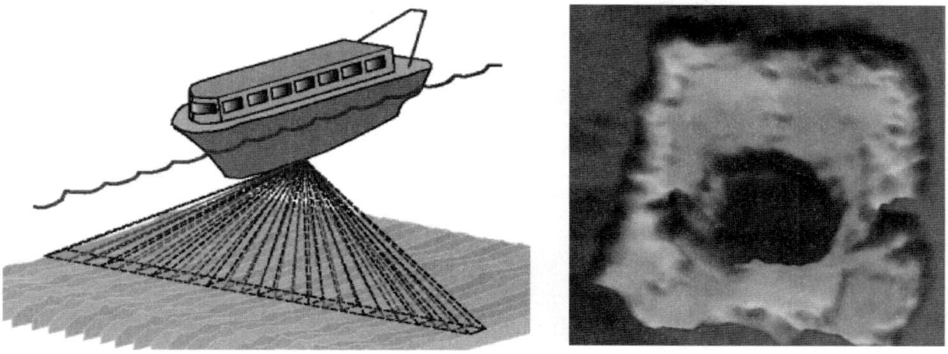

图4.5-4　多波束测量地形图

4.6　墩台柔性止水安装技术

港珠澳大桥非通航孔桥预制承台采用柔性止水安装方法和围堰止水安装方法进行安装。其中,围堰止水安装方法在跨海大桥下部结构施工中经常使用,已发展为较为成熟的技术。而柔性止水安装方法为港珠澳大桥独创的施工方法,因此本节主要阐述墩台柔性止水安装技术。为实现预制承台有效止水、安全吊装、高施工精度等目标,需设计合理施工流程、选择合理施工时间、设计有效止水装置、设计精确定位系统、模拟施工全过程等。本节主要阐述预制墩台总体施工工艺、吊装窗口作业分析、分离式止水系统设计、精确定位系统设计、吊装全过程计算分析等内容。

4.6.1　预制墩台总体施工工艺

墩台柔性止水安装方法是指在墩台安装过程中,通过与墩身相连的钢套箱以及承台与钢管复合桩间的止水结构进行同步止水,为墩台安装施工提供干作业环境的安装方法。墩台柔性止水安装方法施工工艺流程如图4.6-1所示。

(1)钢套箱安装

钢套箱整体附着于墩身,紧贴承台上缘与预制墩台形成整体结构,用于实现承台上部止水,具体止水原理见下文。在预制场利用门式起重机对钢套箱进行整体安装,起吊钢套箱至墩台上方,穿过墩身,缓慢放置于承台上,然后与墩台固定,形成稳固体系。钢套箱安装过程如图4.6-2所示。

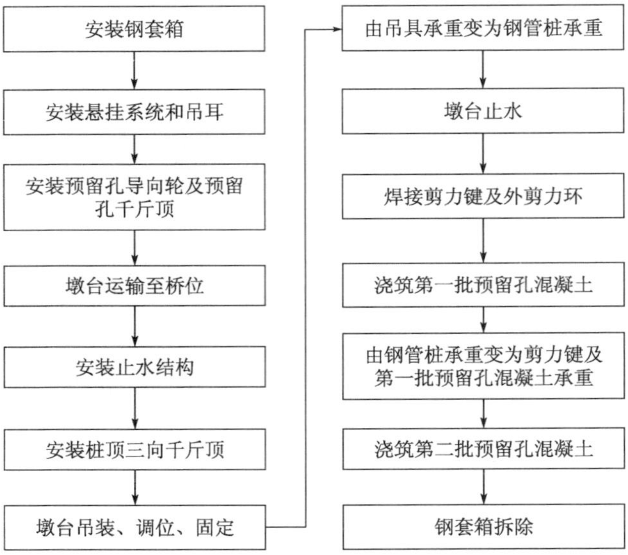

图 4.6-1　墩台柔性止水安装方法施工工艺流程图

a)钢套箱安装示意图　　b)钢套箱安装实景图

图 4.6-2　钢套箱安装

(2)安装悬挂系统和吊耳

悬挂系统为框架梁结构,用于吊装预制墩台及对预制墩台精确调位,具体结构见下文。在预制场利用门式起重机对悬挂系统和吊耳进行安装,利用墩身顶紧机构顶紧悬挂系统千斤顶,将悬挂系统与墩身固定,防止运输过程中摆动。安装承台吊耳,并连接吊杆,悬挂系统安装过程如图 4.6-3 所示。

(3)安装预留孔导向轮及千斤顶

为保证墩台在吊装过程中顺利下放,且避免与钢管复合桩外壁临时构件发生碰撞,在承台预留孔内安装导向轮，导向轮通过剪力键预埋件进行焊接固定。

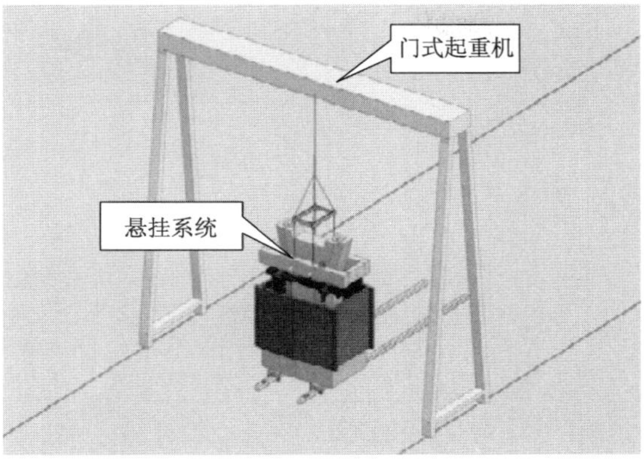

a)悬挂系统安装示意图

b)悬挂系统实景图

图 4.6-3 悬挂系统安装

为避免预制墩台临时支撑于钢管复合桩顶部时底部发生摆动，在承台预留孔内安装12 个横向千斤顶，用于限制承台底部水平位移。

(4)安装止水结构、三向千斤顶

因施工工艺要求，需对钢管复合桩进行接长处理，连接一定长度钢管段，安装止水结构。除中间(Z3/Z4)两根钢管复合桩外，其余四个(Z1/Z2/Z5/Z6)钢管复合桩顶部安装三向千斤顶，用于精确调整墩台位置。

(5)墩台吊装、调位、临时固定

起吊墩台缓慢移至钢管复合桩上方，将承台预留孔对准钢管复合桩，通过导向装置使钢管复合桩穿过承台预留孔至悬挂系统支撑于三向千斤顶上。悬挂系统通过钢吊杆与承台上部吊耳连接，墩台重量通过钢吊杆传至悬挂系统，由桩顶三向千斤顶支撑。承台吊装需半天完成，吊装过程如图 4.6-4 所示。

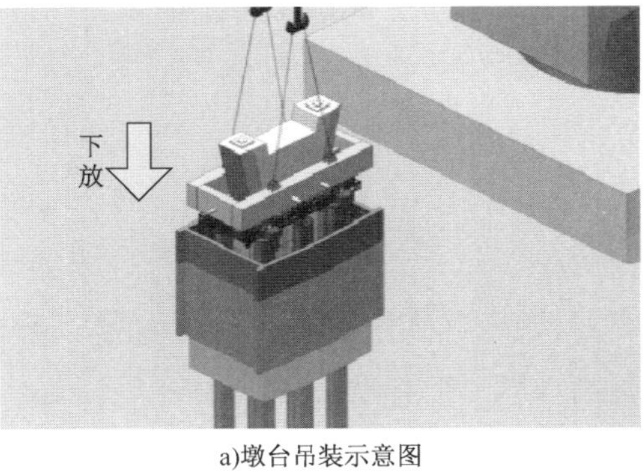

a)墩台吊装示意图

b)墩台吊装实景图

图 4.6-4 承台吊装

通过三向千斤顶依次精确调节墩台扭角、倾斜度、平面位置、高程，整个调节过程需半天完成，精确调位如图4.6-5所示。墩台精确调位完成后，在钢管复合桩与墩身之间插打钢楔块并焊接，限制墩台中部发生摆动，锁定承台预留孔内12个水平千斤顶，限制承台底部摆动。钢楔块竖向间距为1.0m，平面布置如图4.6-6所示。

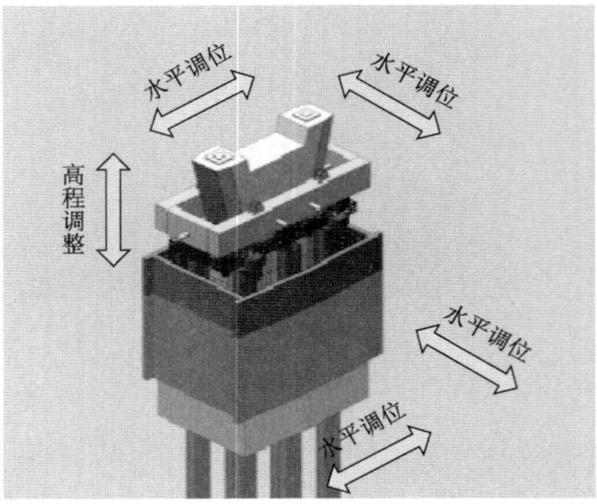

图4.6-5　墩台精确调位示意图

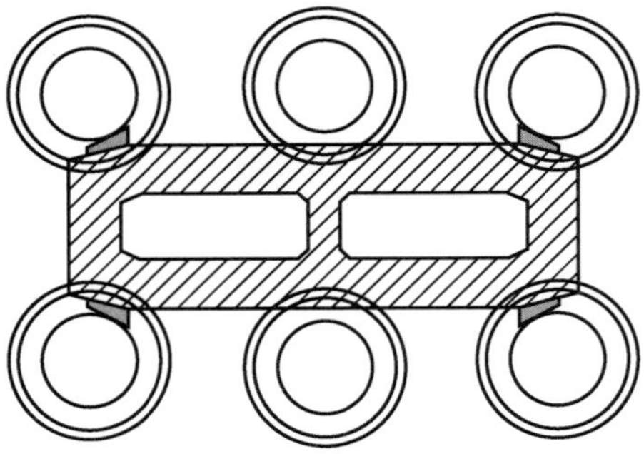

图4.6-6　钢楔块平面布置图

(6)墩台止水

止水过程见下节。

(7)焊接剪力键

将承台底板上部预埋钢板清理干净，在预埋钢板与钢管复合桩之间对称焊接剪力键，完成后在钢管外壁焊接剪力环，焊接质量要求为Ⅰ级焊缝，剪力键布置如图4.6-7所示。

(8)第一批预留后浇孔(Z3/Z4)混凝土浇筑及体系转换

拆除第一批预留后浇孔对应钢管复合桩设计高程以上钢管段，连接承台与钢管复合桩之间钢筋，浇筑预留后浇孔混凝土，如图4.6-8所示。浇筑完成后采用蓄淡水进行养护，养护期为14d，且混凝土强度达到设计强度的70%后结束蓄水养护；待第一批预留后浇孔混凝土达到设计强度80%后，检查其余四个预留后浇孔剪力键焊接质量，逐级放松千斤顶，拆除悬挂系统，墩台荷载由悬挂系统承受转换为由第一批预留后浇孔钢筋混凝土承受。

(9)第二批预留后浇孔(Z1/Z2/Z5/Z6)混凝土浇筑及钢套箱拆除

拆除第二批预留后浇孔对应钢管复合桩设计高程以上钢管段，按照对称顺序浇筑预留后浇孔混凝土及养护，如图4.6-9所示，养护方法及养护时间同第一批后浇孔混凝土。待施工完毕后，放松套箱内撑及牛腿反压装置，整体拆除钢套箱。

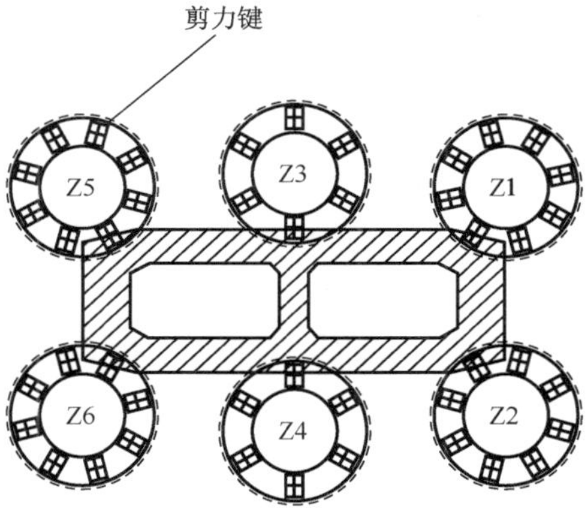

图 4.6-7　剪力键布置图

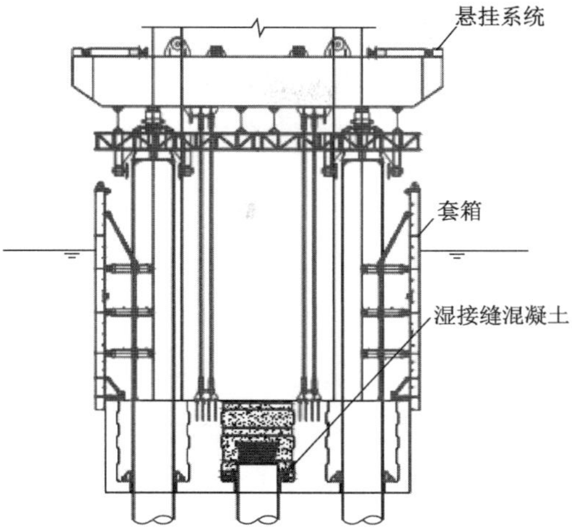

图 4.6-8　第一批预留孔混凝土浇筑

4.6.2　墩台吊挂系统

吊挂系统是墩台吊装施工的专用设施，主要功能包括：作为起吊墩台的吊具；作为千斤顶调整垂直度及高程的作用点；浮式起重机摘钩离开后，作为墩台悬挂在桩顶上的受力结构。

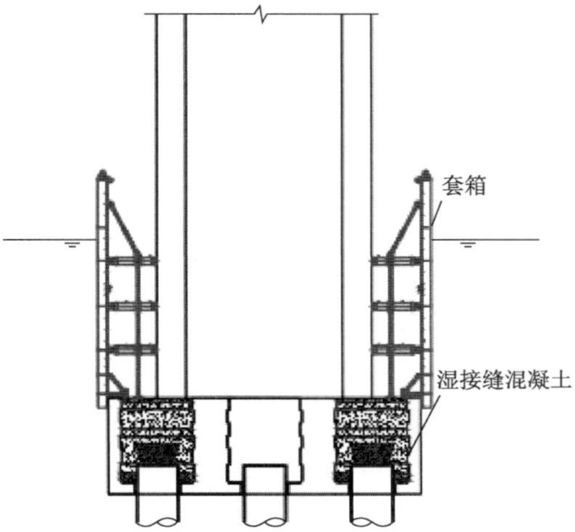

图 4.6-9　第二批预留孔混凝土浇筑

吊具主要由上吊具、下吊具、反压梁、吊索连接梁及索具组成。其中上吊具作为浮式起重机起吊墩台的连接机构，上吊具各部件之间采用全铰接连接，吊具一端设置平衡梁，使四主钩成为三点受力起吊，保障墩台吊装均衡受力。上吊具如图 4.6-10 所示。下吊具作为吊装时稳定墩身的结构，为适应墩帽顺桥向加宽结构，短边设计为开合式，采用螺栓连接，圈梁四周设有 8 个可伸缩螺栓抱紧装置。复合桩钢管支撑位置处设有与复合桩钢管相抱紧的螺栓，在横桥向和纵桥向两个垂直方向进行限位。下吊具如图 4.6-11 所示。

4.6.3　吊装窗口作业分析

为选择墩台合理吊装时间、保证墩台吊装安全，需对墩台吊装过程进行水动力计算，确定吊装作业窗口。

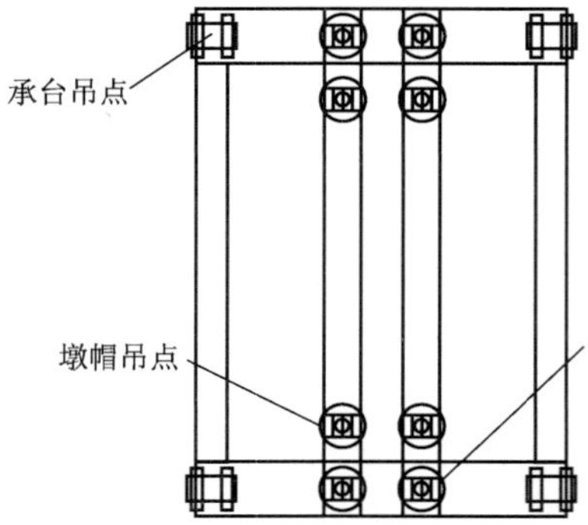

图 4.6-10　上吊具示意图

图 4.6-11　下吊具示意图

港珠澳大桥所处海域海况根据其出现概率分为两种工况：一种是 20 年一遇海况（极限海况），一种是常规海况。常规海况的风浪流涵盖了 91% 的概率。

（1）水动力分析思路

①建立浮式起重机、墩台及钢套箱的有限元模型，基于三维势流理论进行浮式起重机的水动力分析，经过分析获得浮式起重机和墩台在波浪作用下的运动幅值响应算子。

②在浮式起重机和墩台二者间建立吊索，输入上述两种海况环境数据（风、浪、流），进行动力耦合时域分析，得到吊物在不规则波中的运动和吊缆动张力时程曲线，从而确定墩台吊装作业窗口。

（2）浮式起重机及吊物系统运动频域分析

频域分析分为浮式起重机无吊装作业和吊装吊物两种工况，采用 Sesam 软件 HydroD 模块分析，分别计算上述两种工况下升沉、纵摇、横摇、纵荡、横荡、首摇的运动幅值响应算子。计算参数取值如表 4.6-1 所示，波浪角为 90°时纵摇和横摇运动幅值响应算子曲线如图 4.6-12 和图 4.6-13 所示。

频域分析计算参数　　表 4.6-1

频率（rad/s）	频率间隔（rad/s）	波浪角（°）	波浪角间隔（°）
0.05 ~ 2.0	0.05	0 ~ 90	15

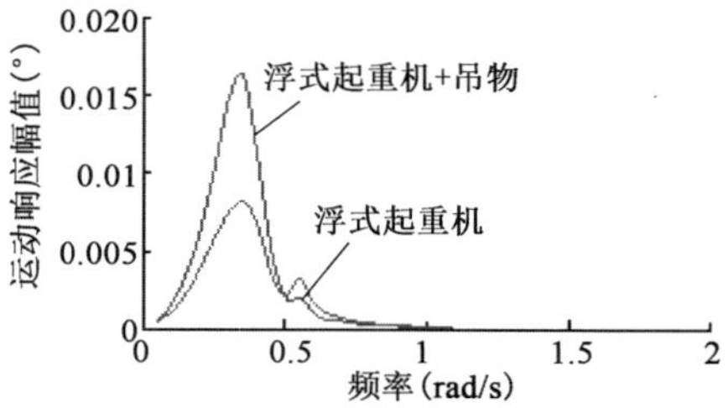

图 4.6-12　纵摇运动幅值响应算子曲线

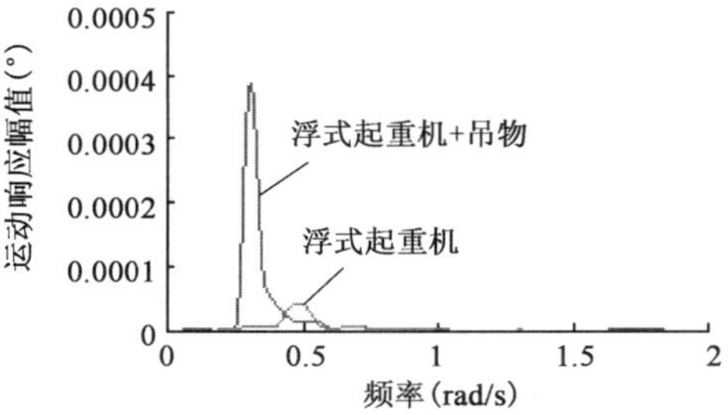

图 4.6-13　横摇运动幅值响应算子曲线

(3)浮式起重机及吊物系统运动时域分析

基于频域分析结果,采用 Sesam 软件分析极限海况和常规海况下浮式起重机、浮式起重机 + 吊物系统的运动时间历程。计算参数如表 4.6-2 所示,计算结果如图 4.6-14 和图 4.6-15 所示。

极限海况和常规海况计算参数　　表 4.6-2

工况	波浪谱	有义波高(m)	谱峰周期(s)	谱峰因子	水深(m)	水流速度(m/s)	风谱	最大风速(m/s)
极限海况	JONSWAP	2.25	9.3	2.0	15	1.89	API	14.3
常规海况	JONSWAP	0.8	6	1.0	15	0.5	API	18

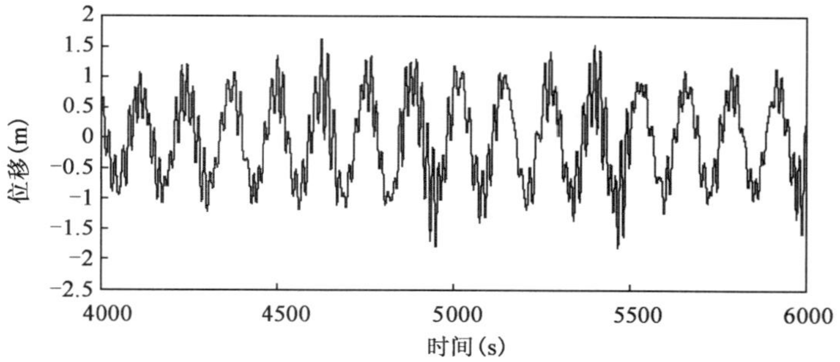

图 4.6-14　极限海况下浮式起重机、浮式起重机 + 吊物系统运动时间历程

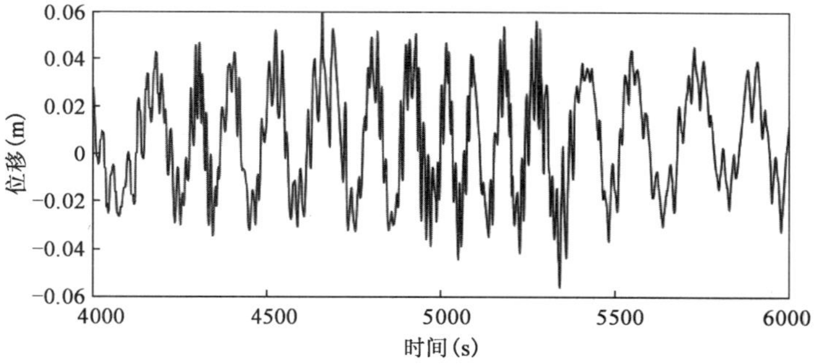

图 4.6-15　常规海况下浮式起重机、浮式起重机 + 吊物系统运动时间历程

通过分析可知:当浮式起重机及墩台处于恶劣海况之中时,墩台的摆动幅度很大,浮式起重机几乎无法完成吊装作业。但是随着风浪流条件的好转,墩台的运动幅度也呈非线性衰减,X、Y 方向的平面运动幅度均小于墩台预留孔与桩之间的间隙。考虑到实际海况与本次分析所选用波浪谱存在一定出入,为使吊装作业在更为安全的条件下开展,每次吊装前与相关海洋预报单位进行联系,保证在 6 级风、0.8m 海浪条件下作业。

4.6.4　钢套箱结构设计

(1)钢套箱结构设计

钢套箱结构由壁板、内撑、环绕式反压牛腿及止水装置组成,钢套箱四周内边超出预制承台四周外边缘2cm。壁板由面板、横向和竖向主梁、横向和竖向加劲肋组成;内撑由水平杆、竖杆、斜杆组成;环绕式反压牛腿设置于钢套箱底部悬挂于预制承台顶面,用于支撑钢套箱自重;牛腿与预制承台间设有止水装置,钢套箱平面图如图4.6-16所示,实景图如图4.6-17所示。

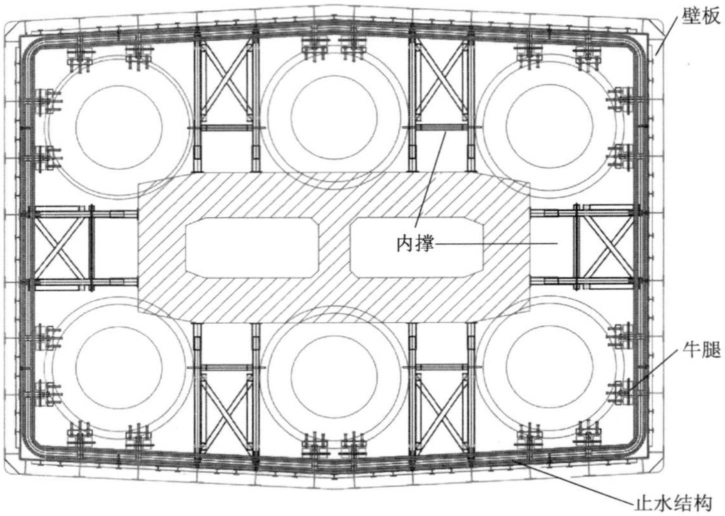

图4.6-16　钢套箱平面图

钢套箱面板为6mm厚钢板。横向主梁为HW390×300型钢,间距为100~250cm。竖向主梁为HW390×300型钢,间距为150~180cm。竖向加劲肋为HW125×125型钢,间距为50cm。横向加劲肋为100×8mm钢板条,间距为50cm。

图4.6-17　钢套箱实景图

内撑水平杆为$\phi168\times\delta16$mm钢管,间距为150~250cm。竖杆为$\phi140\times\delta8$mm钢管,在墩身和钢套箱之间设置一道,与每层水平杆铰接。斜杆为$\phi140\times\delta8$mm钢管,设置于每层水平杆之间,与水平杆铰接。

水平杆与墩身接触位置设置可调节螺杆,可调节螺杆采用外套形式,为$\phi194\times$

δ12mm 钢管，采用螺纹调节。钢管前段设置薄橡胶皮，防止对墩身混凝土表面产生刮痕或损伤，可调节螺杆如图 4.6-18 所示。

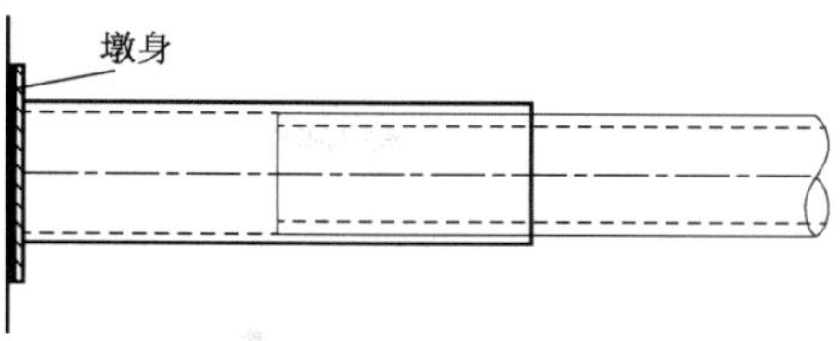

图 4.6-18 可调节螺杆示意图

(2)钢套箱与承台间止水设计

钢套箱与承台间通过双峰 GINA 止水橡胶与侧面橡胶条的压缩实现止水。双峰GINA止水橡胶通过压梁固定在套箱牛腿底部，沿钢套箱底部布置一周，与钢套箱同步安装。GINA 止水橡胶在钢套箱自重作用下压缩完成后，通过拉紧装置和压紧装置固定钢套箱。拉紧装置为螺栓，通过拧紧螺栓拉紧牛腿；压紧装置为楔形块和穿过混凝土块的钢棒，通过楔形块将牛腿压紧。承台与钢套箱间止水结构如图 4.6-19 所示。

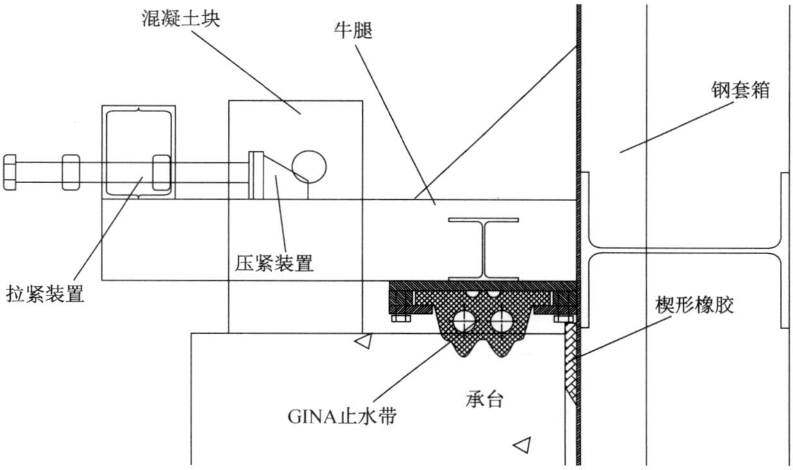

a)立面图

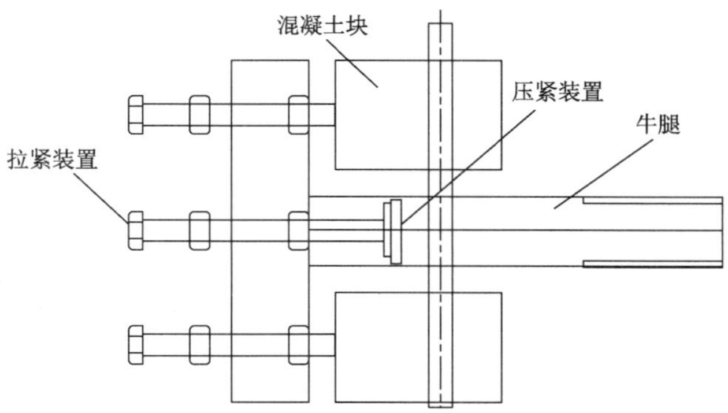

b)平面图

图 4.6-19 承台与钢套箱间止水结构示意图

4.6.5　分离式止水系统设计

承台预留孔与钢管复合桩之间通过分离式止水结构进行止水，为预留孔提供干施工环境。

(1)结构设计

分离式止水结构主要由环形托盘、内侧止水胶囊、顶面GINA止水带及悬挂装置组成，如图4.6-20所示。

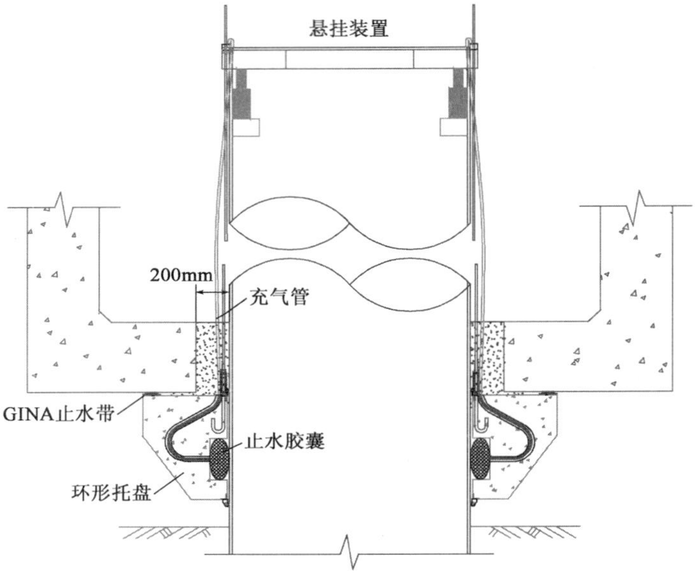

图4.6-20　分离式止水结构示意图

环形托盘选用钢筋混凝土结构，内径取值比复合桩钢管直径大4cm，径向宽度为70cm。内壁设有导向轮以便托盘下放，且设有环形预留槽用于安装环形气囊，顶面设有环形GINA止水带。环形托盘内部设有连接气囊的充气管道，充气管道从预制承台的预留孔伸出连接气源，其结构如图4.6-21所示，实景图如图4.6-22所示。

托盘顶面靠外侧固定环形GINA止水带，并且均匀布置4个高度限位装置，高度限位装置为[10槽钢，防止托盘提升过程中托盘倾斜造成一侧止水带过度压缩，GINA止水带结构如图4.6-23所示。

止水胶囊质量是控制止水效果的关键，止水胶囊为圆端形矩形结构，充气前高340mm、宽85mm，充气后宽165mm，胶囊作业状态充水压力为0.3MPa。内侧设置襟条加强止水效果，止水胶囊如图4.6-24所示。

悬挂装置由吊架、液压千斤顶、钢绞线组成。钢管桩内壁焊接牛腿，安装6个液压千斤顶,用于顶升吊架。钢管桩壁开 6 个槽口,用于下放吊架,吊架嵌入钢管桩内部,悬挂装置如图 4.6-25 所示。

(2)施工流程

墩台吊装前,在钢管桩内壁焊接 6 个牛腿,安装 6 个液压千斤顶并调整至相同高程,并在钢管桩壁开 6 个槽口,用于下放吊架。

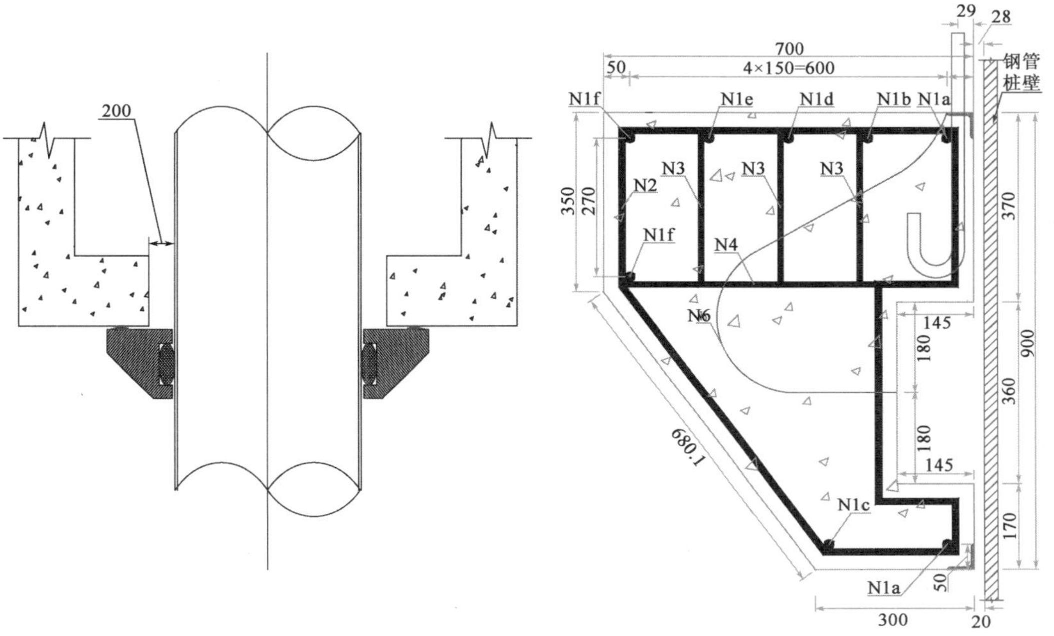

a)托盘整体示意图

b)托盘结构图

图 4.6-21　环形托盘结构图(尺寸单位:mm)

钢绞线连接吊架和环形托盘(含内侧止水胶囊 + 顶面 GINA 止水带),起吊托盘套入钢管桩,调整托盘顶面距承台底面高程 20cm,环形托盘安装如图 4.6-26 所示。

墩台吊装并精确调整锁定后,同时张拉 6 根钢绞线使 GINA 止水带压缩,实现环形托盘与承台底之间水平止水;向止水胶囊中充气,胶囊膨胀,实现环形托盘与钢管复合桩之间竖向止水;最后将承台内水抽干,抽水过程如图 4.6-27 所示,抽水完成后在承台底板与钢管复合桩之间浇筑速凝砂浆。

图 4.6-22　环形托盘实景图

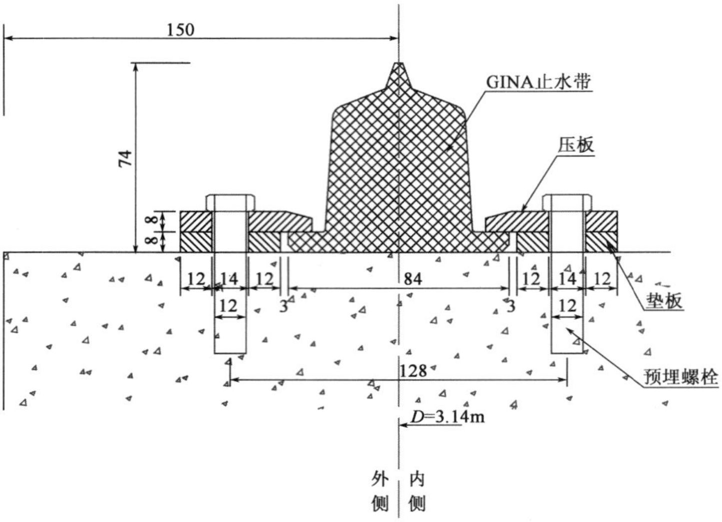

图 4.6-23　GINA 止水带示意图(尺寸单位:mm)

a)止水胶囊结构图（尺寸单位：cm）　　b)止水胶囊实景图

图 4.6-24　止水胶囊

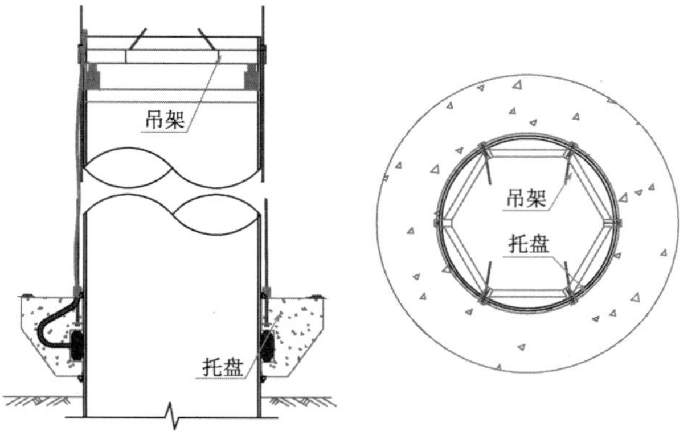

a)立面图　　b)平面图

图 4.6-25　悬挂装置示意图

图4.6-26　环形托盘安装实景图

图4.6-27　抽水实景图

4.6.6　精确定位系统设计

悬挂系统由机械系统、电控系统、液压系统组成。悬挂系统用于吊装预制墩台，并实现墩台与钢管复合桩之间精确定位。悬挂系统应具有吊装功能和调位功能，调位功能包括墩台相对钢管复合桩的垂直度调整、竖向高程位置调整、水平面内位置调整及偏转角度调整。机械系统由吊具主梁、墩身顶紧机构、三向调位机构、底部承托桁架、钢管桩上部抱桩系统、钢吊带、柔性吊带等组成，各部件及功能如表4.6-3所示，悬挂系统示意图如图4.6-28所示。

吊点设置于承台顶面，根据预制墩台和钢套箱整体结构最大重量设计，通过拉杆锚固于承台顶面。拉杆采用等强合金钢拉杆，杆体中部直径为80mm，端部直径为105mm，下端锚固采用锚垫板+螺帽。

悬挂系统各部件及功能　　表4.6-3

序号	部件名称	主要功能
1	吊具主梁	悬挂墩台及侧向顶紧墩身
2	底部承托桁架	将支撑的四根钢管连接成整体，并实现吊、悬功能转换
3	墩身顶紧机构	实现吊具和墩身水平限位
4	钢管桩上部抱桩系统	实现钢管桩和吊具水平限位
5	三向调位机构	调整墩台水平及竖向位置并锁定
6	柔性吊带	墩台吊装时连接吊具主梁和底部承托桁架
7	钢吊带	通过吊点将墩台竖向荷载传至吊具主梁

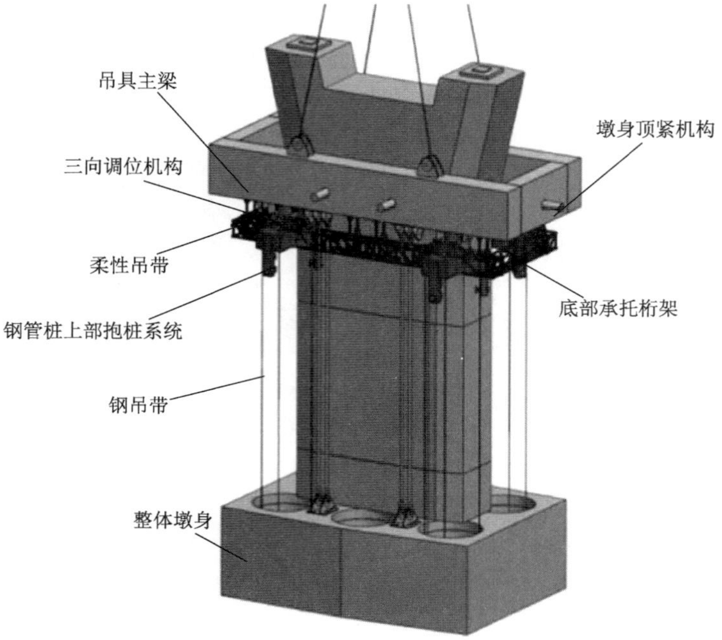

图 4.6-28　悬挂系统示意图

液压系统由液压油缸和液压泵站组成。液压泵站为液压油缸提供动力,悬挂系统设置 1 台泵站,用于驱动所有油缸,并通过主控系统实现协调控制;液压油缸通过伸缩控制,实现墩台精确位置调整。各部位液压油缸参数如表 4.6-4 所示,调位系统调整范围和控制精度如表 4.6-5 所示。

液压油缸参数　表 4.6-4

名称		吨位(t)	行程(mm)	千斤顶数量(台)
三向调位机构	水平 *X/Y* 向	80	±150	4×4
	竖向 *Z* 向	1000	±150	4×1
桩顶抱箍机构		50	±150	4×3
墩身顶紧机构		50	±150	2×3
粗调:通过 GPS 定位信号,由主控系统定位分析计算,输出控制指令,控制各向调位油缸的伸缩,从而实现精确定位; 精调:通过设在相邻墩上的全站仪测量偏位进行精确调整				

调位系统调整范围及控制精度　表 4.6-5

序号	调位千斤顶	千斤顶行程	实时控制精度	备注
1	吊具水平千斤顶	±150mm	±0.5mm	*X*、*Y* 方向
2	吊具竖向千斤顶	±150mm	±0.5mm	*Z* 方向

注:所有千斤顶均带有自动液压锁定装置。

电控系统是悬挂系统的中枢机构，由计算机系统、传感器系统和操作平台组成，主要用于控制和监测吊具的调整就位全过程，以及吊具上所有油缸系统、动力系统、液压辅助系统的工作状态和操作过程。其应具有如下功能：

（1）按照程序设计能自动控制所有液压油缸的单独或同步运行、停止。

（2）能自动监测 X、Y、Z 向油缸的工作荷载、伸长量以及所有抱紧油缸工作荷载。

（3）具有手动、自动模式，在自动模式下可进行精确调整，控制精度 ±0.5mm。

（4）具有异常报警功能，包括位置超差、压力超载、液压缸故障等。

4.6.7 吊装全过程计算分析

（1）施工阶段静力分析

埋置墩台具有施工工况复杂、受力多变、设计施工技术难度大等特点，需对施工阶段承台与钢管复合桩之间剪力键、承台预留后浇孔混凝土受力性能进行分析。

预制承台在施工过程主要受自重、波流力及风荷载的作用，计算工况如表 4.6-6 所示。

预制墩台施工阶段计算工况　　表 4.6-6

工况	施工状态	作用	验算内容
一	墩台支撑于钢管复合桩顶部，未焊接剪力键	自重	—
二		风荷载	钢管复合桩与承台间相对位移
三		波流力	钢管复合桩与承台间相对位移
四	体系转化完成（浇筑第一批预留孔混凝土、拆除悬吊系统后）	自重	承台最大主拉应力
五		风荷载	钢管复合桩与承台间相对位移；承台最大主拉应力；剪力键和钢管 Mises 应力
六		波流力	钢管复合桩与承台间相对位移；承台最大主拉应力；剪力键和钢管 Mises 应力

对应上述分析，可采用有限元软件 ABAQUS 建立墩台局部有限元模型，如图 4.6-29 所示。对施工阶段各工况，开展钢管复合桩与承台间剪力键及后浇孔混凝土受力等方面的分析，剪力键及后浇孔混凝土应力分布等典型分析结果如图 4.6-30 所示。

（2）预制墩台体系转化完成后整体稳定性分析

预制墩台在吊放至指定地点后将浇筑预留后浇孔混凝土，灌浆开始到混凝土终凝前，墩台在水流及波浪力作用下可能发生较小的振动或偏移，不利于混凝土成型质量，因此，需对此工况进行结构动力分析。

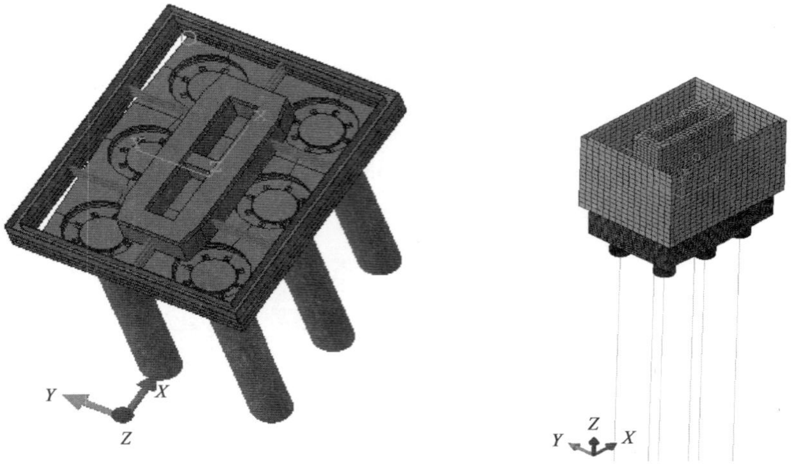

图 4.6-29　墩台局部有限元模型

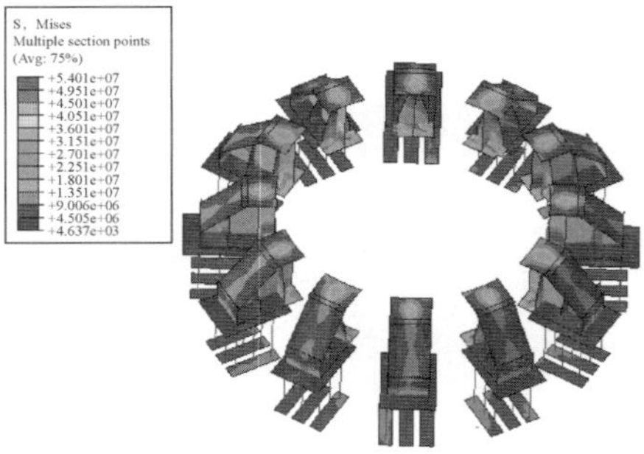

a) 重力作用下剪力键Mises应力分布

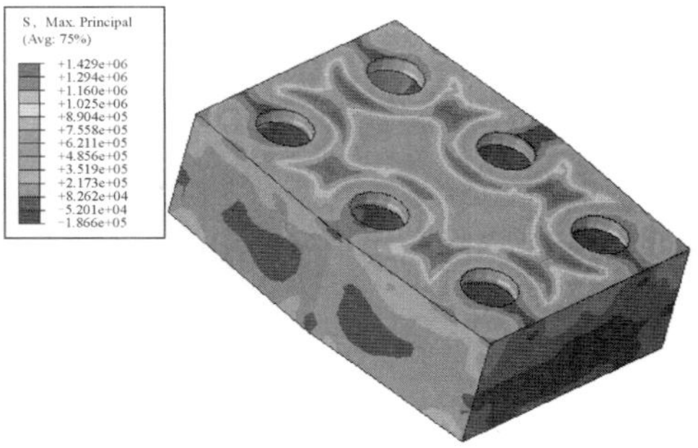

b) 重力作用下剪力键处混凝土主拉应力分布

图 4.6-30　施工阶段各工况典型分析结果

针对上述分析分别采用 FLUENT 和 SESAM 软件获取墩台结构在水流和波浪作用下所受荷载时程数据,然后将荷载时程数据导入 ANSYS 中进行结构模态分析、波浪荷载动力计算等,分析模型如图 4.6-31 所示。

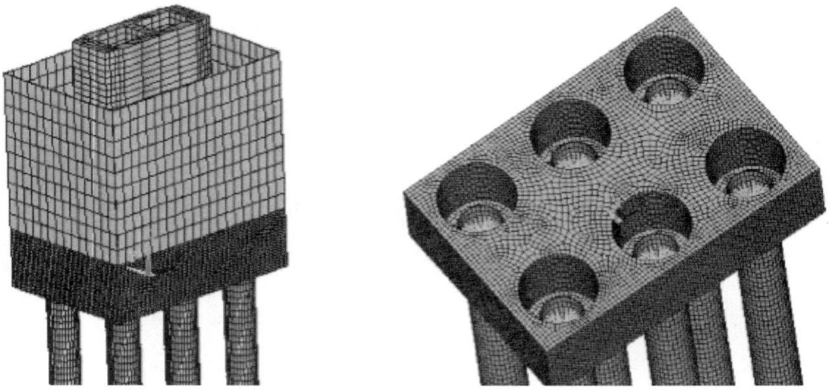

图 4.6-31　预制墩台分析模型

4.7 墩台安装过程监控

4.7.1 墩台施工控制精度

高精度控制包括工厂预制阶段精确控制和现场安装阶段精确控制，各阶段主要控制标准如表4.7-1所示。

4.7.2 分阶段监测

预制墩台施工过程监测主要包括工厂预制阶段监测、墩台运输阶段监测和墩台安装阶段监测，各阶段监测内容、测点布置、监测工况如表4.7-2所示。

预制墩台工厂预制阶段和现场安装阶段控制精度(mm)　　表4.7-1

序号	阶段	项目	允许误差
1	预制阶段	垂直度或斜度	$H/3000$ 且不大于20
2		墩身高度及承台厚度	±10
3		轴线偏位	10
4		支座位置	5
5		预埋件位置	10
6		预留孔位置偏离	±5
7	现场安装	垂直度	$H/3000$ 且不大于30
8		墩顶面高程	±10
9		轴线偏位	优先墩±20，其他墩±10
10			
		位置	5

各阶段监测表　　表4.7-2

施工阶段	监测内容	测点布置	监测工况
工厂预制阶段	预制墩台垂直度；预制墩台高度；模板安装精度	墩身高度至少选择3个观测截面，每个截面上测点不少于6个	立模后混凝土浇筑前；分段混凝土浇筑后；拆模后下胎前
	混凝土入模温度；冷却管进出水口温度；养护期间墩台温度场	结构温度梯度变化较大区域	混凝土入模时；混凝土开始浇筑至养护结束

续上表

施工阶段	监测内容	测点布置	监测工况
墩台运输阶段	墩台倾斜状态	沿墩台截面长边和短边各布设一个倾角传感器	海上运输全过程
墩台安装阶段	吊具受力；墩台局部受力	吊具和墩台最不利受力位置（吊点位置、临时支撑位置等）	结构吊装前至墩台安装结束
	墩台平面位置；墩台垂直度；承台与钢管桩相对位移	承台底部与钢管桩对应位置	墩台调位开始至承台预留后浇孔施工完成

4.7.3　监测方法及精度

墩台各个阶段监测类型包括温度监测、几何状态监测、倾斜状态监测、应变监测和振动监测，对于各类监测，主要监测方法如表 4.7-3 所示。

墩台各阶段监测方法　　表 4.7-3

项目	温度监测	几何状态监测	倾斜状态监测	应力/应变监测	振动监测
监测内容	墩台预制时水化热监测	墩台平面位置和垂直度	墩台倾斜状态监测	吊具受力和墩台局部受力监测	承台与桩基的振动监测
采用仪器	温度传感器	全站仪	倾角仪	应力计或应变式传感器	惯性式传感器
测试精度	不低于 ±0.5℃	测角精度不低于 1″；测距精度不低于 2mm + 2ppm/km	不低于倾角估计值的 1/10	分辨率不低于 1με，测试精度为满量程的 0.5%	—

4.8　本章小结

本章通过对埋置式全预制墩台设计、制作、运输、施工、监控等内容进行总结，得到如下创新技术成果：

（1）综合考虑埋置式全预制墩台几何尺寸、重量、制作、运输、施工等因素，采用分节段技术设计墩台，将墩身与承台一起预制，避免在施工现场对墩身与承台进行连接。不同节段墩身通过湿接缝或者剪力键 + 预应力筋的方式进行连接，为保证不同节段接触面高度吻合，设计接缝匹配模具，墩身预制时置于墩身底部或者顶部。

(2)墩台预制前制定控制精度和预制流程，并严格执行制定的标准，为避免混凝土浇筑时大量水化热引起混凝土开裂，严格控制混凝土配合比、采用冷却管降温，并在混凝土浇筑过程中监控其温度。

(3)墩台预制完成后通过预制场内纵横轨道移至码头，采用驳船或运架一体起重船运至施工现场准备施工。预制墩台移至驳船或运架一体起重船后，对其进行加固，保证预制墩台运输过程中的安全。

(4)预制墩台安装前，进行水下基坑开挖。水下基坑开挖前，需重点分析影响水下基坑边坡稳定的主要因素，然后通过计算确定水下基坑开挖边坡比，并分析超挖量，保证其不影响预制承台施工。

(5)预制墩台运至施工现场后，采用钢围堰止水技术或者柔性止水技术进行安装。采用墩台柔性止水技术安装时，先将止水结构套于钢管复合桩上至设计位置，缓慢下放墩台至设计位置，进行止水结构施工，止水结构施工完成后，排水形成干施工环境，对承台预留孔混凝土进行浇筑，承台与钢管复合桩连为整体。

(6)埋置式全预制墩台设计施工过程中采用创新性产品。

为保证不同节段墩身连接可靠性，港珠澳大桥采用直径75mm螺纹预应力粗钢筋用于分段墩身连接，钢筋屈服强度830MPa，抗拉强度1030MPa；为保证钢管复合桩施工精确度，港珠澳大桥采用工具式沉桩装置对钢管复合桩进行定位，工具式沉桩装置分为固定导向架和移动导向架；为实现预制承台与钢管复合桩间止水，港珠澳大桥采用分离式止水系统进行止水，分离式止水系统既能有效止水，又不影响预留后浇孔施工；为实现预制墩台吊装及精确调位，港珠澳大桥采用悬挂系统进行吊装，悬挂系统用于实现的功能包括：作为起吊墩台的吊具，作为千斤顶调整垂直度及高程的作用点，浮式起重机摘钩离开后，作为墩台悬挂在桩顶上的受力结构。

本章总结的主要创新点为：

(1)提出了海上装配化桥梁全预制构件制造与安装精度控制标准。

(2)提出了基于模具定位件的墩台竖向预制匹配方法。

(3)研发了工具式墩台定位安装系统和柔性分离式止水系统。

(4)首次研制了全预制墩台安装专用ϕ75mm全螺纹高强钢筋预应力系统。

(5)首次形成了复杂海洋环境深水埋床法全预制墩台吊装、定位、止水和连接的安装成套关键技术。

CHAPTER FIVE

第5章

连续钢箱梁桥设计及大节段施工

5.1　概述

港珠澳大桥深水区非通航孔桥全长22.9km，除跨越崖13-1气田管线桥采用三跨变截面连续钢箱梁之外，其他全部采用110m正交异性钢桥面板的连续钢箱梁结构，分五跨一联、六跨一联。采用大悬臂薄壁钢箱梁的结构，具有用钢量少、整体受力性能好、养护涂装工作量小等优点。通过工厂标准化流水线生产和节段拼装形成大节段，通过驳船运输到桥位，使用大型浮式起重机进行大节段钢箱梁整孔吊装，并通过全过程监控以保证大节段钢箱梁施工顺利实施。

对于正交异性钢桥面板而言，其抗疲劳设计是重点。为保证120年设计使用寿命期内的安全运营，从设计层面重点开展了大悬臂钢箱梁正交异性板的荷载谱制定、疲劳设计要点分析、疲劳细节构造优化以改善其疲劳性能，并通过足尺节段疲劳性能试验对关键技术成果进行了验证，在此基础上形成了连续钢箱梁正交异性钢桥面板抗疲劳性能设计关键技术。

在钢箱梁制造方面，创新性地采用了智能化制造工艺，如数控切割机、机器人焊接系统、双向反变形胎架和自动组装机床等先进的机械化、自动化施工装备，以及超声相控阵无损检测技术，降低了人为因素对施工质量的影响，提高了生产质量稳定性、生产效率和科学化生产水平。采用"长线法"拼装方案、建立拼装测量网和计算机辅助修正等质量控制技术，有效保证了钢箱梁制造的几何精度、焊接质量，并采用环氧富锌底漆+环氧云铁中间漆+氟碳面漆重防腐复合涂层体系作为钢结构外表面涂装，确保涂装质量满足设计要求。

钢箱梁海上安装采用浮式起重机逐跨架设、逐跨调位与现场焊接，针对大型结构构件海上安装带来的施工挑战，通过大型陆上和海上转运设施，由门式起重机或滚装装船，并合理布置局部支撑限位构造，根据水文、气象、潮汐和航道情况制定运输路线和运输时机。通过采用大型吊装设备成功实现了超长超重大型构件海上安装。同时对大节段钢箱梁厂制造、海上运输和现场吊装施工的全过程进行施工监控，将设计、制造、运输和安装环节有机串联，从而保障大节段钢箱梁顺利施工。

5.2　钢箱梁结构设计

港珠澳大桥深水区桥梁上部主梁采用大悬臂正交异性桥面板钢箱梁方案。由顶板、纵肋和横梁等构件共同组成的正交异性钢桥面板因具有轻质、高强、施工速度快等优点，在国内外大中跨径钢桥中得到了广泛应用。但由于正交异性桥面板钢箱梁构件多、连接位置受力复杂，且直接承受车辆荷载，导致其疲劳问题突出。

为保证港珠澳大桥正交异性钢桥面板满足120年设计寿命要求，专门开展了疲劳设计研究，研究内容包括：疲劳荷载谱及正交异性钢桥面板交叉细节处疲劳应力谱的确定、正交异性钢桥面板合理构造研究、疲劳验证模型试验研究以及正交异性钢桥面板的工艺及质量验收标准制定。最终，形成了连续钢箱梁正交异性钢桥面板抗疲劳设计技术，推动了我国钢箱梁正交异性钢桥面板的设计技术进步。

5.2.1　钢箱梁整体结构设计

考虑结构受力、结构耐久性、造价成本和运营管理等方面因素，港珠澳大桥深水区非通航孔桥主梁为带长悬臂翼缘的整体式正交异性钢桥面钢箱梁，等宽标准联桥跨布置为(6×110)m，钢箱梁标准梁宽33.1m，高4.5m。跨越崖13-1气田管线桥为三跨变截面钢连续梁，联跨布置为(110+150+110)m=370m，梁宽33.1m，高4.5～6.5m。

钢箱梁采用大节段逐孔吊装施工，梁段之间的接缝位于距中间墩顶侧23m处，接缝采用栓焊连接，首跨梁长133m，中间跨梁长110m，尾跨梁长87m。中跨和尾跨安装梁段利用梁端牛腿临时挂设于前一梁段悬臂端，调梁就位后进行环缝连接。六跨一联等宽段跨径布置及钢箱梁标准横断面如图5.2-1、图5.2-2所示，跨越崖13-1气田管线桥跨径布置及钢箱梁标准横断面如图5.2-3、图5.2-4所示。

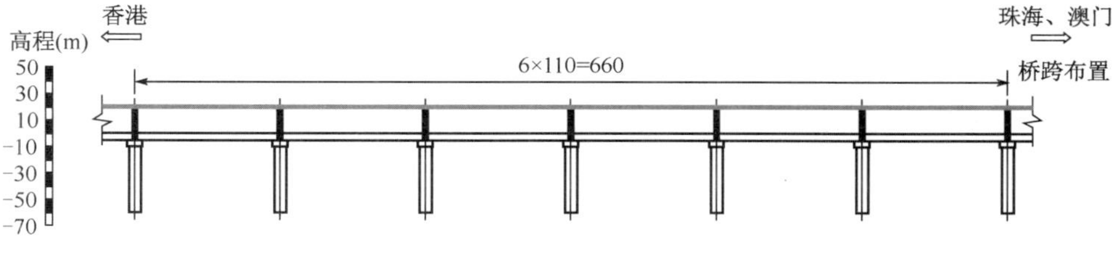

图5.2-1　六跨一联等宽段跨径布置示意图(尺寸单位：m)

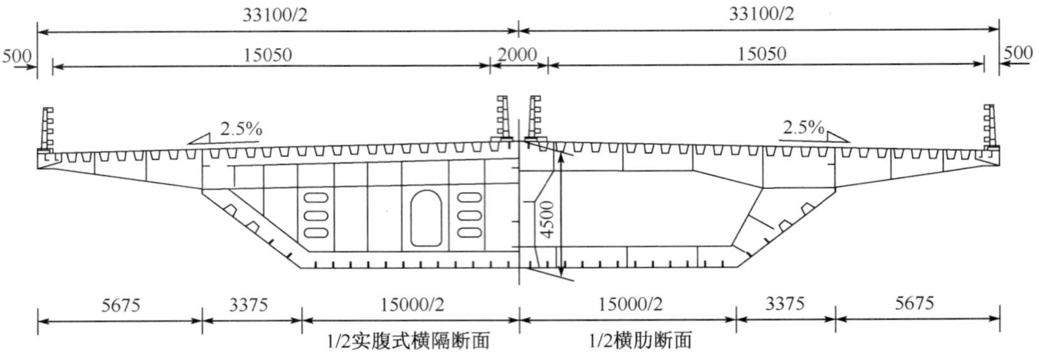

图 5.2-2　六跨一联等宽段钢箱梁标准横断面图(尺寸单位:mm)

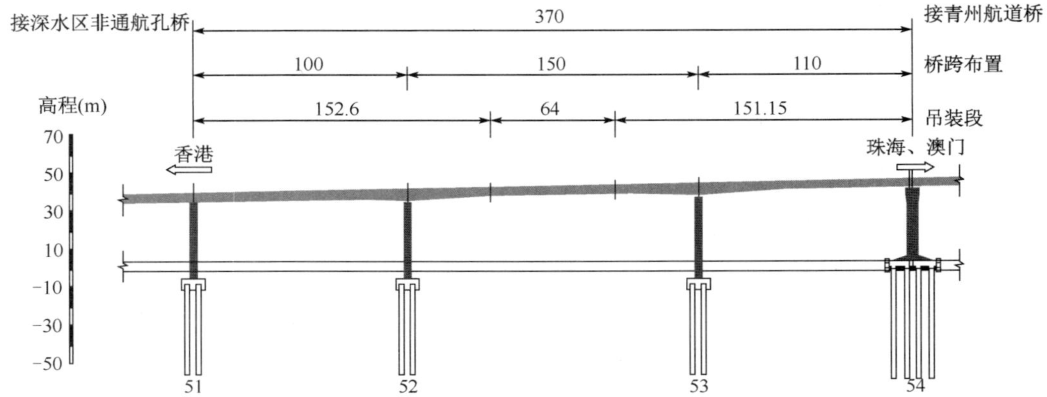

图 5.2-3　跨越崖 13-1 气田管线桥结构布置示意图(尺寸单位:m)

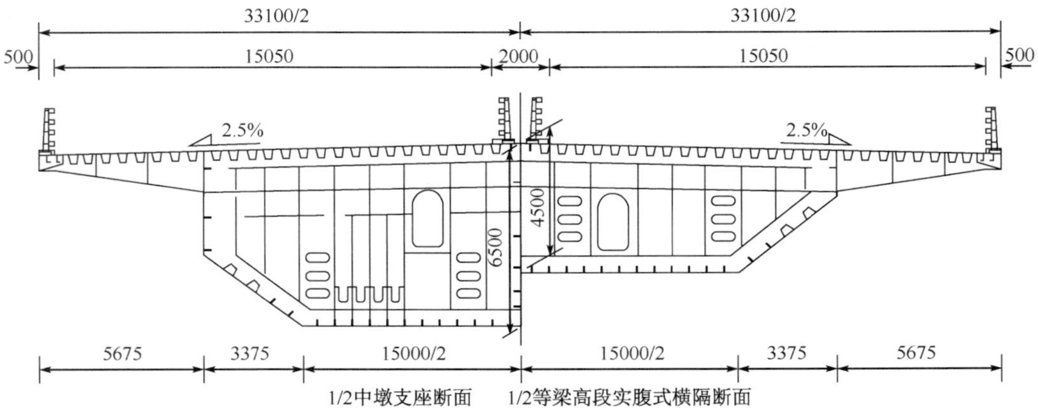

图 5.2-4　跨越崖 13-1 气田管线桥钢箱梁标准横断面图(尺寸单位:mm)

钢箱梁主要由顶板、底板、斜底板、中腹板、边腹板和横隔板及横肋板组成。根据受力情况的不同，钢箱梁在不同区段采用不同钢板厚度。深水区非通航孔桥钢箱梁标准节段如图 5.2-5 所示。

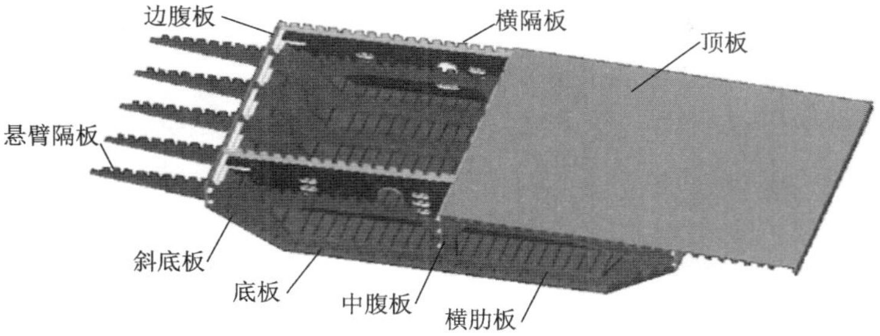

图 5.2-5　深水区非通航孔桥钢箱梁标准节段

(1)顶板

顶板在顺桥向不同区段采用了 18mm、20mm、22mm、24mm 四种不同的厚度，中跨跨中梁段顶板厚度为 18mm，边跨跨中梁段顶板厚度为 22mm，次边墩墩顶梁段顶板板厚为 24mm，中墩墩顶梁段顶板板厚为 18mm。为保证桥面顶板上的铺装厚度符合设计要求且保持平齐，各梁段不同厚度的桥面顶板对接采取上缘(外缘)对齐的形式。桥面顶板加劲肋主要采用刚度较大的 U 形肋形式，局部位置根据构造要求采用板肋加劲形式。

顶板厚度为 18mm 时，U 形肋加劲高度为 300mm，上口宽 300mm，下口宽 180mm；顶板厚度为其他数值时，U 形加劲肋保持底缘平齐，下口宽保持不变，U 形肋加劲高度、上口宽以 300mm 为基准，随顶板厚度相应延伸或缩短。U 形加劲肋标准横向间距 600mm，厚度采用 8mm。顶板及加劲肋钢材材质采用 Q345qD。

(2)底板

底板在顺桥向不同区段采用了 14mm、16mm、20mm、24mm、28mm 五种不同的板厚。中跨跨中梁段底板厚度为 16mm，边跨跨中梁段底板厚度为 20mm，次边墩墩顶梁段底板厚度为 28mm，中墩墩顶梁段底板厚度为 24mm。边跨跨中 54m 及次边墩和中墩墩顶 6m 范围内底板及加劲肋钢材材质采用 Q420qD。

为便于底板加劲肋加工及梁段间加劲肋的连接，底板上缘(内缘)保持平齐。底板采用板肋加劲，标准间距 600mm，加劲肋厚度根据其所支承底板厚度的不同，在 14 ~ 28mm 之间变化。在中墩、次边墩、过渡墩处，受支座加劲影响，有十道加劲板肋局部断开，与支座加劲焊接。

(3)斜底板

斜底板在顺桥向不同区段采用了 16mm、20mm、22mm 三种不同的板厚。中跨跨中及边跨跨中梁段斜底板厚度为16mm,次边墩墩顶及中墩墩顶梁段斜底板厚度22mm。边跨跨中54m及次边墩和中墩墩顶6m范围内斜底板及加劲板肋钢材材质采用Q420gD。

为便于斜底板加劲肋加工及梁段间加劲肋的连接,斜底板上缘(内缘)保持平齐。由于除湿机通风管道的需要,梁段斜底板两侧各设置两道U形加劲肋。其余采用板肋形式加劲,加劲肋厚度根据其所支承底板厚度的不同,在16~22mm之间变化。

(4)中腹板

中腹板在顺桥向不同区段采用了20mm、22mm、24mm三种不同的板厚,各梁段不同厚度的中腹板对接采取板件中心对齐的形式。中腹板采用板肋加劲,加劲肋板厚与中腹板板厚对应,分别为20mm、22mm、24mm,加劲肋方向为朝向钢箱梁桩号增大方向的左侧。中腹板分别在1/4、1/2、3/4跨处设置人孔。人孔高1000mm、宽600mm。

墩顶附近梁段靠近底板的纵向加劲肋与横向加劲肋焊接,其余部位纵向加劲肋在横隔板及横肋板处断开。中腹板及加劲肋钢材材质采用Q345qD。

(5)边腹板

边腹板在顺桥向不同区段采用了20mm和22mm两种不同的板厚,各梁段不同厚度的边腹板对接采取板件内缘对齐的形式。边腹板采用板肋加劲,加劲肋板厚对应边腹板板厚分别为20mm和22mm。边腹板及加劲肋钢材材质采用Q345qD。

(6)横隔板及横肋板

横隔板分为普通横隔板、中墩支座处横隔板、过渡墩支座处横隔板和端横隔板。普通横隔板板厚均为12mm;中墩支座处设置两道支座横隔板,中心距为1m,上半部分板厚为24mm、材质为Q420qD,下半部分板厚为20mm,材质为Q345qD;过渡墩支座处设置一道支座横隔板,板厚为20mm、材质为Q345qD;端横隔板板厚为16mm、材质为Q345qD。

横隔板标准间距10m,两道横隔板之间设置三道横肋板,即间距2.5m。横肋板在顶板处、中腹板处、边腹板处、斜底板处板厚均为16mm,翼缘宽度均为300mm。横肋板在底板处板厚分为16mm和28mm两种,翼缘有300×16mm和500×28mm两种。横肋板的竖向加劲肋板厚均为10mm,横肋板及加劲肋钢材材质均为Q345qD。

箱梁外侧与横隔板和横肋板对应位置均设置挑臂,挑臂腹板在端隔板处板厚20mm,其余位置均为16mm。翼缘厚度分别为30mm和24mm。竖向加劲肋板厚均为10mm。挑臂及加劲肋钢材材质均为Q345qD。

支座横隔板处支座垫板的中心厚度为50mm。

中腹板两侧的顶板板式加劲肋在横隔板及横肋板设置的过焊孔,方向保持一致,便于装配。

(7)连接

钢箱梁小节段工厂连接和大节段现场连接均采用以焊接为主的栓焊组合方式:除顶板U形肋、板肋采用栓接连接外,顶板、底板及其加劲肋和腹板及其加劲肋等均采用焊接连接。为了确保耐久性,箱梁外U形肋工厂连接和现场连接的手孔采用不锈钢螺栓固定钢板进行封堵,同时对箱梁外U形肋和板肋的连接接缝、拼接板及U形肋手孔封板底部等采用密封胶封闭,保证钢箱梁外U形肋的密闭性及板肋耐久性。对于工厂连接和现场连接的顶板U形肋,在其端头设置钢封板。现场连接均在施工工棚内完成。现场连接补涂装均在现场涂装工棚内完成。

5.2.2 正交异性钢桥面板抗疲劳设计

为保证120年设计使用寿命,港珠澳大桥基于荷载特性以及正交异性钢桥面板关键疲劳易损部位的应力分布特征、疲劳特性和损伤机理,进行合理构造设计,并开展模型疲劳验证试验,对关键技术成果进行综合验证。

正交异性钢桥面板疲劳设计研究攻克了如下关键技术难题:确定了大跨径钢箱连续梁桥车辆类型荷载谱、代表车辆荷载模型及正交异性钢桥面板疲劳易损部位应力谱;确定了局部疲劳易损部位的位置、应力分布特征,在此基础上提出了适用于港珠澳大桥的局部构造设计方案;确定了顶板与U形肋焊缝部位疲劳损伤的原因与该部位最为合理的焊接工艺,以及横隔板U形肋间弧形切口的合理开口形状及其构造形式,并通过疲劳试验确定最终方案。正交异性钢桥面板抗疲劳设计流程如图5.2-6所示。

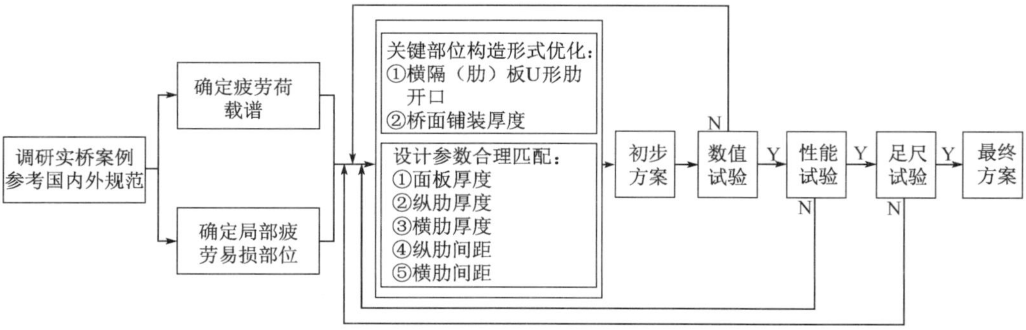

图5.2-6 正交异性钢桥面板抗疲劳设计流程图

1)疲劳荷载谱制定

正交异性钢桥面板的疲劳在很大程度上取决于经常作用于桥面板的各种实际车辆荷载。因此,实际车辆荷载谱的研究和确定,是钢桥面板抗疲劳设计和疲劳问题研究的基础。疲劳分析时，需要将实际运营荷载抽象成一种或几种典型车辆，即标准疲劳车来代表，通过计算典型车辆的内力历程并乘以其出现的累计次数，得到对应的荷载谱。

基于《港珠澳大桥工程可行性研究报告》中有关交通量调研与预测数据、青屿干线交通荷载统计数据以及随机交通荷载模拟结果，并参照 BS 5400 和 Eurocode 3 规范中标准疲劳车重量和轮轴布置的有关规定，最终确定港珠澳大桥等效标准疲劳车有 4 轴，重量为 320kN，则每轴轴重为 320kN/4 = 80.0kN，轮重为 320kN/8 = 40.0kN。港珠澳大桥疲劳车轮轴示意图如图 5.2-7 所示。在计算分析中，冲击系数取 1.20，并考虑 7cm 厚铺装层的扩散效应。

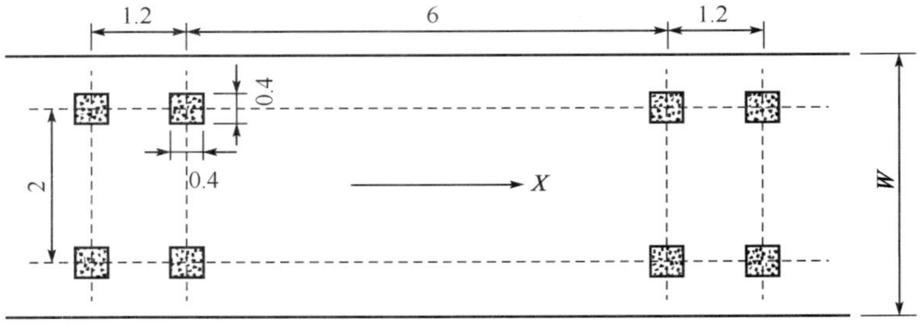

图 5.2-7　港珠澳大桥疲劳车轮轴示意图（尺寸单位：m）

W-车道宽度；X-桥纵轴方向

2）关键疲劳易损部位分析

正交异性钢桥面板的典型疲劳损伤主要包括 8 种类型，如下：

（1）U 形肋与横肋交叉部位

U 形肋和横肋在 U 形肋两侧的腹板与密贴于横肋的切口/过焊孔之间通过焊缝连接，该部位应力集中问题突出，且板材的紧贴精度和狭窄的切口/过焊孔的环焊质量难以保证，环焊的焊趾部分开裂的情况较多。

（2）顶板与竖向加劲肋焊接部位

大型车辆的车轮通过竖向加劲肋顶端的焊接部分正上方或附近时，导致顶板产生面外变形，成为环焊焊趾部位板弯曲引发应力集中的原因之一。

（3）顶板与 U 形肋焊接部位

由于纵肋为封闭断面，因此，一般情况下顶板的焊接是加劲肋外侧的单侧焊缝。日本规范从 2002 年开始，明确指出该部位焊缝需保证 75% 的熔透率，而在此之前，未就此处的熔透率给出明确要求。

（4）U 形肋现场对接部位的过焊孔

该类型的开裂大部分产生于 U 形肋侧的焊趾，顶板侧的焊趾部分产生的情况较少。

由于所有的裂缝都有向顶板母材方向发展的趋势，必须注意该类型损伤对路面铺装的影响。

(5)顶板与横肋焊接部位

该类型的开裂大部分从横肋侧的焊趾部分开始产生，顶板侧的焊趾部分产生的情况相对较少。

(6)U 形肋对接焊缝

U 形肋之间的现场接头一般采用有垫板的对接焊缝。但是，U 形肋的形状难以紧贴垫板，有可能产生一定的根部间隙和错位。由于焊接姿势是向上和面向两种姿势并用，在施工上属于焊接困难的部位。该部位从背侧开始产生的疲劳裂缝贯穿焊缝，U 形肋表面出现的损伤较多，也可能向顶板和 U 形肋焊接部分发展。

(7)U 形肋与端横隔板焊接部位

该部位出现损伤的主要原因在于：在刚度很大的端部横隔板附近的 U 形肋正上方作用的大型车辆轮载，使 U 形肋产生弯曲变形而引起受拉应力反复作用于端部隔板焊接部位。该部位裂缝产生在根部，裂缝沿着构件精度难以保证的焊喉厚度逐渐变小的 U 形肋侧焊趾部分发展的事例较多。

(8)横肋与主梁腹板焊接部位

该类型的疲劳损伤案例虽然较少，但开裂向主梁腹板方向发展时，有可能导致桥梁的倒塌，具有较高的危害性。

进一步对以上 8 种类型进行分析，表明：在 U 形肋钢桥面板中，纵肋和横肋(横隔板)的下侧切口部分的环形焊缝损伤较多，其次是顶板和竖向加劲肋的焊接部分，接下来是顶板和纵肋的焊接部分，这 3 类损伤类型占整体的比例较高。剩余几种类型中占比较高的是纵肋之间对接焊缝的损伤。

3)关键疲劳易损部位抗疲劳对策

港珠澳大桥钢桥面板的细节构造要求满足日本规范、AASHTO(美国国家公路与运输协会)规范和 Eurocode(欧洲规范)等关于钢桥面板构造细节的所有相关规定。特别是对于横隔板和横肋上 U 形肋穿过部位的开槽形状，采用了已建和在建的大跨径悬索桥和斜拉桥中采用的能够较好满足疲劳试验的形状，同时对此通过有限元分析计算确定了应力及其分布。在采用正交异性钢桥面板作为桥面板结构形式的钢箱梁中，其上部选取合理的铺装层结构可减小车轮荷载对钢桥面板的作用，从而改善钢箱梁关键疲劳易损部位的疲劳性能。

此外，通过与正交异性钢桥面板相关的主要设计参数的合理匹配以降低关键疲劳易损部位在外荷载作用下的疲劳应力幅值，也是有效提高钢桥面板整体抗疲劳性能的重要途径。主要设计参数包括面板厚度、纵肋厚度、横肋厚度、纵肋间距和横肋间距。

（1）横隔板U形肋开口形式及其关键参数影响分析

目前在正交异性钢桥面板设计中主要采用纵肋连续通过横隔板的形式，该形式需在横隔板上设置开孔。横隔板开孔能有效降低横隔板与纵肋底板连接处的应力集中。同时，不同开孔与纵肋的连接形式将对纵肋与横隔板连接焊缝端部的主拉应力有一定的影响。对横隔板开孔构造细节进行合理的设计，降低其疲劳应力水平，防止该细节疲劳裂纹的产生，是正交异性钢桥面板抗疲劳设计中需要重点解决的问题。

选取正交异性钢桥面板无开孔及6种典型的横隔板开孔形式，如图5.2-8所示，采用ANSYS进行仿真模拟，包括2个纵向加劲肋，1个横隔板。采用Q345钢材，面板厚18mm，纵肋采用U形截面，截面尺寸为300mm×300mm×8mm，纵肋间距700mm，横隔板厚16mm。采用面荷载方式加载，加载面积为200mm×400mm，所施加的荷载集度为1875kN/m^{2}的均布面荷载，单元形状以四边形为主，对重点考察部位进行加密处理，模型具体的几何构造、约束方式和加载位置如图5.2-9所示。建模过程中，考虑到壳单元的特性，未对连接焊缝进行模拟，而是在连接部位采用共节点的方式。

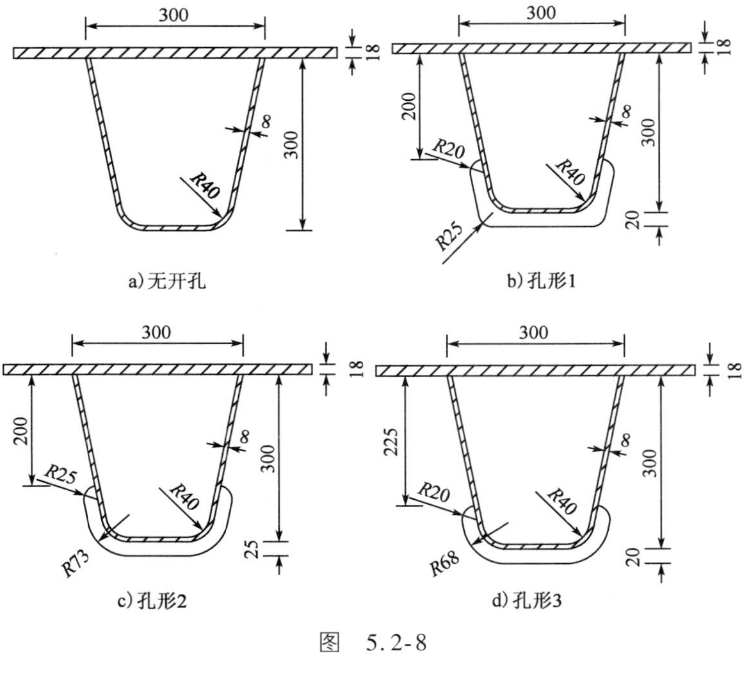

a) 无开孔　b) 孔形1

c) 孔形2　d) 孔形3

图　5.2-8

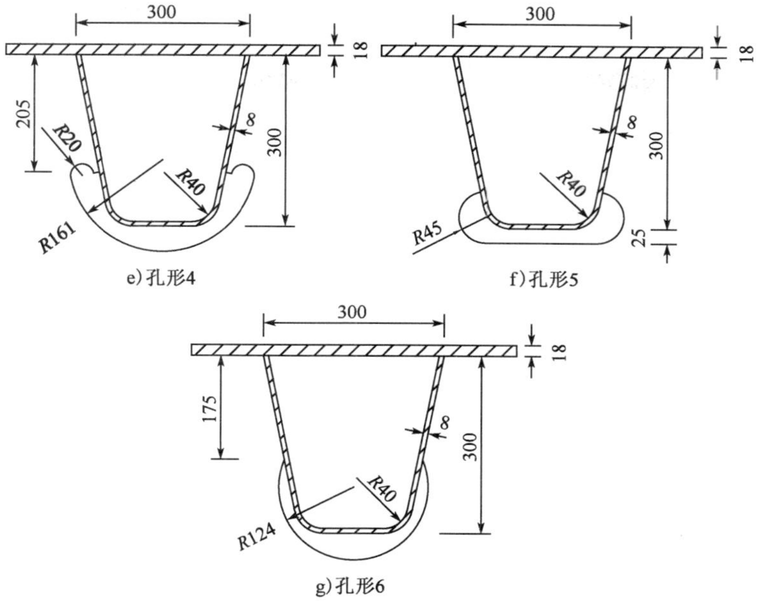

图 5.2-8 无开孔及 6 种典型横隔板开孔形式示意图(尺寸单位:mm)

通过对 6 种典型的横隔板弧形开孔形式及其关键参数的影响仿真分析得到以下结论:①在给定荷载作用下,孔形 4 和孔形 6 在开孔自由边处及纵肋与横隔板竖向焊缝端部的应力分布较合理,可通过改善挖孔形式和几何尺寸以降低开孔自由边和纵肋与横隔板竖向连接焊缝端部的应力。②开孔自由边的半径是影响其应力分布的主要因素,增大开孔半径可以降低开孔处的应力。③横隔板厚度的增加可以改善开孔自由边处及纵肋与横隔板竖向焊缝端部的应力。④纵肋腹板厚度对各孔形自由边处主拉应力的影响相对较小,而对纵肋与横隔板连接焊缝端部的主拉应力的影响相对较大。

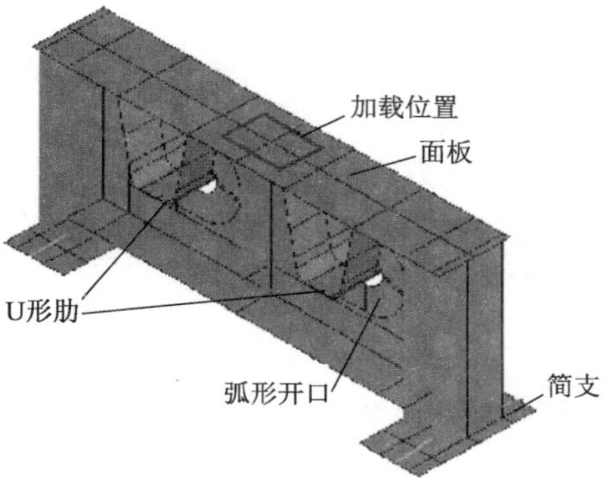

图 5.2-9 ANSYS 模型具体几何构造、约束方式和加载位置示意图

根据上述参数分析,并考虑到上述国际标准的开槽形状和中国最近的实际使用情况,对 3 种 U 形肋下侧开槽形状进行了比选(表 5.2-1)。第一方案广泛应用在铁路桥中,虽然该方案抗疲劳性能较高,但其缺点在于不易于控制并保证板件的加工制造质量。第二方案和第三方案为符合 Eurocode 3(公路桥)和 AASHTO 所规定的形状,与第一方案相比,加工制造更容易。第三方案与第二方案相比,由于扩大了开槽的高度,可以缓和因纵肋的弯曲变形而产生的开槽端部的应力。第三种方案与第一方案相比,更易于保证加

工制造的质量，且其疲劳性能也已经通过疲劳试验得到验证。因此，港珠澳大桥中将采用第三方案作为 U 形肋穿过部位的开槽形状。

U 形肋下侧开孔形状的比选(单位：mm)　　表 5.2-1

方案	第一方案	第二方案	第三方案
开孔形状	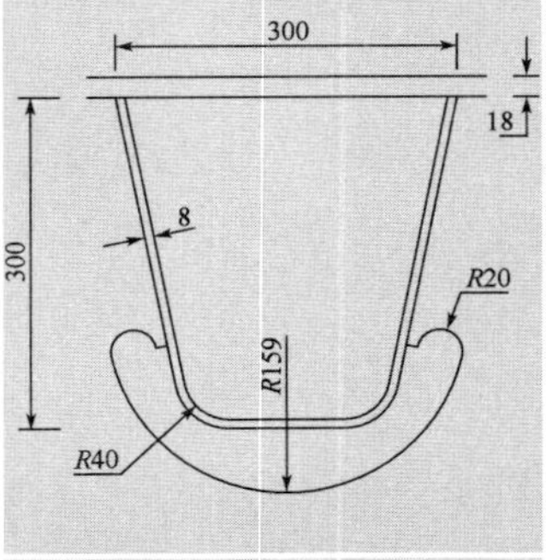	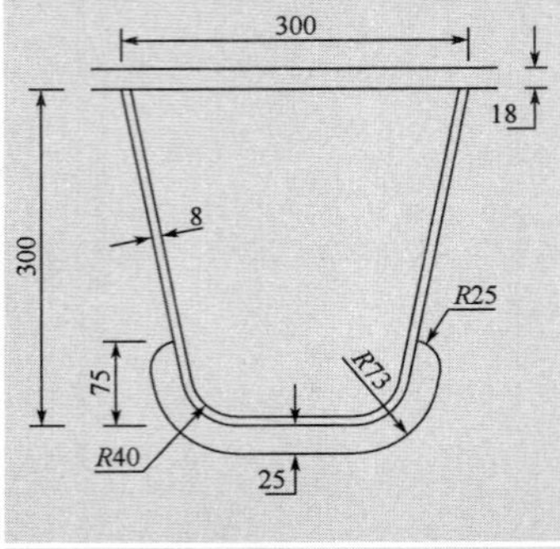	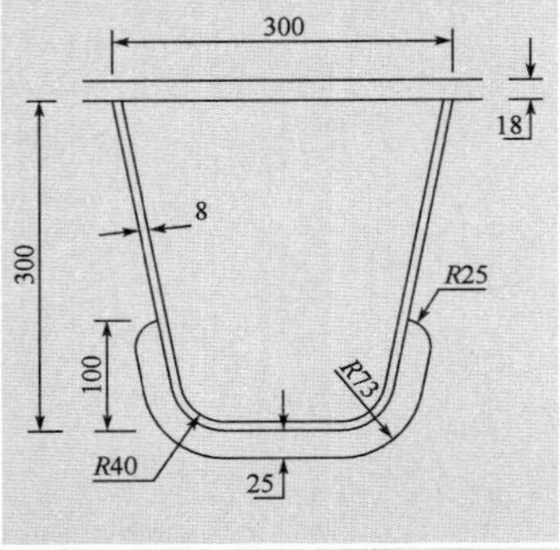
出处等	过去公路桥也使用的铁路桥形状 Eurocode 3 (铁路桥)的形状	$R25$, $R73$：Eurocode 3(公路桥) 满足 $C=75$：Eurocode 3 的 $C \geqslant 0.15h=45$	$R25$, $R73$：Eurocode 3(公路桥) 满足 $C=100$：AASHTO 的 $C \geqslant h/3=100$
说明	港珠澳大桥 DB01 标段的初步设计	满足 Eurocode 3 和日本《钢构造物的疲劳设计指针・同解说》	港珠澳大桥 DB01 标段施工图设计

注：1. Eurocode 3：BS EN 1993-2：2006(E)：Design of steel structures—Part 2：Steel bridges。
2. AASHTO：AASHTO LRFD Bridge Design Specifications 4th Edition 20。
3. C—开孔的开口高度。

(2)钢桥面铺装对桥面板疲劳的影响分析

钢桥面铺装层与正交异性钢桥面板间相互作用关系的既有研究成果表明：①在一定的范围内，随着桥面铺装弹性模量以及厚度的增加，可减小正交异性钢桥面板典型关键疲劳易损部位的应力幅值。疲劳应力幅与铺装层弹性模量呈非线性递减关系，与铺装层厚度近似呈线性递减关系。②沥青混合料钢桥面铺装刚度随着温度升高迅速降低，可导致铺装层下的正交异性钢桥面板受力迅速增加。在相同的荷载条件下，高温环境下的钢桥面板疲劳损伤度可达常温时的数倍。③从钢箱梁与铺装结构一体化的角度出发，通过合理设计桥面铺装层和钢箱梁结构是改善正交异性钢桥面板疲劳性能的重要途径，可在一定程度上提高两者的协调刚度，减小疲劳易损部位的应力集中效应、应力幅值以及铺装层病害，提高铺装层与钢桥面板的使用寿命。④铺装层受材料配合比、温度、湿度等因素的影响较大，上述因素的变化将会改变铺装层的力学特性，从而影响下部钢桥面板的疲劳性能。

港珠澳大桥选用的铺装层厚度为 70mm 且弹性模量较大，在一定程度上有助于改善正交异性钢桥面板的疲劳性能。

(3)基于正交试验的钢桥面板设计参数化分析

为改善钢桥面板抗疲劳设计研究的方法,港珠澳大桥引入基于统计数学的科学试验方法——正交试验设计方法,以探讨各主要设计参数以及多个参数的匹配对钢桥面板疲劳性能的影响规律,在此基础上根据参数合理匹配的研究结果为设计参数的优化提供参考。

正交试验设计过程如图 5.2-10 所示。

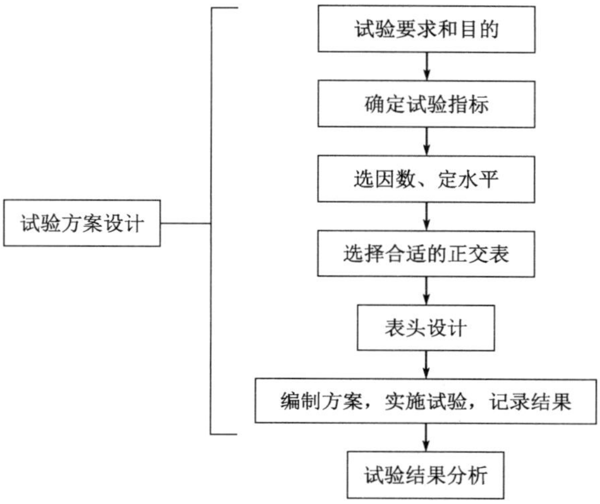

图 5.2-10 正交试验设计过程

结合病害调研和其他相关研究成果,以纵肋贯穿横肋的弧形开口边缘处和围焊下端点处的最大主拉应力幅、顶板与纵肋连接焊缝处的最大主拉应力幅以及横肋间的纵肋跨中腹板最大主拉应力幅为正交异性钢桥面板设计参数合理匹配试验的四个试验指标,依次记为试验指标一至四。

面板厚度、纵肋厚度、横肋厚度、纵肋间距和横肋间距对正交异性钢桥面板疲劳性能产生的影响相对较大,因此作为本试验的五个因素进行重点考查研究,依次记作 A 因素、B 因素、C 因素、D 因素和 E 因素。

参考各国规范对各个设计参数取值范围的规定以及工程实例对设计参数的取用,分别对面板厚度、纵肋厚度、横肋厚度、纵肋间距和横肋间距各取 3 个水平值,如表 5.2-2 所示。

正交试验因素水平(mm) 表 5.2-2

因素 水平	A 因素 (面板厚度)	B 因素 (纵肋厚度)	C 因素 (横肋厚度)	D 因素 (纵肋间距)	E 因素 (横肋间距)
1	16	6	12	280	250
2	18	8	14	300	300
3	20	10	16	320	350

根据交互作用的筛选原则，即因素间通过合理匹配对试验指标产生的影响作用，在正交异性钢桥面板设计参数合理匹配研究中，忽略高级的交互作用，有选择性地考查一级交互作用，即只考虑对试验指标影响效果较明显的两两交互作用，且可通过安排预试验来筛选试验所要重点考查的两两交互作用。选择A因素与E因素、B因素与E因素、D因素与E因素之间的交互作用AE、BE、DE作为重点考查的交互作用。

将A因素、B因素、C因素、D因素、E因素以及交互作用AE、BE、DE安排到正交表的各列中完成表头设计，如表5.2-3所示，其中e列为误差计算列。

正交表表头设计　表5.2-3

列号	E	A	AE	AE	B	BE	BE	D	DE	DE	e	C	e

将正交表中去除交互作用列和误差计算列后各因素列的水平数字换成与该列试验因素对应的实际水平值，生成最终的正交试验方案。

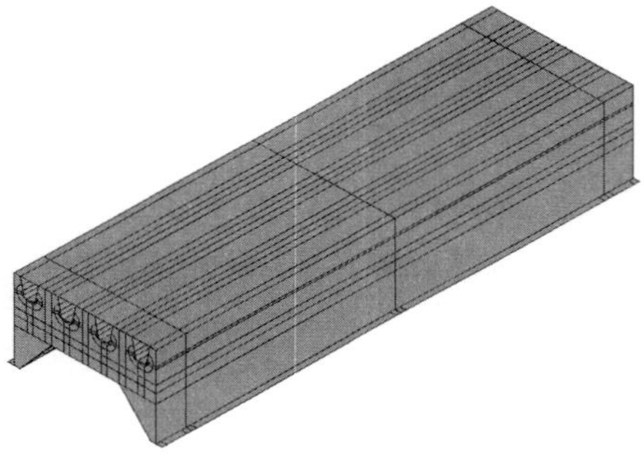

图5.2-11　参数化有限元模型

(4)正交试验过程

建立了参数化有限元模型，如图5.2-11所示。模型尺寸为8000mm×2380mm×1418mm，纵向包含5个横肋，两端的2个横肋为固定横肋，通过调节中间3个横肋的间距来考查横肋间距对四个试验指标的影响；横向包含4个U形肋，通过调节4个U形肋间距来考查该试验因素对四个试验指标的影响。模型中的各个板件板厚均采用参数化建模，从而实现面板板厚、纵肋板厚和横肋板厚对四个试验指标影响的考查。模型的各个板件都采用shell 63板壳单元模拟，板件尺寸和构造细节均与港珠澳大桥的实桥设计保持一致。

为了探讨设计参数对不同试验指标的影响效应，针对各个试验指标，模型的轮载加载位置不同。通过在有限元模型的横向和纵向移动试加载，分别确定各个试验指标的最不利加载位置。另外，有限元模型的正中间横肋为试验指标一和试验指标二的结果观测横肋，中间3个横肋间的面板与U形肋连接处是试验指标三的观测位置，中间3个横肋间的U形肋是试验指标四的观测U形肋。

限于有限元模型的尺寸，所施加的荷载集度为港珠澳大桥等效标准疲劳车的换算均布面荷载217.3kN/m^2，计算结果分析作为定性分析。根据正交表设计的试验方案，随机对相应的参数化有限元模型进行仿真分析。

(5)设计参数合理匹配的正交试验结果分析

综合试验结果的极差分析和方差分析，本试验的最优水平组合是面板厚度取20mm，U形肋厚度取10mm，横肋厚度取16mm，U形肋间距取580mm，横肋间距取2.5m，此时试验中的正交异性钢桥面板的疲劳性能达到最优状态。

基于正交试验的正交异性钢桥面板设计参数研究，不仅可以合理减少试验次数，缩短试验周期和降低试验成本，而且可以通过极差分析和方差分析，判别出各个设计参数及参数间交互作用对正交异性钢桥面板构造细节疲劳性能影响效果的主次顺序和显著程度，得到关注构造疲劳细节性能随各个设计参数取值变化的趋势，并获得各个设计参数的较优取值，在综合极差分析和方差分析的基础上，可以得到试验取值范围内正交异性钢桥面板设计参数最优的匹配值，为受多因素影响的钢桥面板整体抗疲劳性能的改善提供有效指导。

5.2.3　正交异性钢桥面板单元合理构造

疲劳裂纹主要取决于正交异性桥面板与U形肋开口形式、焊接接头的形式、焊接接头的合理构造和制造工艺，以及该部位焊缝内在质量等因素，上述因素间存在显著的相互影响，共同决定了顶板与U形肋的焊接接头部位的疲劳寿命。该部位的合理构造，可为提高正交异性钢桥面板单元制造抗疲劳性能奠定基础。

(1)U形肋与横隔(肋)板交叉部位

在U形肋穿过部位，选择表5.2-1中第三方案所示的开槽形状，其加工细节如图5.2-12所示。

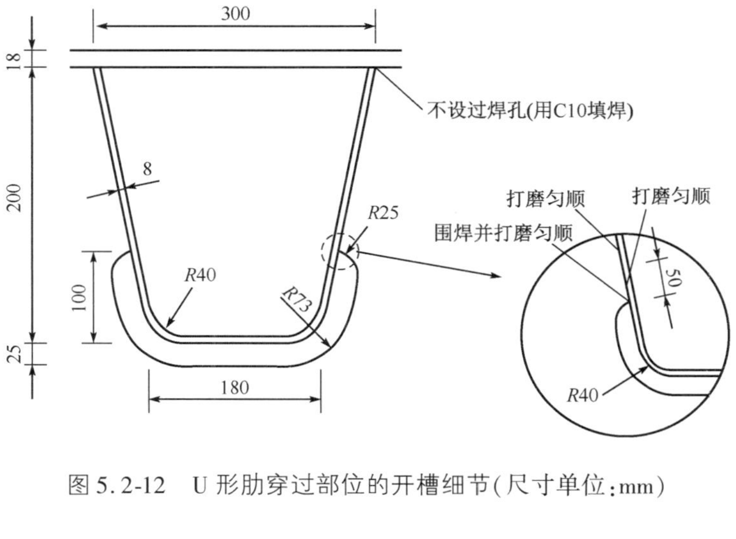

图5.2-12　U形肋穿过部位的开槽细节(尺寸单位：mm)

(2)U 形肋与顶板焊接部位

港珠澳大桥顶板与 U 形肋间焊缝熔深应确保不小于肋厚的 80%,即 0.8t(t 为 U 形肋板厚),如图 5.2-13 所示。

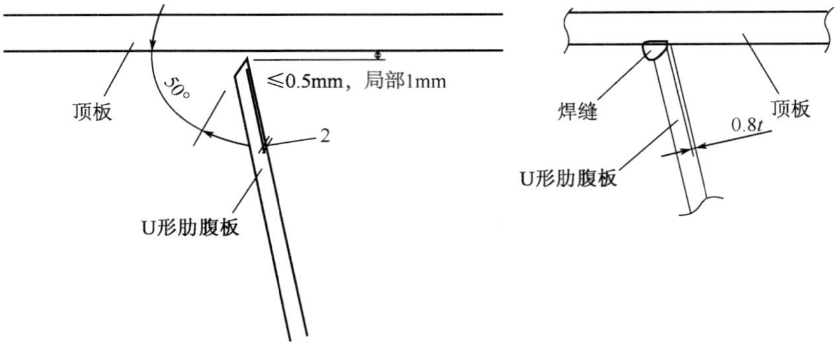

图 5.2-13　顶板与 U 形肋连接示意图(尺寸单位:mm)

(3)U 形肋与顶板现场连接

顶板 U 形肋(箱梁外)现场连接构造如图 5.2-14 所示,U 形肋现场对接部位的过焊孔半径为 35mm。

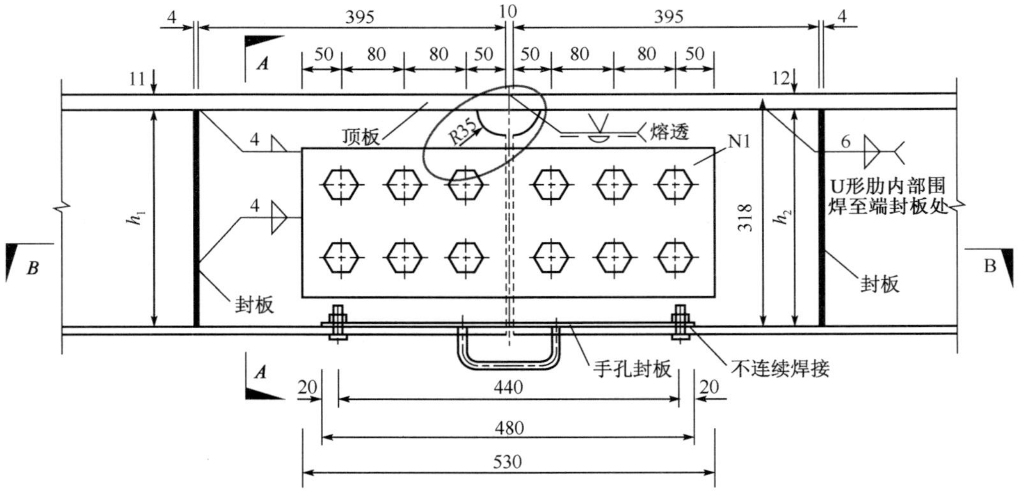

图 5.2-14　顶板 U 形肋(箱梁外)现场连接(尺寸单位:mm)

(4)顶板与横隔(肋)板焊接部位

顶板与横隔板焊接采用双面角焊缝,焊脚尺寸 10mm。悬臂处采用双面角焊缝,焊脚尺寸 5mm,并开双面斜坡口,坡口尺寸 7.5mm。

(5)U 形肋对接连接

港珠澳大桥钢箱梁现场及厂内大节段连接均采用栓焊连接，即在全焊连接和全高强度螺栓连接的基础上，改进了钢桥面板现场栓焊连接的方式，采用桥面板用焊接、U 形肋用高强度螺栓连接的方式。该连接方式既克服了现场接头纵向 U 形肋嵌补段的仰位焊接、改善了疲劳性能，又避免了面板栓接拼接对桥面铺装层的不利影响，提高了钢箱梁整体耐久性，同时也便于施工，提高了工作效率。钢桥面板采用单面焊双面成形工艺，焊接时背面贴陶质衬垫，气体保护焊打底、埋弧自动焊盖面。焊缝间隙控制在 6mm ± 2mm，打底焊缝焊接 2 层，厚度控制在 8 ~ 10mm。埋弧自动焊填充时控制线能量和层间温度确保焊缝性能，控制余高和焊缝外观成形。

5.3　正交异性钢桥面板疲劳试验

采用试验和理论研究相结合的技术路线探明港珠澳大桥钢箱梁正交异性钢桥面板的疲劳特性，并解决抗疲劳设计的核心问题。试验过程和内容主要包括：①基于正交异性钢桥面板抗疲劳设计研究成果，采用试件疲劳性能试验参数优化模型试验探讨细节设计、加工工艺等对港珠澳大桥正交异性钢桥面板关键疲劳易损部位疲劳性能的影响，为结构设计改进、正交异性钢桥面板关键部位的疲劳特性、足尺疲劳性能试验的设计等奠定基础。②开展钢箱梁关键局部足尺模型验证试验，对所提出的关键研究成果进行系统验证。③在试验研究与理论研究的基础上形成连续钢箱梁正交异性钢桥面板抗疲劳设计技术，并为钢箱梁正交异性钢桥面板制造工艺研究及质量验收技术标准研究奠定理论基础。疲劳验证试验设计思路如图 5.3-1 所示。

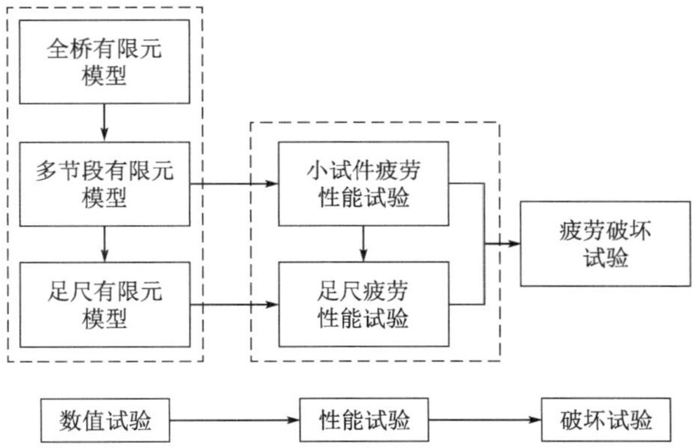

图 5.3-1　疲劳验证试验设计思路

5.3.1　正交异性钢桥面板疲劳易损部位有限元仿真分析

1）有限元仿真分析目的

建立有限元模型进行仿真分析的主要目的：①通过建立全桥有限元模型获得港珠澳大桥各个疲劳关注细节的最不利加载位置以及高应力区在全桥的出现位置。②根据全桥有限元模型单轴加载结果建立多节段局部有限元模型，为试件疲劳性能试验的优化设计提供理论依据。③依据多节段模型有限元仿真分析获得的重点疲劳细节的理论计算结果，建立更精确的足尺节段有限元模型，为足尺节段疲劳性能试验的优化设计提供理论依据。④了解各试验模型的应力分布，并据此进行测点布置，对试验过程进行监测和控制。

2）有限元仿真分析过程

（1）全桥有限元模型

全桥模型对各个板件进行了较为准确的模拟，仅对实腹式横隔板上人孔开口、管道开口等附属结构进行了简化，以最大程度保证与实桥的等效性。全桥模型 1 为 6×110m 的标准联（图 5.3-2），采用 4 节点 shell 63 单元，模型的单元总数为 1069933，节点数为 960582。全桥模型 2 为（110+150+110）m 钢箱连续梁（图 5.3-3），采用 4 节点 shell 63 单元，模型的单元总数为 661395，节点数为 598351。两个模型均按照港珠澳大桥设计图纸中给出的结构约束体系平面布置图进行约束。适当选取了港珠澳大桥全桥模型中的多个节段，建立局部优化模型来对关键疲劳易损部位进行仿真分析。

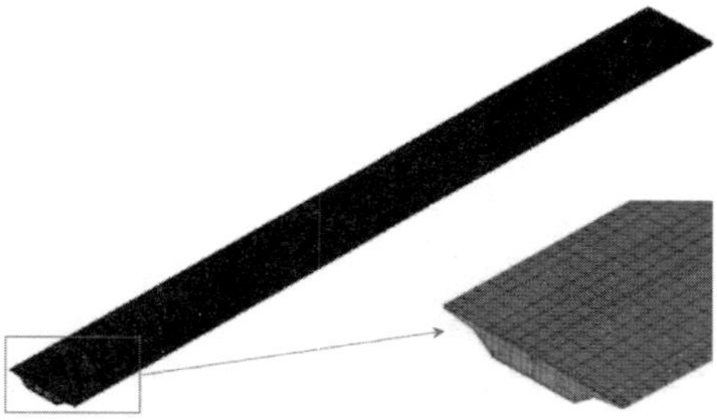

图 5.3-2　6×110m 的标准联几何模型

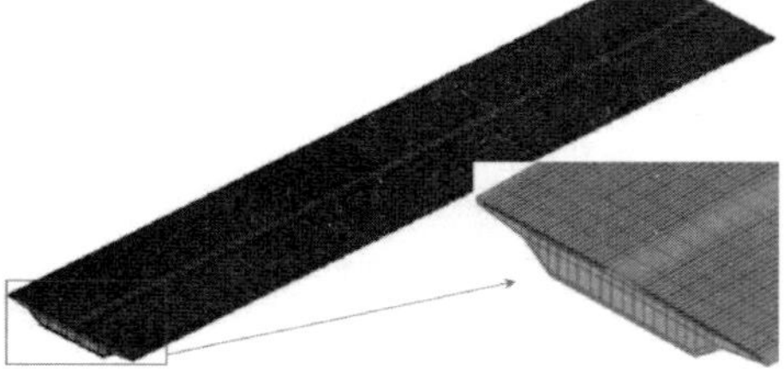

图 5.3-3　（110+150+110）m 钢箱连续梁几何模型

全桥的代表部位分别选取了 6×110m 标准联的边跨跨中、次边跨跨中、边跨支座和（110+150+110）m 钢箱连续梁跨越崖 13-1 气田管线桥的中跨跨中、中跨支座、边跨支座加载单轴荷载。单轴荷载的纵向加载位置为横隔板（关注疲劳细节所在的横隔板）的正上方，横向加载位置为靠近箱梁中心线的车轮正好位于从箱梁中心线往箱梁悬挑端算起第2个U形肋的正上方。横纵向的加载位置是通过试算得到的，当单轴荷载作用在该位置上时关注的疲劳细节处会出现较大应力。单轴荷载加载计算分析结果见表5.3-1，关注的疲劳细节为U形肋和横隔板交叉处。

全桥代表部位单轴荷载加载结果　　表5.3-1

全桥模型	局部位置	顶板厚(mm)	最大主拉应力(MPa)
6×110m标准联	边跨跨中	22	29.3
	边跨支座	24	23.6
	次边跨跨中	22	19.0
(110+150+110)m钢箱连续梁	中跨跨中	22	24.5
	中跨跨中附近	18	25.0
	中跨支座	22	24.2
	边跨支座	22	24.3

(2)多节段有限元模型

考虑到仿真分析计算结果的准确性以及恒载对疲劳没有贡献等因素，本次试验的理论计算根据全桥分析结果，适当选取了港珠澳大桥全桥模型中的多个节段，建立局部优化模型来对关键疲劳易损部位进行仿真分析。多节段的局部优化模型是通过在全桥模型的多个代表部位加载单轴荷载，计算对比疲劳关注细节处的最大主拉应力，选取其最不利的情况建立的。对比全桥代表部位的单轴荷载加载结果，多节段模型选取了6×110m标准联的边跨跨中附近顶板板厚18mm，并以空腹式横隔板为中心的节段建立模型。

以重点关注的空腹式横隔板为跨中，在两侧15m范围内建立了多节段板壳元模型，根据结构的对称性，取1/2结构采用4节点shell63单元建模，如图5.3-4所示。对跨中两侧5m范围内的2个节段进行了单元细化，其他板件单元划分较为粗略，模型的单元总数为516312，节点数为501725。模型的一端固结，并在对称位置处施加对称约束。

由于板壳元在计算焊缝等三维构造时存在不足，因此，针对顶板U形肋焊缝这一疲劳关注细节建立了多节段实体板壳混合模型来进行计算分析对比。以重点关注横肋上的疲劳关注细节为中心的(5×3.6×0.1)m范围内采用8节点solid65单元，实体元与板壳元之间通过创建耦合自由度集的方式进行耦合，实体单元大小与其接触的板壳单元相近，如图5.3-5所示。模型的单元总数为413477，节点数为438791。

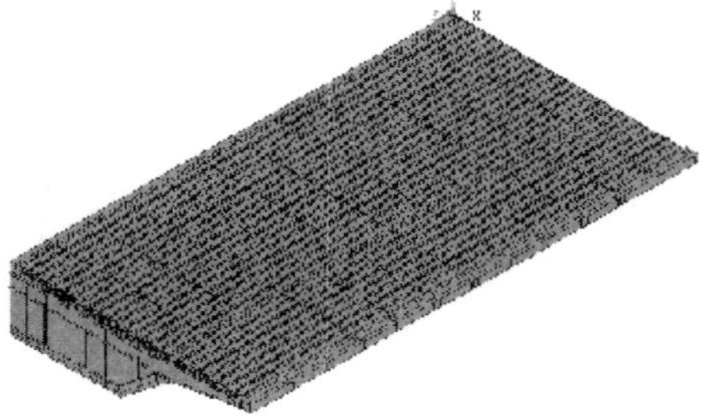

图 5. 3-4　多节段板壳元模型

图 5. 3-5　多节段实体板壳混合模型实体元部分

将各个疲劳关注细节的有限元仿真分析结果汇总，见表 5. 3-2。

理论计算结果汇总　　表 5. 3-2

疲劳关注细节	实桥疲劳车引起的疲劳				等效试验疲劳	
	变幅疲劳		等效常幅疲劳			
	应力幅（MPa）	作用次数（次）	应力幅（MPa）	作用次数（次）	应力幅（MPa）	作用次数（次）
U 形肋下方开孔	24. 8	110459815	24. 8	168696684	68. 1	2000000
	33. 9	12273313				
横肋板 U 形肋焊缝	29	368199384	29. 2	368202023	93	2000000
	2	36819938				
	2. 7	368199384				
顶板 U 形肋焊缝	19. 2	220919630	19. 2	287993285	58. 8	2000000
	23. 8	24546626				
U 形肋对接	21. 3	220919630	21. 3	320763030	66. 4	2000000
	28. 2	24546626				
边腹板	2. 4	165689723	2. 4	198889034	6. 8	2000000
顶板焊缝	2. 7	18409969				

（3）足尺有限元模型

以实桥中疲劳易损部位的疲劳特性及其应力分布特征为基准，依据多节段模型有限元仿真分析获得的理论计算结果，选取实桥整体模型中的最不利位置所在节段，根据标准疲劳车作用下实桥理论分析结果以及所关注疲劳细节的不同，分别建立了抗疲劳设计验证试验足尺节段仿真分析模型，同时通过多个方案的综合比较确定了最佳模型设计方案：模型一与模型二。模型一与模型二的整体仿真分析模型分别如图 5. 3-6、图 5. 3-7 所示。为便于表示，图中模型一仅示出仿真分析模型的 1/4；模型二仅示出仿真分析模型的 1/2。

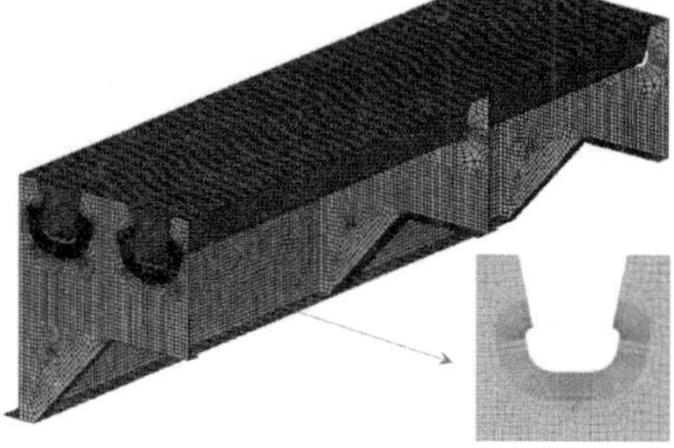

图 5.3-6 足尺节段模型一
（1/4 有限元模型）

图 5.3-7 足尺节段模型二
（1/2 有限元模型）

足尺节段疲劳试验模型一的设计目标在于，对横隔板（横肋板）弧形开口部位、横隔板（横肋板）与 U 形肋焊缝部位、U 形肋与顶板焊缝部位、U 形肋纵向对接栓接连接部位 4 个关键疲劳易损部位的抗疲劳设计进行综合验证。该模型长 8.096m、宽 2.38m、高 1.418m，包含 5 块横隔板和 4 个 U 形肋，中间横肋板间距为 2.5m，端部相邻横隔板间距为 1.5m，U 形肋的大小、形状、间距布置和构造细节以及模型的制造和焊接工艺均与实桥一致。对于 U 形肋对接采用栓接形式的疲劳易损部位，板壳模型难以反映该部位的复杂受力状态，因而采用板壳元与螺栓连接局部实体混合模型计算循环荷载作用下该细节的应力幅值，更符合实际桥梁结构中该部位的疲劳损伤特性。

足尺节段疲劳试验模型二旨在验证边腹板与顶板连接焊缝部位的抗疲劳性能。模型二基本几何尺寸为长 8.096m、宽 2.52m、高 1.418m，横隔板间距布置与模型一相同，U 形肋以边腹板为中心两侧对称布置，每侧 2 个。材料、板厚以及加劲肋的形状、大小、构造细节和模型的加工制作均与实桥保持一致。

足尺节段模型一与模型二的有限元仿真分析模型中各板件均采用 4 节点 shell63 单元模拟。对于 U 形肋对接采用栓接形式的疲劳易损部位，实体部分采用 soild45 单元进行模拟；螺栓的接触作用通过接触单元 CONTA173 和 TARGE170 模拟。模型一单元总数为 154024 个，节点总数为 153233 个；模型二单元总数为 120738 个，节点总数为 119864 个。模型采用螺栓固定于滑道梁上，并通过地锚将滑道梁固定，实现整个模型的边界约束条件。

综合足尺节段疲劳验证试验模型一与模型二的有限元仿真分析结果，将试验模型所确定的各关键疲劳易损部位的设计方案汇总，见表 5.3-3。

试验模型设计方案汇总　　　　表 5.3-3

疲劳细节	关注疲劳细节位置(mm)	等效试验应力幅值(MPa/200万次)	加载点中心坐标(x,y)(m)	荷载加载幅值P(kN)
横隔板(横肋板)弧形开口部位	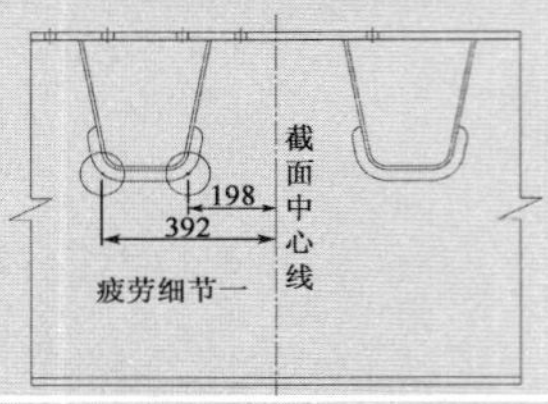	68.1	(0.59,4.0) (0.59,5.2)	174
横隔板(横肋板)与U形肋焊缝部位	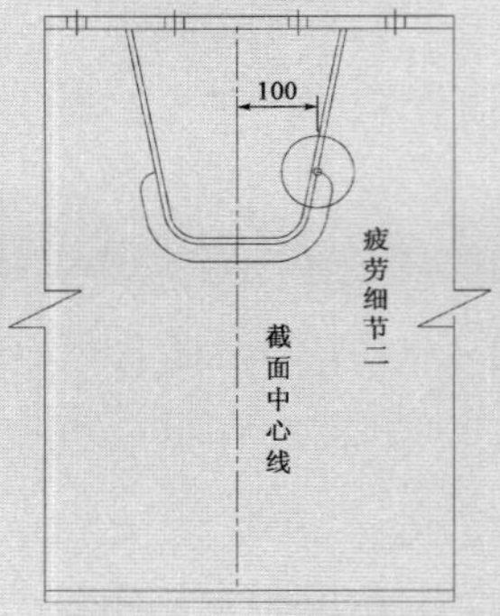	93.0	(1.19,4.0) (1.19,5.2)	333.4
U形肋与顶板焊缝部位	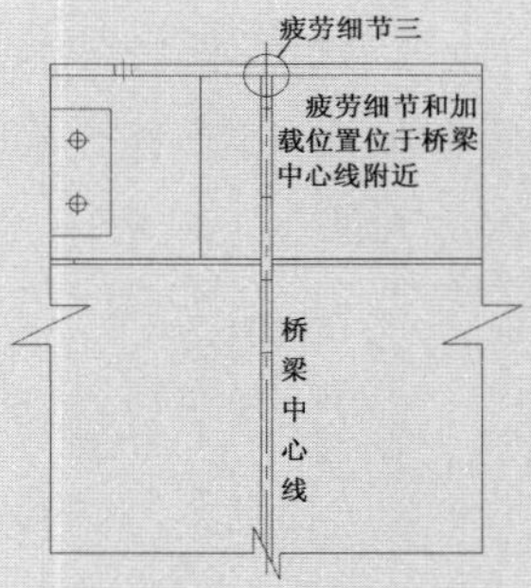	58.8	(0.89,4.64) (0.89,5.84)	185.4
U形肋纵向对接栓接连接部位	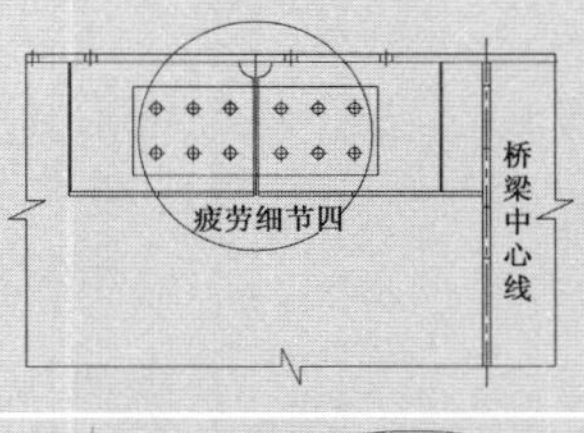	113.1	(0.89,4.64) (0.89,5.84)	266
边腹板顶板焊缝	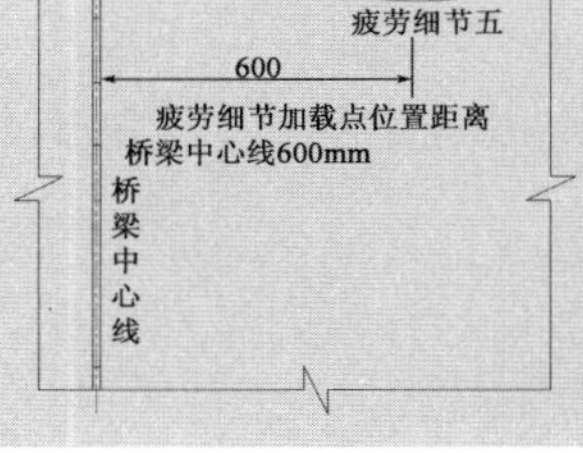	10.4	(1.56,4.64) (1.56,5.84)	170

5.3.2　正交异性钢桥面板疲劳易损部位试件性能试验

鉴于正交异性钢桥面板疲劳问题的复杂性，采用分阶段研究的方式进行试验及理论研究：先通过小试件试验就结构设计及加工工艺等对正交异性钢桥面板疲劳性能的影响进行研究，在此基础上以小试件疲劳性能试验研究成果为重要依据，有针对性地通过足尺疲劳性能试验对相关关键问题进行研究和验证。

(1)试验模型设计

根据多节段模型关于四类疲劳关注细节的仿真分析结果，本试验共设计了四组试件以考察所研究的四类疲劳关注细节。第一组试件主要研究横隔板开孔形状及横隔板U形肋焊缝的疲劳性能；第二组试件主要研究顶板U形肋焊缝焊接工艺及不同熔透率对该部位疲劳性能的影响；第三组试件主要研究U形肋纵向对接连接方式采用焊接时的疲劳性能；第四组试件主要研究U形肋纵向对接连接方式采用栓接时的疲劳性能。四组小试件模型设计汇总见表5.3-4。

(2)试验加载与测试方案

试验采用以应变测试为主、位移测试为辅的测试手段，并通过试验过程中的探伤检测疲劳易损部位是否发生疲劳损伤。港珠澳大桥正交异性钢桥面板小试件疲劳试验需要验证的部分疲劳细节对应的最不利位置，处于横隔板(横肋板)U形肋下方开孔弧口边缘处和各个焊缝处。

首先通过多节段模型的仿真分析计算确定各疲劳细节对应的试验中作用200万次的等效常幅应力幅值，再通过对小试件模型的仿真分析计算确定各试件的加载位置及荷载幅值P，然后按正弦波方式疲劳加载0次、50万次、75万次、100万次、125万次、150万次、175万次、200万次，结束后分别进行一次静载试验并测试数据。

试验加载和测试的步骤：①正式施加疲劳荷载前先分级施加一组静载，加载方式为分级加载到仿真分析确定的荷载值P，并按荷载分级步差继续加载到P'(P'一般比P大一个荷载分级步差，从而保证试验所需的荷载-应力曲线包含在测试结果中)，然后按照荷载分级步差逐步卸载。②按照步骤①确定的疲劳荷载上、下限值进行50万次疲劳加载。③按照步骤①的静载方案进行一次静载，将当前静载试验结果与疲劳加载前的静载试验结果对比分析，当两次测试结果差值在容许范围内时继续施加疲劳荷载，当结果差值相差较大时分析相关原因。在确定试件已出现疲劳损坏时，暂停试验并对试件进行超声波和磁粉探伤。④在步骤③确定可以继续施加疲劳荷载后，按照步骤①确定的疲劳荷载上、下限值进行25万次疲劳加载。⑤重复步骤③和步骤④的内容，期间疲劳加载累计次数达到100万次和200万次时，分级施加静载并对试件进行一次疲劳探伤。根据应力测试结果和探伤分析结果，相应的疲劳易损细节的抗疲劳性能验证试验结束。

小试件模型设计汇总

表 5.3-4

<table>
<tr><th>序号</th><th>试验目的</th><th>试件示意图
(mm)</th><th>试件个数</th><th>加载位置</th><th>单个试件加载荷载幅值
P(kN)</th></tr>
<tr><td rowspan="2">第一组试件</td><td>横隔板 U 形肋开孔形状疲劳性能研究</td><td rowspan="2">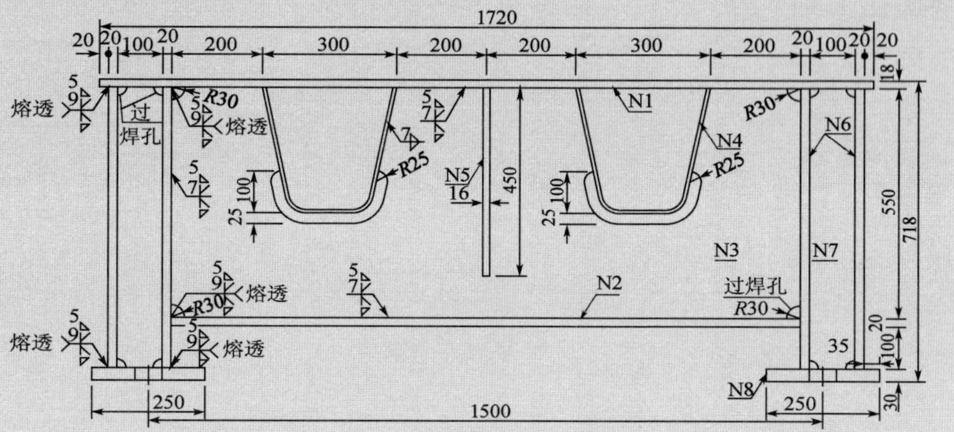
</td><td rowspan="2">2</td><td>试件跨中顶板</td><td>103.0</td></tr>
<tr><td>横隔板 U 形肋焊缝疲劳性能研究</td><td>距试件跨中 100mm 顶板处</td><td>171.5</td></tr>
</table>

续上表

序号	试验目的	试件示意图（mm）	试件个数	加载位置	单个试件加载荷载幅值 P(kN)
第二组试件	顶板U形肋焊缝焊接工艺及熔透率研究	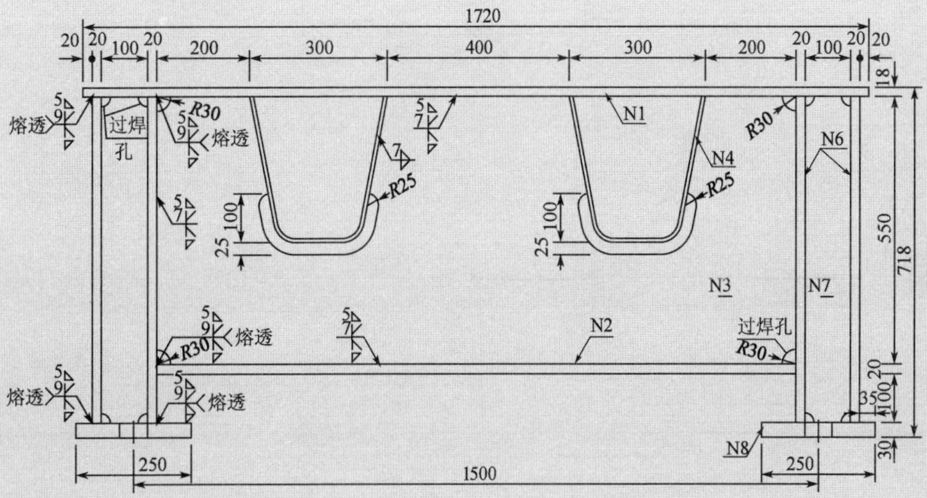	2	U形肋中心位置正上方顶板处	103.0

续上表

序号	试验目的	试件示意图（mm）	试件个数	加载位置	单个试件加载荷载幅值 P(kN)
第三组试件	U 形肋纵向连接采用焊接方式的疲劳性能	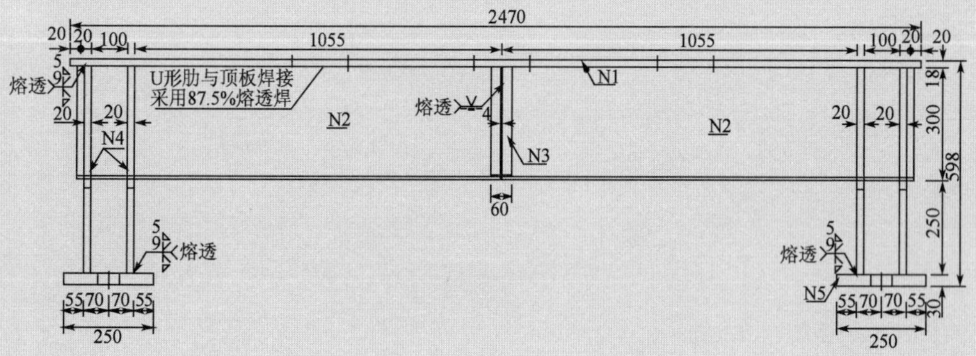	2	试件顶板跨中	93.0
第四组试件	U 形肋纵向连接采用栓接方式的疲劳性能	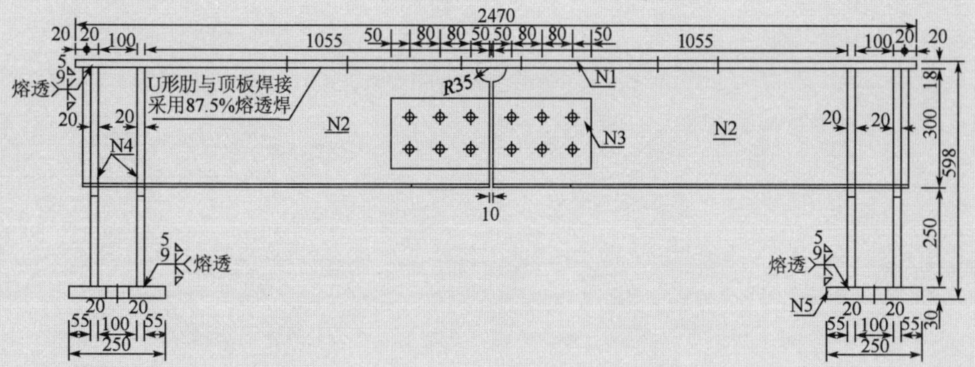	2	试件顶板跨中	93.0

(3)试验结果及分析

测试数据显示:横隔板开孔、横隔板与U形肋焊缝、顶板U形肋焊缝、U形肋焊缝对接和U形肋栓接对接各试件关键测点位置应力-荷载关系满足线性关系;所有关键测点加载应力曲线与卸载应力曲线几乎重合;所有关键测点在疲劳加载所有阶段应力-荷载曲线吻合良好,如图5.3-8所示。在横隔板开孔试件疲劳荷载加载到100万次和200万次时,分别对试件进行疲劳探伤,探伤结果显示试件未出现疲劳裂纹。

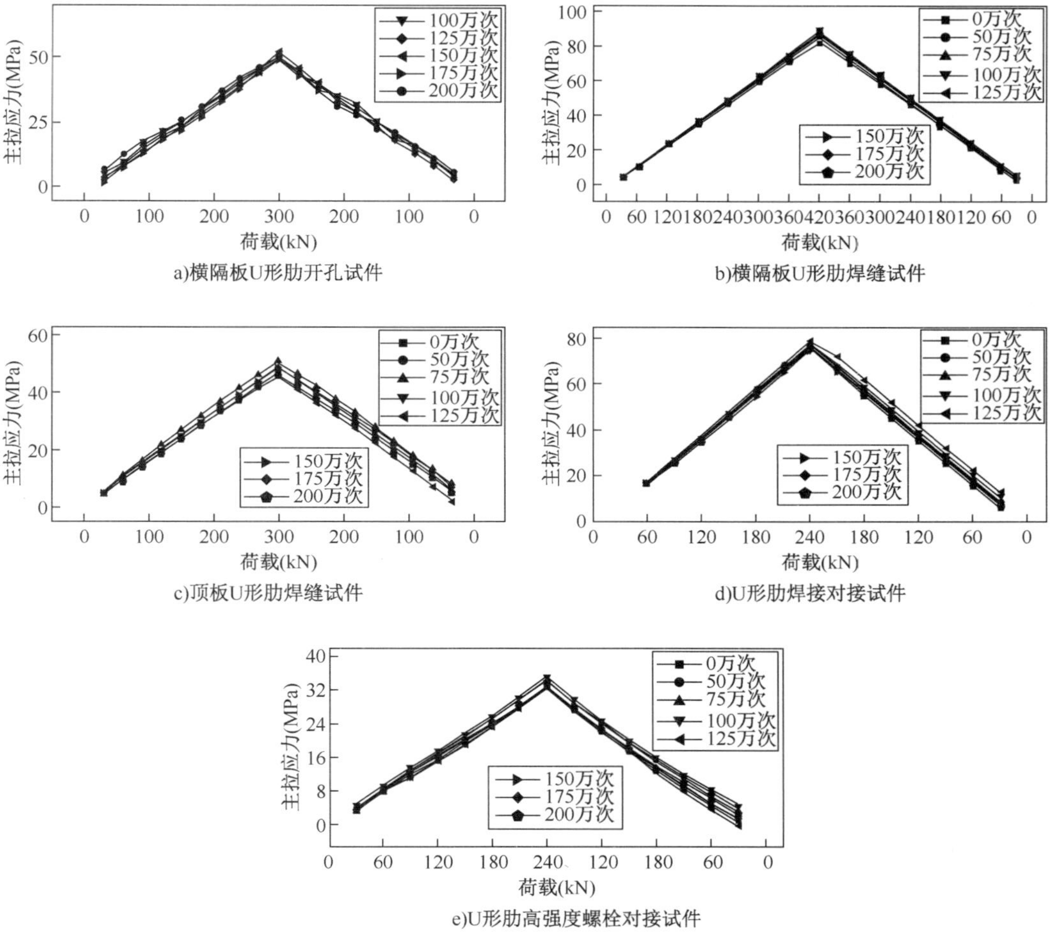

a)横隔板U形肋开孔试件　b)横隔板U形肋焊缝试件

c)顶板U形肋焊缝试件　d)U形肋焊接对接试件

e)U形肋高强度螺栓对接试件

图5.3-8　各试件关键测点疲劳应力-荷载曲线图

5.3.3　正交异性钢桥面板足尺节段疲劳性能试验

足尺节段疲劳性能验证试验能更准确地模拟实桥结构的受力与变形,同时对小试件模型的试验结果进行检验和校正,弥补小试件模型不能准确反映结构变形对试验结果造成的偏差。因此,进行足尺节段疲劳性能验证试验是确保实桥在使用安全寿命期内行车安全的必要手段之一。

1)试验模型设计

根据有限元仿真分析所建立的模型,进一步优化并综合考虑加载、测试实施的方便,以及边界条件的模拟和加载过程中试验模型的稳定性等问题,分别绘制出模型一与模型二改进后的相关图纸,如图 5.3-9、图 5.3-10 所示。

足尺节段模型经加工并涂装后运至试验现场的模型如图 5.3-11 所示,两个足尺模型分别重约 11t。

2)试验模型加载与测试方案

(1)试验加载

为真实模拟车辆走行引起的各板件的面外变形效应,采用双作用点正弦波荷载同时异步进行加载测试,且两作用点的荷载幅值一致。加载工况如下:

①荷载幅确定工况:在试验开始前,需采用静载加载的方式,模拟动载加载过程,调整实际作用的荷载幅值 DP 以确保实际应力幅值达到理论应力幅值,即通过动载模拟得到的实际应力幅值调整应加载的实际荷载幅值,以消除因边界条件不稳定或仿真模型简化等客观因素,导致理论加载荷载幅值作用在试验结构上得到的实际应力幅值与理论应力幅值不符的影响。

②静载荷载工况:在试验开始前和加载过程中,累积作用次数为 0、25 万、50 万、75 万、100 万、125 万、150 万、175 万、200 万次时,进行一次静载加载。加载方式为 $0.1P \rightarrow 0.25P \rightarrow 0.5P \rightarrow 0.75P \rightarrow P \rightarrow 0.75P \rightarrow 0.5P \rightarrow 0.25P \rightarrow 0.1P$,每级静载需持荷 5min,待结构受力稳定后进行数据采集,以减小数据采集过程中环境温度变化以及其他扰动因素等的影响,一共为 9 级加载。其主要目的在于检验各测试元件和设备的工作状态是否正常,研究试验模型的实际受力特性,并考察其变化是否异常,试验次数超过 100 万次后每加载 50 万次采用磁粉进行一次探伤,检查模型各关键易损部位是否出现开裂或异常。

③动载荷载工况:设计寿命期疲劳特性验证试验工况,通过改变加载位置验证各疲劳易损部位设计寿命期内的抗疲劳安全性。

(2)试验测试

疲劳易损部位关键测点的布置主要集中于各部位的最不利区域。在足尺节段模型中,主要关注部位位于跨中横隔板(横肋板)与其相邻横隔板(横肋板)区间段及跨中横隔板(横肋板)周围,因此测点布置主要分布在上述区域。在开展其中某一个疲劳易损部位抗疲劳设计验证试验的同时,其余关注部位均布置相应测点,以便于通过实测数据观测各易损部位的疲劳损伤发展过程。疲劳验证试验过程中采用以应力测试为主、位移测试为辅,应力与位移同时监测的测试手段。

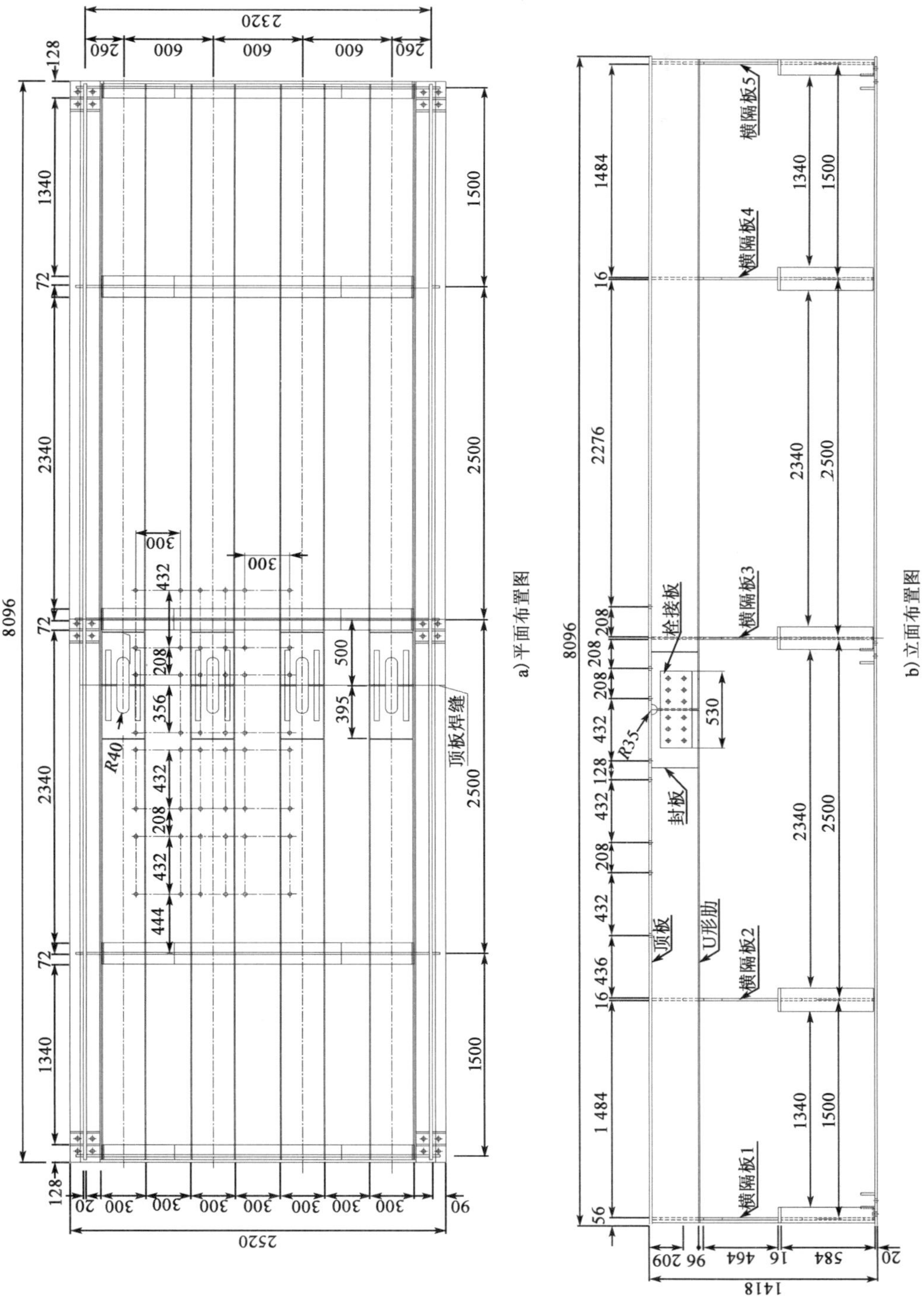

a) 平面布置图

b) 立面布置图

图　5.3-9

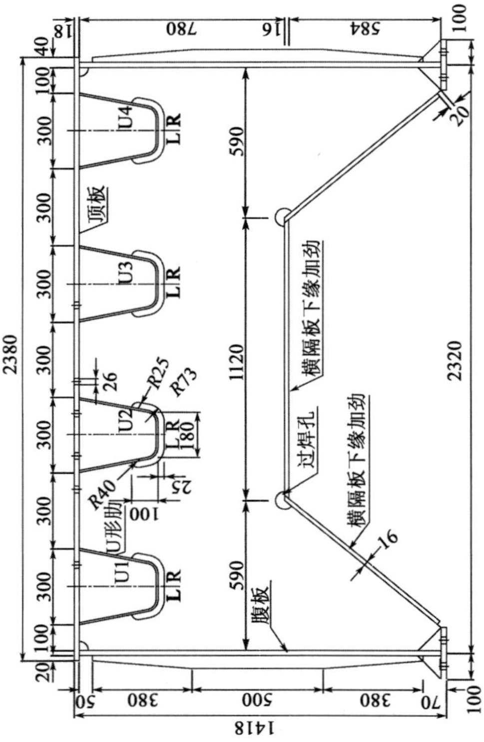

c) 侧面布置图

图5.3-9　足尺节段模型一示意图（尺寸单位：mm）

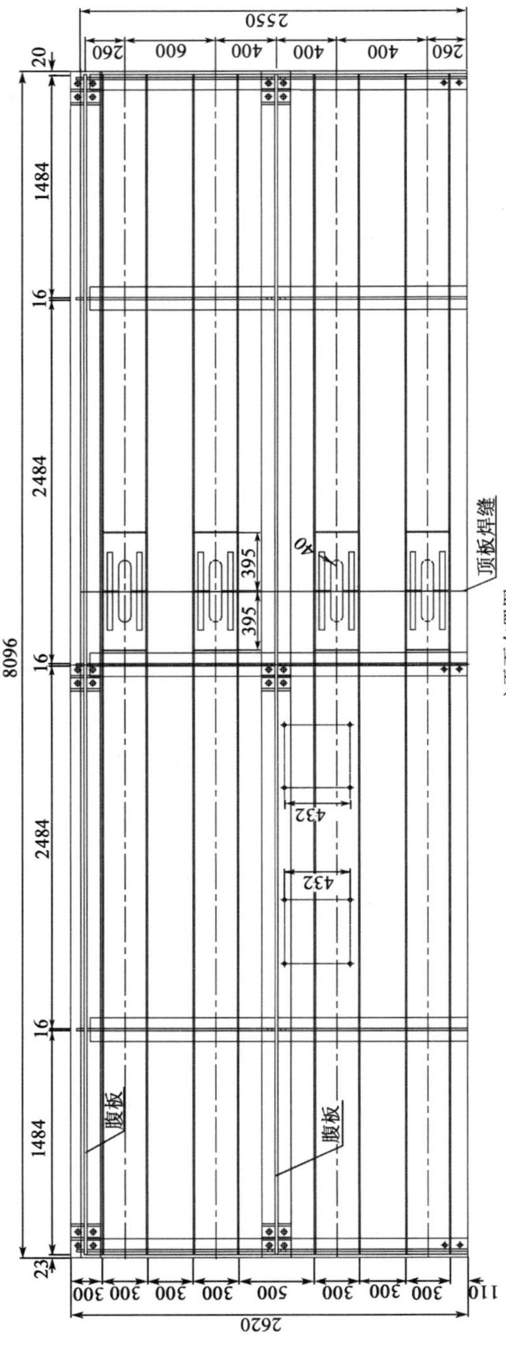

a) 平面布置图

图　5.3-10

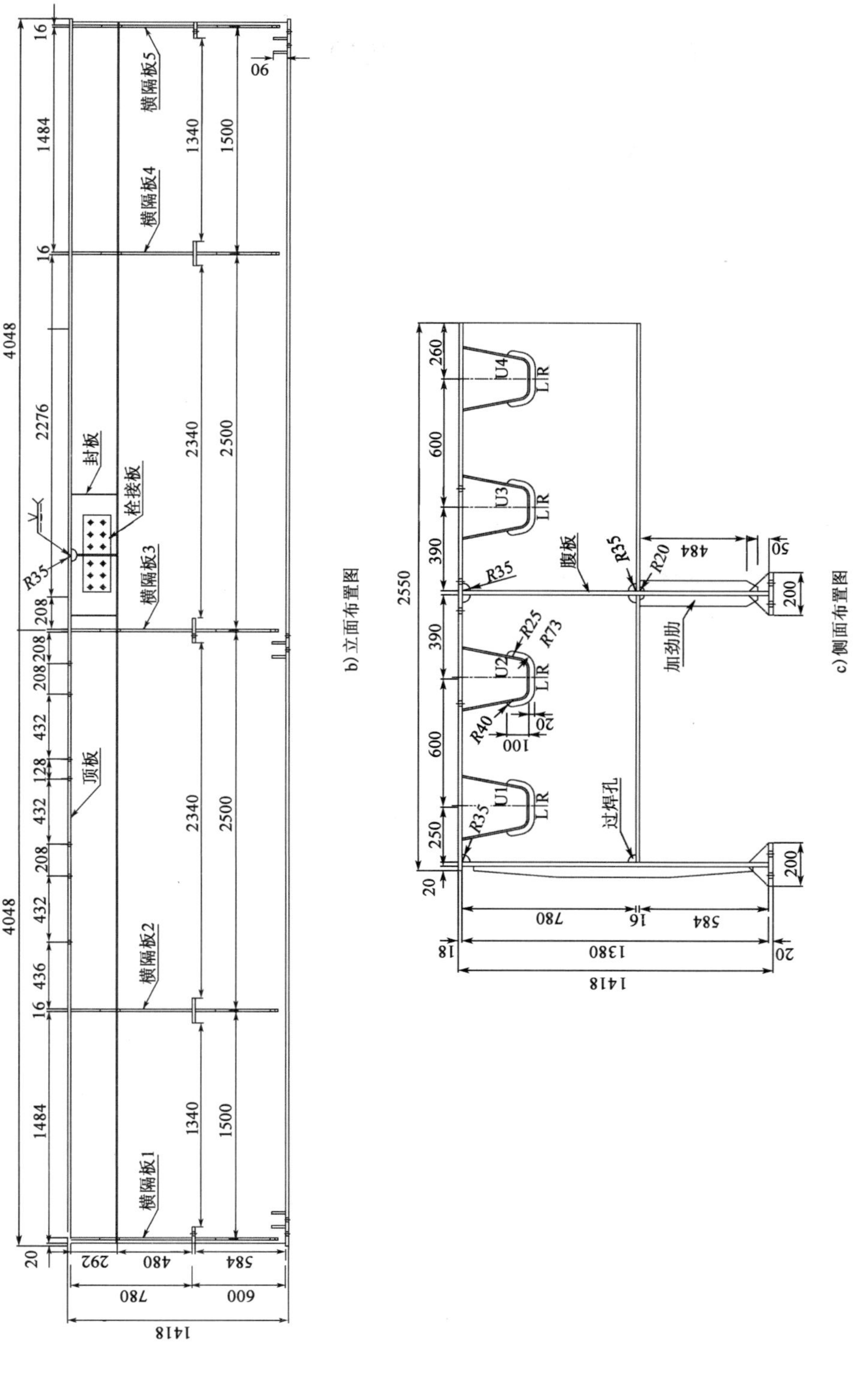

图5.3-10　足尺节段模型二示意图（尺寸单位：mm）

图 5.3-11　足尺节段现场模型

3)试验结果及分析

横隔板弧形开口、横隔板与U形肋焊缝、U形肋与顶板焊缝、U形肋纵向对接栓接连接和边腹板与顶板连接焊缝,这些疲劳易损部位的疲劳应力/位移 – 荷载曲线如图 5.3-12、图 5.3-13 所示。结果表明:①在各疲劳加载作用次数下,各部位关注细节各关键测点的主拉应力以及位移测试点的位移在加卸载过程基本呈线性变化且对称,各次静载工况下应力和位移测试值基本吻合。在疲劳荷载循环加载过程中,各疲劳易损部位的力学行为特性未发生显著改变且处于线弹性范围内。②当各疲劳易损部位疲劳验证试验累计加载次数达 100 万次后,每累加 50 万次时对其进行超声波和磁粉探伤,直至作用次数达 200 万次。探伤结果表明焊缝区域以及模型其余部位均未出现疲劳裂纹,该结论与各测点的荷载应力曲线所得结论吻合,同时验证了各部位的抗疲劳设计满足 120 年长寿命服役的设计要求。

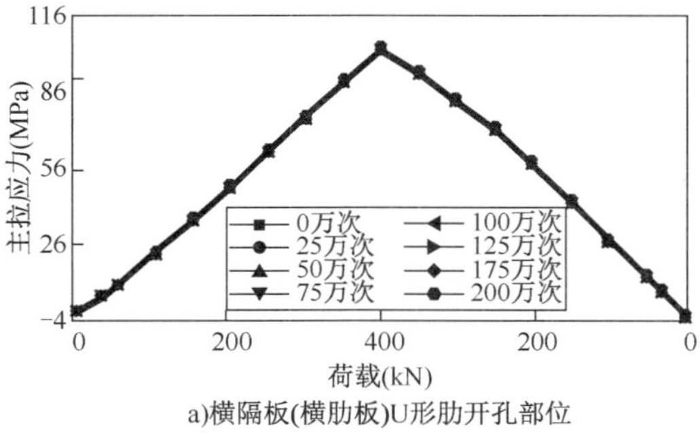

a)横隔板(横肋板)U形肋开孔部位

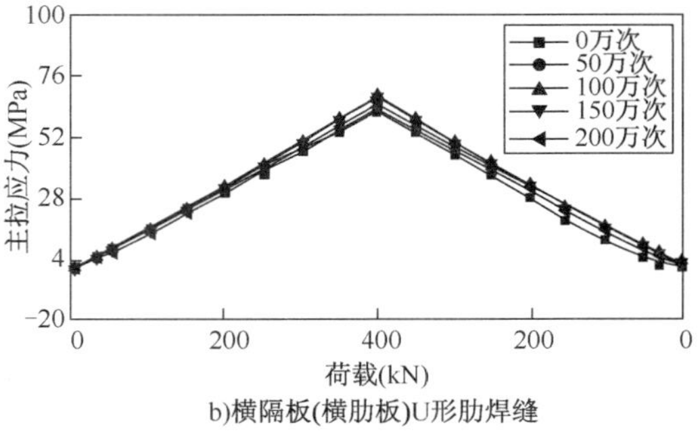

b)横隔板(横肋板)U形肋焊缝

图　5.3-12

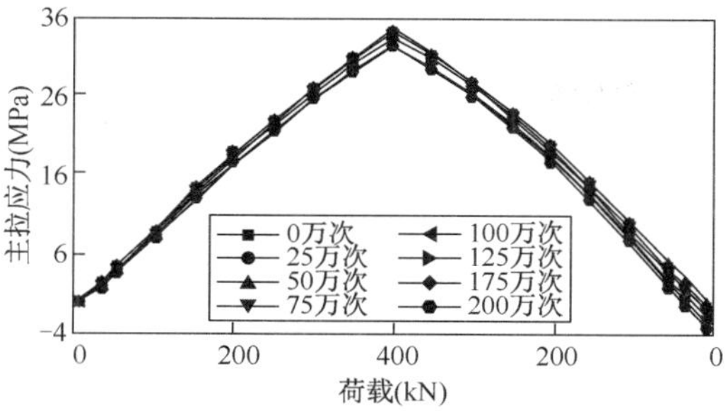

c)U形肋与顶板焊缝部位

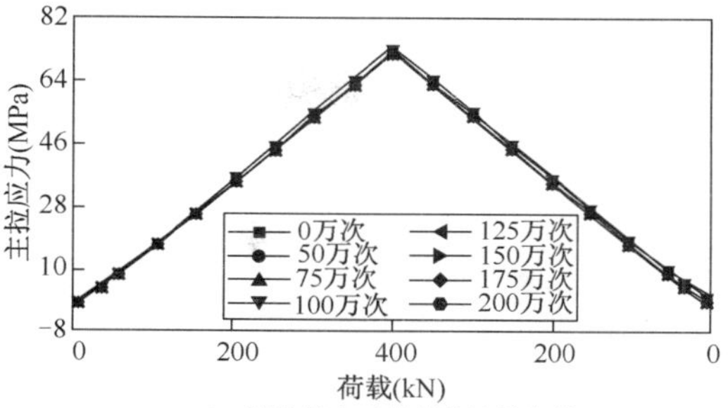

d)U形肋纵向对接栓接连接部位

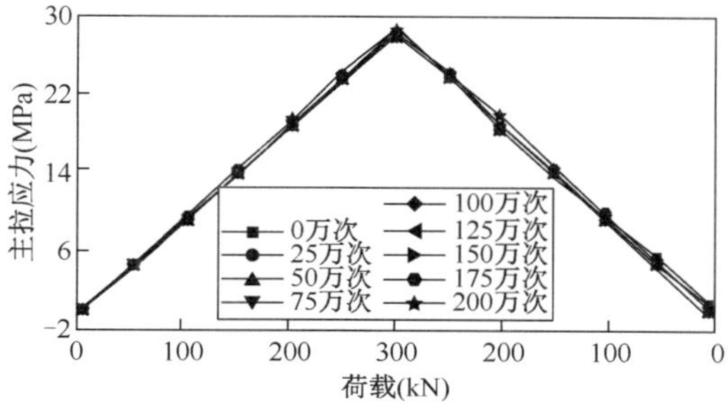

e)边腹板与顶板连接焊缝部位

图 5.3-12 各部位关键测点疲劳应力-荷载曲线图

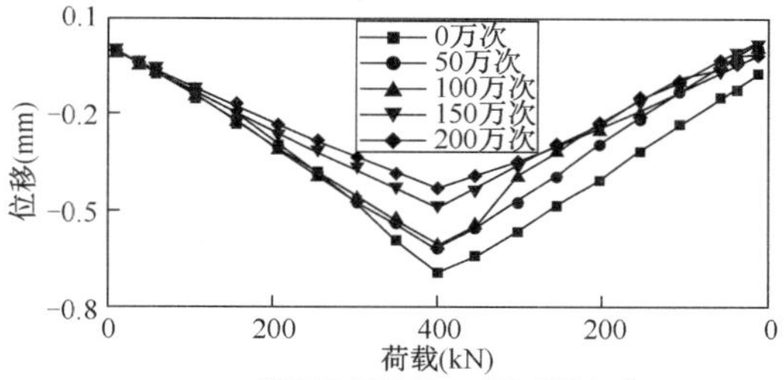

a)横隔板(横肋板)U形肋开孔部位

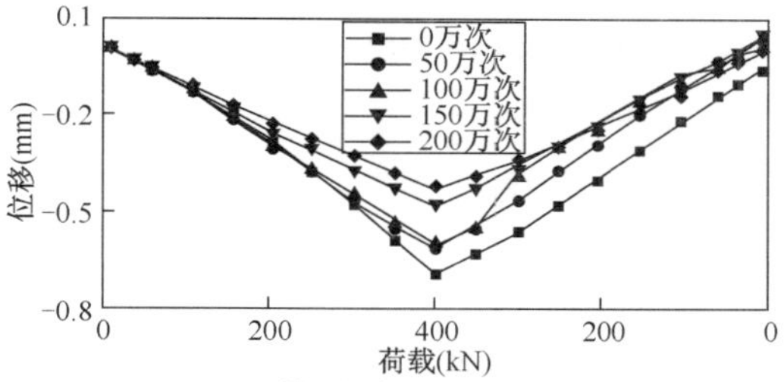

b)横隔板(横肋板)U形肋焊缝

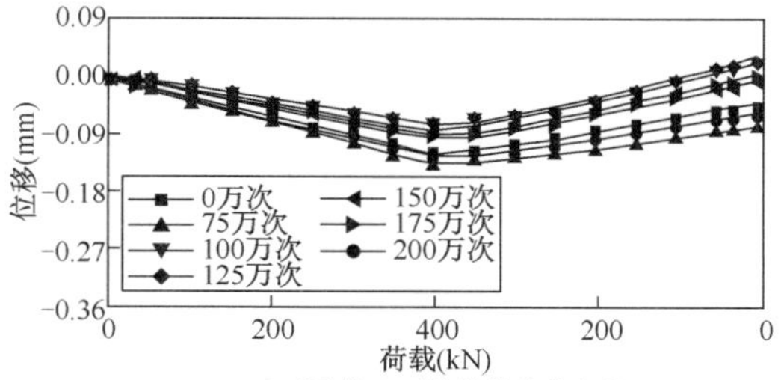

c)U形肋纵向对接栓接连接部位

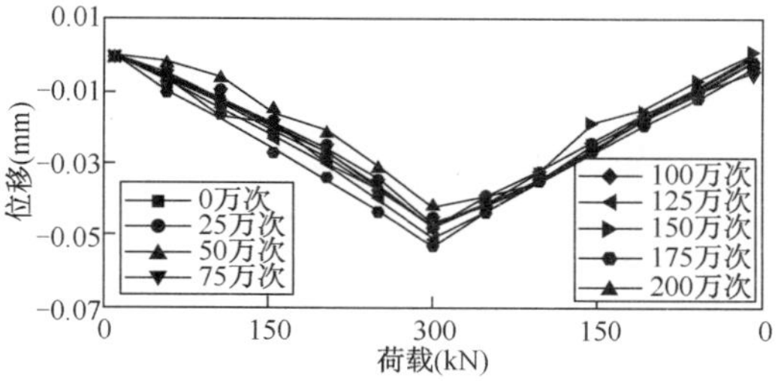

d)边腹板与顶板连接焊缝部位

图 5.3-13 各部位关键测点疲劳位移-荷载曲线图

5.3.4 正交异性钢桥面板疲劳破坏试验

1)试件疲劳破坏试验结果及分析

(1)试验方案

在完成前阶段构造参数设计验证的基础上,若结构未出现疲劳损伤,为探究疲劳开裂后裂纹的发展,又进行了典型疲劳易损部位疲劳损伤及性能试验工况。选取疲劳易损部位横隔板 U 形肋开槽部位对模型 I 进行该工况试验,对于结构的疲劳特性、疲劳损伤条件下结构的受力特性及其疲劳性能进行试验。

(2)试验过程

本工况试验分三个阶段进行:①第一阶段(LCIII-S1),逐步提高荷载幅,疲劳易损部位名义应力幅为 150MPa、180MPa 和 210MPa 时分别加载 15.2 万次、10.0 万次和 22.2 万次。这一阶段完成时重点关注的疲劳易损部位未发生裂纹及损伤。②第二阶段(LCIII-S2),在两试件横隔板 U 形肋开槽部位人为制造模拟浅裂纹损伤 4 处,各裂纹在横隔板两侧的深度分别为:3.3mm、3.5mm;3.7mm、4.7mm;3.4mm、3.7mm;4.0mm、3.9mm。将荷载幅增至 605kN 加载 15.0 万次并进行静载加载测试。此后采用同荷载幅继续加载 11.7 万次,检测裂纹开展情况并进行静载测试,检测表明该阶段裂纹稳定扩展。③第三阶段(LCIII-S3),在裂纹两侧布置应变测点,采用荷载幅 605kN 加载,每加载 2 万次进行一次静载测试,直至折算至 Eurocode 中对应名义应力幅(112MPa)等效累计作用次数为 913.8 万次。

(3)试验结果及分析

试验结果表明:①LCIII-S1 完成时对应等效荷载作用次数已达 507 万次,各关键测点的静载应力与荷载均呈线性关系,所进行的探伤未发现疲劳裂纹,表明该疲劳易损部位的疲劳性能满足设计要求,并具有较高的安全储备;②LCIII-S2 中横隔板 U 形肋开槽部位各关键测点的应力均有不同幅度的增大,A1、AA1、D1、DD1 测点的应力增量分别为 15.7MPa、39.8MPa、18.8MPa、75.7MPa,表明靠近加载侧模拟损伤处均出现了疲劳裂纹,且裂纹扩展速度和长度存在差异。测点 A1 和 D1 的应力与荷载仍呈线性关系,而测点 AA1 和 DD1 的应力与荷载呈不同程度的非线性关系,由不同部位的荷载幅差异所导致的裂纹扩展长度差异是导致这一现象的根本原因。③LCIII-S3 中测点 AA1 的实测应力在等效荷载作用次数为 720 万次至 790 万次时降低了 16MPa,表明该测点附近裂纹在等效荷载作用次数为 720 万次时进一步扩展。从等效荷载作用次数为 720 万次至该阶段结束,最大荷载作用下 AA1 测点的应力基本保持不变,表明这一阶段该处裂纹处于较为稳定的状态。测点 A1 的应力测试值随加载次数增加而呈下降趋势,表明随着加载次数的增加,该测点附近的疲劳裂纹稳定扩展,测点 A1-2 的应力得到释放。此外,测点 A1 区域与 AA1 区域应力差别较大,表明此处表面裂纹扩展长度存在差异,且表面裂纹沿板厚方向的扩展速率也存在差别。④疲劳裂纹萌生和扩展过程中,其附近区域的应力分布均不断发生变化,可以据此判别裂纹的萌生并监测其扩展过程。模拟损伤处关键测点荷载-应力变化曲线如图 5.3-14 所示。最大静载荷载作用下关键测点的主拉应力与荷载等效作用次数之间的关系如图 5.3-15 所示。

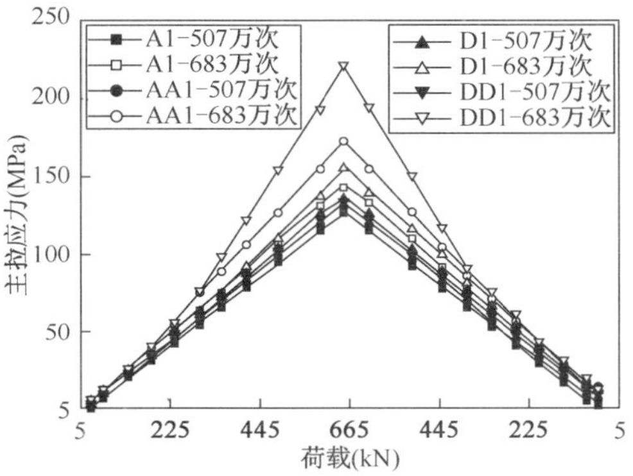

图 5.3-14　荷载-应力变化曲线

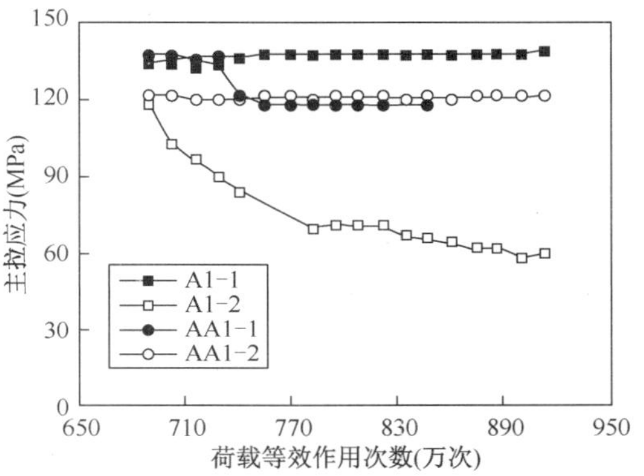

图 5.3-15　主拉应力与荷载等效作用次数之间的关系

根据裂纹的实际扩展规律,建立基于理论模型和断裂力学的疲劳损伤裂纹扩展模拟方法。采用 8 节点 shell93 单元建立研究对象的带裂纹三维非线性有限元理论模型,如图 5.3-16 所示。裂纹尖端采用 8 节点 shell93 奇异退化单元进行模拟。模型的单元数和节点数分别为 36787 个和 111571 个。关键测点处三维非线性有限元分析结果与实测结果(A1 测点)的典型对比如图 5.3-17 所示。

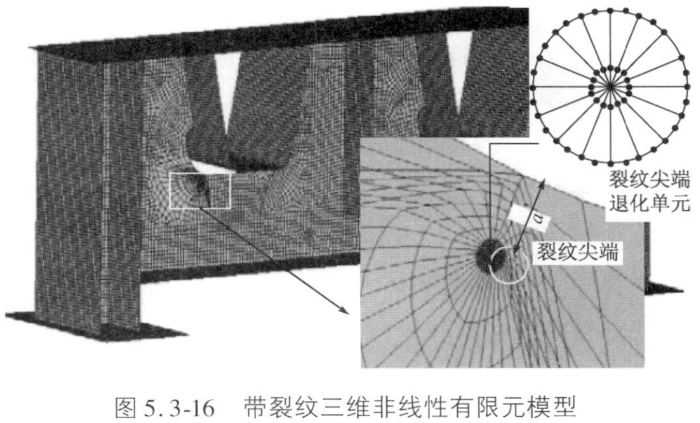

图 5.3-16　带裂纹三维非线性有限元模型

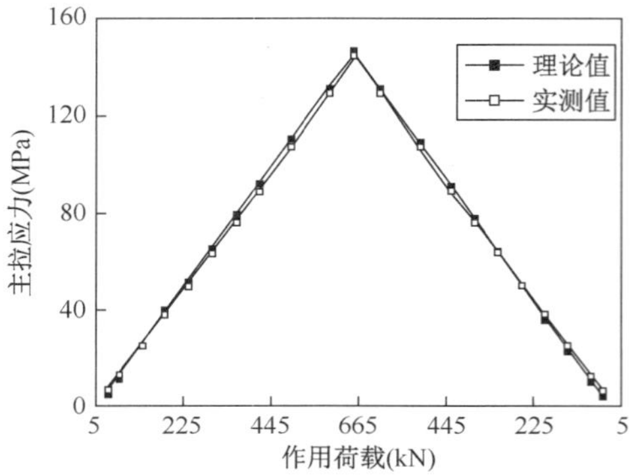

图 5.3-17 理论结果与实际结果典型对比

试验结果和理论分析结果均表明，裂纹的扩展速率随着裂纹长度的增加而逐渐加快；当裂纹长度超过 15.0mm 时，裂纹扩展速率显著增快。

2）足尺模型疲劳破坏试验

（1）试验方案

以横隔板与 U 形肋焊缝部位这一典型疲劳易损部位为研究对象，对高应力幅超长服役期条件下该部位的疲劳性能进行试验研究。加载部位为横隔板与 U 形肋焊缝部位对应的加载位置，加载荷载幅为 600kN，加载方式与疲劳验证试验阶段一致。

（2）试验过程

在作用次数等效到 Eurocode 3 中对应的疲劳强度的作用次数为 268 万次左右时，横隔板与 U 形肋焊缝焊趾处出现了肉眼可见的表面微裂纹，长度约为 5mm，但此时主要测点的荷载-应力曲线仍保持线性关系，主拉应力量值基本不变，表明该裂纹处于萌生阶段，未导致其附近区域的应力重分布，此时裂纹深度和长度均较小，其效应主要限于加剧裂缝周边极小范围的应力集中程度；随着作用次数的不断增加，横隔板与 U 形肋焊缝焊趾测点处静载主拉应力最大值逐步降低，该阶段其应力降低幅度达 20.1MPa，表明裂纹开始稳定扩展，裂纹长度和深度的增加使得裂纹处发生应力释放，进而导致其周围区域应力重分配，从而使裂纹下方测点应力降低。

在整个试验过程中横隔板 U 形肋交叉焊缝部位发现裂纹共 6 处，典型的疲劳裂纹如图 5.3-18 所示，在试验中最大静载荷载作用下各开裂处测点的主拉应力随作用次数变化曲线如图 5.3-19 所示。

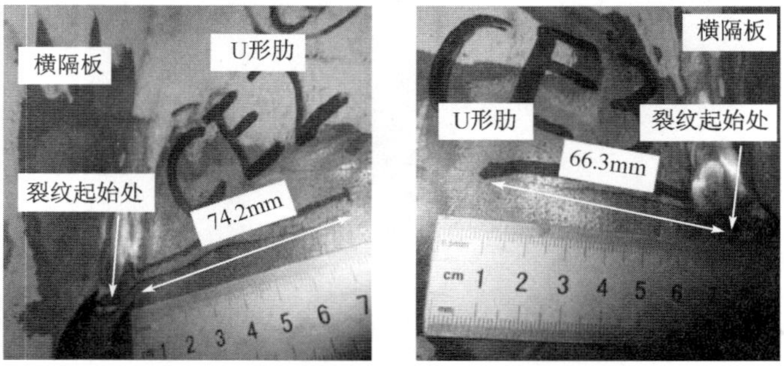

图 5.3-18 典型疲劳裂纹

(3)试验结果及分析

试验结果表明:①裂纹扩展均起始于U形肋与横隔板连接焊缝最下端焊趾处,在横隔板左右两侧沿U形肋母材方向扩展。②横隔板U形肋交叉焊缝部位是正交异性钢桥面板最易发生疲劳损伤的部位,同时也是控制正交异性钢桥面板疲劳性能的重要部位。对已出现疲劳裂纹的横隔板U形肋交叉焊缝部位进行疲劳性能及寿命评估,根据U形肋与横隔板连接焊趾开裂时的作用次数与应力幅间关系,疲劳易损部位焊趾处的疲劳强度大于AASHTO规范中D类细节的疲劳强度,也大于Eurocode 3中71类细节的疲劳强度,且等效作用次数平均值为386.9万次,表明该部位的疲劳性能满足设计要求,且有一定的安全储备。

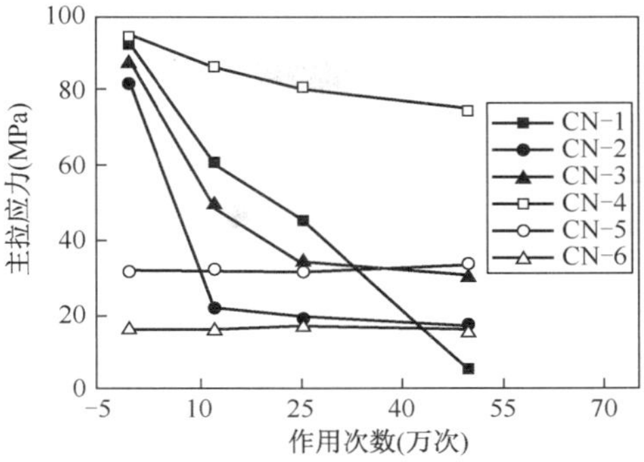

图5.3-19　主拉应力与作用次数的关系

结合国内外钢桥面板疲劳设计与质量验收标准相关规定,通过港珠澳大桥120年设计寿命的车辆荷载计算,对原材料、下料加工、组装、焊接、检验等方面进行了研究分析及模型试验验证后,总结提炼形成正交异性钢桥面板抗疲劳设计准则与质量验收标准。

5.4　大节段钢箱梁制造技术

港珠澳大桥总共约42.5万t的板单元,制造数量巨大,同类构件数量多,设计标准化程度高。通过研发板单元自动组装设备、自动焊接设备,形成了钢桥面板下料加工、自动化组装、焊接以及制造细节处理的全自动生产线,并引入超声相控阵检测技术,成功实现了钢箱梁U形肋与桥面板焊接熔深控制及检测。钢箱梁小节段采用多节段连续匹配制造与预拼装同时完成的"长线法"拼装方案,小节段分段检验合格后进行涂装,再在大节段测量控制网内分段复位。钢箱梁制造具体流程如图5.4-1所示。

5.4.1　板单元制造

板单元制造按照"钢板赶平及预处理→数控精切下料→零件加工(含U形肋制造)→自动组装机床组装→多头门式自动焊机+双向反变形胎焊接→超声相控阵无损检测"的顺序进行。其中,板单元自动组装定位机床、机器人焊接系统和超声相控阵检测为世界首创,自动组装定位机床能够保障任意两根U形肋间距偏差在±1mm以内,板件直线度在1mm 以内；机器人焊接系统和超声相控阵检测突破了焊接熔深控制及检测的技术瓶颈。此外，板单元制造全过程采用信息化管理技术在线实时监测并记录焊接状态参数。

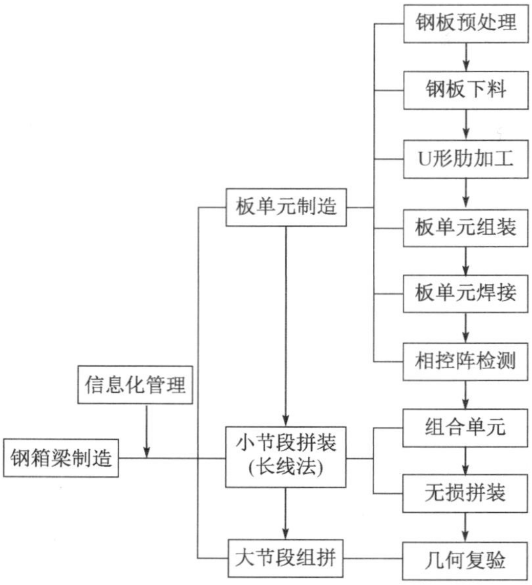

图 5.4-1　钢箱梁制造流程

（1）板单元组装

U 形肋板单元采用自主研发的自动组装机床进行组装和定位焊。首先进行焊缝部位自动打磨和除尘；再利用液压卡具进行 U 形肋的自动定位和压紧，保证组装间隙小于 0.5mm；采用日本先进的机器人焊接系统进行定位焊，实现 U 形肋定位焊自动化，保证 U 形肋坡口根部焊接质量，如图 5.4-2 所示。板式加劲肋板单元也采用自主研发的自动组装机床实现自动定位、压紧、定位焊，提高自动化程度和生产效率，如图 5.4-3 所示。

图 5.4-2　U 形肋板单元组装定位机床

图 5.4-3　板式加劲肋板单元组装定位机床

港珠澳大桥钢箱梁采用对接式横隔板，其底边槽口直接插入底板 U 形肋（或板肋），因此，它的槽口和顶、底板单元 U 形肋（或板肋）间存在严格的匹配关系，保证横隔板单元槽口间距准确控制是横隔板制作过程中的一个关键。横隔板全部用数控空气等离子切割机进行切割，等离子切割速度快，切割面光洁、热变形小、几乎没有热影响区。同时该设备具备自动划线和打号功能，在切割下料的同时划出组装基线，对优化工序、提高效率起到至关重要的作用，其切割精度和断面的质量较以往常规的等离子切割有很大的提高，附带标识喷涂和划线功能，与以往的设备和人工划线相比，可以大大提高切割效率、质量和划线精度。高精度空气等离子切割机如图 5.4-4 所示。横隔板组装焊接在平台上进行，共设 2 个组装焊接平台，可同时进行组装和焊接。横隔板焊接机器人可以自动根据 CAD 图纸确定焊接轨迹，进行横隔板的焊接，并自动根据组装偏差调整焊接轨迹，按照程序自动完成所有加劲肋焊缝的焊接。

(2)板单元焊接

为了控制因焊接收缩导致的焊接变形和减小残余应力，设计了船位焊双向反变形翻转胎架。它可通过摇摆装置达到船位焊角度，通过全液压夹具控制板单元反变形，最大限度地减小了板单元焊接后校正量，如图 5.4-5 所示。

图 5.4-4　高精度空气等离子切割机

图 5.4-5　船位焊双向反变形翻转胎架

机器人焊接系统采用世界最先进的电弧跟踪技术，实现对坡口根部位置偏差的智能化跟踪调整，跟踪精度达到 0.2mm，解决了以往多头龙门焊机探针或光电跟踪偏差大的问题。自动化焊接系统配合双向反变形、船位施焊技术，确保焊缝根部熔合、内在质量，外观成型及板单元焊后平整度，避免焊后矫正。该技术保证了 U 形肋板单元制造质量，提高使用耐久性。多头机器人焊接系统如图 5.4-6 所示。横隔板单元在平台上用专用焊接机器人系统施焊，大幅提升焊接质量和效率，如图 5.4-7 所示。

(3)超声相控阵无损检测技术

U 形肋和桥面连接属于薄板角焊缝，常规超声波探伤技术存在缺陷定位和判定困难的问题，缺乏对焊缝内部进行无损检验的有效手段，也没有相应的标准依据。

超声相控阵是基于惠更斯-菲涅耳原理，由各个阵元发出的超声波经过干涉形成预期的声束。以同一频率的脉冲激发各个阵元,并对各个阵元的激发时间施加一定的延迟,于是各阵元的发射声波产生了相位差,从而影响干涉结果,即可以形成偏转及聚焦声束。应用数字信号处理技术,从超声相控阵检测到的回波信号中提取与缺陷类型相关的时域、频域特征,如小波包能量特征、分形特征等,应用模式识别的方法对缺陷的类型进行智能判断,如金属焊缝中未焊透、未熔合、裂纹、气泡等缺陷类型的判定,如图 5.4-8 所示。

图 5.4-6　多头机器人焊接系统

图 5.4-7　横隔板自动化焊接设备

图 5.4-8　U 形肋角焊缝相控阵探伤示意图

港珠澳大桥首次采用超声波相控阵检测技术对钢箱梁顶板 U 形肋角焊缝的焊接质量进行检测。探伤完毕后,对探伤点进行宏观断面分析,用游标卡尺测量焊缝熔深(在焊缝断面上作 U 形肋板侧边的平行线,交于焊缝熔合分界点,其交线与 U 形肋板外侧边之间的距离即为焊缝熔深)。通过宏观断面分析发现,U 形肋角焊缝各点的熔深(含缺陷)分布在 3.2 ~ 7.9mm 之间,达到了焊接试件制作预想的效果,个别接头焊缝中存在裂纹、气孔、未熔合等缺陷。图 5.4-9 为各类熔合状况 U 形肋接头的典型宏观断面。

(4)信息化管理

开发先进的信息化管理系统,实现焊接参数实时采集、存储和施焊过程用计算机远程监控,使焊接质量更有保证。该设备焊接参数通过专用输入器输入,同时对施焊过程的焊接电流、电压、施焊速度等参数实现在线监控和记录,使每条焊缝的焊接质量具有永久可追溯性。该系统可以支持多种监控、传输方式,能实现断网续传,防止数据丢失;可以为每台焊机设定焊接参数的上、下限值，在实际焊接参数超出限定值时生成报警提示，并生成报警统计报表，从而稳定焊接质量、确保产品合格率。

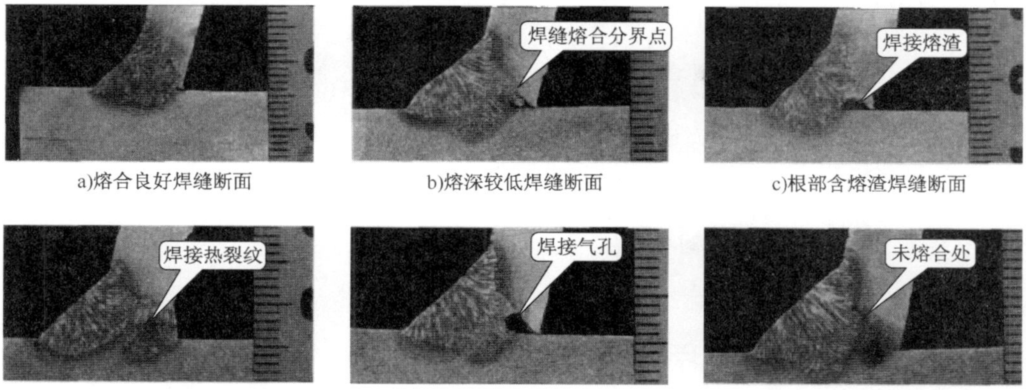

a)熔合良好焊缝断面　b)熔深较低焊缝断面　c)根部含熔渣焊缝断面

d)焊接热裂纹焊缝断面　e)焊接气孔焊缝断面　f)焊接未熔合处焊缝断面

图 5.4-9　U 形肋焊缝宏观断面

5.4.2　小节段拼装

钢箱梁小节段拼装全部在拼装厂房内完成，采用多节段连续匹配制造与预拼装同时完成的“长线法”拼装方案，可在拼装过程中进行尺寸修正。拼装胎架线形制作及钢箱梁小节段拼装都以预先设置好的测量控制网为基准，以确保钢箱梁拼装线形及接口精度。拼装时先将顶、底板与横肋板组拼形成组合立体单元，以加快拼装速度。拼装过程中关键是准确定位底板和横隔板，底板作为其他板件拼装的基础，重点控制其纵横竖向尺寸及线形，横隔板拼装控制其顶面横向坡度。小节段拼装流程如图 5.4-10 所示。

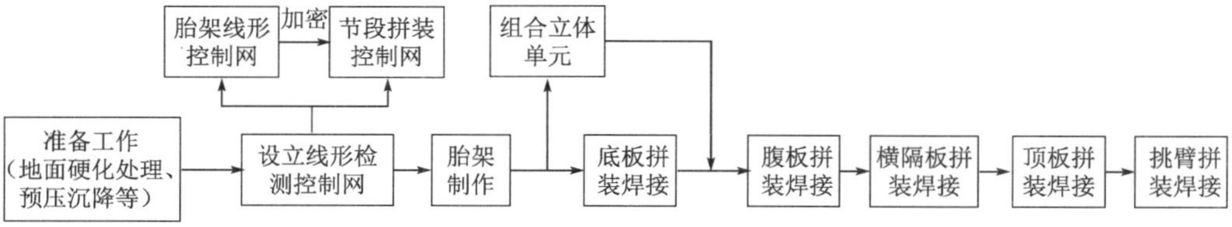

图 5.4-10　小节段拼装流程图

(1) 拼装胎架及测量控制网

胎架基础具有足够的承载力和刚度，确保在使用过程中沉降不大于 1mm，且避免在使用过程中变形。按照设计给定的钢箱梁制造线形制作胎架拼装线形，考虑钢箱梁受焊接收缩和重力影响而发生的变形，在胎架竖向设置适当的预拱度。每轮次节段下胎后，重新以测量控制网为基准对胎架进行检测，做好检测记录，确认合格后方可进行下一轮次的拼装。钢箱梁小节段拼装胎架构造如图 5.4-11 所示。

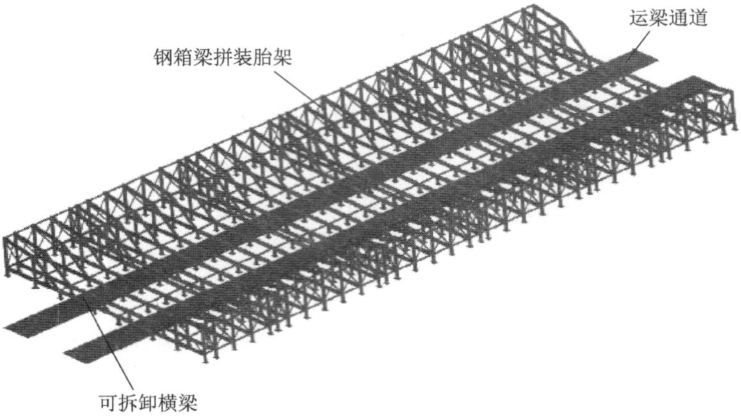

图 5.4-11　钢箱梁小节段拼装胎架

在胎架两端设置纵向基线标志塔和地样基准，四周设置高程测量基准点，作为钢箱梁几何尺寸定位基准，钢箱梁小节段拼装局部测量网布置如图 5.4-12 所示。

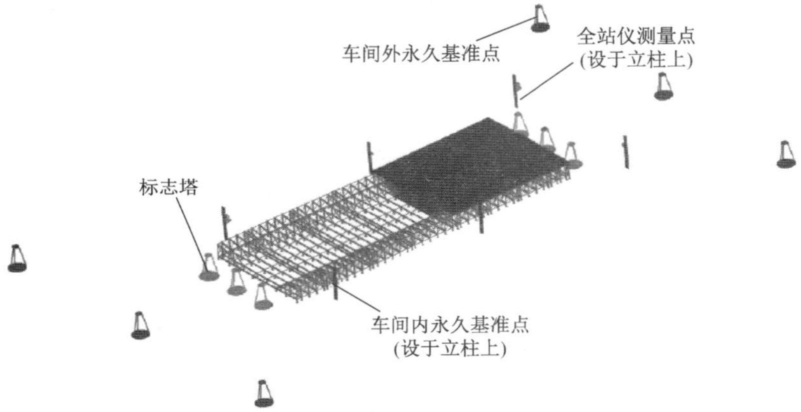

图 5.4-12　钢箱梁小节段拼装局部测量网示意图

(2)“长线法”拼装方案

“长线法”是按设计给定的线形在胎架上设立不同高度的钢板，在其上制造钢箱梁，可以使钢箱梁在桥位上完成环缝焊接后形成的钢箱梁线形即为理论线形，另外可以修整对接口、成对安装临时匹配件，避免单独安装的误差造成空中匹配困难，加快吊装速度和缩短封航时间。小节段拼装现场如图 5.4-13 所示。

图 5.4-13　小节段拼装现场图

(3)组合立体单元

为减少占用总装胎架时间,缩短总装周期,同时减少横向焊接收缩量,小节段匹配制造前,将不同单元件和横肋横隔部件等进行组焊,形成体量更大的中间产品,然后再进行整体拼装。

在顶板焊接完成组焊挑臂隔板单元、侧封板单元和外腹板单元后,采用专用翻身工装翻身后存放,等待参与钢箱梁拼装。挑臂立体单元拼装示意图如图 5.4-14 所示。组装顶、底板板块时,横向以板单元上纵基线为定位基准,预留焊接收缩量,用带有焊接收缩量的样板复测相邻板单元焊缝两侧相邻 U 形肋或板肋的中心距。纵向以横基线为基准,重点控制基准端板边直线度及坡口错边量。为减少焊接变形,保证板块平面度,在组装定位时预置竖向反变形。

图 5.4-14　挑臂立体单元拼装示意图

(4)拼装定位

在小节段拼装过程中,重点是准确定位底板单元和横隔板单元。

底板单元拼装过程中,首先是中心底板单元定位,从每轮次的基准节段开始,将中心底板单元置于胎架上,使其横、纵基线与标志塔上的定位线精准定位,重点控制相邻节段间的中心距和与桥梁中心线的重合度。中心底板定位如图 5.4-15 所示。其他底板单元定位,依次对称组焊两侧底板板块,组装时横向控制纵基线间尺寸,预留焊接收缩量,竖向焊接反变形,纵向控制相邻节段间距和端口板边直线度及与桥梁中心线垂直度。斜底板定位,以标志塔上的定位线和节段端口横基线进行组装定位,完成斜底板与平底板间对接焊缝。

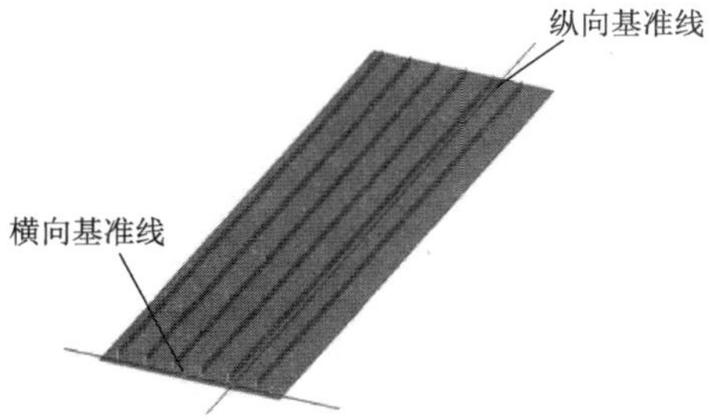

图 5.4-15　中心底板定位

横隔板定位(图 5.4-16)是从基准节段开始,以底板上横基线为基准依次组装横隔板及横肋板单元。首先定位边隔板,然后组装定位中隔板。焊接时先焊接横隔板与中腹板的焊缝,再焊接横隔板与平底板的焊缝,然后焊接横隔板立位对接焊缝,最后焊接横隔

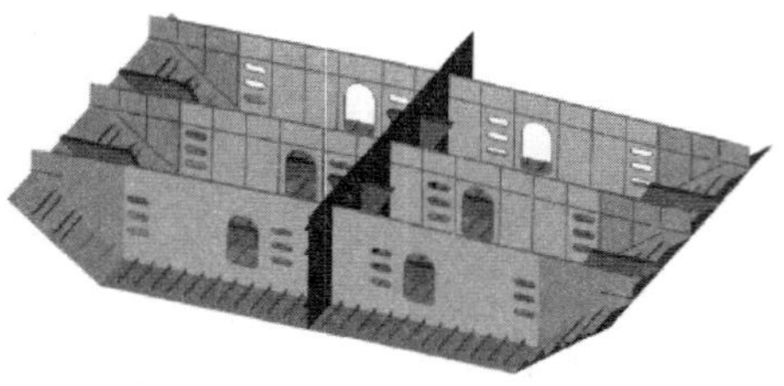

图 5.4-16　横隔板定位

板与斜底板的焊缝。组装定位时要严格控制横隔板上沿的横向坡度。

5.4.3　大节段组拼

大节段组拼的关键是在大节段拼装测量网内将其分段复位，即复核纵横竖向尺寸线形和端口匹配情况。检测顶板中心线高程是否符合竖向线形，检测各节段两端横向坡度，并评估大节段扭曲状态，检测大节段梁长，确保安装时支座与预留孔准确连接，检查钢箱梁接口处的钢板错边量和纵向加劲肋对接精度来保障环缝匹配精度和焊（栓）接质量。

（1）钢箱梁总体线形测量控制

钢箱梁小节段和分段拼装完成后，使用全站仪在测量控制网内对钢箱梁上监控点进行三维坐标采集，钢箱梁顶板上设有测量监控点，监控点设置在有隔板的位置。钢箱梁总体线形测量包括纵向线形检测、节段扭曲检测、钢箱梁梁长检测。钢箱梁总体线形测量控制示意图如图 5.4-17 所示。

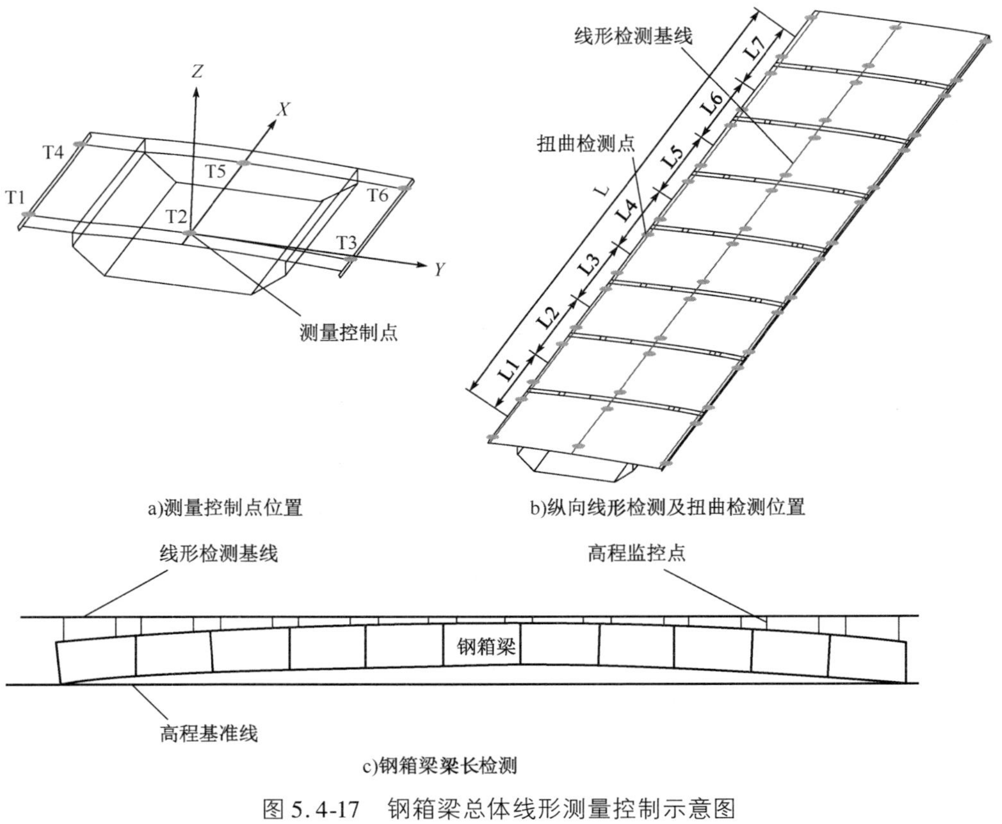

图 5.4-17　钢箱梁总体线形测量控制示意图

①纵向线形检测：桥梁线形检查以顶板纵向中心线处和边缘处的理论高程为准，测量各节段两端监控点三维坐标。

②节段扭曲检测：通过采集各节段两端监控点三维坐标，判断各节段的水平状态及扭曲情况。

③钢箱梁梁长检测：以各节段横基线为基准，测量各节段的累加长度，确定后续节段的补偿量。通过坐标系转换，与理论坐标值比较，算出偏差值。考虑施工有应力状态下箱梁底板伸长变形量，以设计成桥支座位置为基准，定位无应力制造状态下预留孔位置。

(2)钢箱梁节段间接口匹配精度控制

检查钢箱梁接口处的钢板错边量和纵向加劲肋对接精度，对超出验收标准要求的部位做出修正。根据修正结果确定钢箱梁配切端的余量切割数据，确保钢箱梁在大节段拼装和桥位架设时的焊接间隙合适，有效保证焊接质量。端口监测点布置如图5.4-18所示。

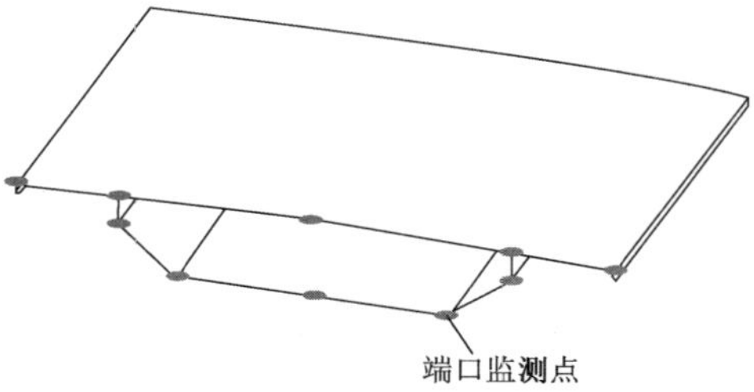

图5.4-18　端口监测点布置

(3)复位过程

大节段拼装示意图如图5.4-19所示。以中间段分段为基准分段，先复位基准分段空间位置，然后对称调整两侧相邻两分段(图5.4-19中分段1和分段2)，调整全程使用全站仪监测分段上的监控点，使分段位置最大限度拟合设计线形，然后沿纵向顺序焊接焊缝，焊完后调整最外侧的下一分段(图5.4-19中分段3)，使其复位，并完成焊缝。大节段拼接完成后复验其几何参数和线形尺寸，然后安装架设牛腿，完成后出胎，等待发运。

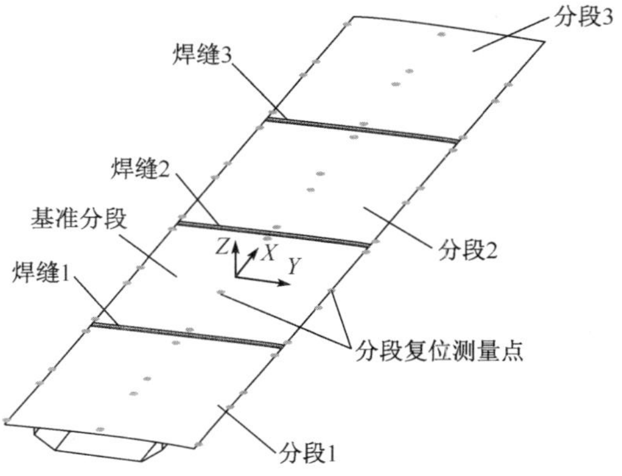

图5.4-19　大节段拼装示意图

5.4.4　涂装

港珠澳大桥位于广东省珠江口外的伶仃洋海域，属亚热带海洋性气候，根据《色漆和清漆　防护涂料体系对钢结构的防腐蚀保护　第2部分：环境分类》（GB/T 30709.2—2014），工程所处的大气腐蚀环境为高盐度的沿海和近海地区，属于最高腐蚀等级的C5-M类型。高温、高湿、高盐度及汽车尾气中的硫、氮等化合物会对大桥的钢结构造成严重的腐蚀。

（1）涂层体系

钢结构涂装体系对于钢结构防锈防腐，确保其承载能力、使用功能和耐久性至关重要。港珠澳大桥钢结构涂装面积约580万m^2，涂料用量约390万L。港珠澳大桥桥梁工程钢结构重点部位涂层体系的设计方案见表5.4-1。基于大量涂装施工的质量可控性、现场维护及再涂装便利性、涂层长效性和全寿命周期成本考虑，港珠澳大桥钢箱梁涂装采用了比《公路桥梁钢结构防腐涂装技术条件》（JT/T 722—2008）更为严格的环氧富锌底漆（锌粉含量80%）、环氧云铁中间漆、自洁性的氟碳面漆、总膜厚380μm的重防腐体系，打砂后钢材表面粗糙度为Rz30～70μm。

港珠澳大桥钢结构重点部位涂层体系设计　　表5.4-1

部　位	涂装体系及用料	最低干膜厚度
钢箱梁外表面	二次表面喷砂除锈	$Sa2_{1/2}$级，Rz30～70μm
	环氧富锌底漆2道	2×50μm
	环氧云铁中间漆2道	2×100μm
	氟碳面漆2道	2×40μm
钢箱梁内表面	二次表面喷砂除锈	$Sa2_{1/2}$级，Rz30～70μm
	环氧富锌底漆1道	80μm
	环氧厚浆漆1道	120μm

（2）环保要求

考虑到涂料有害物质对施工人员健康以及对海洋生物的潜在危害，基于中国涂料技术现状和日益严格的环保需求，参考香港地区技术指标和规定，按照三地建设标准"就高不就低"的原则，港珠澳大桥使用的涂料产品，除常规的技术指标外，还增加了VOC（挥发性有机物）含量限值、游离六亚甲基二异氰酸酯/甲苯二异氰酸酯（HDI/TDI）含量（质量分数），以及有害物质含量限制三项环保性能指标（表5.4-2），为推广环保型涂料在中国桥梁建设领域的使用做出了贡献。

涂料产品环保性能技术指标　　表5.4-2

序　号	名　称	含量技术参数	
		面漆	中间漆、底漆
1	VOC含量（$g \cdot L^{-1}$）	≤420	≤350
2	游离HDI/TDI含量（%）	<0.4	
3	铅含量（10^{-6}）	≤1000	
	汞含量（10^{-6}）	≤1000	
	镉含量（10^{-6}）	≤100	
	六价铬含量（10^{-6}）	≤1000	
	多溴联苯含量（10^{-6}）	≤1000	
	多溴二苯醚含量（10^{-6}）	≤1000	

（3）施工过程

按照“搭设施工平台→表面净化处理→表面喷砂除锈→涂装环氧富锌底漆→涂装环氧云铁中间漆→涂装氟碳面漆”的流程进行涂装施工。港珠澳大桥钢箱梁涂装底漆、中间漆、面漆均在现代化厂房内作业，避免传统露天作业对涂装质量、环境的影响，在涂装控制质量、健康、安全与环境管理方面达到国际同行业先进水平。跟传统的桥梁防腐涂装施工相比，港珠澳大桥钢结构涂装厂房配备功能完善的七大系统，分别是加温除湿系统、动力系统、喷砂系统、通风除尘系统、磨料回收系统、漆雾处理系统、防爆照明系统。涂装场地现场图如图5.4-20所示。喷漆后效果图如图5.4-21所示。

图5.4-20　涂装场地现场图

图 5.4-21　底漆、中间漆、面漆喷涂后效果图

5.5　大节段钢箱梁运输技术

深水区非通航孔桥大节段钢箱梁在工厂预制完成之后，通过驳船运输至吊装位置。由于梁段尺寸大、质量大，装船方法及临时固定方式的确定至关重要，应避免大节段钢箱梁及附属支撑、限位结构局部受力过大。海上运输期间沿途航道海况复杂，根据水文气象条件选择合适的运输路线，保证钢箱梁大节段海上运输的安全性。

5.5.1　装船方法

港珠澳 CB01 标和 CB02 标钢箱梁分别采用门式起重机和滚装装船。两种装船方法的优缺点见表 5.5-1。

装船方法对比　　表 5.5-1

装船方式	优　点	缺　点
门式起重机装船	适合大规模货物转运，操作方便	需要专门场地、设备，如港池、滑轨等
滚装装船	无须大型吊装设备	工序烦琐，还需控制装船过程中平板车的形态以驳船的平稳

(1)门式起重机装船

大节段钢箱梁用液压平板车运至门式起重机下,两台门式起重机于大节段重心处对称就位,连接吊具和吊装吊耳,检查无误后垂直稳步提升到安全高度后,匀速行驶至船舶正上方,缓慢将大节段下落,当距离船上支撑托架上方约200mm时,停止下落,微调大节段位置使之与托架中心准确对正,然后平稳地将钢箱梁落在运输驳船甲板上。大节段钢箱梁吊装装船如图5.5-1所示。

图5.5-1　大节段钢箱梁吊装装船

(2)滚装装船

在低平潮前半小时,采用模块车顶起大节段脱离支承钢墩,向运输船运行。滚装作业控制重点如下:

①平板车应平稳低速前行,保持2m/min匀速行驶,行驶方向始终与甲板中轴线平行,偏差小于100mm。

②保持驳船尾部甲板面与码头顶面基本平齐。在装船过程中始终控制驳船尾部甲板面比码头平面高出150mm。在模块组合车开始从码头通过过桥板时,船体受力有一个突变的过程,注意观测过桥板受力状态及驳船甲板面上的测点高程变化情况,及时调整浮态。

③当第一组模块车全部上船,第二组模块车前进至码头上的过桥板时,船体受力由艉部逐步转移到首部,船艉处于上翘状态,应加强观测并通过调载使船艉甲板面与码头高度差不大于150mm,以满足后一组模块车装船的要求。

④模块车将大节段运到指定位置,纵横向偏差控制在±50mm以内,通过自身液压升降系统将大节段徐徐下放至大节段接触橡胶垫,对刹每个钢墩上的斜枕木,使之与钢箱梁密贴,模块车下降操作直至钢盾承受节段80%的重量,静置5min,检查并确认甲板、支墩和钢箱梁等无异常后,继续下降车板至节段的全部重量由支墩承受为止。

⑤大节段在船上落放平稳,各支承点受力均匀并检查无误后,模块车退出。

5.5.2　船上支撑固定

(1)支墩布置

港珠澳大桥CB01标钢箱梁在中山梁厂制造,制造完成后采用船运方式运输至桥址现场进行吊装作业。钢箱梁运输过程采用间隔布置条形支墩的形式,各类型大节段船运支墩布置位置如图5.5-2～图5.5-6所示,条形支墩沿钢箱梁底板横向通长布置,与钢箱梁底板的接触面宽度为300mm;对于钢箱梁设计支座处布置的支墩,参考设计支座构造按面支墩进行布置。

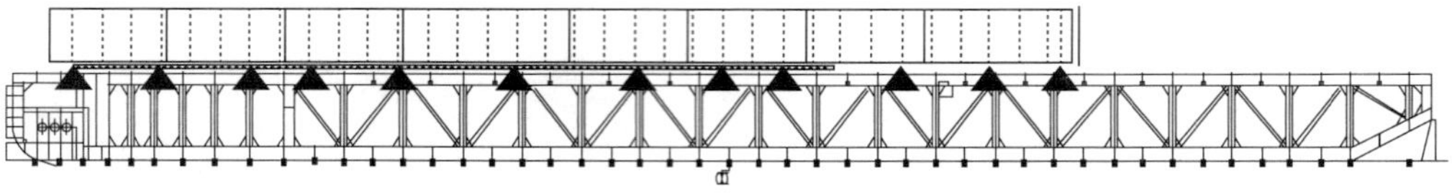

图5.5-2　86.6m大节段船运支墩布置位置

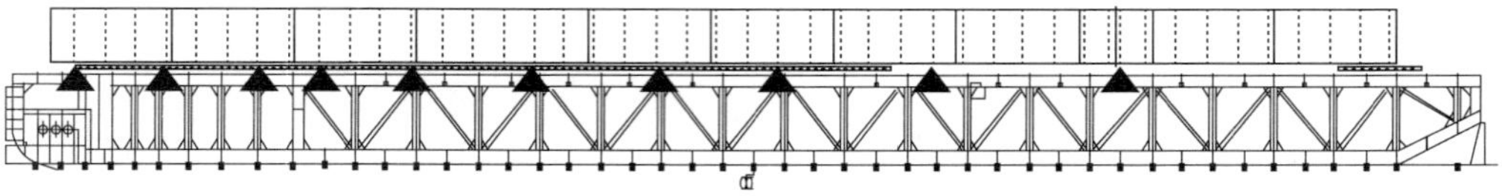

图5.5-3　110m大节段船运支墩布置位置

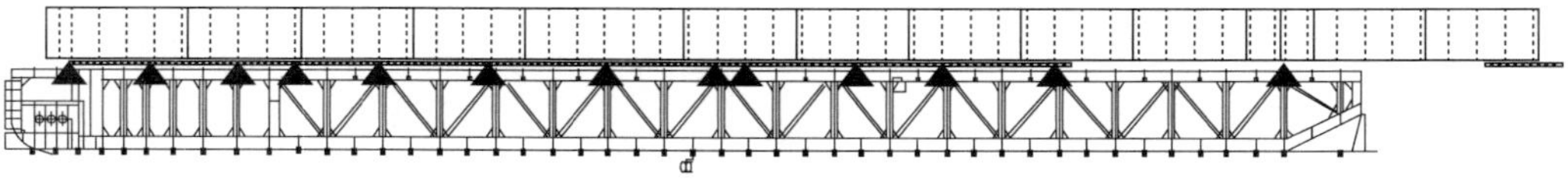

图5.5-4　首联132.6m大节段船运支墩布置位置

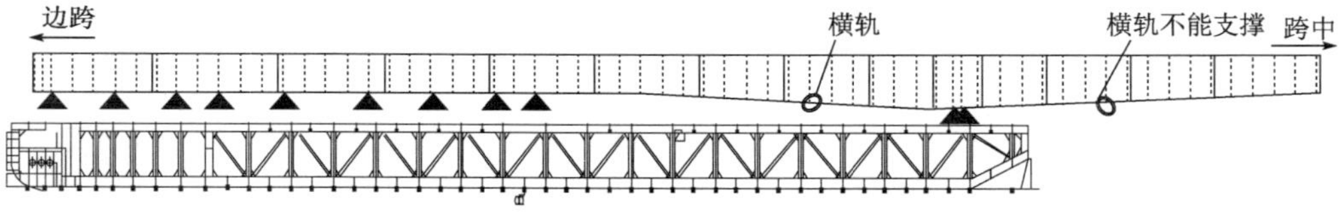

图5.5-5　崖13-1气田管线桥152.6m大节段船运支墩布置位置

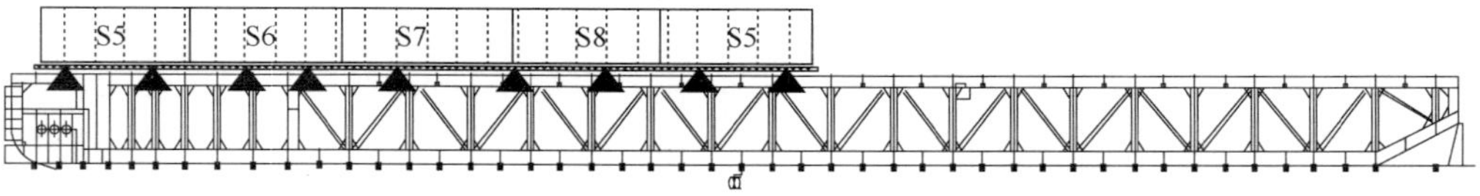

图5.5-6　崖13-1气田管线桥64m大节段船运支墩布置位置

由于运输过程中大部分临时支墩布设在非设计支座位置,为评估钢箱梁运输过程的结构安全,需对临时支墩下的钢箱梁进行局部受力分析。

(2)杆系模型

分别建立各大节段的杆系模型,计算各梁段的支反力情况,从中比选出最大支反力,如图5.5-7~图5.5-11所示。

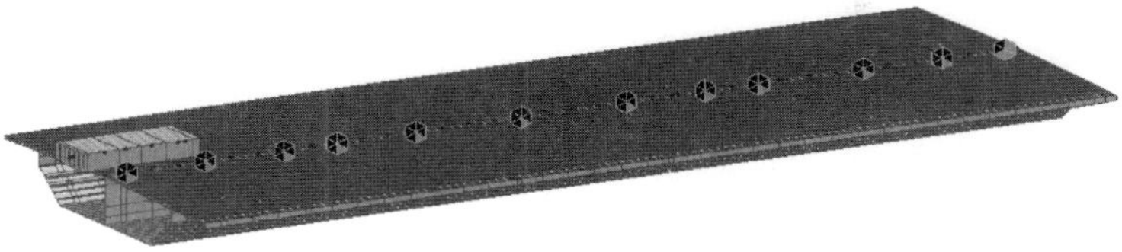

图5.5-7 86.6m大节段杆系模型

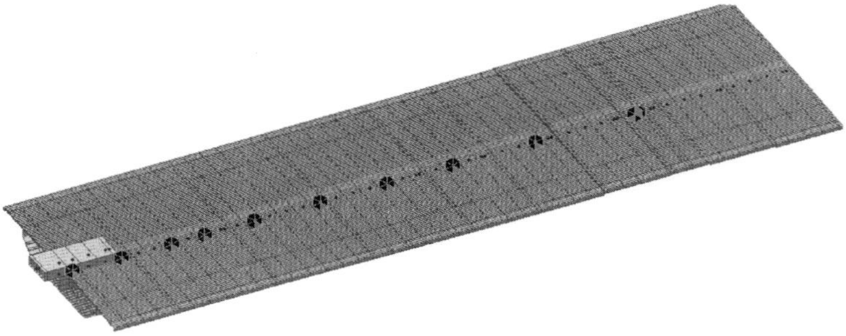

图5.5-8 110m大节段杆系模型

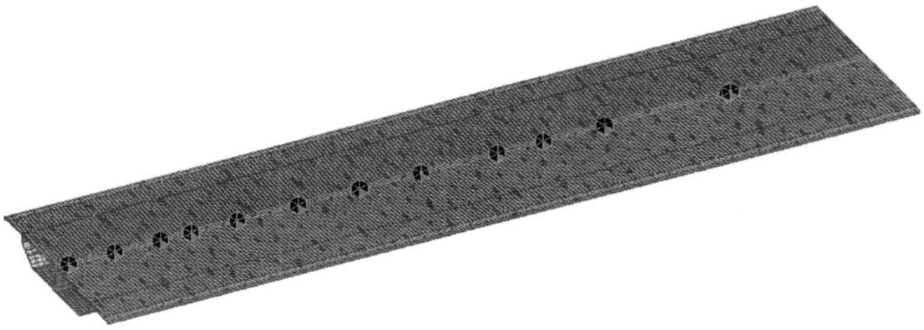

图5.5-9 132.6m大节段杆系模型

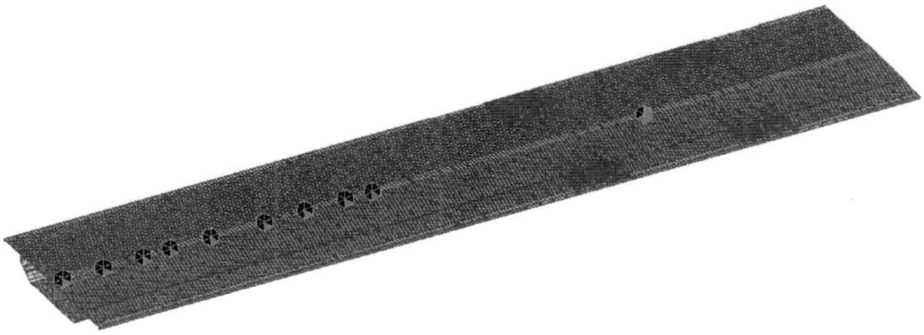

图5.5-10 152.6m大节段杆系模型

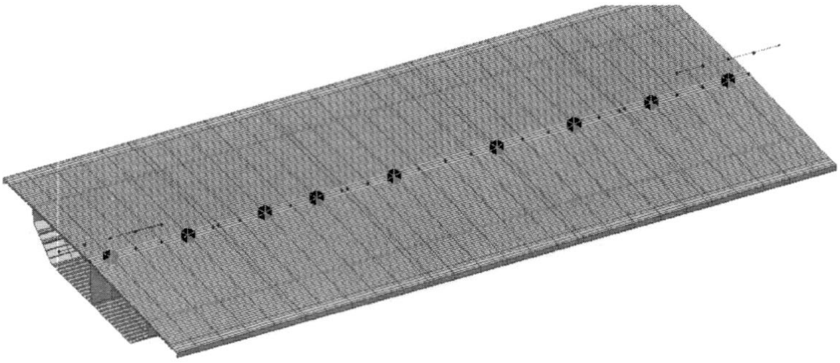

图 5.5-11　64m 大节段杆系模型

各大节段支反力计算结果如图 5.5-12 ~ 图 5.5-16 所示。

从杆系模型计算的支反力来看，在钢箱梁非设计支座位置，非通航孔桥横肋板位置处最大支反力为 2084.7kN，横隔板位置最大支反力为 2302.2kN。

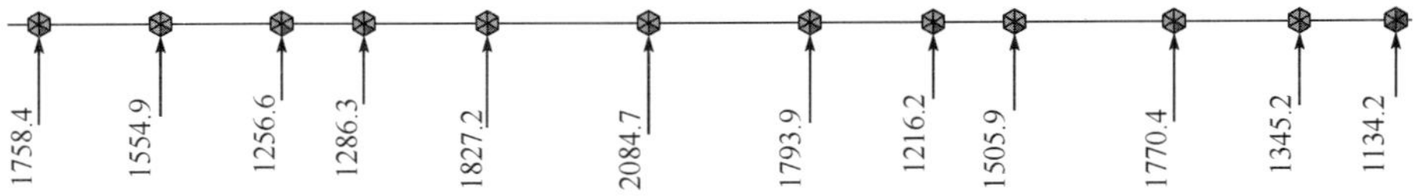

图 5.5-12　86.6m 大节段支反力计算结果（单位：kN）

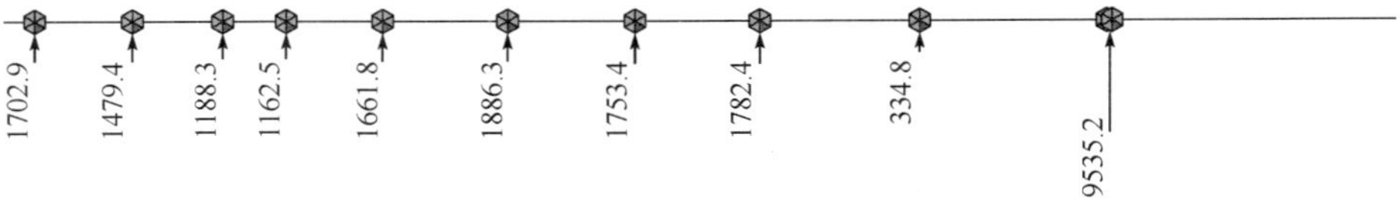

图 5.5-13　110m 大节段支反力计算结果（单位：kN）

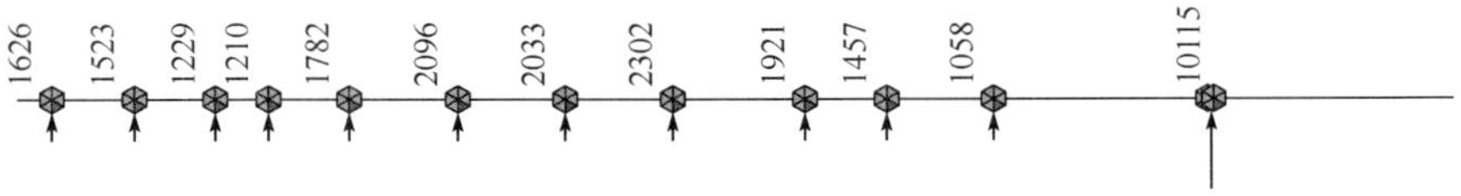

图 5.5-14　132.6m 大节段支反力计算结果（单位：kN）

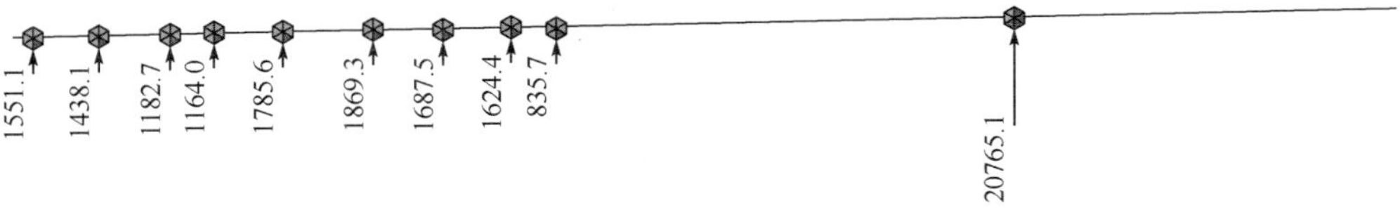

图 5.5-15　152.6m 大节段支反力计算结果（单位：kN）

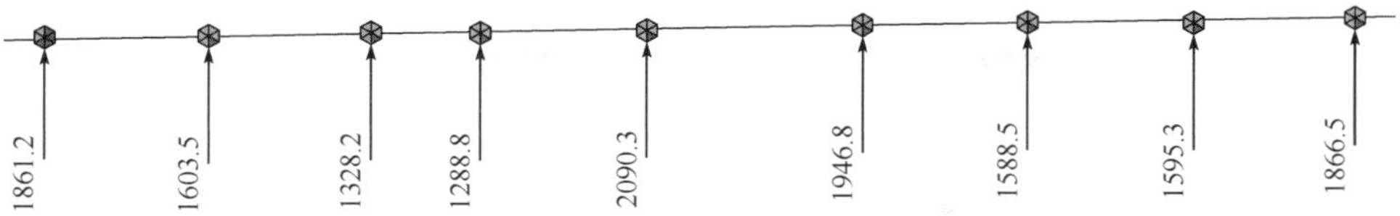

图 5.5-16　64m 大节段支反力计算结果(单位:kN)

(3)板壳模型

根据杆系模型计算得到的支反力值,在精细化的板壳模型中考虑安全系数后以面荷载的形式施加,荷载施加区域选在横肋板处,作为最不利受载区。深水区非通航孔桥局部分析壳单元模型、支撑区域施加的面荷载及网格划分加密情况如图 5.5-17 ~ 图 5.5-19 所示。

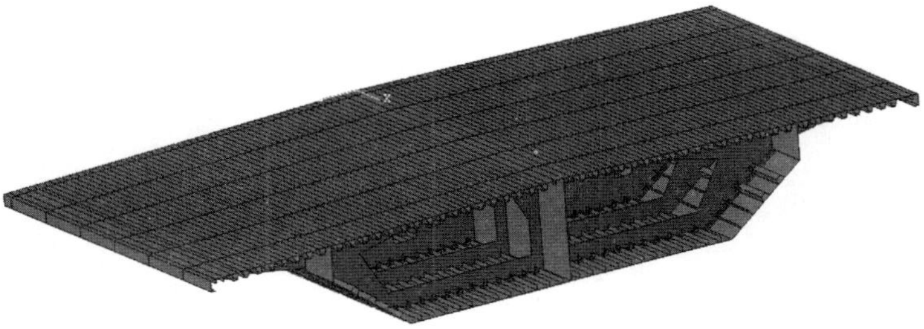

图 5.5-17　深水区非通航孔桥局部分析壳单元模型

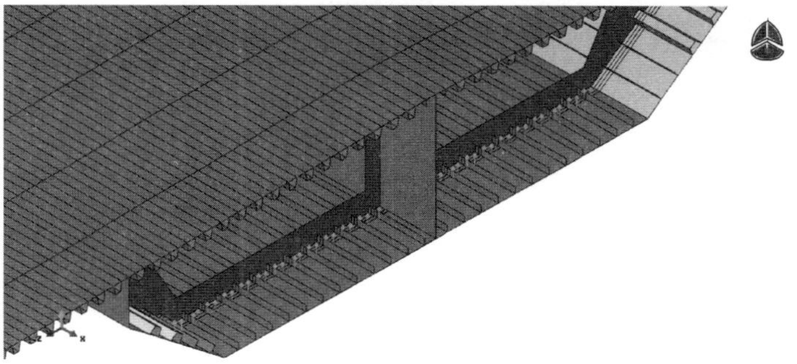

图 5.5-18　深水区非通航孔桥支撑区域施加的面荷载

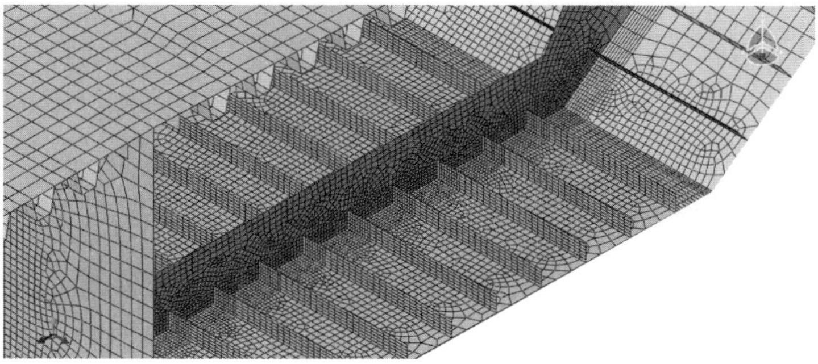

图 5.5-19　深水区非通航孔桥支撑区域网格划分加密情况

(4)计算结果

支墩在非通航孔桥钢箱梁横肋板位置时,局部区域 Mises 应力云图如图 5.5-20、图 5.5-21所示,最大 Mises 应力值为 295.6MPa,出现在横肋板角点处附近的很小区域范围内。实际结构在该处设有加劲板,对应力削峰会有明显效果。模型计算时未考虑加劲板的作用,因此真实的应力会比计算值小。

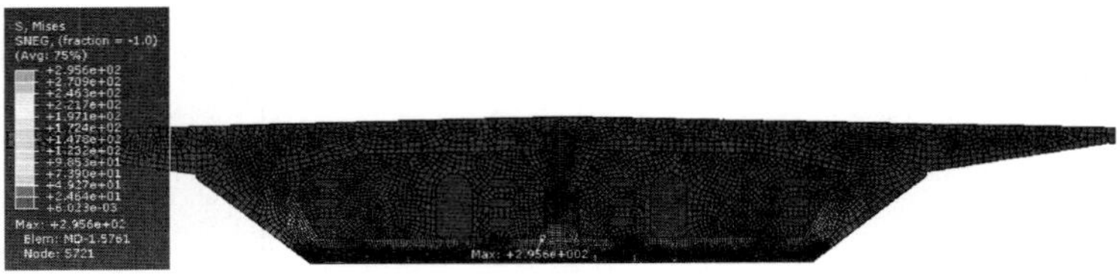

图 5.5-20　非通航孔桥钢箱梁横肋板位置局部区域 Mises 应力云图(局部最大应力 295.6MPa)(一)

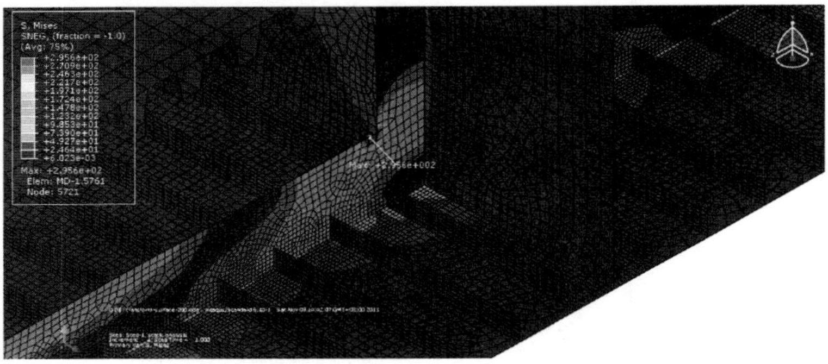

图 5.5-21　非通航孔桥钢箱梁横肋板位置局部区域 Mises 应力云图(局部最大应力 295.6MPa)(二)

支墩在非通航孔桥钢箱梁横隔板位置时,局部区域 Mises 应力云图如图 5.5-22、图 5.5-23所示,最大 Mises 应力值为 121.6MPa,出现在横隔板与底板的连接角点处,远小于钢材强度设计值。

图 5.5-22　非通航孔桥钢箱梁横隔板位置局部区域 Mises 应力云图(局部最大应力 121.6MPa)(一)

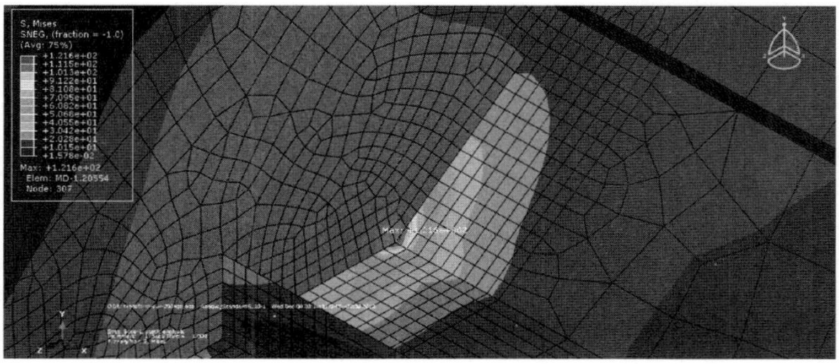

图 5.5-23　非通航孔桥钢箱梁横隔板位置局部区域 Mises 应力云图(局部最大应力 121.6MPa)(二)

(5)结论

杆系模型的计算结果表明,在钢箱梁非设计支座位置,非通航孔桥横肋板位置处最大支反力为 2084.7kN,横隔板位置最大支反力为 2302.2kN。进一步精细分析的结果表明,非通航孔桥钢箱梁局部支撑区域最大应力值为 295.6MPa,略大于钢材强度设计值(Q345 钢材设计强度为 295MPa,屈服强度为 345MPa)。考虑到模型的简化处理及计算值超出设计容许值的幅度非常小,结构的受力还是安全的。

5.5.3　运输路线规划

(1)气象水文、潮汐及航道概况

港珠澳大桥桥址地处北回归线以南,属亚热带海洋性季风气候,四季分明,气候特征是温和、湿润、多雨。

港珠澳大桥所在的珠江口是我国水运最发达、最繁忙的水域,也是通航环境最复杂的水域,施工水域航道密集,主要包括九洲航道桥航道、江海直达船航道、青州航道及各小船航道,上述航道对桥梁工程施工形成了较大制约,对施工安排和安全管理提出了很大挑战。

(2)航线选择

港珠澳大桥水上运输从中山基地码头起至港珠澳大桥桥位止,全程约 32n mile,沿途航道水深大于 6m,航行不受航道水深限制。

大节段海上运输应符合《水运工程施工安全防护技术规范》(JTS 205-1—2008)的相关规定,并在 6 级风以下、浪高小于 2.5m 且无雾天气下进行,如图 5.5-24 所示。运输船队由 2353.6kW 拖轮、2942kW 全回转拖轮和 110m 运输船等组成,选择良好的气象条件进行运输作业。

图 5.5-24　大节段海上运输

5.6　钢箱梁整孔安装技术

深水区非通航孔桥连续钢箱梁采用逐跨整体吊装方案，吊装流程如图 5.6-1 所示。起吊梁段数量多、长度长、重量大，且海上作业受天气、海况影响大，安装风险大，对浮式起重机起吊能力要求高。由于临时吊点多，吊具需保证梁段线形与局部应力满足设计要求。

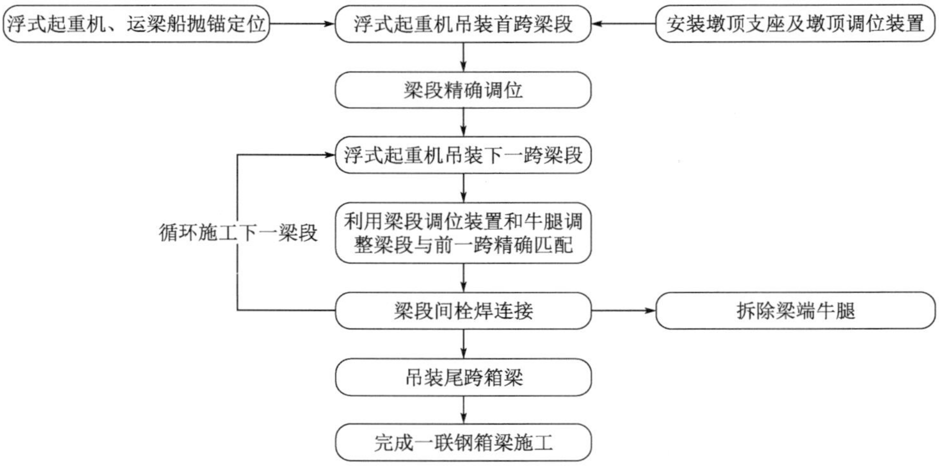

图 5.6-1　钢箱梁吊装流程图

由于钢箱梁大节段间采用栓焊连接，螺栓连接可调节范围小（仅 2mm 的调节量），钢箱梁线形精确控制难度大。梁段吊装就位后，为确保其线形符合设计线形，通过钢箱梁调位系统使调位精度达到水平精度 2mm、竖向精度 1mm。在无应力制造阶段调节环缝两端错边量，在焊接平台上对称施焊，确保环缝焊接质量，并通过预设支座预偏量使支座在成桥后处于设计基准位置。

5.6.1　钢箱梁整孔安装工艺

（1）浮式起重机的选择

大节段钢箱梁整孔吊装通常采用浮式起重机吊装，它可以在港口内移至任何需要的地方，或是靠泊，或是移到锚地使货物转船。浮式起重机可以起吊超重货物，叫作浮式起重机运输；浮式起重机也可以用来打捞作业，叫作浮式起重机打捞；也应用在桥梁施工过程中，叫作浮式起重机施工。浮式起重机的分类有固定式扒杆浮式起重机和全回转式浮式起重机等。港珠澳大桥所有的梁体、混凝土墩台、钢梁、钢塔等大型构件都采用大型浮式起重机吊装，其中，标志性浮式起重机为“一航津泰”4000t 浮式起重机和“长大海升”3200t 浮式起重机，如图 5.6-2 和图 5.6-3 所示，其功能及规格见表 5.6-1。

图 5.6-2　“一航津泰”4000t 浮式起重机

图 5.6-3　“长大海升”3200t 浮式起重机

浮式起重机功能与规格参数　　表 5.6-1

名称	功　能	规格参数
“一航津泰”	“一航津泰”4000t 固定扒杆式起重船被用来抬吊整个港珠澳大桥桥梁工程中最重的一跨钢箱梁，是青州航道桥边跨大节段钢箱梁的主起重船。该梁段梁长 134.45m，宽 41.8m（含风嘴），高 4.5m，梁重 3507t，再加上吊具及临时设施，整个吊重达 4500t 以上，这是对实施吊装的船机设备的起重能力的重大考验	额定负载 4000t，起升高度 110m，变幅角度 65.6～26.1°，设计吃水 5.0m
“长大海升”	①目前国内起重量最大的双臂架变幅式起重船，其液压、电器设备均选用国际先进的设备。②整船配有先进的电控系统、安全保护系统等，高精度 GPS 辅助定位，恶劣海况适应性强，技术先进，能很好地满足本工程大型钢箱梁吊装的需要。③采用 8 个锚，锚力强，保证船体平稳，安全性高，配有短距离推进系统，移动就位方便，有利于提高施工效率。④该船通过船级社 CCS 认证，可拖航于无限航区，自带污水处理设备，满足本合同工程对施工环保的要求	额定负载 3200t，起升高度 100m，4 只 800t 主吊钩，设计吃水 4.8m，结构吃水 6m

(2)吊装窗口的选择

钢箱梁吊装施工为大型水上船舶作业,具有吊装重量大、安装精度高等特点,受水流、波浪和风等因素的影响较大,对水文气象等环境要素条件要求较高,因此,首先需要选定合适的安装作业窗口。钢箱梁吊装施工选择在作业点风速6级以下、无雨雾天气、温差变化较小的时段内进行。浮式起重机作业环境条件要求见表5.6-2。

浮式起重机作业环境条件要求　　表5.6-2

水深(m)	流速(m/s)	风级	潮差	波高(m)
>6	<1.5	<6	平潮(套入)	<0.8

(3)吊具设计

钢箱梁吊具共分为两层,上层为一级吊具,下层为二级吊具。一级吊具总重175t,二级吊具总重500t。一级吊具尺寸为24m×5.375m,钢结构采用焊接结构。吊具主要由无接头绳圈、上梁、连接梁、支撑梁、拉杆组件、吊臂、下端浇铸钢丝绳索具等组成。吊具通过无接头绳圈对折使用,与起重船连接,无接头绳圈分两侧布置,左侧上梁和连接梁通过中间轴进行连接,此种方式有利于保证吊具承载均匀。支撑梁的下部为4个吊臂组件,用于连接索具。吊具的吊臂组件为上下层两体结构,中间用销轴连接。其中,上端孔连接到支撑梁上,使吊臂组件整体可以左右摆动,用于满足尺寸的吊具连接。当连接钢箱梁时,钢箱梁的吊点跨度比较大,吊臂将在两个方向倾斜,吊臂的下端将向外侧倾斜。为平衡吊臂倾斜对支撑梁吊耳的影响,设置了钢拉杆组件,用于将两个吊臂组件连接,平衡吊臂倾斜产生的分力。

二级吊具采用桁架式机构设计,具有结构简单、可靠、操作方便、受力均匀、起吊荷载大等特点。主要部件包括桁架梁、调节梁、通用梁、钢丝绳索具、滑轮等。吊具与钢箱梁间采用串联滑轮连接,保证吊点受力均匀,不需对某一吊点单独调节。同时,为适应钢箱梁变宽段吊装要求,吊具下吊点设计成可移动式结构,方便吊点在宽度方向上调整。针对钢箱梁吊点布置情况,每间隔2.5m设置一吊点。由于各滑轮间采用一根钢丝绳串联连接,保证了各吊点受力均匀。吊具宽度调节在两桁架梁下弦杆间设连接梁,固定滑轮套在连接梁上,可沿梁左右移动。通过手轮带动丝杆调节动滑轮位置,从而实现吊点在宽度方向的调节,以适应钢箱梁变宽段吊装要求。吊点宽度调节到位后用锁紧装置将定滑轮锁紧,防止其在使用过程中发生移动。钢箱梁吊具实景图如图5.6-4所示。

吊装过程中存在如下难点:钢箱梁重心与起吊中心不重合,施工技术要求钢箱梁上部各吊耳受力均匀一致且零水平分力吊装;钢箱梁安装线形存在一定的纵坡,吊装过程需精确调整钢箱梁的空间姿态,起吊难度大;采用双浮式起重机抬吊方案,浮式起重机同步操作要求高。

图 5.6-4 钢箱梁吊具实景图

①吊具为模块组合化设计,支撑桁架梁与主桁架梁分为两部分铰接,用于吊装不同大节段钢箱梁。

②主桁架梁下箱型弦杆梁上部四处组合吊点通过中间索具与通用梁连接,通用梁通过高性能无接头插编钢丝绳圈索具和浮式起重机主吊钩连接,起到吊点平衡受力作用。

③通用梁通过铰轴和十字万向吊臂连接,以减少水平分力引起的附加弯矩;各分吊点与其相对应的钢箱梁吊耳采用四组均衡滑轮组索具机构连接,通过钢丝绳的串联作用使各吊点均衡受力。

④结构各铰轴均设有螺旋传动穿轴机构,提高工作效率,减轻劳动强度。

(4)吊点布置

钢箱梁共布置四组吊点群,吊点在横桥向方向与顺桥向方向均对称、连续、均匀布置。132.6m 长梁段每组吊点群包括 8 个吊耳,共 32 个吊耳吊装;110m 长梁段每组吊点群包括 7 个吊耳,共 28 个吊耳吊装;86.6m 长梁段每组吊点群包括 6 个吊耳,共布置 24 个吊点吊装。采用 4000t 浮式起重机水平起吊,起重船调整纵坡,用配重方式调整重心。各长节段临时吊点布置如图 5.6-5 ~ 图 5.6-7 所示。

跨崖气田管线桥两个边跨大节段长度分别为 152.6m 和 151.15m,布置 4 组吊点群,在横桥向方向与顺桥向方向均对称,吊耳连续均匀布置,每组吊点群包括 10 只吊耳,共 40 个吊耳吊装,中跨合龙段每组吊点群包含 4 只吊耳,共 16 只吊耳吊装。两个边跨大节段采用 4000t 浮式起重机与 2600t 浮式起重机组合抬吊,中跨合龙段采用 4000t 浮式起重机起吊。跨崖气田管线桥边跨各长梁段临时吊点布置如图 5.6-8 ~ 图 5.6-10 所示。

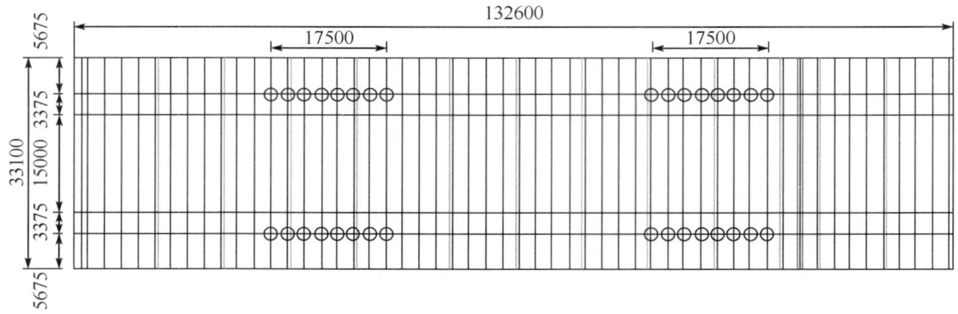

图 5.6-5　132.6m 长梁段临时吊点布置图(尺寸单位:mm)

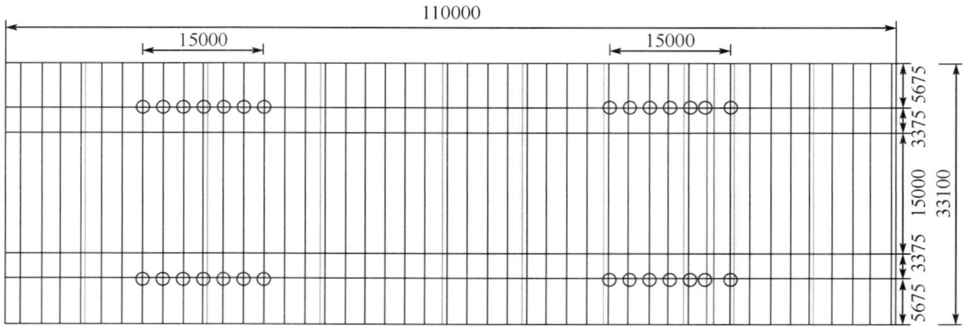

图 5.6-6　110m 长梁段临时吊点布置图(尺寸单位:mm)

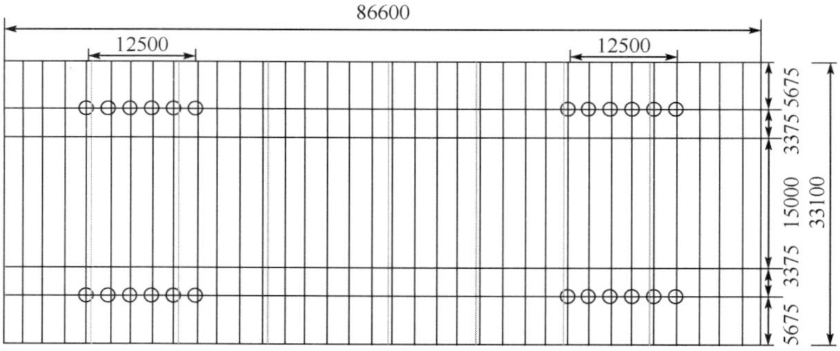

图 5.6-7　86.6m 长梁段临时吊点布置图(尺寸单位:mm)

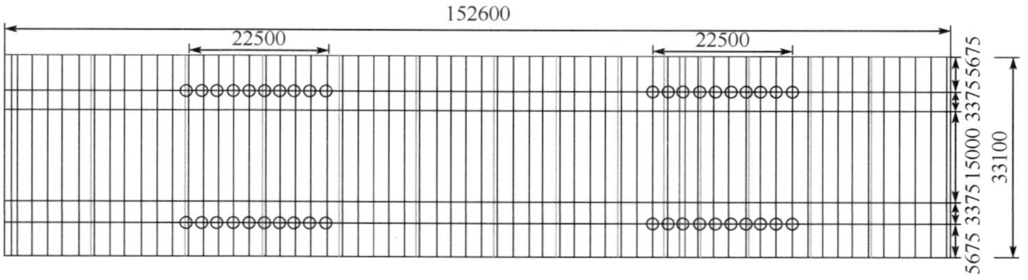

图 5.6-8　跨崖气田管线桥边跨 152.6m 长梁段临时吊点布置图(尺寸单位:mm)

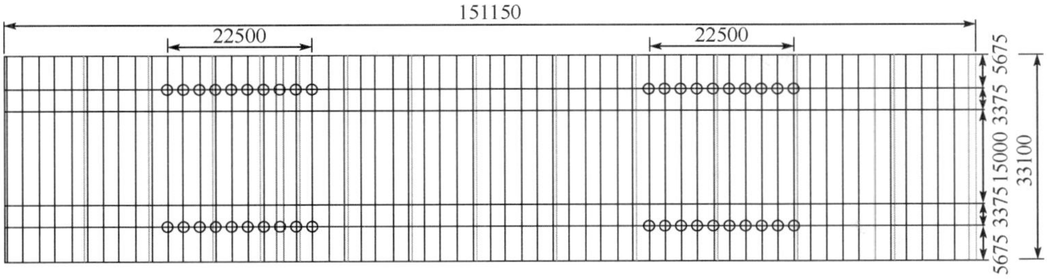

图 5.6-9 跨崖气田管线桥边跨 151.15m 长梁段临时吊点布置图(尺寸单位:mm)

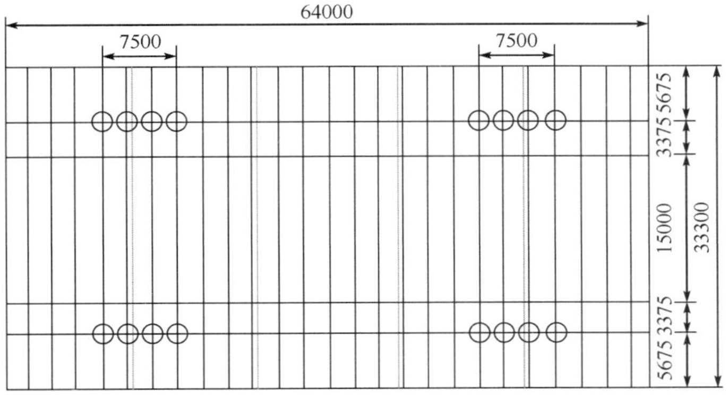

图 5.6-10 跨崖气田管线桥中跨合龙段 64m 长梁段临时吊点布置图(尺寸单位:mm)

吊耳中心位于边腹板与横隔板(或横肋板)的交线上,耳孔直径 206mm,单个吊耳自重 912.5kg(含内部加劲)。耳板与钢箱梁顶板采用栓接,对应钢箱梁内部加劲也采用栓接。

钢箱梁起吊中心与钢箱梁重心位置关系见表 5.6-3。由于钢箱梁起吊中心与钢箱梁重心并不重合,直接起吊时,梁体会存在一定偏转,为了保证以运梁船上调整后的安装线形姿态起吊,梁段起吊前,在梁端部合理位置增加配重块,使梁段重心与起吊中心接近重合,梁段缓慢起升过程中,采用浮式起重机钩头微调使起吊线形达到最佳状态。

钢箱梁起吊中心与重心位置关系 表 5.6-3

项 目	钢箱梁尺寸(m)	起吊中心与重心位置关系
非通航孔桥标准联合曲线段钢箱梁	132.6	重心左侧 0.2m
	110	重心左侧 1.1m
	86.6	重心左侧 0.95m
跨崖气田管线桥钢箱梁	152.6	重心左侧 0.617m
	152.15	重心左侧 1.25m
	64	重心与中心重合

(5)吊具检验

为了验证吊具及起吊系统的安全性,在梁段正式起吊前,对吊具受力薄弱环节进行检测。吊具检验主要验证以下内容:吊具桁架结构和过渡梁在实际使用工况下的应力应变,吊具的整体稳定性和局部稳定性,吊耳板的应力等。

(6)吊具存放

钢箱梁吊具首次吊装后,需搭设平台临时存放吊具。二级吊具总重497t,根据吊具结构形式,支撑平台设置4个支撑点,每个支撑点布置1~2根直径1.2m钢管桩,单点按150t考虑钢管桩底高程。

(7)整孔吊装

钢箱梁整孔吊装过程中,跨崖气田管线桥钢箱梁采用双船起吊,非通航孔桥钢箱梁采用单独起吊,两者吊装过程相同,如图5.6-11所示。但双船起吊在控制双船同步性等方面更具难度,下面以双船起吊为例阐述整孔吊装具体过程。

起吊时,先双船同步吊起20cm,然后静置5min,检查吊具系统、吊索与钢箱梁的连接、浮式起重机的机械状况、钢箱梁的线形、接缝等均无异常后,方可继续起吊,起升过程中精确控制两台浮式起重机的起升速度,做到同步起升。起吊至一定高度后,运输驳船移出,浮式起重机绞锚前移至安装位置上方。

a)跨崖气田管线桥吊装

b)非通航孔桥吊装

图5.6-11　钢箱梁整孔吊装示意图

5.6.2　钢箱梁精确调位

1)调位标准

安装必须按全过程安装控制计划提出的安装控制数据及精度要求实施,安装控制计划应考虑施工安装过程中的各种影响因素,包括温度、风浪、悬挂体系、施工过程受力、预拱度、体系转换等。安装质量验收标准见表5.6-4。

钢箱梁安装质量验收标准　　表 5.6-4

<table>
<tr><th>序号</th><th colspan="3">实 测 项 目</th><th>规定值或允许偏差(mm)</th><th>检查方法和频率</th><th>权值</th></tr>
<tr><td rowspan="2">1</td><td rowspan="2">轴线偏位</td><td colspan="2">钢箱梁中线</td><td>10</td><td>经纬仪或全站仪检查</td><td>2</td></tr>
<tr><td colspan="2">两孔相邻横梁中线相对偏差</td><td>5</td><td>尺量</td><td>1</td></tr>
<tr><td rowspan="2">2</td><td rowspan="2">梁底高程</td><td colspan="2">墩台处梁底</td><td>±10</td><td rowspan="2">水准仪检查</td><td rowspan="2">2</td></tr>
<tr><td colspan="2">两孔相邻横梁相对高差</td><td>5</td></tr>
<tr><td rowspan="3">3</td><td rowspan="3">支座偏位</td><td colspan="2">支座纵、横线扭转</td><td>1</td><td rowspan="3">尺量</td><td rowspan="3">2</td></tr>
<tr><td>固定支座顺桥向偏差</td><td>连续梁</td><td>20</td></tr>
<tr><td colspan="2">活动支座按设计气温定位前偏差</td><td>3</td></tr>
<tr><td>4</td><td colspan="3">支座底板四角相对高差</td><td>2</td><td>水准仪检查</td><td>2</td></tr>
<tr><td>5</td><td colspan="3">线形高程</td><td>+10，−5</td><td>水准仪检查，每孔 3 个断面</td><td>2</td></tr>
</table>

2)调位系统

(1)墩顶调位系统

墩顶调位系统主要由滑移支座、调位支座、钢垫墩、千斤顶组成。滑移支座呈直四棱柱状，上部与箱梁底板栓接，在螺栓许用应力以内，满足钢箱梁调位要求。滑移支座下表面栓接有四氟滑板，与调位支座表面钢板形成滑动摩擦面。调位支座通过预埋螺栓固定于墩顶平台，上口四周安装有水平向千斤顶反力架，千斤顶对滑移支座施加作用力时，通过反力架将反作用力传递至调位支座本体。竖向千斤顶搁于垫墩上，通过在垫墩上加减钢垫板调节千斤顶起顶位置及高程。墩顶千斤顶性能标准见表 5.6-5。

墩顶调位系统如图 5.6-12 所示。

墩顶千斤顶性能标准(mm)　　表 5.6-5

千斤顶用途	千斤顶行程
墩顶竖向调位	300
墩顶水平调位	45

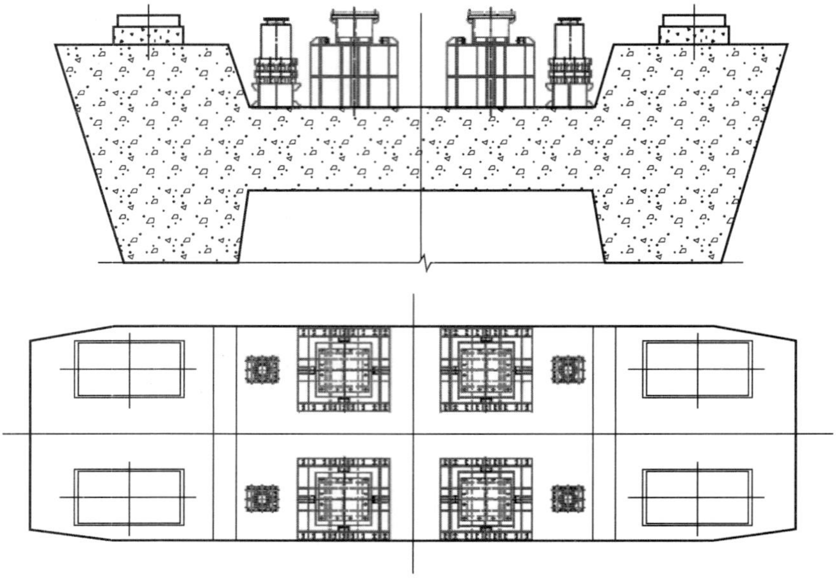

图 5.6-12　墩顶调位系统

(2)牛腿调位系统

牛腿调位系统为梁端临时悬挂系统。牛腿调位系统主要由牛腿本体、前端滑移支座、中部牛腿耳板及连接销轴、尾部固定支座、临时调位支座、千斤顶等组成,如图 5.6-13 所示。牛腿临时支撑及调位系统为长节段钢箱梁悬臂端的临时支撑系统。一套完整的牛腿临时支撑与调位系统由 3 组单独牛腿组成。每组牛腿系统包括 1 座临时调位支座、1 座滑移支座、1 个牛腿、2 台 300t 竖向千斤顶、4 台 60t 水平向千斤顶。临时调位支座通过螺栓锚固于已装钢箱梁顶板,牛腿尾部通过螺栓锚固于待装钢箱梁顶板,中部耳板通过销轴与待装钢箱梁梁顶耳板销接,头部滑移支座支撑于临时调位支座,滑板与调位支座表面钢板形成滑动摩擦面。牛腿千斤顶性能标准见表 5.6-6。

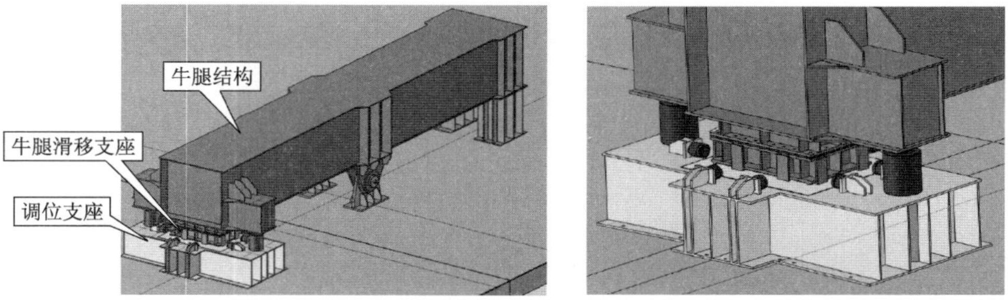

图 5.6-13　牛腿调位系统

牛腿千斤顶性能标准(mm)　　表 5.6-6

千斤顶用途	千斤顶行程
牛腿竖向调位	150
牛腿水平调位	50

3)调位过程

钢箱梁调位分为初调位和精调位。梁段起吊至墩顶上方,通过初调位装置引导落位至临时支座的过程称为初调位。初调位完毕后,通过墩顶精调位系统以及牛腿精调位系统对梁的高程以及水平位置进行调整,直至梁段安装线形符合设计线形的过程称为精调位。调位时机选择在温度场较为稳定的时段进行,一般选择 22:00—次日 7:00 时段,或者阴天也可进行。

(1)钢箱梁初调位施工流程

浮式起重机吊装钢箱梁,待滑移支座与调位支座在横桥向距离约 0.3m、纵桥向约 1m、高度方向约 1m 时,调整锚绳,微调定位、对位。在多次横向/纵向移船和高度方向落钩的操作下,将钢箱梁下放到调位支座内,下落钢箱梁时保证钢箱梁和理论位置偏差控制在纵桥向 10cm、横桥向 10cm 以内。为方便钢箱梁初定位,在箱梁顶面标出中轴线位置,底面标出中轴线、支座中心线位置。钢箱梁标记如图 5.6-14 所示。

(2)钢箱梁精调位施工流程

当每跨梁段初调位完成后,即开始梁段的精调位。精调位按照先调整高程,再调整横向轴线,最后调整纵向轴线的顺序逐步进行,由于梁段精调位过程是一个渐进的过程,水平调位需反复进行,调位顺序需根据现场实际情况进行反复调整,梁段精确调整到位后进行临时限位。精调位工艺流程如图 5.6-15 所示。

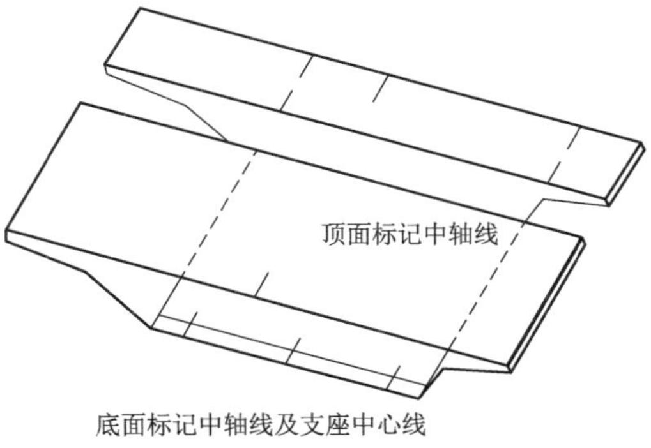

图 5.6-14　钢箱梁标记

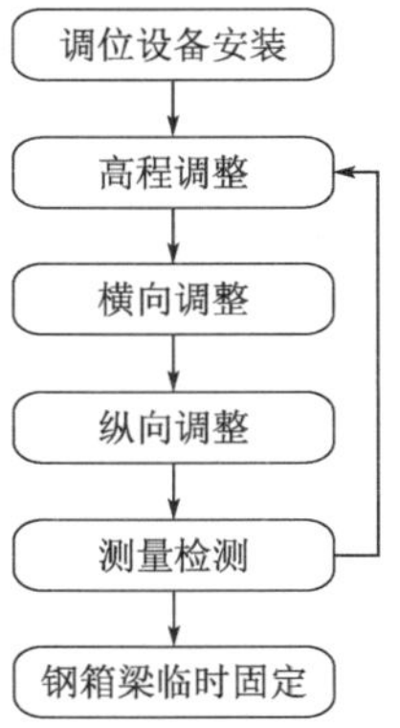

图 5.6-15　精调位工艺流程图

①首跨钢箱梁安装(跨越一个过渡墩和一个中间墩)。

首跨钢箱梁安装跨越两个桥墩,首墩为过渡墩,另一个墩为中间墩,调位支座与千斤顶布置如图5.6-16所示。钢箱梁发运前,将梁底滑移支座及附加垫板提前安装到位,垫板需具备一定的高度,确保落梁时钢箱梁底与固定支座间存在约3cm的富裕高度。

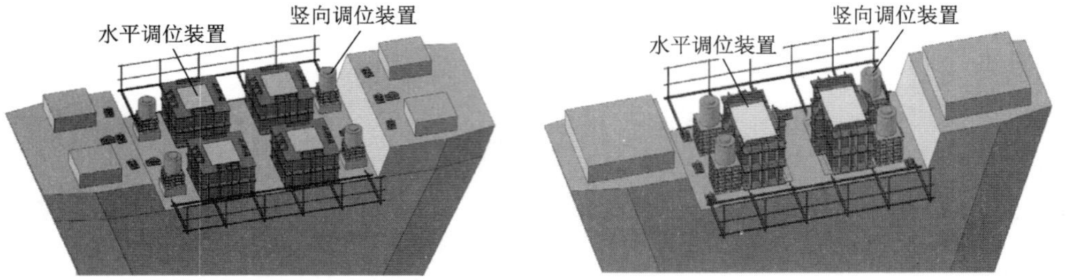

a)过渡墩墩顶调位装置示意图　　b)中间墩墩顶调位装置示意图

图5.6-16　首跨钢箱梁墩顶调位示意图

浮式起重机吊装钢箱梁,将钢箱梁落入调位支座,接着精调竖向位移及水平位移。调位完毕后,利用临时限位块对每一联的设计临时固定支座进行横桥向和纵桥向的限位,其余墩顶滑移支座只进行横桥向限位。

②中间跨钢箱梁安装(跨越一个中间墩,端头采用牛腿装置临时支撑)。

中间跨钢箱梁安装一端跨越墩顶(中间墩),另一端通过牛腿与已安装钢箱梁临时搭接。牛腿调位装置布置于钢箱梁顶面,横桥向布置,单片梁调位需布置三套。钢箱梁发运前,将梁底滑移支座及附加垫板、牛腿调位系统提前安装到位。浮式起重机吊装钢箱梁,将钢箱梁落入调位支座,梁端采用牛腿装置临时支撑。牛腿架设示意图如图5.6-17所示。

接着精调竖向位移及水平位移。调位完毕后利用临时限位块对墩顶滑移支座及牛腿滑移支座进行横桥向限位。待确定线形满足要求后,将钢箱梁顶、底板和外腹板焊接,加劲肋和中腹板栓接,连接完成后拆除牛腿及精调装置。

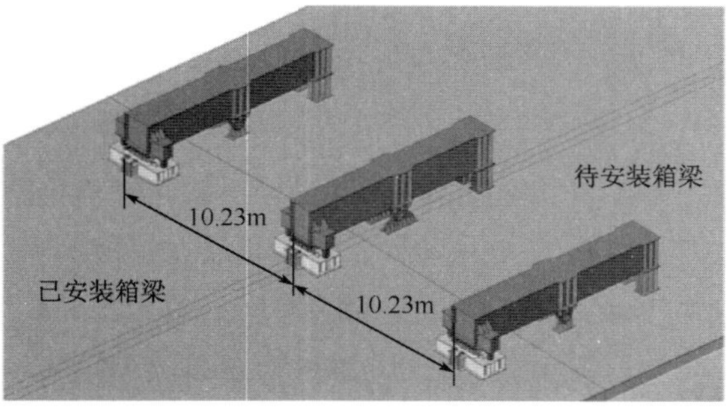

图5.6-17　牛腿架设示意图

③尾跨钢箱梁安装(跨越一个过渡墩,端头采用牛腿装置临时支撑)。

施工过程同中间跨安装。

5.6.3 环缝连接

为了保证现场环缝焊接的顺利进行，根据钢箱梁形状，共制造四台吊篮作为焊接平台使用。用钢箱梁底部工字钢作为轨道，在工字钢轨道上架设行走机构，行走机构与吊篮座架连接，行走机构沿工字钢轨道横向移动从而带动吊篮横向移动。利用吊篮两端设置方箱，在方箱上设置滚轮，增加吊篮受力点，使吊篮更加稳固。

(1)环焊缝焊接顺序

大节段间环缝焊接前，先调平环缝两侧板单元，保证焊缝两侧板单元错边量不大于1mm。为有效控制焊接变形，焊接环缝时先进行中腹板、边腹板的焊接(同时施焊)，待打底、填充完毕后，再分别进行底板、顶板之间的环缝焊接。具体焊接顺序及人员分配如下：中腹板、边腹板对接焊缝 CO_2 打底、填充→底板、顶板横向对接 CO_2 打底、填充、盖面(图5.6-18)。腹板对接焊缝同时对称施焊，底板、顶板由中间向两边对称施焊，埋弧焊时也要由中间向两边对称焊接。

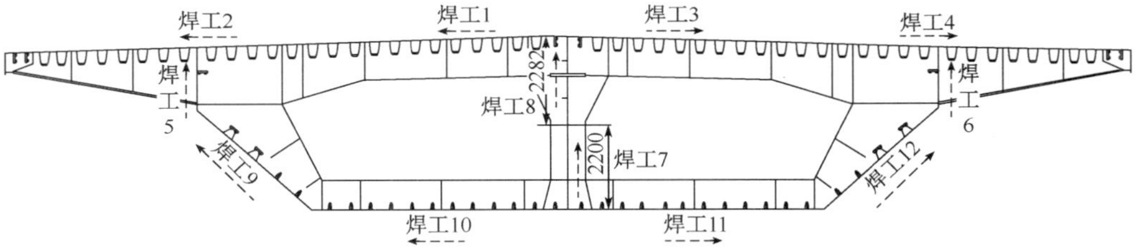

图5.6-18 环缝焊接顺序及人员分配示意图

(2)U形肋(板肋)嵌补段焊接

顶板、底板、腹板对接焊缝焊后进行外观检查和无损检验，合格后对称焊接加劲肋嵌补段的对接焊缝和角焊缝。嵌补段焊接顺序如图5.6-19所示：同一嵌补段先焊一端的对接焊缝1，然后焊接嵌补段角焊缝2，最后焊接另一端对接焊缝3。对环缝焊接收缩量进行测量统计，主要对顶板、底板、腹板位置进行测量，统计分析测量的数据，便于后续施工的调整。

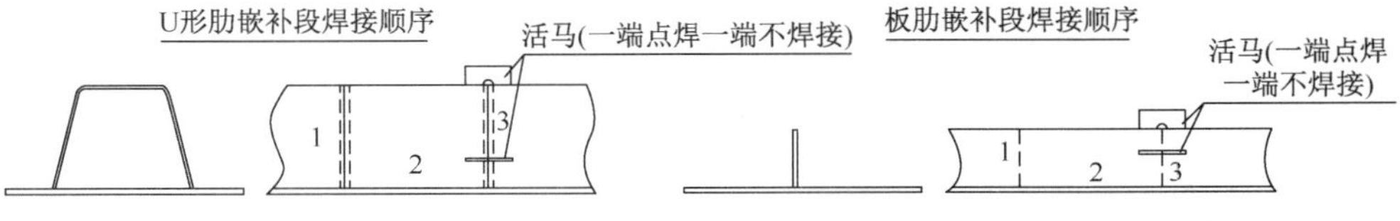

图5.6-19 嵌补段焊接顺序示意图

(3)安装拼接板

环缝焊接完成后进行拼接板的安装，高强度螺栓连接时，每个节点上穿入普通螺栓和冲钉,不得用高强螺栓代替普通螺栓,以防止损伤螺纹引起扭矩系数的变化,最后用高强栓替换冲钉和普通栓并施拧。如果冲钉无法打入,但不影响高强度螺栓的穿入,可以取消冲钉,如在安装过程中有高强螺栓不能自由穿入的栓孔,采取铣孔的方式处理,严禁采用切割扩孔。拼接板安装示意图如图 5.6-20 所示。

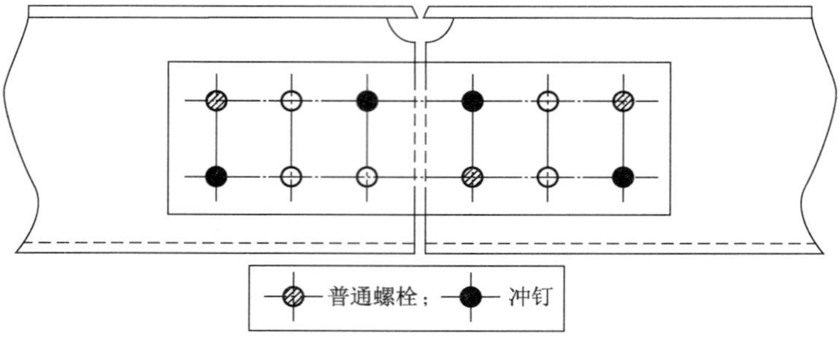

图 5.6-20　拼接板安装示意图

5.6.4　落梁定位

吊装施工连续钢箱梁桥时,因桥梁跨数多且联长很长,吊装梁体在环境温度、施工受力引起的底板长度变化、梁长误差、定位误差、焊缝引起的收缩变形等影响下,会引起桥墩支座的位移。为此,需在桥墩支座上盖板与支座中心线间预设纵向偏移量。预偏装置(图 5.6-21)主要包含两部分:动力部分和附属结构。其中动力部分包括一台 ZB4-500 电动油泵和两台 YC120-50 千斤顶。附属结构包括两个支撑架、两个反力板、两根连杆、十颗螺母和连接螺钉若干。

支座预偏装置安装使用方法如下:①预偏装置附属结构与支座的安装。首先把预偏装置中的支撑架与支座上钢板用螺钉连接牢固,反力板与支座下钢板连接牢固,左右各一件,再把连杆穿过支撑架和反力板,上紧螺母,然后把支座吊装到墩台支座垫石上,调整位置后就位于支座垫石上,并用环氧砂浆浇筑垫石预留孔,使支座与垫石连接牢固。②钢箱梁架设。把钢箱梁吊装到墩上,调整位置后落在临时支撑上,此时箱梁底部与支座上钢板的距离为 30mm,安装预偏装置动力部分,千斤顶左右各一套,并上紧螺母,把螺母调整到连杆中部。③支座预偏。检查支座预偏装置连接是否牢固,油路安装正确后,根据现场支座实际需要预偏的位移实施预偏,预偏时要保证两台千斤顶同步运动,预偏到所需位移后,锁定油泵,使支座保持此位移不变。开始落梁,把钢箱梁落到支座钢板上,再用螺栓把钢箱梁与支座连接牢固。④拆除预偏装置。首先拆除预偏装置动力部分,再逐步拆除附属结构。支座预偏安装完成如图 5.6-22 所示。

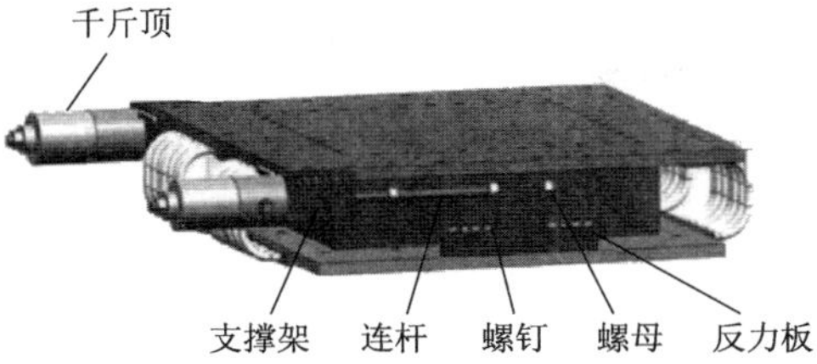

图 5.6-21　预偏装置

图 5.6-22　支座预偏安装完成

支座定位流程如图 5.6-23 所示，支座预偏量正负号规定如图 5.6-24 所示。

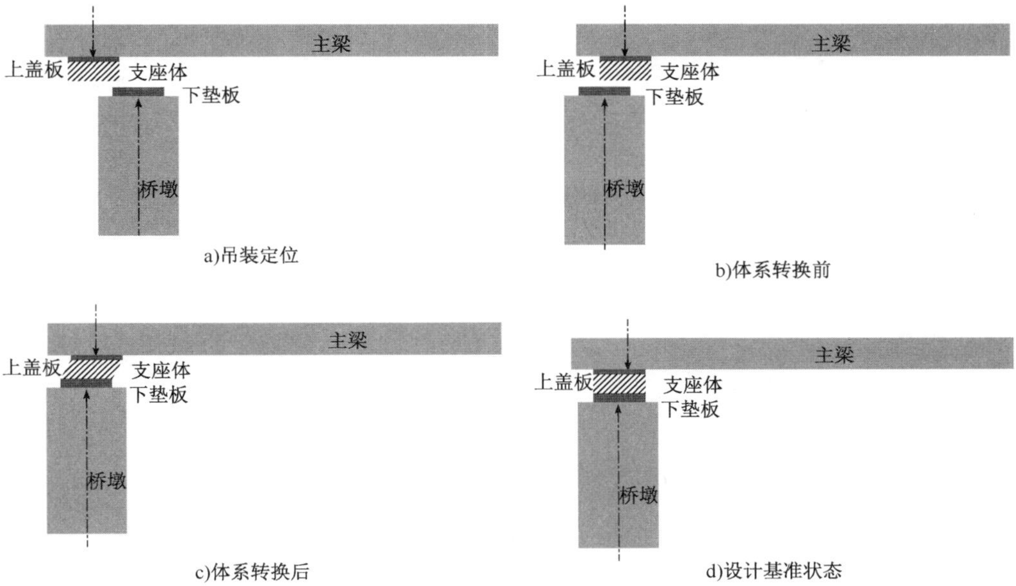

图 5.6-23　支座定位流程示意图

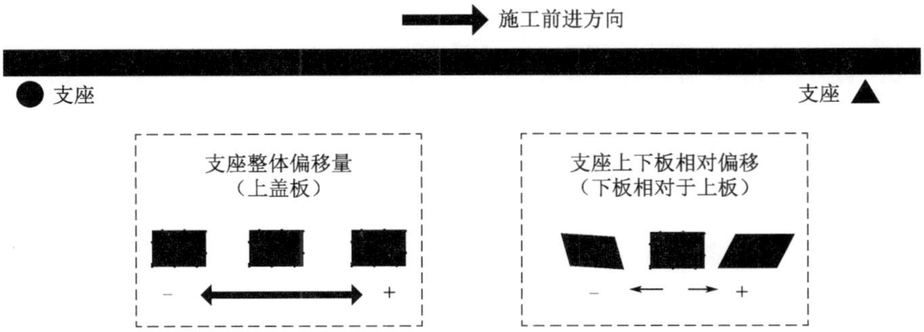

图 5.6-24　支座预偏量正负号规定

5.7　钢箱梁施工全过程监控

为了确保桥梁结构在成桥后受力合理,成桥线形达到设计状态和要求,同时为了确保施工过程中结构的稳定和安全,在制造、运输及安装施工的全过程均需对大节段钢箱梁进行有效的控制。

(1)制造阶段

基于梁段的真实重量准确计算无应力制造线形,并且合理布置支墩,使大节段钢箱梁组拼时处于近似无应力状态。

(2)运输阶段

考虑施工可行性而确定支撑、限位装置的排布和构造,确保钢箱梁船运支撑位置、局部承载能力和稳定性。

(3)安装阶段

保持大节段钢箱梁吊装、搭接平稳,考虑制造误差、体系转换及温度等因素,合理设置支座预偏量,并选择在温度平稳的时段进行大节段钢箱梁的环缝匹配。

5.7.1　制造过程控制

钢箱梁工厂制造主要是控制梁段纵横竖向线形、制造误差、预留连接件位置、临时支撑和吊点等受力集中位置的局部稳定,并搜集梁段的初始状态参数,包括初始线形、初始应力等,为后续安装的结构变形分析提供初值。

1)梁段纵、横、竖向线形控制

(1)纵向线形控制

①根据预拱度计算结果,结合具体的施工工艺,如以直代曲施工工艺,计算顶、底板长度,预留一定的焊缝宽度,并给出制造温度与设计基准温度差别状况下的温度补偿量。

②位于平曲线上的大节段,应分别考虑内弧侧和外弧侧长度。

③小节段钢箱梁顶、底板长度计算完成后应进行预拼装复核,确保长度参数计算准确。

(2)横向线形控制

①大节段钢箱梁制造线形应考虑设计横坡和横向预拱度,横向预拱度设置应进行空间分析。

②对于宽箱结构或大挑臂结构,需要通过设置横向预拱度来解决横向变形问题,因

此横向变形计算应考虑箱梁的空间效应，宜采用板壳或实体单元进行计算。板壳模型如图5.7-1所示。首跨吊装工况时1/4跨、跨中、3/4跨处顶板的横向变形如图5.7-2所示。悬臂处最大，最大相对变形分别为-7.749mm、-9.095mm、-6.630mm。作用二期恒载时1/4跨、跨中、3/4跨处的顶板横向变形如图5.7-3所示。悬臂处最大，最大相对变形分别为-2.18mm、-2.18mm、-1.0mm。活载作用下1/4跨、跨中、3/4跨处的顶板横向变形如图5.7-4所示。悬臂处最大，最大相对变形分别为-3.06mm、-3.56mm、-1.53mm。

图5.7-1 板壳模型图

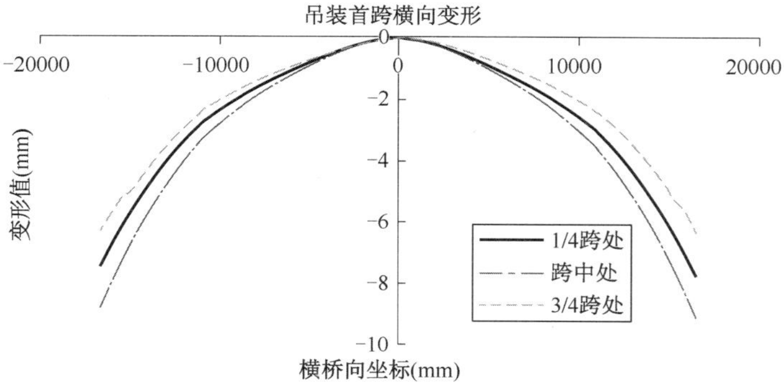

图5.7-2 吊装首跨横向变形图

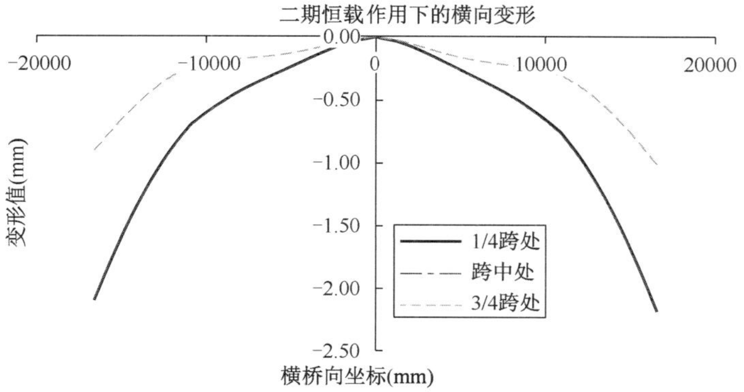

图5.7-3 二期恒载作用下首跨横向变形图

③对梁段制造中的顶、底板横坡测试数据进行搜集，并进行数据分析。

(3)竖向线形控制

①大节段钢箱梁竖向线形计算可采用杆系模型。杆系模型及标准段横截面如图5.7-5、图5.7-6所示。

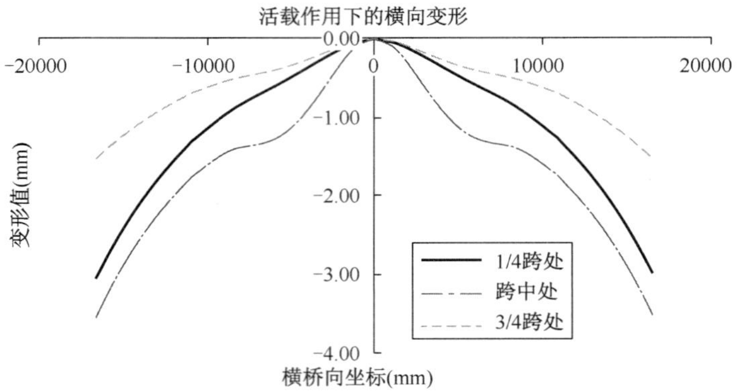

图 5.7-4　活载作用下首跨横向变形图

图 5.7-5　杆系模型

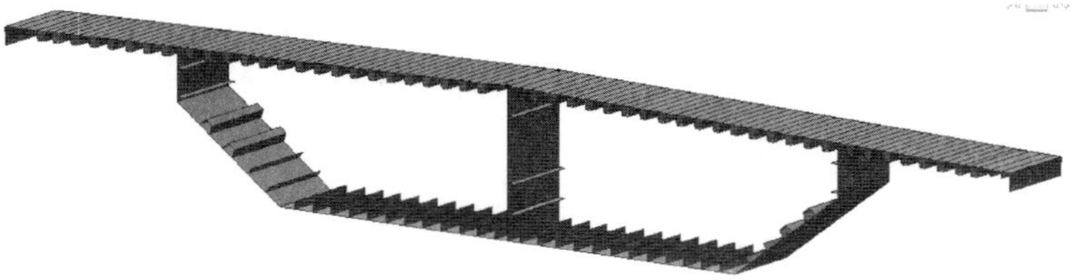

图 5.7-6　标准段横截面

②大节段钢箱梁竖向线形应根据预拱度计算结果，通过设置小节段间的夹角来实现，首跨大节段制造线形如图 5.7-7 所示。

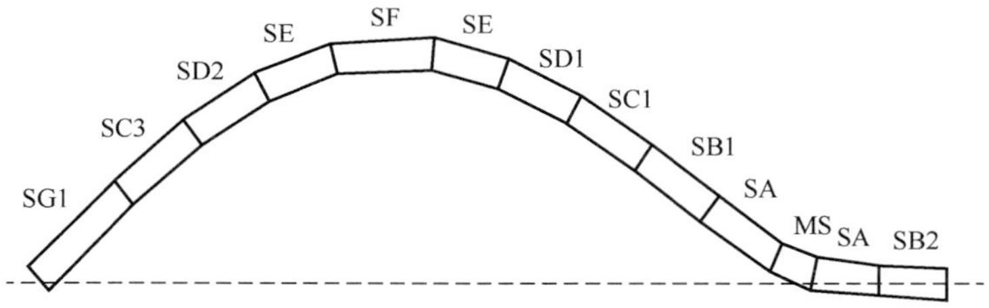

图 5.7-7　首跨大节段制造线形示意图

③对梁段制造中的底板竖向线形、顶板竖向线形测试数据进行搜集，并及时进行数据分析。

④对小节段钢箱梁的端面倾角测试数据进行搜集，并评估相邻小节段钢箱梁端面的匹配情况。

⑤对大节段钢箱梁的端面倾角测试数据进行搜集，并预测大节段钢箱梁安装时相邻端面的匹配情况。

2）制造误差控制

（1）板单元下料误差应在小节段拼装前通过矫正或切割予以消除。

（2）小节段钢箱梁拼装过程中出现的误差应在大节段钢箱梁组拼过程中予以消除，大节段钢箱梁组拼过程中应逐节段组拼控制，在大节段钢箱梁环口前消除累计误差。

（3）对于无法通过焊缝宽度调整的误差，需进行板材切割，具体的切割量应考虑对预留件位置的影响。

（4）对于制造场地地基条件引起的误差，应通过改善制造场地基础条件来解决，如对地基采用硬化处理。

（5）对于施工工艺等引起的误差，应通过优化施工工艺来解决，如调整焊接顺序。

（6）小节段钢箱梁制造完成后应及时进行称重，根据称重数据评估是否需要对制造线形进行调整。

制造中的线形误差原因及处理措施见表5.7-1。

制造中的线形误差原因及处理措施　　表5.7-1

序号	误差原因	处理措施
1	板单元下料误差	板单元矫正或在小节段拼装过程中调整
2	小节段钢箱梁拼装误差	单个小节段钢箱梁出现误差或误差影响不大时，可在大节段钢箱梁组拼环节进行调整；若是大规模出现小节段钢箱梁拼装误差，应进行施工工艺优化
3	大节段钢箱梁组拼误差	逐段环缝连接中予以消除
4	场地基础沉降	改善地基条件
5	焊接工艺	优化焊接工艺

3）预留连接件位置控制

（1）按施工精度要求考虑已施工结构存在的误差影响，并计入顶、底板纤维伸长或缩短对预埋件位置的影响，给出预埋件位置。

（2）对于上部结构（钢箱梁）晚于下部结构（桥墩和垫石）施工的，在钢箱梁预埋件安装时应考虑下部结构的施工误差，并做适当调整。

（3）考虑结构受力引起的大节段钢箱梁变形对预埋件安装位置的影响，如沿纵桥向设计支座垫板距离在无应力状态下与成桥状态下是不一样的，在工厂安装时需考虑该影响因素。

4）局部稳定控制

在钢箱梁存放及转运过程中，对梁段临时支撑和吊点局部区域进行应力验算和测试,避免出现局部屈曲变形。钢箱梁存放时,临时支撑的区域往往不是设计支座的区域,导致钢箱梁出现局部承受集中荷载的情况,采用精细模型对钢箱梁的局部受力进行验算,确保临时支撑方案可行。此外,为进一步确保钢箱梁制造阶段受力安全,对局部受力较大区域(钢箱梁设置临时支撑的区域)进行应力监测,确保实际受力处于安全状态。

5.7.2 运输过程控制

钢箱梁大节段船运期间,横向受到船舶运动引起的惯性力、风荷载和浪溅力的作用,运输中应重点控制大节段钢箱梁局部受力和稳定性问题。

(1)运输过程临时支撑设置位置与设计支座位置不重合,通过对钢箱梁的局部受力进行检算,评估支撑位置反力对限位结构和钢箱梁局部受力的影响,并给出应力预警阈值,避免桥梁结构出现非支撑位置承受较大集中力的情况。

(2)波浪荷载通过引起船舶摇晃,进而间接引起船上运载的大节段箱梁承受动力荷载,因此需要对钢箱梁进行运输过程的局部受力监测,确保运输过程桥梁结构安全。

5.7.3 现场安装过程控制

大节段整体起吊过程中,不仅需要通过整体受力分析控制吊装姿态,而且吊点附近应力集中现象突出,易发生局部失稳,通过对这些区域的局部应力进行严密监测,保障吊装过程的稳定。梁段吊装就位后,为保证大节段之间平顺对接,需对钢箱梁安装过程中连接端面的夹角进行监控,实现大节段钢箱梁精确匹配。施工过程中,梁体在环境温度、施工受力引起的底板长度变化、梁长误差、定位误差、焊缝引起的收缩变形影响下,支座上下盖板会相对偏移,为此,在桥墩支座上盖板与支座中心线间预设纵向偏移量。

(1)吊装安全控制

①对大节段吊装采用的吊具进行整体和局部受力分析,分析其最不利受力截面位置及典型截面吊装过程的应力,并给出应力预警阈值。梁段起吊时及吊点局部最大Mises应力如图5.7-8、图5.7-9所示。

②对吊装过程吊具最不利受力位置,如吊耳区域、临时支撑区域等进行实时应力监测,实时应力监测频率在起吊及卸载期间宜每分钟测读一次,在起吊平稳阶段可每10min测读一次。应力监测数据应实时与预警值做对比,对于出现超预警阈值的情况,应及时暂停吊装并进行原因分析,必要时对大节段钢箱梁进行检查。

选取首跨G6作为典型节段进行分析,其顶、底板典型测点纵向应力历时曲线如

图5.7-10所示。G6节段吊装过程中的应力监测结果表明,吊装过程中钢箱梁实测应力的变化幅度均小于采用的Q345钢材的设计强度值,结构处于安全状态。

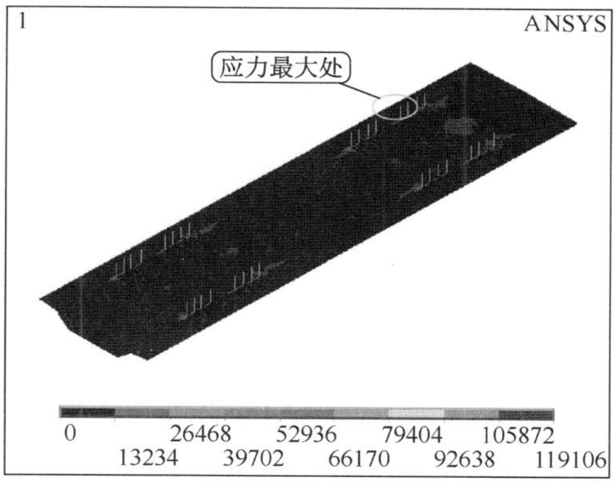

图5.7-8 梁段起吊时Mises应力

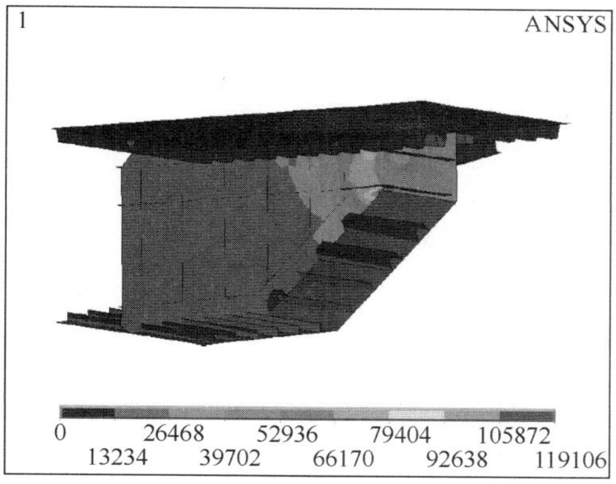

图5.7-9 吊点局部最大Mises应力

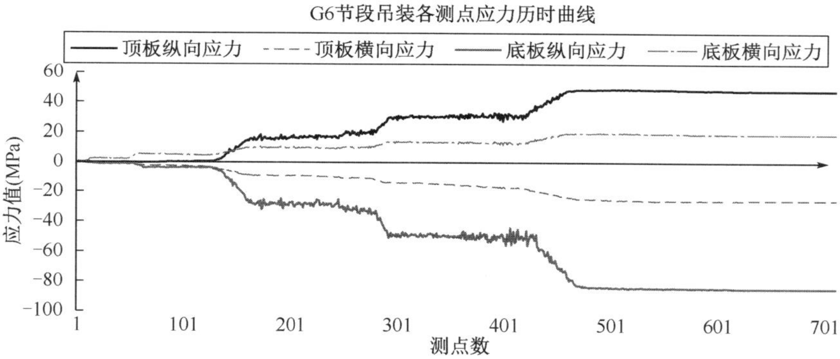

图5.7-10 G6节段吊装过程顶、底板典型测点纵向应力历时曲线

(2)支座预偏控制

支座纵向位移量主要分为两部分:①支座体系转换前的支座位移,即支座整体偏移量,此时梁体定位于临时支座,永久支座固定在梁底板上,随底板的移动而移动。②支座体系转换后的支座位移,即支座相对变形,此时永久支座已安装于桥墩上,底板的变形引起支座的变形。这两部分的位移均由温差引起的偏移和施工阶段受力导致梁底板的变形确定。

控制方法:①通过获得实际梁长数据及各桥墩对应支座在体系转换之前的各大节段控制点的移位情况,严格控制大节段吊装就位。②根据当前安装累积误差结果、预测的支座相对预偏量及支座允许调节量,预测下一阶段吊装就位及支座安装位置。

落梁定位位置见表5.7-2。

落梁定位位置(mm)　　表 5.7-2

桥　墩　号	第一墩	第二墩	第三墩	第四墩	第五墩	第六墩	第七墩
温差引起的支座整体偏移	-17.0	-4.0	6.6	10.6	14.5	5.3	5.9
荷载引起的支座整体偏移	15.6	0.0	-14.1	-13.7	-13.6	-13.0	-0.6
支座预设整体偏移量	1.4	4.0	7.5	3.1	-0.9	7.7	-5.3
温差引起的支座相对偏移	-2.0	-2.6	-2.0	0.0	-3.3	-6.6	-11.8
荷载引起的支座相对偏移	-7.7	-2.2	-4.1	0.0	0.4	-0.6	4.5
支座预设相对预偏量	9.7	4.8	6.1	0.0	2.9	7.2	7.3
总支座预设偏移量	11.1	8.8	13.6	3.1	2.0	14.9	2.0

(3)端面夹角控制

海上安装时,环缝连接从单跨简支变为双跨连续,直至形成 6 跨 1 联钢箱梁,环缝连接本质是结构体系的转换,连接时的结构状态对最终成桥状态有显著影响,需严格控制环缝焊接环节,具体控制措施如下:

①施工临时荷载控制:施工临时荷载需在环缝焊接前移至墩顶区域,以减小对结构线形的影响。

②环缝焊接时的温度条件控制:由于钢箱梁对温度很敏感,环缝焊接需避免在日照条件下施焊,应在 22:00—次日 7:00 或者阴天顶、底板温差在 2℃内时进行。

5.7.4　温度效应控制

大型钢结构具有敏感的温度效应。制造阶段,钢箱梁露天存放时,其梁下支座反力会在温度作用下发生变化,有可能导致箱梁底板出现局部应力集中;安装阶段,对于连续钢箱梁桥,大节段钢箱梁的环缝焊接会使桥梁受力体系由简支梁变为连续梁,转换过程中温度荷载也会对桥梁线形造成影响;由于设计温度和实际施工温度之间存在差异、箱梁截面存在温度梯度等因素的影响,支座安装后达到设计基准状态时,其顶、底板中心线会出现错位。

(1)制造阶段

①工厂下料考虑温度修正,且制造过程避免日晒。

②露天存梁根据温度影响下的临时支墩反力变化,对存梁支墩布置进行适当加密。存梁临时支墩加密布置方案如图 5.7-11 所示。

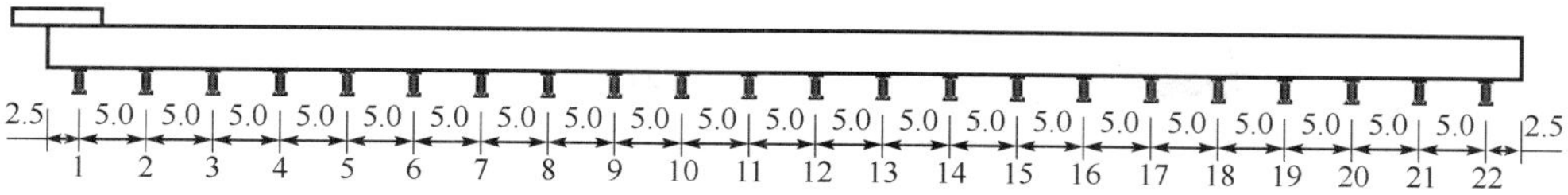

a)加密前存梁临时支墩纵向布置

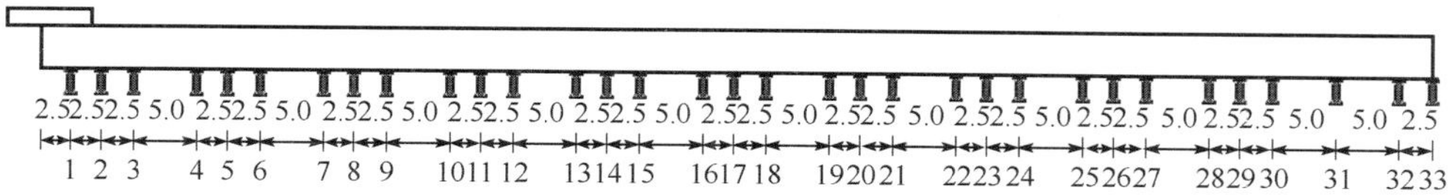

b)加密后存梁临时支墩纵向布置

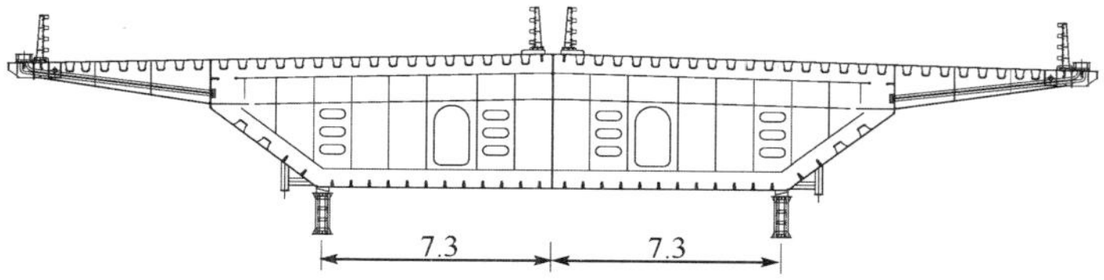

c)加密前存梁临时支墩横向布置

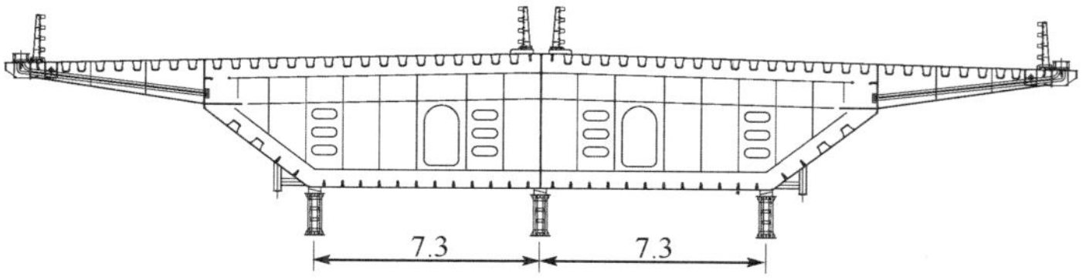

d)加密后存梁临时支墩横向布置

图 5.7-11　存梁临时支墩加密布置方案(尺寸单位:m)

(2)安装阶段

①控制现场调梁时的温度作业窗口,选择在环境温度稳定以及钢箱梁截面温度梯度在 ±2℃范围内时实施。

②大节段钢箱梁落梁宜选择在设计基准温度条件下进行,对于落梁时环境温度和截面温度场与设计基准温度状态存在差别的情况,应根据落梁时的环境温度和截面温度场,计算设置相应的支座预偏量。

5.8　本章小结

本章对港珠澳大桥钢箱连续梁建造技术进行了总结,得到如下创新技术成果:

(1)基于正交异性钢桥面板结构设计和疲劳病害机理进行分析,确定疲劳易损伤部位合理构造形式和设计参数合理匹配，形成了成套的施工焊接工艺及流程，对于上述改进措施，通过足尺模型疲劳试验进行了验证。

(2)港珠澳大桥研制了板单元自动化制造示范生产线，制定了无码化装焊、机械化焊接及无损工装件设计，并引进了相控阵检测技术，实现了车间化总拼装和防腐涂装作业。相比传统制造工艺，生产效率提高了30%以上，焊缝质量稳定，一次探伤合格率达到99.9%以上。

(3)采用大型浮式起重机整孔吊装，模块化设计吊具，吊装到位后通过调位系统确保港珠澳大桥安装线形及拼装精度要求。精确控制梁端夹角，并设计相应的吊篮焊接平台，保障环缝焊接顺利进行，通过预设支座纵向预偏量以消除温度和施工受力引起的梁段定位误差。

(4)对钢箱梁梁厂制造和现场吊装施工过程进行监控，并考虑温度效应的影响。一方面确保桥梁结构在施工及成桥后受力合理，使桥梁结构的成桥线形达到设计状态和要求；另一方面确保施工过程中结构的稳定和安全，使整个施工过程安全顺利地进行。

本章总结的主要创新点：

(1)提出了基于荷载谱、构造细节、制造工艺、检验标准和试验验证的长寿命正交异性钢桥面板抗疲劳系统解决方法。

(2)研发了钢箱梁正交异性钢桥面板板单元制造关键技术，突破了钢箱梁U形肋与桥面板焊接熔深控制及检测的技术瓶颈。

(3)建立了钢箱梁板单元制造自动化、智能化生产线。

(4)研发了3000t级以上钢箱梁整体高精度制造与安装技术。

CHAPTER SIX

第6章

大跨组合连续梁桥设计及大节段施工

6.1　概述

钢-混凝土组合梁因整体性好、抗扭能力强、适合曲线线路，以及更能适应大跨径桥梁等特点，获得了广泛使用。港珠澳大桥浅水区非通航孔桥采用跨径为85m的钢-混凝土组合连续箱梁，全长5440m。组合梁结构断面由钢梁和混凝土桥面板组成，钢梁采用单室槽形截面，通过布置在上翼缘和小纵梁上的连接件与混凝土桥面板结合，结构简洁，受力明确。组合梁墩顶负弯矩区结构设计是处理好混凝土桥面板开裂的关键，张拉预应力钢束和支点强迫位移是目前应用较多的方法。为了使预应力能够更有效地施加给桥面板，连接件采用集束式布置形式。港珠澳大桥浅水区非通航孔桥桥墩高、跨径大，位于海洋环境中，为尽可能减少海上施工作业，组合梁采用整孔预制方案。在工厂内完成钢槽梁和桥面板的预制，待钢槽梁与桥面板叠合形成大节段组合梁后，通过运架一体船运至桥址处，逐孔吊装组合梁，支承于墩顶临时支座上，并将相邻组合梁现场焊接形成连续结构，通过墩顶顶升、回落梁施工实现组合梁的体系转换，使组合梁支承于永久支座上，完成组合梁整孔安装施工。大跨组合连续梁整孔建造施工过程包含组合梁预制、吊装运输和海上安装等多个复杂的施工工序，为了确保在施工过程中结构受力和变形始终处于安全范围内，且成桥后主梁线形符合设计要求，需要对组合梁施工全过程进行监控。

6.2　大跨组合梁结构设计

6.2.1　整体结构设计

港珠澳大桥浅水区非通航孔桥采用85m连续组合梁，5～6孔为一联，全长5440m。九洲航道桥以东布置53孔（9联），以西布置11孔（2联），共11联。全桥共128片组合梁，单片组合梁最大重量约1846t。主梁采用“开口钢箱梁＋混凝土桥面板”的组合结构。桥跨布置如图6.2-1所示。

浅水区非通航孔桥连续梁采用“开口钢箱梁＋混凝土桥面板”整墩分幅组合梁布置，桥面总宽33.1m，两幅主梁中心距16.8m，桥梁中心线处梁缝宽0.5m。主梁采用单箱单室形式，单幅桥宽16.3m，截面中心线处梁高4.3m，桥面横坡2.5%。85m连续组合梁横断面布置如图6.2-2所示。

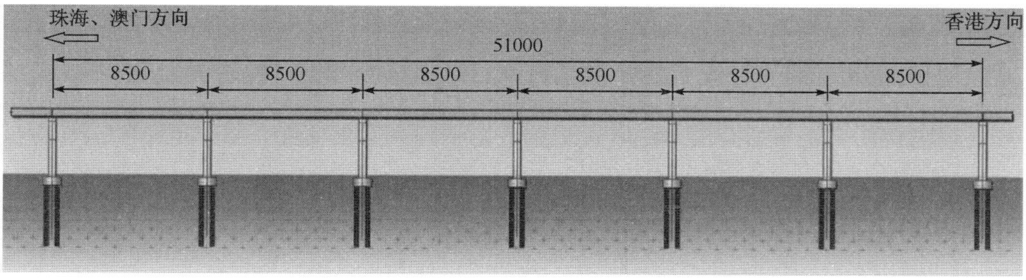

图 6.2-1　85m 连续组合梁桥跨布置图(尺寸单位:cm)

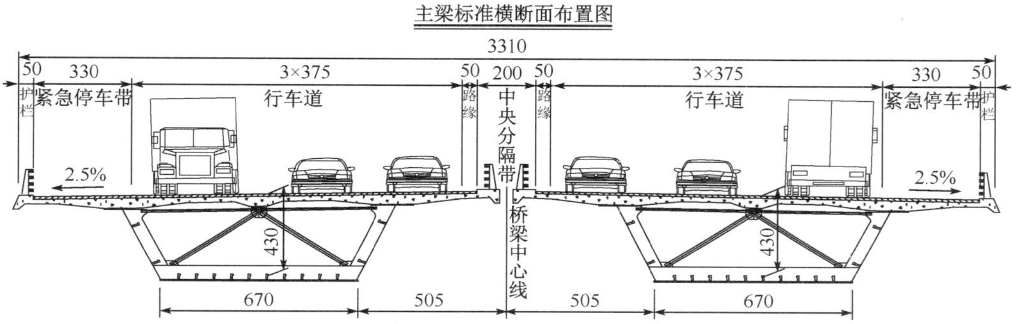

图 6.2-2　85m 连续组合梁横断面布置图(尺寸单位:cm)

浅水区 85m 跨组合梁的规模较大,全长 5440m,占主体工程中桥梁总长的 24%。因此,组合梁方案对全桥工程的阻水率、施工风险、耐久性及经济性等方面至关重要,对桥梁后期养护也有重大影响。桥型方案受结构形式、环保要求,以及地震、风暴、波浪等建桥环境和施工方法的影响。不同桥型在适应上述因素方面性能有所差异,需要结合建桥条件,选择综合性能最优的箱梁形式。浅水区 85m 非通航孔桥分幅和整幅桥型方案对比情况见表 6.2-1。

浅水区 85m 非通航孔桥分幅和整幅桥型方案对比　　表 6.2-1

项目	整幅组合梁	分幅组合梁
优点	1. 墩型及桥型与深水区非通航孔桥协调一致,大桥整体协调性好; 2. 墩身体量小,下部基础规模减小,桥面板混凝土用量少; 3. 梁段数目少一半,减小现场吊装梁段数量	1. 主梁运输、吊装重量轻,起重船可选余地大,施工设备有保障,吊装速度快; 2. 国内跨海大桥中多采用分幅结构,施工技术成熟; 3. 后期养护、检测、维修及更换方便,可单幅封闭交通,保证交通不中断; 4. 结构赘余度大,当一幅桥梁遇到船撞等引起的结构损坏时,另一幅仍可正常使用

续上表

项目	整幅组合梁	分幅组合梁
缺点	1. 整幅梁体较宽,活载偏载作用下抗扭性能稍差,桥面板纵横向空间受力复杂; 2. 主梁纵向拼接接头精度要求高; 3. 翼缘桥面板后期安装受吊重限制; 4. 吊装重量大,受起重船吊能和船舶吃水限制,起重船可选余地小; 5. 后期维养时不方便,主要是桥面板维修、更换及检测时复杂,交通管制困难	1. 分幅组合梁景观效果与深水区非通航孔桥不统一; 2. 基础规模大,桥面板混凝土用量大; 3. 现场吊装梁段数量多

综上所述,从结构受力、施工便利及后期维护等角度考虑,港珠澳大桥连续组合梁采用分幅组合梁方案优于整幅组合梁方案,同时加强景观设计以适应与深水区桥的协调性,优化结构,节省造价。

浅水区非通航孔桥连续梁采用减隔震橡胶支座,主要分为铅芯隔震橡胶支座和高阻尼橡胶支座两种形式。支座系统为成套产品,包括支座体、预埋套筒及螺母、梁底预埋钢板等部件。橡胶材料的物理性能,连接板、封板和内部钢板的强度满足相关规范的要求。为满足支座在沿海地区使用的气候条件,支座锚固螺栓及钢套筒采用不锈钢,梁底及支座上、下连接钢板均采用耐候钢板 Q235NHB,支座寿命不少于 60 年。

6.2.2　负弯矩区结构设计

1)负弯矩截面控制设计的基本思路

对于组合连续结构桥梁,中间墩附近受负弯矩作用,上缘混凝土受拉,下缘钢结构受压。一方面,受拉区混凝土一旦开裂将影响结构的使用性能和耐久性;另一方面,下缘受压钢结构面临局部屈曲危险。大跨径桥梁下缘受压区往往需要使用很厚的钢板,这将引起现场焊接困难、残余应力等一系列问题。混凝土桥面板设计的关键是墩顶负弯矩受拉区的防开裂设计。负弯矩区桥面板的设计可以分成不允许出现拉应力、不允许裂缝产生,以及允许开裂、但限制裂缝宽度这三种设计方法,其基本思路有以下五点:

(1)参考国内外同类桥梁的设计经验和相关规范,将负弯矩区桥面板按钢筋混凝土构件设计。允许负弯矩桥面板开裂,但为保证结构耐久性和承载力,严格控制裂缝宽度 $\delta \leq 0.15$mm。

(2)施加适量的纵向预应力钢束,使桥面板在主力荷载组合下不产生拉应力,并尽可能改善桥面板受力状况,做到成桥时拉而不裂。

(3)通过墩顶起顶再回落这一步骤,对组合梁负弯矩区桥面板施加预压力。

(4)采用先张拉负弯矩区桥面板混凝土纵向预应力钢束,再完成桥面板与钢主梁的结合,确保预应力施加高效。

(5)桥面板预留预应力孔道,为后期调整主梁内力提供可实施条件。

港珠澳大桥在进行负弯矩区结构设计时,主要采用了(3)和(4)两种设计方法。在墩顶负弯矩区段24.4m范围内,混凝土桥面板随同钢主梁吊运至桥址处,主梁架设到位并完成连接后,按设计要求起顶中间墩主梁,浇筑除两端头横桥向湿接缝外的剩余湿接缝混凝土和剪力钉预留槽混凝土,待混凝土达到规定强度后,张拉纵向预应力钢束,然后浇筑两端头横桥向湿接缝,待混凝土达到规定强度后,张拉剩余的横向预应力钢束,最后落梁。重复以上步骤,完成其他墩墩顶桥面板施工,最后浇筑剩余的板侧后浇带。

2)负弯矩区预加力的施加

负弯矩区预加力的施加可供选择的方法有调整浇筑混凝土顺序、张拉预应力钢束和支座竖向位移法。港珠澳大桥混凝土桥面板采用工厂预制,无论是跨中还是墩顶负弯矩区,均采用横向整块布置,只有剪力钉预留槽、湿接缝及后浇带处混凝土采用现场浇筑。通过对中间墩主梁进行起顶、张拉纵向预应力钢束后再回落的方式,使负弯矩区获得预加力。

(1)调整浇筑混凝土顺序

实桥施工中一般先在胎模上浇筑跨中处混凝土桥面板,然后运至桥位后浇筑剩下的负弯矩段桥面板。因此要将桥面板划分成预制和现浇混凝土桥面板。为减少混凝土收缩、徐变的影响,也有采用在胎模上浇筑混凝土桥面板,然后上桥自跨中向负弯矩区安装的施工工艺。三跨连续梁的混凝土浇筑顺序如图6.2-3所示。

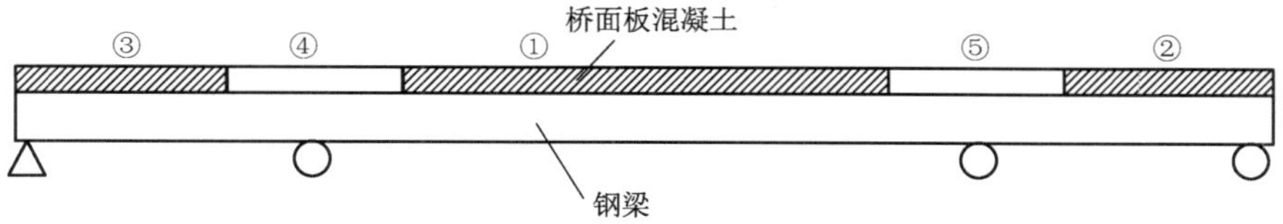

图6.2-3　三跨连续梁的混凝土浇筑顺序

首先浇筑中跨跨中、边跨跨中及边支点区段的混凝土①、②、③,甚至可以把相应部位的栏杆系安装完毕后,再浇筑中支点负弯矩区的混凝土桥面板④、⑤。这样做可以使负弯矩区的桥面板混凝土只承担桥面铺装层和活载产生的负弯矩,使其拉应力有所减小。各区段混凝土的分界点可以选在恒载弯矩零点附近。该种方法施工简单,但难以从根本上解决负弯矩区混凝土桥面板开裂的问题。

(2)张拉预应力钢束

预应力法是混凝土桥梁上控制混凝土开裂的最常用方法,设计和施工技术相当成熟。在负弯矩区段的混凝土桥面板中,设置纵、横向预应力钢筋,例如精轧螺纹钢筋、扁锚预应力钢束、无黏结预应力钢筋或者体外预应力束等。也可以采用剪力钉群钉集束式布置的方式,在桥面板设置群钉预留槽,施加预应力后再浇筑桥面板实现完全结合。通过千斤顶的张拉,对设置预应力钢筋的区段施加预应力。张拉预应力的弯矩图如图6.2-4所示。

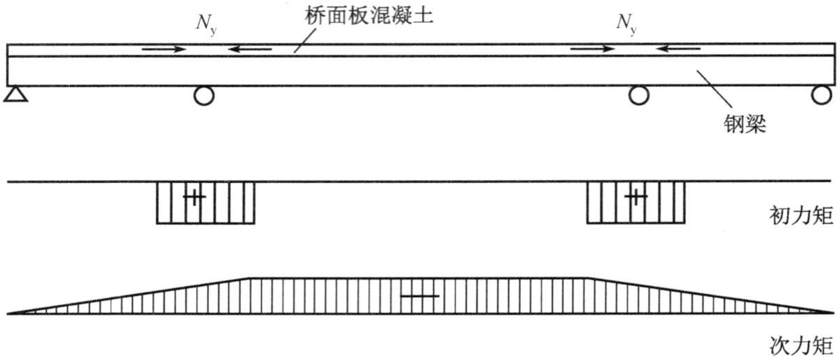

图6.2-4　张拉预应力的弯矩图

计算分析表明,就支点负弯矩截面而言,由预应力束引起的总弯矩为正。因此,预应力束对支点截面在恒、活载引起的负弯矩将起到减小或抵消的作用,对结构是有利的。若对组合梁施加预应力,钢结构和剪力键可能会参与受力,使预应力效率较低,另外组合梁桥面板厚度相对较薄,不适合大规模布置预应力。

(3)支座竖向位移法

中支座上升、下降施加预应力的效果,用移动端支座的方法同样可以达到。端支座位移法的施工顺序与中支座位移法基本相同,只是把中支座的上升、下降变为端支座的下降、上升即可。

该种方法的特点是:对各种跨径的钢-混凝土组合连续梁均是有效的。不过支座的位移量δ需通过试算来确定。位移量δ偏小可能达不到预期的加压效果;位移量δ过大又会使正弯矩区的混凝土桥面板压碎或降低其承载能力。同时,竖向位移法在混凝土结构长期徐变过程中预压力值会逐渐减小,对结构安全有一定的影响。此外,各支点还需预顶高,操作上必须十分谨慎。设计中必须定量分析支座位移法的合理顶升量,获得顶升量与结构应力分布之间的变化规律。

3)裂缝宽度控制与配筋

根据《公路钢筋混凝土及预应力混凝土桥涵设计规范》(JTG D62—2004)的规定,考虑混凝土构件周围是否存在干湿交替的条件，对裂缝宽度进行调整。根据港珠澳大桥各混凝土结构所处的环境特征及其作用程度，建议其裂缝宽度控制限值为0.15mm。在构件中配置钢筋可控制裂缝的宽度并限制其发展，其实质是通过减少裂缝间距，使裂缝宽度能够控制在可接受的范围内。配筋后混凝土的极限拉伸应变会有所增加，同样的配筋率，较细的钢筋能对裂缝起到更好的作用。对于组合梁混凝土板中纵向钢筋的配置，通常要求在第一条裂缝出现时保证纵向钢筋不屈服，以避免发生脆性破坏。为此，在裂缝验算时，对纵向钢筋就有最小配筋率的要求。

4）混凝土材料配合比的设计

预制混凝土桥面板采用低坍落度C60高性能混凝土，后浇湿接缝采用微膨胀低坍落度C60高性能混凝土。为了保证高性能混凝土的综合力学性能与耐久性指标，选择合适的原材料组成配合比设计尤为重要。

混凝土的配合比设计应在保证满足高性能混凝土工作性能、力学性能、耐久性能要求的前提下，尽量降低混凝土拌合物中的浆体比率，采用最低的用水量。将通过使用级配、粒形良好的集料来降低混凝土中浆体比率、提高混凝土的体积稳定性；通过掺入大量矿物掺合料来降低混凝土水化热温升、提高混凝土的抗渗性能；通过掺入与胶凝材料匹配的优质高效缓凝型减水剂来降低混凝土升温速率及混凝土中的拌和用水量；通过掺入适量的引水剂来提高混凝土的体积稳定性，降低混凝土的黏性，提高混凝土的施工性。

5）墩顶桥面板后结合段合理长度优化

浅水区非通航孔桥连续组合箱梁采用整孔预制、逐跨架设的施工方法。采用支点升降法时，墩顶部分的混凝土桥面板有一部分要后结合。

组合钢箱梁在钢梁连成连续体系之前，均为简支梁的受力特性，跨中先结合段钢梁和混凝土板共同承受弯矩，而墩顶后结合段只有钢梁独自承受结构的内力，在截面突变处，混凝土桥面板要承受一个较大的轴向力的作用，这个轴向力是通过先结合段端部的剪力钉逐步传递至混凝土桥面板的，后结合段的长度直接影响了先结合段端部的剪力钉的受力和变形。因此，有必要对墩顶混凝土桥面板后结合段合理长度进行研究。

分析结果表明，桥面板端部与钢梁之间的相对滑移随后结合段长度的增加而增加。当后结合段长度增加至16m时，单个剪力钉内力已经达到了168kN，超过了BS5400规定的承载力限值。同时，钢梁底部的竖向位移也随着后结合段长度的增加而增加。与后结合长度4m钢梁相比，后结合长度8m钢梁竖向位移增加了3.5%，后结合长度12m钢梁竖向位移增加了13.2%。从满足结构受力要求和方便施工的角度出发，本方案组合梁的合理后结合长度为12m。

6)钢槽梁板件稳定性分析

在中墩支点顶升工况下,组合梁在负弯矩区钢槽梁底板以及靠近受压翼缘侧腹板产生了较大的压应力,对钢槽梁板件的稳定性产生了一定的影响。同时由于组合梁桥的钢槽梁腹板在支点附近受到负弯矩、剪力的共同作用,应力状态比较复杂,对该区域钢槽梁板件进行稳定性分析是十分必要的。不仅要使桥梁结构的应力满足强度要求,还要处于稳定性范围内。

板件稳定性计算理论包含小挠度理论板的弹性屈曲、钢梁受弯腹板局部稳定性验算和受弯钢梁受压翼缘板计算三个部分,计算理论的依据详见现行《钢结构设计标准》(GB 50017)。

6.2.3　桥面板设计

钢箱组合梁中的桥面板,根据施工方法、结构形式及结合方式等,可以分为现浇桥面板、预制桥面板和组合桥面板三种主要类型。预制桥面板按横向分块情况又分为横向多块和横向整块两种布置形式。

1)现浇桥面板

现浇混凝土桥面板具有施工简单、与钢梁结合良好的优点,混凝土桥面板采用现浇法施工非常普遍。然而,钢梁的约束和混凝土的收缩在混凝土桥面板中产生较大的拉应力,在混凝土桥中不成问题的早期收缩在组合梁桥中必须引起注意。另外,混凝土硬化时的水化热引起的温差使干燥收缩导致的拉应力更大。

对于连续梁,如果混凝土浇筑顺序不当,中间支点上的桥面板将会产生较大拉应力,故普遍采用间断浇筑的施工方法。这一方法可以显著地降低负弯矩区混凝土桥面板所受拉力,但施工不连续也会引起一定的困难。同时,分步方法不同对施工设备、工期等的要求不同,并且成桥后钢梁与混凝土桥面板的受力状态也不同。因此,应该结合施工难度、工期和费用综合比较后确定实施方案。

2)预制桥面板

预制混凝土桥面板最常用的安装方法是吊装法。这是既经济又快速的施工方法。其缺点是节段间的连接困难,有时会在密封性和耐久性方面达不到要求。预制混凝土桥面板在经济性、施工性、工期、减小桥面板出现拉应力等诸多方面均有一定的优势。从现浇混凝土板的损坏过程可以认识到,非荷载作用引起的早期裂缝往往是最终破坏的起因。预制混凝土桥面板从浇筑到架设,具有更好的养护条件。因此,水化热引起的温度应变以及干燥收缩变形都未受外界约束影响,预制板内产生的应力相对较小。同时,由于储放一段时间才与钢梁结合,大部分收缩在早期已完成,对于减小成桥阶段收缩徐变也非常有利。

(1)横向多块布置

预制混凝土桥面板横向采用多块预制方案时,钢梁上翼缘剪力钉可以连续布置,通过在布置有剪力钉的钢梁上翼缘带状区浇筑二次混凝土形成结合。当桥面板需要横向预应力时,一般要在结合后施加,从而不可避免地对抗剪连接件以及钢结构产生不利影响。为减小这种不利影响,一种做法是在预制块件中配置一部分预应力,等到结合后再在全桥宽范围施加一部分预应力,两部分一起满足现浇混凝土及桥面板整体的受力需求。采用多块预制方案,钢梁上翼缘顶面的混凝土为现浇完成的,可以保证两者密贴,但必须保证接缝部配筋的连续性并提高接缝部混凝土浇筑时的水密性。另外,两侧因预制板的搭接,会出现局部性不密实。横向多块预制桥面板示意图如图6.2-5所示。

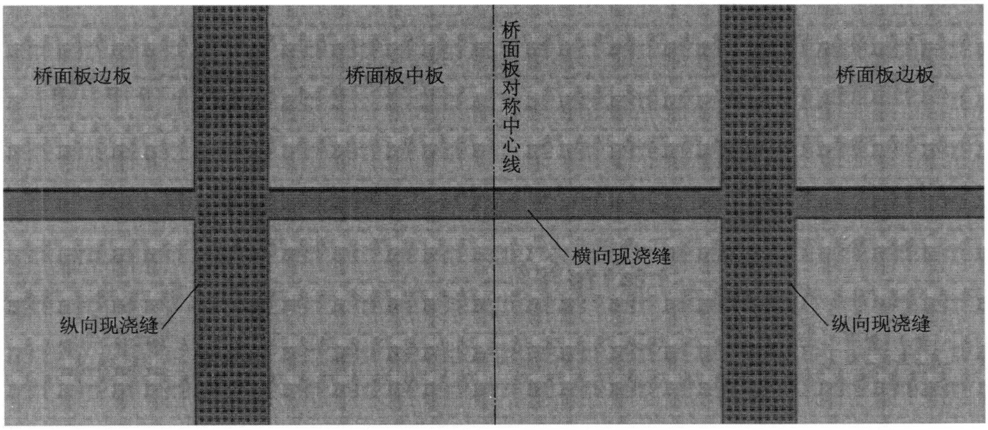

图6.2-5　横向多块预制桥面板示意图

(2)横向整块布置

预制混凝土桥面板横向为一块整板,采用工厂预制,当混凝土强度达到设计要求后,张拉未穿过剪力钉预留槽的横向预应力钢束,然后置于工厂存放至少6个月。这种方法的优点在于避免结合后施加预应力对抗剪连接件以及钢结构产生附加应力,从而降低预应力的施加效率。同时,可以使干燥收缩以及温度差产生的应力效应最小,预应力仅导入混凝土桥面板,混凝土的徐变亦可以控制在最小,有利于提高混凝土桥面板的承载能力和耐久性,并缩短施工工期。但横向整块布置需采用集束式剪力钉布置,施加预应力后再用无收缩混凝土填充剪力钉群预留孔,使钢梁与混凝土的共同作用滞后发挥。同时,预留孔以外的桥面板与钢梁之间可能出现的腐蚀问题需要引起重视。横向整体预制桥面板示意图如图 6.2-6 所示。

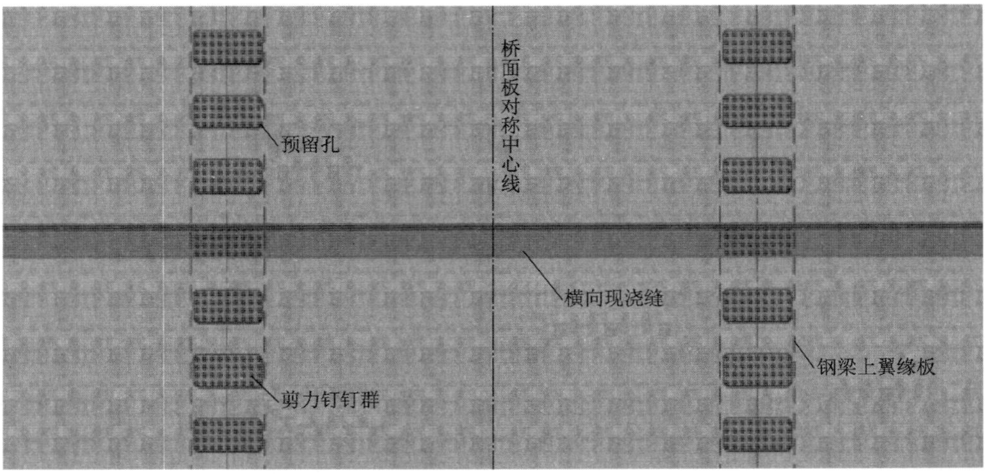

图 6.2-6　横向整体预制桥面板示意图

3）组合桥面板

为了提高桥面板的承载能力和耐久性、缩短施工工期，各种不同形式的组合桥面板开始出现。一种组合桥面板采用钢与混凝土组合结构，这种桥面板又可以分成钢-混凝土组合型和填充混凝土钢格构型。另一种组合桥面板采用现浇与预制混凝土组合结构，将桥面板沿厚度分成上下两层，下层较薄，采用预制板，安装后作为底模，再在其上现浇上层混凝土形成完整的混凝土桥面板。这种组合方式主要用于中心箱梁两侧设有斜撑与横向加劲系统的截面形式中，其最大特点就是下层预制板兼作模板使用，从而提高工作效率、降低造价。

对钢箱组合梁各种混凝土桥面板进行比选，结合剪力钉集束式布置，决定采用横向整块预制的混凝土桥面板。它具有以下显著优点：

①桥面板整体性好。

②横向预应力钢束通长布置，横向采用全预应力体系，布置通长钢束，预应力施加方便、高效。

③预应力管道压浆采用真空压浆工艺，预埋预应力钢束管道采用塑料波纹管，以保证在施工过程中管道不锈蚀并适合真空压浆工艺，日后养护中也可采用 X 光技术检查预应力钢绞线是否锈蚀及锈蚀状况。

④简化了桥面板施工工序，减少了混凝土现浇工作量，节省了安装桥面板所需搭设的施工支架。

⑤为后期更换桥面板提供可能和便利，真正做到可修、可换。

6.2.4 钢槽梁局部设计

1)内部构造

组合梁桥的钢梁截面形式多种多样,但根据顶面是否开口,通常可以分成槽形截面和闭合截面两种形式。为了满足从施工到运营各阶段的受力、整体及局部稳定等要求,一般在腹板、底板、顶板上设有纵横向加劲肋,在箱内外设有加劲系统;为了满足纯钢梁施工需要,槽形截面钢梁有时还需在上翼缘处设置平面加劲,以提高抗扭刚度。槽形截面通过设于上翼缘的连接件与混凝土板结合,结构简洁,受力明确,是组合钢箱梁桥最常用的形式。闭合截面一般在平面曲线半径较小、抗扭要求较高等情况下使用。在组合钢箱梁桥中,应用最多的是具有两道腹板的槽形钢梁断面形式,这种断面仅在腹板外的上翼缘板与桥面板结合,桥面板两侧悬臂无钢加劲肋与斜撑,桥面板为横向承重板。这种断面形式采用横向预应力时,能够适应的桥面宽度可达20m左右。对于桥面更宽的桥梁,由于混凝土桥面板横向受力的控制作用,该断面形式难以满足要求,通常将上下车道分成两幅建设。为了减小桥面板的横向受力,或降低桥面板厚度,在槽形钢梁的中间设置小纵梁并使之与桥面板结合,形成对桥面板的支撑,可有效减小桥面板的横向受力。这种组合钢箱梁断面的两侧桥面板悬臂长度之和小于箱梁内侧桥面板长度,换言之,其钢梁的底板宽度将超过桥面宽度的1/2,甚至达到2/3。

浅水区非通航孔桥连续组合梁的钢梁采用单室槽形截面,设计成倒梯形结构,主要由上翼缘板、腹板、底板、小纵梁、腹板加劲肋、底板加劲肋、横隔板以及横肋板组成。钢槽梁顶宽9.3m,底宽6.7m,梁中心线处高3.78m,腹板斜置,倾角约为71°,每孔钢槽梁由9~10个节段组成,节段长度主要为10m和8m,钢槽梁普通节段横隔板均采用桁架式空腹横隔板,永久支座和临时支座横隔板采用实腹式横隔板,任意两道横隔板之间设置一道横肋。钢槽梁横向坡度通过内外侧腹板高度不一致进行设置。85m钢槽梁横断面如图6.2-7所示。

(1)钢槽梁腹板

钢槽梁腹板采用倾斜的布置方式,这一点与组合钢板梁不同。这样的布置方式在控制桥面板悬臂长度的同时减小了底板的宽度,可以使结构表现出更好的经济性,也能够得到一个外观效果好的断面。组合梁作为受力整体主要承受弯剪作用。从抗弯角度来看,断面上下翼缘是承担弯剪作用的主体,腹板尤其是腹板纵向加劲肋对断面抗弯贡献很小,腹板纵向加劲肋的主要作用是防止腹板失稳。

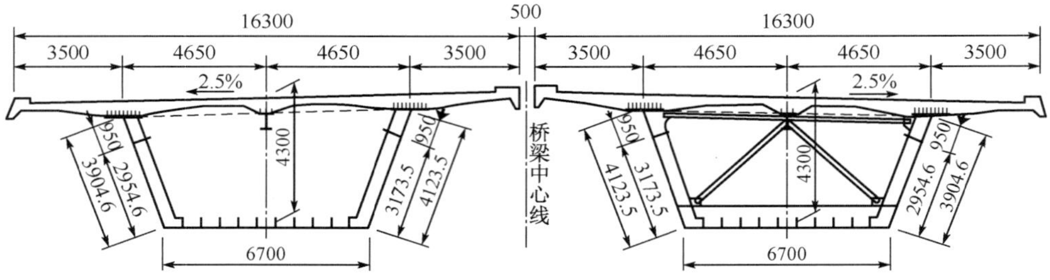

a)腹板加劲肋处主梁断面　　b)桁架式横隔板处主梁断面

图 6.2-7　85m 钢槽梁横断面图(尺寸单位:mm)

(2)钢槽梁底板

钢槽梁底板的宽度比腹板下翼缘的距离略大一些,便于在工厂完成焊接。底板的厚度沿纵向向上变化,也有一些桥梁的板厚是向下变化的,这样可以使横隔板标准化。钢槽梁底板宽度为 6700mm,底板厚度分为 20mm、28mm、32mm、36mm、40mm 和 44mm 六种。底板必须设置加劲肋以抵抗施工或者运营阶段产生的压应力,底板纵向加劲肋采用板式构造,横向间距 600mm。

(3)上翼缘板

当桥面板为双向坡时,上翼缘通常水平布置;当桥面板为单向坡时,上翼缘可以水平或平行于桥面板布置。钢槽梁上翼缘板厚度分为两种,在中墩墩顶两侧各两个节段顶板厚度为 48mm,其余节段顶板厚度为 24mm。

(4)横隔板(肋)

横隔板(肋)的作用是使钢槽梁具有一定刚度以抵抗扭转作用。支座处横隔板采用实腹式构造,其余均采用桁架式空腹横隔板,横肋板采用框架式构造,横隔板与横肋板交替布置,间距 4m。支点处实腹式横隔板设置横向通长的翼缘板与钢梁上翼缘相连,翼缘板上布置焊钉剪力键与混凝土板相连。

(5)小纵梁

小纵梁采用工字形截面,每隔 4m 支承在空腹式横隔板桁架上。

2)连接件

连接件是钢-混凝土组合结构中将钢梁与混凝土板组合在一起协同工作的关键部件,其作用是传递钢梁与混凝土板之间的剪力,防止结合面处发生水平滑移和竖向分离。连接件不仅结构形式多样,而且在组合梁结合面的连接形式上也多种多样。组合结构桥梁的受力性能主要依赖于钢梁和混凝土板之间界面处连接件对剪力的有效传递。不同形式的连接件,其抗剪承载力和抗剪刚度差别很大。连接件按照结构形式不同可分为钢筋连接件、型钢连接件、开孔板连接件和圆柱头焊钉连接件等。连接件按照刚度性能不同又可分为刚性连接件、弹性连接件、柔性连接件，以及刚度滞后型连接件。实际工程中可以采用一种连接件，也可以采用不同类型的连接件相互组合，需要根据实际剪力的大小，连接件的抗剪承载力、抗剪刚度和构造要求来确定连接件的类型和布置形式。

（1）连接件的类型

①刚性连接件。

刚性连接件的抗滑移刚度很大，型钢连接件和开孔板连接件都属于刚性连接件。刚性连接件抗剪能力高，受力后弯曲变形微小，受力特点表现为破坏前滑移量很小，一旦达到强度后，承载力完全丧失。型钢连接件在达到极限状态时，通常两个连接件间的混凝土发生剪切破坏或连接件前面的混凝土发生受压破坏，开孔板连接件通过试验得出孔中混凝土具有很大的销栓作用，其最终破坏是贯通圆孔的混凝土发生剪切破坏。刚性连接件的力学性能一般都有方向性，因此，使用时要考虑受力方向进行设置。

②弹性连接件。

弹性连接件的抗滑移刚度相对较小，在组合结构桥梁中最常用的圆柱头焊钉连接件就属于弹性连接件。弹性连接件的抗弯刚度相对其他刚性连接件要小，因此受力后会产生弯曲变形，导致在钢与混凝土的结合面产生一定的滑移变形。对于圆柱头焊钉连接件，它的布置范围、数量和间距等布置方式不同，对桥梁结构的受力特性将产生一定的影响。一般在达到极限状态前会产生较大的滑移变形，焊钉逐渐断裂直至丧失承载力。圆柱头焊钉是钢与混凝土结构中最常用的连接件之一，其破坏模式主要是根部焊接处的剪切破坏。

③柔性连接件与刚度滞后型连接件。

随着组合结构桥梁的发展，出现了一种新的设计方法：在结构不同区域设置不同的钢与混凝土连接刚度，使得截面完全组合与不完全组合相结合。对于连续组合桥梁，把跨中设计成组合结构，负弯矩区设计成非组合结构或不完全组合结构，可以改善负弯矩区混凝土板裂缝性能。为达到这一目的，一种在剪力钉根部或型钢剪力键腹板设置泡沫塑料等软材料的柔性连接件被开发出来，它的初期抗剪强度小并允许较大的滑移变形，在使用阶段也处于刚度较低的状态，常用于非组合结构中。刚度滞后型连接件则通过在焊钉根部使用可控制硬化时间的环氧树脂达到刚度滞后发挥的目的，通过在环氧树脂中加入硅胶可以使硬化后连接件的刚度与普通连接件相同。这种连接件在施工阶段不具有抗剪刚度，从而减少施加预应力引起的不利影响，但在使用阶段充分发挥作用，成为完全组合结构。

（2）连接件的选择

在连续组合结构桥梁中，从支点截面到跨中截面，受力状况变化很大，尤其在负弯矩区受力更为复杂。连接件的布置既要考虑不同区域承载力的需要,又要考虑组合结构整体性能对连接件抗剪刚度的要求。因此连接件的布置应根据实际剪力的大小、连接件的抗剪承载力和构造要求确定,而不必是等间距的。圆柱头焊钉连接件属于弹性连接,可以根据不同的要求进行设置,进而表现出不同的性能,当直径、数量配置较高时,连接性能可以达到接近刚性。在实际应用时,可以根据需要选择焊钉的直径、数量及布置方式,达到完全组合或部分组合的性能要求。焊钉连接件还可以间断布置,配套桥面板设有预留孔,以实现滞后连接,达到更加有效地给混凝土桥面板施加预应力的目的,在设计中具有很大的灵活性,也是结合结构中最常用的连接件之一,具有刚度适中、施工便利、维修方便等特点,故本工程混凝土桥面板与钢主梁间采用圆柱头焊钉连接。

(3)连接件的布置形式

组合梁通过焊钉连接件把钢梁与混凝土桥面板接合成一体承担外力。为了确保两者之间不发生相对滑移,通常是把焊钉沿着翼缘长度方向几乎等间距设置。但是为了防止墩顶负弯矩区桥面板开裂,需要对负弯矩区混凝土桥面板施加预应力,这会导致一部分预应力作用到钢梁上,使预应力不能有效地施加给桥面板。采用集束式剪力钉布置可以解决这个问题。集束式剪力钉布置就是把几个焊钉以较小的间距集中设置形成群体,再以较大的间距把这个焊钉群设置在翼缘长度方向上,施加预应力后再用无收缩砂浆填充焊钉群的预留孔,即先张拉负弯矩区混凝土桥面板预应力钢束,再完成桥面板与钢主梁的结合。采用集束式剪力钉布置可以达到以下目的:

①使预制桥面板横向整体化。

②在桥面板的纵、横两方向上能够高效地施加预应力。

③钢梁不会因预应力的施加而产生附加应力。

④可应用于现场浇筑或预制的桥面板。

⑤减轻干燥收缩对混凝土桥面板的影响。

(4)剪力钉布置形式对比分析

①混凝土桥面板与钢梁的相对滑移。

集束式和均布式剪力钉布置方式的计算模型得到的滑移量均不大,说明界面剪力钉抗剪能力较强,达到了预期目的。集束式剪力钉布置方式计算模型的最大滑移量为0.27mm,稍大于均布式(0.20mm),分析其原因主要是由集束式布置方式的剪力钉数量稍小于均布式。集束式剪力钉布置方式剪力钉计算最大剪力为41.75kN,均布式计算最大剪力为29.61kN,两者剪力钉的受力均满足要求。在18~20m位置滑移量有突变,主要由该部位顶板厚度突变引起(48mm突变至24mm),剪力钉内力在该位置变化不大,说明顶板突变主要引起钢板的局部变形，使界面滑移量增加，而对剪力钉的受力影响不大。

②剪力钉内力。

设计时关于截面突变处产生的集中剪力的分布，应参考欧洲规范的相关规定。尤其是施工阶段，由于墩顶混凝土桥面板有一部分为后结合，先结合桥面板端部产生很大的剪力，这个剪力按欧洲规范 EN 1994-2：2005 中第 6.6.2.4 条的规定，在有效宽度范围内按三角形分布传递给桥面板。其余剪力按矩形均匀分布在单元长度范围内。

③钢梁底板竖向位移。

均布式钢梁最大竖向位移 304.66mm，集束式钢梁最大竖向位移 304.81mm，两者相差不大，说明剪力钉布置方式对组合梁整体变形影响不大。

④钢梁与混凝土板竖向相对位移。

集束式最大竖向相对位移 0.033mm，均布式最大竖向相对位移 0.002mm，说明混凝土桥面板受到的掀起力不大。

⑤钢梁应力。

集束式和均布式剪力钉布置方式，两者的应力分布规律基本一致，应力大小相差不大。

由以上结果可见，在恒活载作用下，剪力钉采用集束式布置会增大剪力钉的内力、局部桥面板的应力。采用集束式剪力钉布置方式的钢梁在局部位置只有极小的竖向位移，集束式布置并未显著减小组合梁刚度。

（5）不同剪力连接度的对比分析

港珠澳大桥组合连续梁的混凝土桥面板与钢梁之间通过布置于钢梁顶板的焊钉剪力键连接，焊钉剪力键直径 22mm，高 250mm；钢箱梁顶板横向布置 2×9 根，横向间距 125mm；纵向采用集束式布置，单个钉群纵向布置为 4 排，焊钉剪力键纵向间距 125mm，钉群中心线之间的纵向距离为 1000mm。单跨组合梁的剪力钉布置数量如表 6.2-2 所示，其中剪力钉数为初始数量。

组合连续梁单跨剪力钉布置数量（个） 表 6.2-2

类　型	单群剪力钉数	钉　群　数	合　计
钉群 A	36	748	26928
钉群 B	45	220	9900
钉群 C	81	10	810
钉群 D	279	4	1116
钉群 E	240	2	480

①钢-混凝土界面的滑移量。

剪力钉布置数量越多,钢-混凝土界面之间的滑移量就越小。剪力钉数量分别为初始数量和1/2 数量时的滑移量相差不大,但当剪力钉数量为1/4 时,钢-混凝土界面的滑移量突然增大。这表明组合梁上界面剪力钉的布置数量减小到一定程度后,钢-混凝土界面的滑移量有陡增的趋势,同时也说明剪力钉的初始数量是足够的,并有一定的余量。

②钢梁和混凝土梁的竖向位移。

剪力钉布置数量越多,钢梁和混凝土梁的竖向位移就越小。剪力钉数量分别为初始数量和1/2 数量时的滑移量相差不大,但当剪力钉数量为1/4 时,钢梁和混凝土梁的竖向位移突然增大。表明组合梁上界面剪力钉的布置数量减小到一定程度后,钢梁和混凝土梁的竖向位移有陡增的趋势,同时也说明剪力钉的初始数量是足够的,并有一定的余量。

③钢梁和混凝土梁的纵向应力。

不同剪力钉布置数量下,钢梁和混凝土梁的纵向应力曲线基本重合,说明剪力钉布置数量对钢梁和混凝土板的受力不敏感。

6.2.5　耐久性设计

1)混凝土结构工程

港珠澳大桥混凝土结构不同构件的设计使用寿命通过有针对性的耐久性设计来实现,耐久性设计涉及的内容有:原材料的选择、混凝土的配合比、混凝土的性能、钢筋保护层厚度、裂缝控制宽度、外加辅助措施、施工要求以及运营维修、检测要求等。

(1)混凝土抗氯离子渗透性能指标

根据港珠澳大桥设计使用寿命要求,综合考虑不同混凝土构件所处的腐蚀环境、构件的重要性与承载能力,以及施工水平等因素,确定港珠澳大桥不同混凝土构件的最低强度等级要求、不同混凝土构件的最小保护层厚度(未考虑施工偏差)、不同混凝土构件的氯离子扩散系数,如表6.2-3 所示。

(2)混凝土保护层厚度及裂缝控制

混凝土是多种材料组成的混合体,在温度、湿度、压力和外力的作用下,均有可能出现裂缝,将裂缝控制在无害的范围,是耐久性设计一项重要内容。港珠澳大桥工程在荷载作用下配筋混凝土构件的表面裂缝最大宽度计算值应不超过表6.2-4 的限值。

不同混凝土构件的氯离子扩散系数 表 6.2-3

构件	环境/部位	设计使用年限(年)	环境等级	失效标准	最低强度等级	混凝土保护层厚度(mm)	氯离子扩散系数($10^{-12}m^2/s$)	
							28d	56d
箱梁	大气区,外侧	120	Ⅲ-D	(a)	C50	50	6.0	4.0
箱梁	浪溅区,外侧	120	Ⅲ-F	(a)	C55	80	6.0	4.0
箱梁	内侧	120	Ⅲ-B	(a)	C50	45	6.0	4.0
桥面板	大气区	120	Ⅲ-D	(a)	C50	45	6.0	4.0
桥墩	大气区	120	Ⅲ-D	(a)	C50	55	7.0	4.5
桥墩	浪溅区	120	Ⅲ-F	(a)	C50	80	7.0	4.5
承台	浪溅区	120	Ⅲ-F	(a)	C45	80	7.0	4.5
	水下区	120	Ⅲ-C	(a)	C40	60	7.0	4.5
桩基础	水下区	120	Ⅲ-C	(a)	C40	60	7.0	4.5

混凝土裂缝宽度限值(mm) 表 6.2-4

区段	部位	腐蚀环境	结构类型	裂缝宽度
桥梁	箱梁	Ⅲ-D	预应力钢筋混凝土	—
	箱梁	Ⅲ-F	普通钢筋混凝土	0.15
	墩身	Ⅲ-D、Ⅲ-F	部分预应力钢筋混凝土	—
	墩身		普通钢筋混凝土	0.15
	承台	Ⅲ-F	普通钢筋混凝土	0.15
	承台	Ⅲ-C	普通钢筋混凝土	0.20

①一般要求。

a. 保证混凝土结构耐久性的必要措施包括:

(a)隔绝或减轻环境腐蚀因素对混凝土的作用;

(b)控制混凝土裂缝的数量、宽度和深度;

(c)为钢筋提供足够厚度的混凝土保护层。

b. 对于可能发生严重锈蚀的构件,浇筑在混凝土中并部分暴露在外的吊环、紧固件、连接件等铁件应与混凝土中的钢筋绝缘、隔离,并应采取严格的防腐蚀措施,以消除这类铁件锈蚀对构件承载力的影响。

②混凝土保护层。

a. 为了利于钢筋的定位,要求使用定制保护层定位块。保护层定位块的尺寸及其形状应能保证混凝土保护层厚度的准确性。浇筑混凝土前,钢筋安装时保护层厚度的允许偏差:板结构 +3mm, -0mm;梁及柱结构 +5mm, -0mm;基础及墩台 +10mm, -0mm。钻孔桩钢筋保护层厚度尺寸允许偏差 ±20mm。保护层内不得有绑扎钢筋的铁丝伸入。

b. 浇筑混凝土前,应仔细做好以下检查工作:

(a)检查保护层定位块的位置、数量及其紧固程度,提高保护层厚度尺寸的施工质量保证率;

(b)检查模板、钢筋、预埋件和预留孔的尺寸、规格、数量和位置,其偏差应符合现行行业标准的有关规定;

(c)检查模板支撑的稳定性和接缝的密合情况等。

c. 现场混凝土保护层的实际厚度宜采用非破损检测确定。非破损方法使用的仪器应经过计量检验,并用局部破损方法进行校准,钢筋保护层厚度检测仪检测误差不应大于 1mm。

③施工缝。

a. 结构的施工缝不允许设置在浪溅区和水位变动区内,尽量避开可能发生较大拉应力的部位。对结构施工缝处的混凝土应采取特殊防腐蚀措施。

b. 在浇筑新混凝土前,施工缝表面应用压力水冲洗、钢丝刷刷洗或凿毛。用水刷洗时混凝土抗压强度须达到 0.5MPa,人工凿毛时须达到 2.5MPa,风动机凿毛时须达到 10MPa,同时应洒水使混凝土保持潮湿状态直到浇筑新混凝土。

(3)混凝土性能指标及要求

混凝土的性能需靠配合比设计保证,应尽量降低混凝土拌合物中的浆体比率,采用最低的用水量。通过使用级配、粒形良好的集料来降低混凝土中浆体比率、提高混凝土的体积稳定性;通过掺入大量矿物掺合料来降低混凝土水化热温升、提高混凝土的抗渗性能;通过掺入与胶凝材料匹配的优质高效缓凝型减水剂来降低混凝土升温速率及混凝土中的拌和用水量;通过掺入适量的引气剂来提高混凝土的体积稳定性、降低混凝土的黏性,提高混凝土的施工性。

(4)混凝土外加防腐蚀措施

混凝土外加防腐蚀措施可分为两大类:一类是通过阻止或延缓氯离子渗透进钢筋表面从而达到保护钢筋的目的,如硅烷浸渍、混凝土涂层、施工采用透水模板以及混凝土中掺加硫水化合物等;另一类是通过提高钢筋原有的抗腐蚀性能使钢筋不锈蚀,如不锈钢钢筋、热浸镀锌钢筋、阴极保护以及环氧树脂涂层钢筋等。

港珠澳大桥所面临的腐蚀环境对混凝土是严峻的。浅水区非通航孔桥混凝土构件耐久性措施如下：掺入大掺量矿物掺合料的高性能混凝土；施工使用透水模板布；预留外加电流阴极保护接口，在需要时启用。

2)桥面排水系统

大桥上部结构在营运过程中遇到雨水是不可避免的，但不能让雨水在大桥结构上长期聚集后腐蚀结构，尤其是在钢-混凝土组合界面、箱梁内部、预应力管道内部等。在设计过程中，要加强排水设施设计，引导雨水排出，同时对关键部位加强密封性设计，防止混凝土收缩引起缝隙；在施工过程中，要加强质量管理，及时排除一些隐蔽工程处的积水。

为降低碳氢化合物对大桥附近土地河流的污染，海中桥梁全部采用集中排水方式，参照香港地区规范进行集中排水设计。车道和桥面的铺装将采用从中央桥轴线向两边路缘带倾斜的方式，路缘带后侧的积水通过搜集点将地表水排到管道排水系统中，或直接排放到桥下的海中(根据当地环境要求而定)。

在岸上或非潮汐区的大桥部分，将使用置于桥面边侧悬臂结构下的管道系统进行排水。其他大桥部分直接将水通过桥面下的排水管排放到海中。为防止和减少桥面污物进入海水环境造成对生态的影响，在桥面采用集水槽设计，将污染物沉淀并定期清理；为防止从上而下高能量的水柱对海底面的冲击，在管底设置了带金属网的喇叭管与侧排管相结合的组合排水口进行消能处理。

地表水除流至搜集点外，少量地表水还将穿透路面表层，流入路面与防水层之间。因此，桥面排水系统的设计还需包含以下措施，以降低次表层水导致大桥路面受损的风险：

(1)采用桥面次表层排水，包括埋于防水层的标准锥形集水器以及贯穿桥表层的短排水管。

(2)路肩排水沟需设有与防水膜齐平的防水层排水槽，以便搜集和排出沟沿后积水。

(3)桥梁间伸缩缝后需安装与防水膜齐平的排水管道贯穿整个桥面宽度，搜集和排出桥面次表层水。

3)桥面辅助设施和预埋件

(1)支座

支座应易于检查、维护和更换，要求有足够的空间放置千斤顶以顶升梁体并移除旧的支座,放置新的支座。更换支座时不应该干扰桥梁和河道的交通。所有支座的顶及底部应有定位钢板。这些钢板在正常换支座时将保持原位,但也可以设计为可更换。特别是顶升位置附近的桥梁结构(包括梁底和墩顶),要能够承受支座更换时的临时顶升荷载。

(2)伸缩缝

经验表明,许多桥梁早期的退化都是源于漏水和损坏的伸缩缝。伸缩缝的损害是由于设计和维护不足导致的。从设计的角度出发,应尽可能限制伸缩缝的数量,最为合适的是采用连续的上部结构,同时应使用不漏水、清洗简单、便于养护维修、性能优良的伸缩缝。

(3)排水系统

所有接近水平的顶部表面应有足够的倾斜度,便于雨水流动和排放。

(4)防撞栏、栏杆和灯栏

混凝土桥面上安装的防撞栏、栏杆和灯栏应采用不锈钢预埋件,避免发生重大腐蚀,也不必考虑它们将来的修理。固定螺栓可以采用热浸镀锌螺栓、垫圈和螺母或者不锈钢零件,这取决于维护和更换这些装置的频率和价格。

4)钢箱梁内壁除湿通风

组合梁基本为 6×85m 一联,每一联体积约为 30000m^3。考虑到箱梁长度较大,有小车通行需求,两端密封不好。根据箱体特点、循环风系统的划分、日常维护成本等因素,组合梁内设计 2 套中型除湿机组。除湿机的处理风量达到 1350m^3/h,送风总风量达到 4000m^3/h;设备位于每一联的中间位置,每一幅桥一套,利用送风管道送风,分区控制的同时又可以应急互补。每套除湿系统由除湿机、混合加压风机、连接风管、中央电控盘和湿度控制仪表等组成。

5)剪力连接键的疲劳设计

关于钢-混凝土组合结构的疲劳设计,除了钢结构本身的疲劳设计外,还要注意负弯矩区纵向受拉钢筋的疲劳和剪力连接键的疲劳。对于纵向钢筋来说,疲劳计算相对简单,钢筋的构造要求也容易达到设计要求;而对于剪力连接键的疲劳设计,剪力连接键的个数应满足疲劳强度极限状态值,同时剪力连接件的间距也要满足相关的规范要求;此外,要特别关注负弯矩混凝土开裂区、组合梁结构现场拼装接缝位置的剪力连接键疲劳设计,在计算这些区域的剪力连接键疲劳应力幅时,除了采用合理的力学假定与有限元模拟方法外,还应该以大比例的疲劳模型试验来验证疲劳设计的准确性。

6.3　组合梁预制技术

6.3.1　组合梁预制工艺流程

组合梁预制主要分为钢槽梁预制、混凝土桥面板预制、钢槽梁与混凝土桥面板组合三个过程。钢槽梁和混凝土桥面板分别在工厂内预制。组合梁预制工艺流程如图 6.3-1 所示。

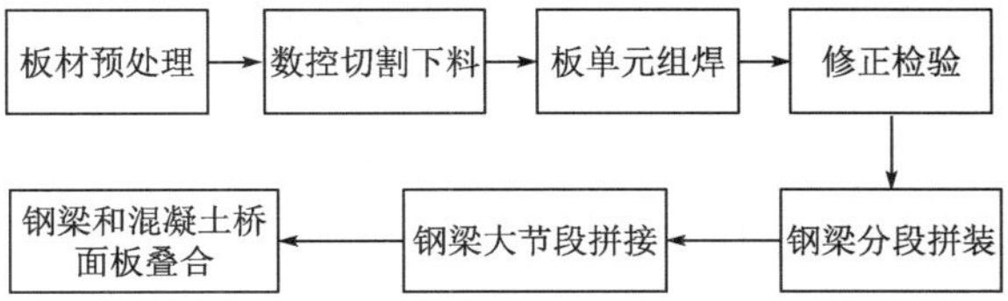

图 6.3-1　组合梁预制工艺流程图

1) 钢槽梁预制

钢槽梁的预制分为板单元制造和梁段制造两个阶段，分别在厂内车间和拼装场地进行。板单元在厂内车间里制造，充分发挥车间的生产技术优势，应用各类专用胎型模具和自动化生产设备，有效控制板单元质量。板单元经检验合格后运往梁段拼装场地，进行梁段整体制造、预拼装、防腐涂装和大节段拼接。

(1) 板单元制造

①板单元划分。

将钢槽梁划分为若干板单元，包括底板单元、腹板单元、上翼缘板单元、横隔板（肋）单元等，如图 6.3-2 所示。在满足标准规范和设计要求的前提下，综合考虑供料、运输及批量生产等因素进行选择。

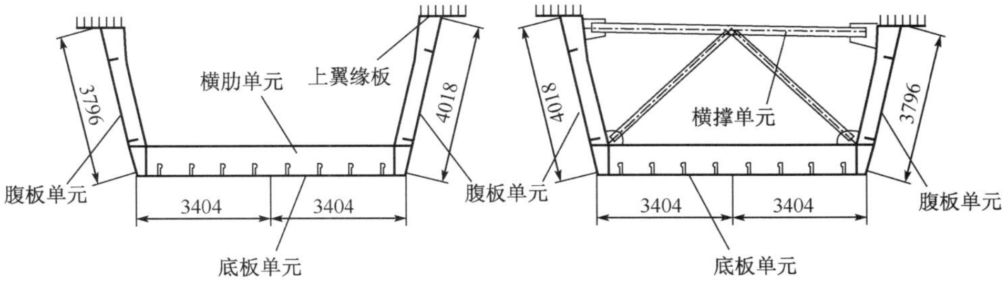

图 6.3-2　钢槽梁板单元划分示意图（尺寸单位：mm）

通过板单元划分，在制造中实现板单元化、类型化、标准化，可以避免零散部件参与梁段组装，所有板单元按类型在车间内自动化专用胎架和设备上形成流水作业制造，从而实现生产规范化、产品标准化、质量稳定化。

②板单元制造工艺。

为了在板单元制造中实现“优质、高效”的目标，从钢板进车间到板单元合格出厂，整个过程通过一系列的工装、自动化设备和工艺措施来保证板单元下料、组装、焊接、修整等各环节质量可控，通过高精度、高效率的自动化设备和成熟的工艺对板单元制造质量进行有效控制。

图 6.3-3　钢板预处理实景图

a. 钢板预处理。

钢板预处理在自动生产线上完成，生产过程为：赶平→抛丸除锈→喷漆→烘干。钢板在抛丸除锈前先赶平，以消除钢板的残余变形，尤其是局部硬弯，减少轧制内应力，保证钢板的平整度。钢板预处理实景如图 6.3-3 所示。

b. 切割下料。

对于形状复杂的零件采用数控等离子切割机精确下料，采用合理的切割顺序及预加必要的补偿量来保证其几何形状和尺寸精度。对于单侧有横纵加劲肋的板单元，在面板切割下料完成后，直接采用数控划线方法划出加劲肋组装基线，既提高划线效率，又确保划线精度。

c. 底板单元组装、焊接。

底板单元组装在平台或专用组装胎上完成。对于单侧有纵肋的板单元，采用反变形焊接可以有效控制焊接变形。焊接时采用反变形胎，选用自动或半自动的焊接方法既可以控制焊接质量，又可以提高工效、缩短生产周期、降低制造成本。

d. 腹板与上翼缘板单元的组装、焊接。

由于腹板的一边设有上翼缘板，上翼缘板与腹板组成 T 形，上翼缘板与腹板的焊缝属非对称焊缝，焊缝收缩会造成腹板下挠变形，因此在腹板下料时设置适量的预拱度以抵消焊接变形。组焊时先采用反变形焊接技术在胎型上焊接腹板上的水平加劲肋，焊后校正合格后再组焊上翼缘板，由于此焊缝长且直通，应采用焊接效率高、质量稳定的埋弧自动焊方法，且采用船位焊接，保证焊缝外观质量。

e. 横隔板单元的组装、焊接。

整体式横隔板采用数控精密切割后，再应用自动划线功能精确划出加劲肋组装基线，确保外形尺寸和加劲肋组装精度；桁架式横隔板采用专用组装胎型组装，严格控制外形尺寸精度。桁架式横隔板与整体式横隔板如图 6.3-4 所示。横隔板焊接选用焊接变形小的 CO_2 气体保护焊方法，焊接时由中心向两边对称施焊，以控制焊接变形。

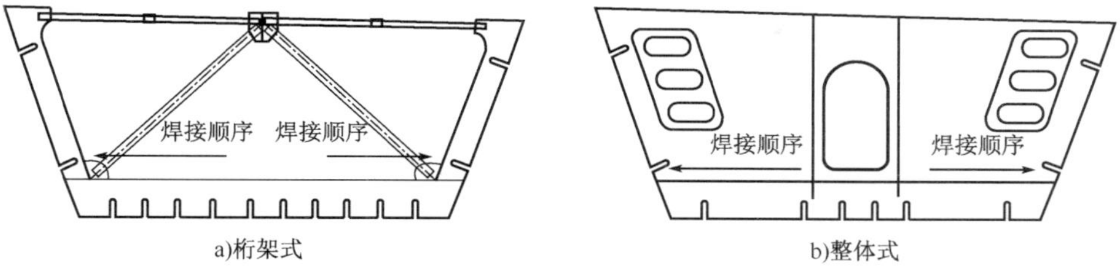

图 6.3-4　桁架式横隔板与整体式横隔板

（2）梁段制造

板单元制造完成后运至拼装场地，在场地内进行梁段拼装、涂装和组合梁大节段拼接等各项工作。梁段拼装采用多梁段连续匹配组焊和预拼装同时完成的工艺方法。拼装采用正装法，以胎架为外胎，以横隔板为内胎，各板单元按纵、横基线就位，辅以加固措施以确保精度和安全。梁段拼装按照底板→横隔板→腹板→预拼装→制造分段拼接→组焊附属结构→涂装→组合梁大节段拼接的顺序进行施工，实现立体阶梯形推进方式逐段组装与焊接。梁段拼装重点要控制钢梁的线形、几何形状和尺寸精度、相邻接口的精确匹配等。

①梁段制造工艺。

梁段拼装在拼装胎架上进行，胎架基础要有足够的承载力，胎架要有足够的刚度，确保在使用过程中不发生沉降和变形。在胎架外设置独立的基线、基点以控制板单元的定位精度。梁段拼装遵循由下往上、先中间后两边的原则，组焊过程中要注意对称施焊。

a. 组焊底板单元（图 6.3-5）。

首先，将两片底板单元在拼装胎架上组对，根据底板厚度和焊接量的不同，宽度方向预留纵向对接焊缝的焊接收缩量和焊接反变形。然后，焊接纵向对接焊缝。梁段底板单元修平后，将其置于胎架上定位，使其横、纵基线在无日照影响的条件下与胎架上的基线对正。

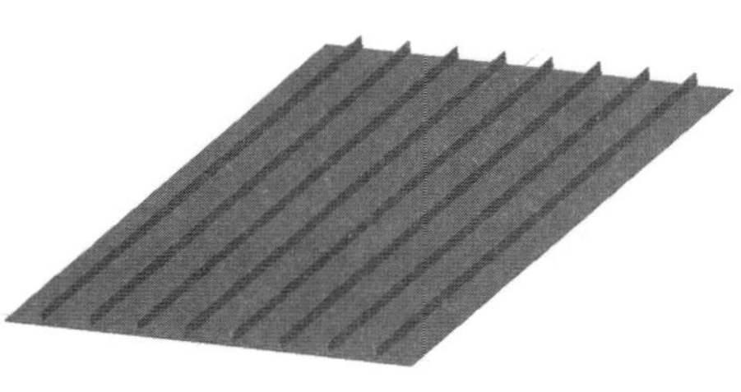

图 6.3-5　组焊底板单元

b. 组焊横隔板单元（图 6.3-6）。

由梁段一端开始依次组装横隔板单元，并焊接横隔板与底板间角焊缝。为了减小焊接应力和焊接变形，焊接时要从梁段中间向两侧对称施焊,且采用热量集中的 CO_2 气体保护焊进行焊接。

c. 组焊腹板单元(图 6.3-7)。

选择温度影响小的时候测量定位腹板单元,组装时精确定位腹板中心,对称焊接横隔板与腹板间角焊缝以及腹板与底板间角焊缝。为了减小焊接应力和焊接变形,焊接时要从梁段中间向两侧对称施焊,同一隔板两侧立位角焊缝应对称焊接,且采用焊接变形小的 CO_2 气体保护焊进行焊接。

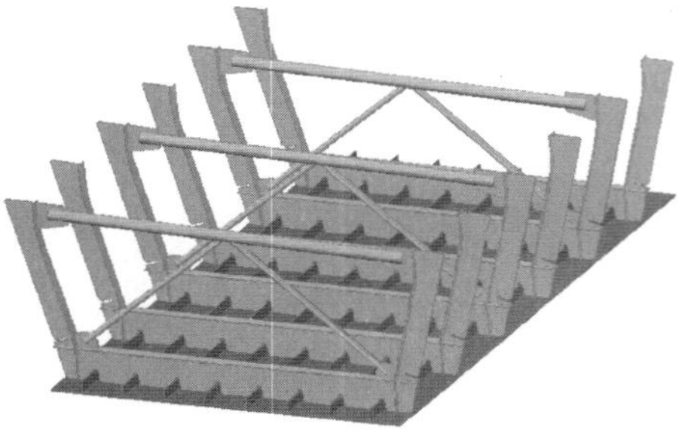

图 6.3-6　组焊横隔板单元

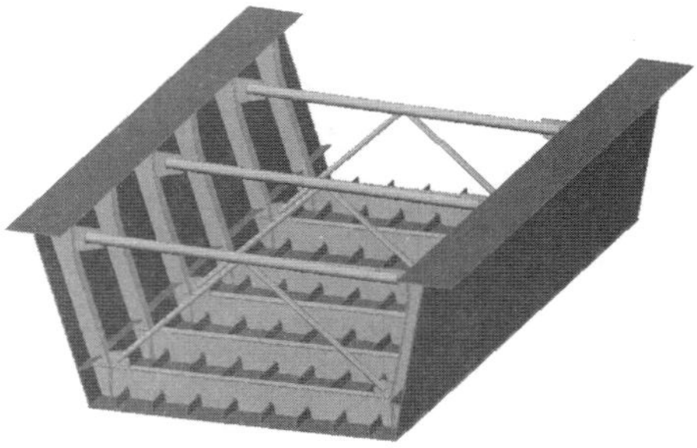

图 6.3-7　组焊腹板单元

②梁段预拼装。

为确保组合梁大节段顺利架设连接,钢梁要在胎架上进行预拼装,若发现梁段尺寸有误或预拱度不符时,可在场内进行尺寸修正和调整,避免在架设现场高空调整,减少高空作业难度,加快吊装速度,缩短封航时间。多梁段匹配组焊完毕后,精确调整和测量桥梁纵向线形、相邻梁段吊点纵距和各吊点高程、梁段纵向累加长度、梁段间端口匹配情况等,检验合格后,按制造长度配切梁段一端的预留量,通过匹配件将梁段间位置关系复位至预拼装状态,确保梁段接口连接精度。匹配完成后,除最后一个梁段外其余梁段出胎,最后一个梁段前移与后续梁段进行预拼装,使每轮次制造能够平顺衔接。

③大节段制造。

a. 制造分段拼接。

为减少组合梁大节段拼接焊缝,同时考虑涂装、转运等因素,梁段拼装完成后,在拼装胎架上将 2 个梁段拼接成 1 个制造分段,然后再下胎进行涂装施工。

b. 大节段拼接。

每个组合梁大节段由若干个制造分段组成,制造分段完成涂装后转运至大节段拼接胎架上进行大节段拼接。各制造分段上胎后依靠双向调整千斤顶实施微调,完成各基准线的复位。分段复位完成并经检测后,调整焊缝错边量符合允许偏差要求,然后按照顺序焊接上翼缘板、腹板和底板对接焊缝，最后组焊底板、腹板上加劲肋嵌补段。大节段拼接示意图如图6.3-8所示。大节段拼接完成后，进行环缝补涂，安装桥面附属设施。

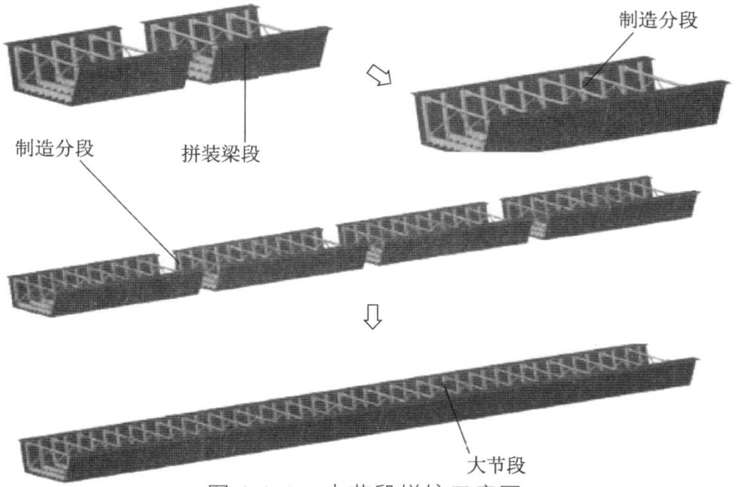

图6.3-8　大节段拼接示意图

2）混凝土桥面板预制

桥面板预制是将桥面板按照一定的长度和宽度划分为若干单元进行预制，然后将这些单元安装于钢槽梁上，最后浇筑预制板之间的接缝混凝土。为了提高桥面板的施工速度和作业效率，也有采用桥面板全宽预制的方法，预制单元的纵向尺寸根据起吊运输能力等确定，通常在4m以内。桥面板采用全宽预制不仅保证了桥面板的整体性，减少了现场连接的施工工序，还可以在桥面板与钢槽梁结合前施加预应力，使预应力直接施加到桥面板上。横向整体预制桥面板如图6.3-9所示。

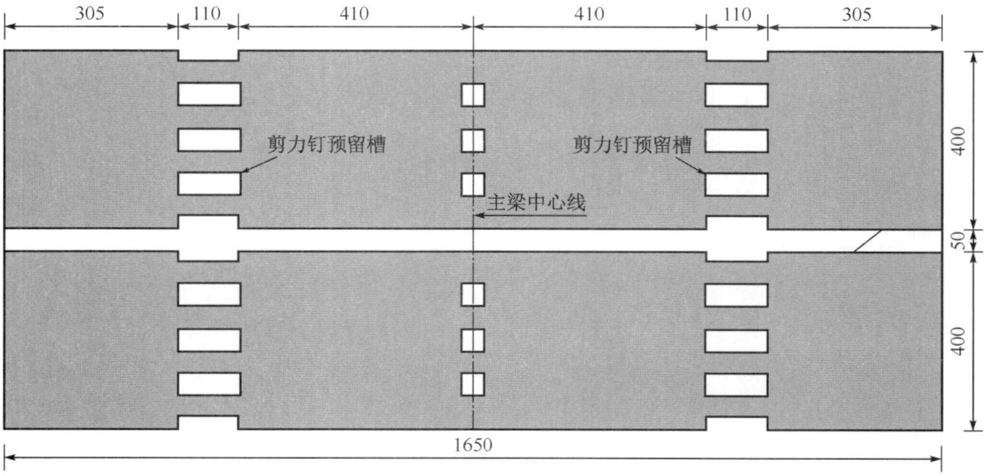

图6.3-9　横向整体预制桥面板示意图（尺寸单位：cm）

组合梁桥面板采用C60高性能混凝土，按纵桥向分块、横桥向全宽预制。桥面宽16.50m，悬臂长3.50m，桥面板在钢槽梁小纵梁和腹板顶处厚50cm，其他部位厚28cm，悬臂板端部厚22cm，其间均以梗肋过渡。预制桥面板需存放6个月以上，以减小混凝土收缩徐变的影响。为了解决桥面板和钢槽梁连接共同受力的问题，在钢槽梁腹板和小纵梁顶部间断开孔形成预留槽，桥面板与钢槽梁结合后用C60无收缩混凝土对预留槽进行填充。

为了保证港珠澳大桥主体结构120年设计使用寿命，配制的高延展性C60桥面板混凝土需要满足：①高耐久性能，包括抗渗性、抗冻性、抗化学侵蚀性、抗碳化性、体积稳定性及碱集料反应等。②高力学性能，包括抗压、抗弯拉和抗疲劳性能。③高工作性能，主要指混凝土在成型、运输以及浇筑中不离析、不板结等易于操作的程度。④经济性，主要指在满足混凝土各项性能要求的前提下，进行混凝土配合比优化，减少水泥用量。

主要从以下六个方面对高延展性C60桥面板混凝土的配合比进行设计：①调整粗集料的级配，使空隙率达到可能的最低值。②合理地选择砂率。③控制单方混凝土用水量。④采用矿物掺合料部分超量取代水泥。⑤合理选用高效减水剂和减缩增韧剂。⑥合理选用有机聚合物纤维种类和掺入比例。

桥面板预制采用钢膜在专门的预制厂进行。预制板板厚沿横桥向为变厚度，其中桥面板厚度变化范围为260～500mm。

（1）预制台座

地基经清理后整平，并用普通钢筋混凝土板硬化。在桥面板台座施工区域安装钢筋网片，然后浇筑混凝土。地坪之上施工条形基础，桥面板底模直接安装在此条形基础上。条形基础间距2m，顶面预埋钢板，钢板与底模横肋焊接相连，不得脱空。条形基础及预制台座如图6.3-10、图6.3-11所示。

图6.3-10　条形基础

图6.3-11　预制台座

(2)模板设计制造和安装

为保证桥面板平整度,底模、侧模采用钢模,确保模板安拆方便、坚固耐用、接缝密贴、尺寸准确。每块底模制造完毕并经检查合格后,整体吊放到台座上,与台座预埋件焊接成整体,侧模分段吊装与底模组装成整体。侧模采用普通单层面板结构,为保证钢筋位置精确,侧板上开有圆形钢筋槽口。由于桥面板尺寸较大,侧模均分成若干块,然后再组拼。底模的尺寸、平整度验收如图 6.3-12 ~ 图 6.3-15 所示,模板的验收工艺标准见表 6.3-1。

图 6.3-12　验收底模尺寸(一)

图 6.3-13　验收底模尺寸(二)

图 6.3-14　验收底模的平整度(一)

图 6.3-15　验收底模的平整度(二)

模板验收工艺标准(mm)　　表 6.3-1

项次	检查项目		允许偏差
1	内部尺寸	长、宽	±5
		高	±3
2	相邻板两板面高差		2
3	底板平整度		1
4	对角线		6

续上表

项　次	检查项目	允许偏差
5	侧向弯曲	<5
6	模板倾斜度	<0.15%

(3)钢筋绑扎

桥面板类型较多,钢筋绑扎难度大,为便于制作、提高生产效率、保证质量,根据设计图纸提出下料单,工班据以下料、加工。钢筋成型、弯曲在钢筋车间专门制作的模具上进行,钢筋绑扎在钢筋绑扎台座上直接成型。由门式起重机吊装到底模上,然后再安装侧模。为保证桥面板钢筋保护层厚度及耐久性,采用精细制造的钢模预制出高一级别的混凝土垫块,保证保护层厚度误差在 -3 ~ +5mm。钢筋安装检查项目及控制标准见表6.3-2,钢筋绑扎、起吊、定位、入模如图6.3-16 ~6.3-19 所示,混凝土垫块制作如图6.3-20、图6.3-21所示。

钢筋安装检查项目及控制标准(mm)　　表6.3-2

项次	检查项目		允许偏差	检查方法
1	受力钢筋间距		±10	每构件抽查2个断面,用尺量
2	箍筋间距		0,-20	每构件抽查5~10个间距
3	钢筋骨架尺寸	长	±10	按骨架总数30%抽查
		高、宽	±5	
4	弯起钢筋位置		±20	每骨架抽查30%
5	保护层厚度		+5,-0	沿模板周边检查8处

图6.3-16　钢筋胎架绑扎钢筋

图6.3-17　钢筋起吊入模

(4)环氧钢筋施工

为更好地发挥环氧树脂涂层钢筋抗腐防锈的功能,在吊装、储存与搬运、加工、连接与定位、涂层修补及混凝土浇筑等施工过程中，除遵循普通钢筋的施工要求以外，还应符合下列技术条件：

①涂层钢筋的吊装和支点设置。

a. 涂层钢筋应使用高强度非金属纤维带（如尼龙扁带等）作为吊装索具，避免硬性挤压和强力摩擦造成涂层的损坏。

b. 对长度超过 6m 的涂层钢筋，应采用多支点吊装，避免钢筋两端因过大垂落造成钢筋之间的摩擦与碰撞，损坏涂层。

c. 涂层钢筋每次吊装量要小，未拆包的每次吊装移位不超过 3 捆（6t），拆去包装的散钢筋每次吊装一般不超过 2t，避免强力挤压、撞击和滑动损坏涂层。

d. 涂层钢筋吊、运、储支点的确定以长度和质量为主参数，涂层钢筋长度在 6m 以下时设置两个支点，长度超过 6m 时每隔 4m 设置一个支点。如果涂层钢筋质量超过 2t，支点数量应适当增加。

图 6.3-18　钢筋精确定位

图 6.3-19　入模后的钢筋

图 6.3-20　制造垫块的模型

图 6.3-21　成型的混凝土垫块

②涂层钢筋的储存与搬运。

a. 涂层钢筋应采用不透光黑色塑料包装，施工使用时才能打开包装，避免涂层受阳光直接照射产生褪色或老化。

b. 涂层钢筋在堆放时，钢筋与地面之间、涂层钢筋捆与捆之间应用木条隔开。涂层钢筋的堆放不宜超过 5 层。

c. 涂层钢筋应以水平方式搬运和储存，在搬运和吊装过程中严禁用硬器撬动钢筋，也不允许托、拉、抛、拽钢筋，保护涂层，避免损坏。以轻取、轻放为好。

③涂层钢筋的加工。

对涂层钢筋作弯曲加工时，环境温度不应低于 5℃。钢筋弯曲机的芯轴应套上专用护套，平板应铺上纤维粘垫，避免与金属物的直接接触和挤压。对直径 $d \leqslant 20$mm 的钢筋，弯曲直径不宜小于 $4d$；对直径 $d > 20$mm 的钢筋，弯曲直径不宜小于 $6d$；弯曲速度不宜高于 8r/min。涂层钢筋切断时支撑部位用非金属缓冲垫保护，严禁用气割或其他热力方法切断涂层钢筋，钢筋切头的金属裸露部位和损伤部位应用涂层修补材料进行修补。

④涂层钢筋的绑扎与定位。

a. 涂层钢筋的绑扎方法。

钢筋绑扎所用的扎丝全部采用涂层钢筋生产厂家提供的专用扎丝以免损坏涂层。对十字交叉分布方式的涂层钢筋，采用“X”绑扎方式进行绑扎。

b. 涂层钢筋的绑扎长度。

涂层钢筋的绑扎长度应符合设计要求，当无特殊要求时，对变径的钢筋，不得小于相关设计规范规定的相同等级和规格的无涂层钢筋锚固长度的 1.5 倍且不低于 375mm；对受压的钢筋，不得小于有关设计规范规定的相同等级和规格的无涂层钢筋锚固长度的 1 倍且不小于 250mm。

c. 涂层钢筋的机械连接。

采用经过涂装的专用套筒和螺母等，用丙酮作表面情况材料对接合处受损部位进行修补并达到防腐要求。采用未经过涂装的专用套筒和螺母等时，连接后采用专用的修补材料对无涂层的零件和受损部位刷上防腐涂层，并达到防腐要求。

⑤涂层钢筋铺装就位后的保护。

施工人员不宜在上面行走，以免硬物跌落砸坏钢筋涂层。不宜在涂层钢筋上面堆放任何物品，保证涂层不被损坏。

⑥涂层的修补。

a. 涂层修补材料必须采用专业生产厂家的产品。

b. 混凝土浇筑以前，应检查涂层的破损情况，破损点用专用修补材料进行修补。

c. 修补工作宜在晴天，干燥条件下进行。

⑦混凝土的浇筑。

a. 混凝土浇筑应在涂层钢筋修补材料完全固化后进行，涂层材料的固化时间应以专用修补材料的说明书规定为准。

b. 采用插入式振动器振捣混凝土时，应在金属振动棒的金属头上套上橡胶套或采用非金属振动棒，并尽量避免振动棒与涂层钢筋直接碰撞。

c. 混凝土浇筑以前，检查涂层的破损情况，破损点用专用修补材料修补。

(5)预应力管道及预埋件的安装

桥面板横向预应力分为两种：一种为横向预应力索，该预应力索待中板浇筑完毕等强度达到85%后进行张拉；另一种是纵桥向预应力索，在后浇段和湿接头混凝土强度到85%后进行张拉。为方便施工，塑料波纹管安装前，将横向预应力筋穿好，两者一并安装，最后安装锚固端锚具并调整固定。纵向预应力筋先安装预应力管道，管道在模板内安装完毕后，将其端部盖好，防止水或其他杂物进入。管道位置偏差的允许值见表6.3-3。

管道位置的允许偏差(mm)　　表6.3-3

项次	检查项目		允许偏差	检查方法
1	坐标	梁长方向	30	用尺量
		梁高方向	10	
2	间距	同排	10	用尺量
		上下层	10	

预埋件定位采用钢筋定位网定位，在钢筋入模后采用测量仪器复核来控制预埋件位置的准确性。钢筋定位网应绑扎或焊接于梁体普通钢筋上，焊接作业不应产生对结构的不利影响。孔道、锚具、压浆管道等预埋件应定位准确且牢固，浇筑混凝土时不致产生不利移动。

(6)混凝土浇筑

为了保证密实度，采用低坍落度C60高性能混凝土，采用门式起重机悬挂吊斗等方式边放料边移动方式连续浇筑，如图6.3-22所示。每块预制板浇筑时，一次完成，中间不设施工缝。混凝土斜向分层由一边向另一边推进浇筑，每层厚度≤25cm，采用插入式振捣棒振捣。预制板有预应力锚固块部位，钢筋密集，要特别注意振捣密实。为保证混凝土振捣质量，常规部位采用ϕ50或ϕ70振捣棒，预应力槽口等钢筋密集处采用ϕ30振捣棒。对每次浇筑的混凝土严格控制坍落度，并进行检测。桥面板浇筑完成后，及时对桥面板顶面修整、抹平，待定浆后进行第二遍抹平，抹平采用6m铝合金杆，确保板面平整度达到规范要求，如图6.3-23～图6.3-25所示。混凝土结构工艺标准见表6.3-4。

图 6.3-22　浇筑混凝土

图 6.3-23　桥面板找平

图 6.3-24　拆模后的桥面板

图 6.3-25　桥面板凿毛

混凝土结构工艺标准表(mm)　　表 6.3-4

项　次	检查项目	允许偏差
1	板厚	±3
2	边长	5
3	对角线	±6
4	顶面平整度	5
5	管道中心	2
6	外露钢筋	2
7	强度	不小于设计值

(7)混凝土桥面板养护

当混凝土灌注完毕,板面上覆盖土工布养护,如图 6.3-26 所示。初凝后,对桥面进行洒水养护。桥面板养护用水与拌制桥面板混凝土用水相同。洒水次数以混凝土表面湿润状态为度。一般白天 1 ~2h/次、晚上 4h/次。

(8)桥面板的起吊和存放

图 6.3-26　铺设土工布养护

对预应力混凝土板,待其预应力张拉完毕后进行起吊移位。在预制板上按设计要求预埋吊钩,预制板的起吊采用四点均匀起吊。预制板起吊和存放时,其吊点和支点位置需符合设计要求,位置偏差不大于10cm,存放台座首先应抄平,选择合适的支承块。为了保证叠置一起的预制板间各支点受力均匀,所有支承块要保证在同一铅垂线上。预制板在存放时标明编号、制作日期等,标志在规定的位置,以防各块板在吊装时混淆。

考虑到预制桥面板在实桥安装过程中为三点支撑安装,对精度要求较高,因此桥面板在存放过程中采用三点支撑存放,三块垫块顶面的相对高程和坡度应与实桥钢梁顶面一致,确保预制混凝土桥面板的安装精度。垫块应有足够的刚度能保证在桥面板存放过程中不发生较大变形。三点支撑存放也便于检查桥面板的制作精度以便及时处理。

3)钢槽梁与混凝土桥面板组合

桥面板在预制场内存放6个月后,由平板车运至组合梁面板安装区域之内,由门式起重机起吊安装到钢槽梁上,待一孔钢槽梁上桥面板安装完毕,浇筑预留槽混凝土、拼接缝。现浇混凝土强度及龄期达到设计要求后,进行桥面板的横向预应力张拉,最后浇筑翼缘板端后浇段混凝土。组合工序流程图如图6.3-27所示。

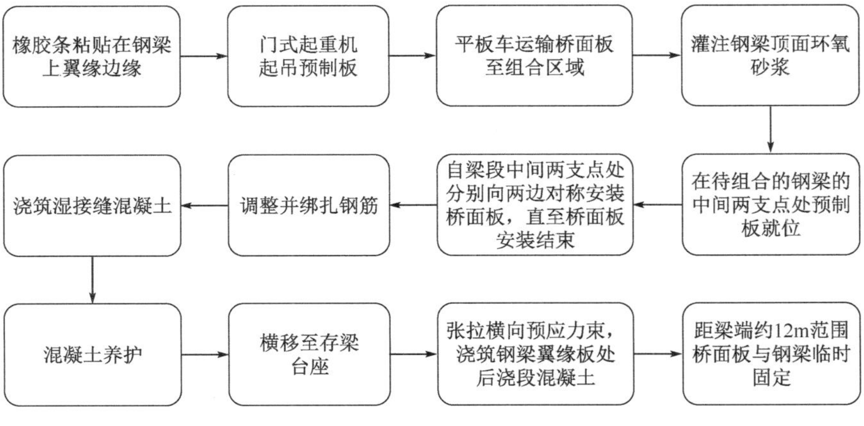

图 6.3-27　组合工序流程图

(1)桥面板安装

①安装橡胶条。

在钢梁翼缘板两侧边缘顺桥向通长粘贴可压缩的防腐橡胶条(桥面板安装后在两侧

橡胶条之间浇筑 20mm 厚环氧砂浆），然后吊装和安放混凝土板，混凝土板在自重作用下，使橡胶条完全压密封闭，从而实现了结合面的密封性，而且由于橡胶条粘贴在钢梁翼缘边缘两侧，避免了浇筑环氧砂浆及混凝土时漏浆。钢槽梁与桥面板结合面示意图如图 6.3-28所示。

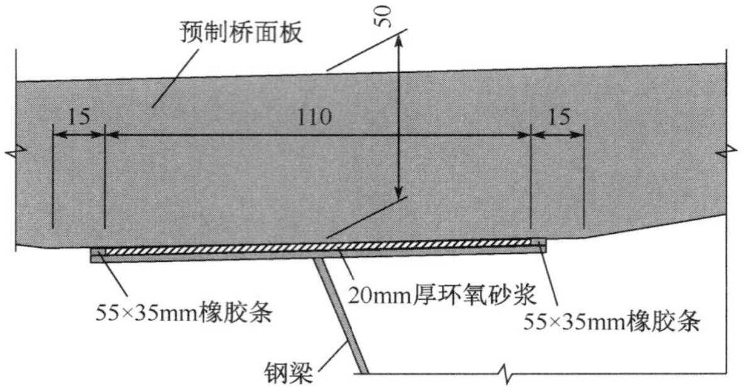

图 6.3-28　钢槽梁与桥面板结合面示意图(尺寸单位:cm)

②安装预制桥面板。

按设计要求自整孔中间两支点处分别向两边对称吊装桥面板，安装过程中注意预留钢筋与连接件的匹配，如与连接件矛盾，可适当调整钢筋以避让连接件。预制桥面板由门式起重机吊装就位，吊装到位后割除吊环，剩余高度一般不宜超过 10mm，并做防腐处理。桥面板安装后在两侧橡胶条之间浇筑 20mm 厚环氧砂浆。

a. 钢筋加工与安装。

按照横向缝及纵向缝钢筋规格及大样将钢筋加工成型，钢筋严格按照图纸中的位置排列，并按合理的次序进行绑扎。在预应力管道、预留孔及预埋件的位置做好预留工作。钢筋、预应力钢筋、预埋件位置有冲突时，以预应力为第一位。

b. 模板安装。

预制桥面板横向湿接缝采用吊挂施工。模板安装前，钢筋及连接件要除锈，将杂物清除干净。要求模板具有一定刚度，位置要正确、牢固，表面平整，并符合结构要求。接缝要堵塞严密，以防漏浆，表面涂刷脱膜剂，以便拆除。

c. 混凝土浇筑与养护。

模板安装完成经检查合格后即可浇筑混凝土。其中距中墩顶左右各约 12m 范围混凝土桥面板的湿接缝及连接件槽暂不浇筑。混凝土浇筑完成后，用湿土工布覆盖养护，严格控制养护关，防止裂纹出现。在常温下，高性能混凝土采用淡水保湿养护至少 14d。

d. 张拉横向预应力钢束及孔道压浆。

将组合完成的组合梁横移至存梁台座上，待其强度达到设计值的 90% 以上，且龄期不小于 5 天时，张拉横向预应力钢束，张拉完毕后及时进行孔道压浆。

6.3.2 混凝土板与钢槽梁组合过程控制

混凝土的收缩是指混凝土体内水泥凝胶体中游离水蒸发而使本身体积缩小的一种物理化学现象，它是一种不依赖于荷载而与时间、气候等因素有关的干燥变形。混凝土的徐变是指在持续荷载作用下，混凝土结构变形将随时间增长而不断增加的现象。徐变在加载初期发展较快，而后逐渐减慢，其延续时间可达数十年。混凝土的长期收缩徐变会造成混凝土桥面板的应力及变形差异，尤其是对负弯矩区产生较大影响，因此有必要对比分析混凝土桥面板收缩徐变对结构受力的影响。

表 6.3-5 为组合梁在不同时间段下混凝土桥面板收缩徐变关键断面应力计算结果，随着时间的增长，混凝土桥面板的压应力水平会降低，但未出现拉应力。

桥面板在收缩徐变中关键断面应力计算结果(MPa)　　表 6.3-5

工况	后浇带计算应力		1/4 断面计算应力		1/2 断面计算应力	
	顶板	底板	顶板	底板	顶板	底板
二恒结束	-2.12	-2.31	-7.91	-4.95	-11.68	-6.69
成桥 3 年	-2.05	-2.27	-7.67	-4.89	-11.32	-6.78
成桥 10 年	-2.15	-2.35	-7.42	-4.91	-11.25	-6.56
成桥 30 年	-1.98	-2.11	-7.22	-4.78	-11.01	-6.32
成桥 50 年	-1.77	-1.98	-6.97	-4.56	-10.76	-6.01
成桥 120 年	-1.65	-1.78	-6.54	-4.23	-10.32	-5.64

表 6.3-6 为组合梁在不同时间段下钢槽梁关键断面应力计算结果，随着时间的增长，钢梁的应力水平随着混凝土桥面板的收缩徐变而增大，但增加的幅度不超过 10%。

钢槽梁在收缩徐变中关键断面应力计算结果(MPa)　　表 6.3-6

工　况	跨中截面计算应力		墩顶截面计算应力	
	钢梁顶板	钢梁底板	钢梁顶板	钢梁底板
二恒结束	-41.5	152.5	155.1	-16.5
成桥 3 年	-41.9	153.2	155.9	-17.1
成桥 10 年	-43.1	153.9	156.2	-17.6
成桥 30 年	-44.2	154.8	157.4	-18.3
成桥 50 年	-45.2	155.6	158.2	-19.2
成桥 120 年	-45.6	156.7	159.3	-19.8

组合梁中混凝土的长期收缩徐变效应会使整个结构产生一定的内力重分布，随着时间的延长，收缩、徐变对组合梁混凝土桥面板及钢梁的应力影响幅度也不断衰减。在负弯矩区，在恒载作用下压应力会随着时间的延长有一定程度的减小，这对防止负弯矩区开裂是不利的，钢梁的应力呈不断增长趋势。总体而言，根据规范考虑混凝土收缩、徐变后进行的组合梁长期受力性能分析结果表明，港珠澳大桥组合连续梁结构受力长期受力性能满足规范要求。

6.3.3　考虑耐久性的施工措施

1）桥面板的裂缝、缝隙的快速修补措施

（1）适用条件

在桥梁长期的运营过程中，混凝土桥面板混凝土容易出现混凝土裂缝，如不及时修补裂缝会延伸，也会造成混凝土块局部剥落。混凝土桥面板开裂是组合梁后期运营过程中较大概率会遇到的，需及时采取措施处理。

这些都是在桥梁营运过程中最常见的病害，虽然暂时不对主体结构受力产生很严重的影响，但是极其影响结构的耐久性。对于局部损坏的部位或出现裂缝、缝隙，如果不及时修复，会使损伤扩大。因此在实桥营运过程中，如出现混凝土开裂、结合面裂缝等病害，而对整体结构受力影响尚小，建议采取快速修补措施。

（2）交通管制

考虑到结构病害对整体结构受力影响较小，可不必中断交通，而只封闭修补位置所对应的一个车道，至少保证一个车道畅通，必要时同时短期间限制大型货车通行。这样，既避免车轮荷载对修补部位的影响，又保持交通畅通。此交通管制方案也适用于营运期间桥面铺装修补、更换。

（3）施工工艺

对于混凝土桥面板的局部修补，可以采用两种方式：一是采用黏性材料填补缺陷部位，使之闭合，如灌压环氧浆处理等，能使结构恢复到原有的刚度；另外一种是粘接封闭材料，如粘贴碳纤维片等，对结构有一定的补强。对结构中出现的小病害，建议采用黏性材料填补，根据裂缝和缝隙的宽度确定。裂缝宽度小于0.2mm时，采用环氧胶泥封闭处理，此措施是将裂缝表面封闭，同时该部位也具备一定的抗拉强度。如裂缝宽度超过0.2mm或局部破碎时，对其灌压环氧浆处理，此措施不仅对裂缝表面进行封闭，而且对裂缝内部进行填充和修复，如施工质量较好，结构能恢复绝大部分强度。

2)桥面板局部修补的施工工艺

(1)适用条件

混凝土桥面板在长期运营期间,由于材料本身强度降低、外界环境腐蚀及突发意外状况等,会出现桥梁局部桥面板破裂或腐蚀严重的现象。当桥面板的结构承载力不足或不适用时,需要对局部桥面板进行局部修补,避免损伤扩大或危急整桥。桥面板的更换会引起结构受力重分配和组合结构剪力钉,一般不建议大规模更换,而采取对损坏部位桥面板进行铲除、植筋和浇筑的方式,必要时增加其他加固措施。如需更换的桥面板范围小于一个桥面板,建议凿出原有桥面板后,现场浇筑混凝土,如范围较大,可提前预制桥面板,保留相关连接构造。

(2)交通管制

采用半幅封闭半幅双向通行的方案。大桥为双向六车道,可保留单幅两个车道为原来行驶方向,开设出一个车道为逆行方向。做好以下几个方面的准备:

①发布交通管制公告,减少盲目交通。

②设置岗亭,做好限速限载和现场交通管理站的各项准备工作。

③深入宣传,积极争取社会各界的理解与支持。

④合理设置引导标识,实施远程交通分流。

(3)施工工艺

在长期运营中,预制桥面板出现破损后,首先是进行维护与修补,出现大面积损坏时可考虑更换。在桥面板更换时,可充分利用施工时桥面板之间连接构造,同时要参照实桥施工工艺,尤其是在钢-混凝土界面防护等方面施工工艺。可供参考的施工工艺如下:

①封闭交通。放置障碍物,封闭该幅交通。

②铲除并清理原先损坏桥面板。提前规划出损坏桥面板的范围,采用电锯沿横向和纵向锯开损坏桥面板,然后才用风炮等设备铲除桥面板。

③打毛四周混凝土,凿出连接部位钢筋。在拆除桥面板的四周,打毛混凝土,剔除松动集料,清扫并冲洗干净,凿出桥面板的纵横向主筋,以便于新桥面板进行连接。

④清理钢混凝土界面,重新布置剪力钉。混凝土桥面板清理后,要清理钢梁顶板残留的混凝土和界面材料,采用打磨机将钢板打出光亮面。根据需要布置相应的新剪力键。

⑤吊装新混凝土桥面板,做好界面防护。在桥面板更换时,界面防护仍是重要的一环,主要参考实桥施工工艺,尽量使新桥面板工艺一致。

⑥布置新混凝土模板。对需要现浇的混凝土部位布置模板。

⑦在连接部位进行钢筋连接。新老桥面板的连接是重要一环，老桥面板边上必须留着足够的纵桥向横向钢筋，以便于新桥面板连接。

⑧浇筑新桥面板或湿接缝的混凝土。采用C60微膨胀混凝土浇筑新桥面板或湿接缝。

⑨对浇筑混凝土养护。

⑩检查新老混凝土界面和钢-混凝土界面密封性。混凝土的收缩和徐变使新老混凝土结合存在一定的困难，在这些部位采用环氧胶泥封闭，增加密封性。

⑪桥面铺装。

⑫恢复交通。

6.4　大节段组合梁运输

大节段组合梁运输包含三个关键的环节：装船、航行和桥址定位，整个过程具有如下特点：

(1)外形尺寸大，组合梁大节段最长85m，质量1800t，属超长超重构件。

(2)组合梁大节段长高比大，纵向刚度弱。

(3)海上航行，海洋气候条件复杂。

(4)施工水域航区复杂，分属广东、澳门和香港三地所属航区。

针对上述特点，如何解决大节段安全装船是关键，确保运输过程中的稳定、避免因不合理搁置及航行过程中晃动给构件带来的变形是重点，桥址准确、安全定位是保证。

6.4.1　装船方法

目前，国内外超长、超重大节段装船方案通常有四种：门式起重机抬吊装船、纵向滚装装船、横向滚装装船、浮式起重机装船。

(1)门式起重机抬吊法装船：全天候作业，受自然影响因素少，装船效率高，安全系数大，对运输船舶条件要求不苛刻，可利用资源多，对船舶加固方式简单。

(2)横向滚装装船：装船费用较浮式起重机装船低一些，但由于船舶的横向稳定性较弱，调载能力小，安全缺乏保障，风险性较大。

(3)纵向滚装装船：这是一种在工程上比较常见的作业方式，成本比浮式起重机装船方式成本低一些，但装船时间受潮汐影响，对于工期有一定不利影响。同时，运梁船需额外船舶横向辅助定位，成本比横向装船要高。此外，纵滚装装船占用航道时间较长，对航道安全会产生直接影响。

(4)浮式起重机装船:是一种比较传统的方法,对85m的组合梁大节段来说,用浮式起重机装船是可行的。但国内浮式起重机资源短缺,2000t以上的浮式起重机为数不多,而且长期租赁,难度很大。浮式起重机装船的缺点是浮式起重机资源少,租赁成本大。

①门式起重机抬吊法装船。

采用门式起重机抬吊法装船时,需要两台大型门式起重机,门式起重机跨度不小于24m,起重能力不小于1000t,吊高不小于15m。门式起重机采用双提升小车,小车应具备联动自平衡功能,起升过程中受力要求均等;吊具横梁满足受力要求,吊装方式宜采用承托方式;港池宽度不小于运输船舶宽度,吃水深度不满足船舶要求时应利用潮高进出港池,防止搁浅。

②浮式起重机装船。

采用浮式起重机装船时,要求浮式起重机的起重能力满足要求,一台或两台均可。吊具应进行专门设计,横梁有足够刚度,受力满足要求;码头为沿江式,长度和受力满足组合梁大节段停放要求;航道宽度满足浮式起重机和运输船作业要求。采用浮式起重机与运输组合船舶进行组合梁大节段装船和运输是可行的,但需配备专用码头和吊具。浮式起重机与运输组合船舶装船示意图如图6.4-1所示。

③船上绑扎。

组合梁大节段置于船上后,锁紧侧向限位支墩,防止航行过程中梁段产生横向滑移。在纵向上采用限位装置锁紧,防止梁段纵向滑移。绑扎固定牢固后,按既定航行计划航行至架梁海域。

6.4.2 运输路线规划

对航行路线进行规划时,应根据运架一体梁船的尺寸、吃水深度、航速、吨位等因素选择航线。航行时,需事先收听气象预报,掌握海上流速和波浪情况,了解风力、风向,以便正常航行。航行中需控制航速,且注意瞭望,以确保航行安全。针对运架一体梁船超宽的特点,航行时将特别谨慎操作,一般不宜采取大舵角转向或避让船舶的措施,以尽量减轻因大舵角改变航向而导致船舶横摇。航行中必须充分考虑到横流横风等对船舶的影响,及早采取措施,保持船舶在计划航线上航行。载梁船海上航行如图6.4-2所示。

图6.4-1　浮式起重机与运输组合船舶装船示意图

图6.4-2　载梁船海上航行

6.5　组合梁整孔架设技术

6.5.1　组合梁整孔安装工艺

(1)概述

组合梁安装采用简支变连续的施工方法,施工工序流程主要分为两步。

①第一步:利用浮式起重机逐孔吊装单孔组合梁,支承于墩顶临时支座上,将相邻组合梁现场焊接形成5孔一联或6孔一联的连续结构。相邻组合梁拼接缝设于桥墩墩顶,墩顶设置横向、纵向及竖向调整装置,精确调整安装单元端口的各项坐标,最后进行现场拼缝作业。

②第二步:通过墩顶顶升、落梁施工实现组合梁的体系转换,使组合梁支承于永久支座上。桥面板与钢槽梁结合分两次进行,在拼装场地内采用门吊先铺设中间段桥面板,铺设完成后进行湿接缝的施工,完成桥面板与钢槽梁第一次结合。为实现桥面板与钢槽梁第二次结合,完成整联组合梁的体系转换,采用墩顶顶升、落梁工艺,即在墩顶用千斤顶实施支点顶落操作,目的是给支点墩处桥面板施加预应力,从而改善梁体结构受力状态。组合梁架设、调梁、墩顶接缝的焊接施工完成后,中间墩墩顶起顶组合梁,依次浇筑桥面板横向湿接缝以及预留槽处混凝土,其中离墩顶左右各约12m处横桥向湿接缝暂不浇筑,待混凝土达到设计强度后,张拉纵向预应力,然后浇筑离墩顶左右各约12m处横向湿接缝,待混凝土达到规定强度后,张拉墩顶范围内桥面板剩余横向预应力,最后回落组合梁于永久支座上,重复以上步骤完成其他中间墩墩顶桥面板施工。组合梁整孔安

装工艺流程图如图 6.5-1 所示。

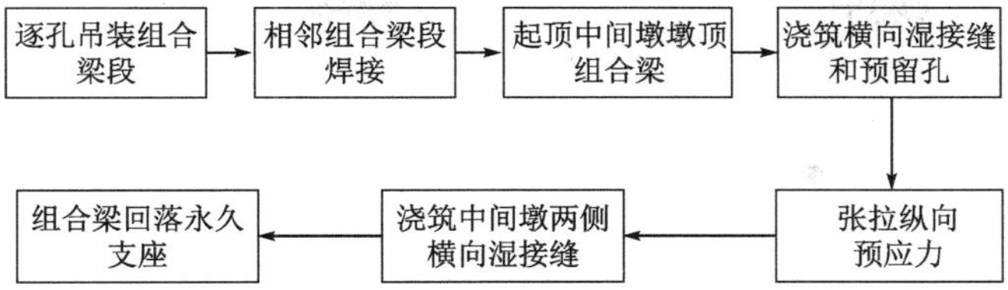

图 6.5-1 组合梁整孔安装工艺流程图

(2)架设施工

以一联 6×85m 组合梁为例,其架设施工总体步骤如下:

①架设 1 号梁,呈简支状态,落梁支点为 $n+1$ 号墩顶上 M 断面和 $n+2$ 号墩顶上 M 断面,如图 6.5-2 所示。

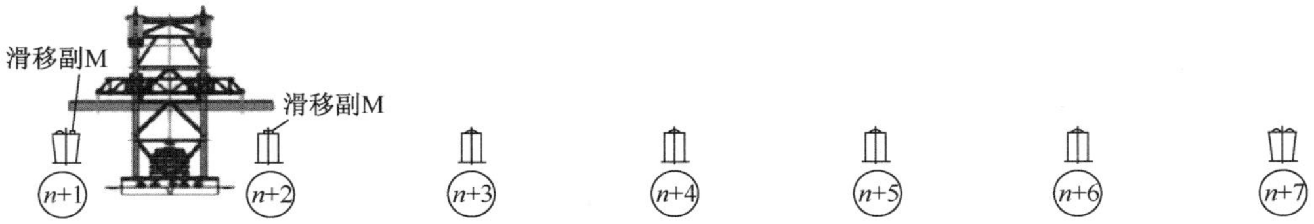

图 6.5-2 组合梁架设施工步骤图(一)

组合梁初步定位后,检查组合梁的平面位置,根据组合梁的偏位方向,开动相应的水平千斤顶,滑移副在水平顶力作用下与组合梁一起移动,直至组合梁位置满足设计要求。通过 $n+1$ 号墩顶垫石侧滑移副 A 与滑移副 M 进行倒顶,拆除 $n+1$ 号墩顶垫石处滑移副 M,安装永久支座,按设计在锚栓预留孔灌浆,使支座与垫石固定。灌浆强度达到设计要求后,最终退顶,使梁落在永久支座上。

②步骤二:架设 2 号组合梁,呈简支状态。落梁支点为 $n+2$ 号墩顶上 A 断面和 $n+3$ 号墩顶上 M 断面,如图 6.5-3 所示。

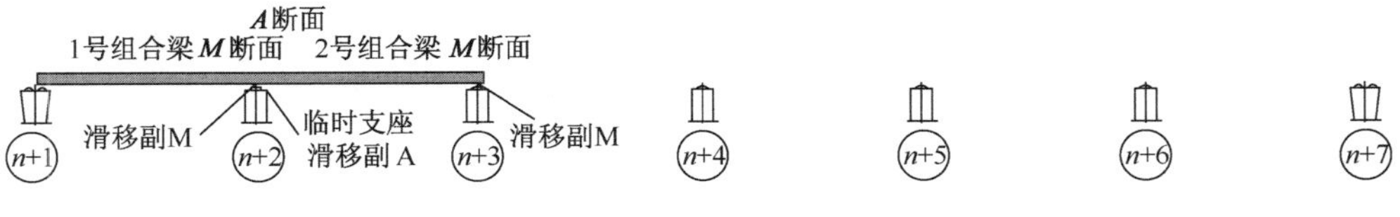

图 6.5-3 组合梁架设施工步骤图(二)

调整 2 号组合梁端面与 1 号组合梁对接面对齐,然后焊接墩顶环焊缝接缝呈 2 孔连续梁。$n+2$ 号墩顶滑移副 A 内千斤顶退顶,使组合梁落于 $n+2$ 号墩顶垫石上的滑移副 M 上,滑移副 A 拆除倒用。滑移副 M 安装限位装置,使其成为固定支座,确保梁体稳定。

③架设 3 号组合梁,呈简支状态。落梁支点为 $n+3$ 号墩顶上 A 断面和 $n+4$ 号墩顶

上 *M* 断面，如图 6.5-4 所示。

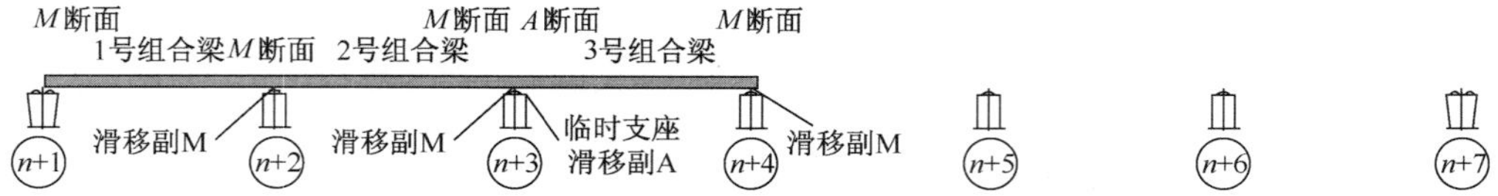

图 6.5-4　组合梁架设施工步骤图(三)

调整 3 号组合梁端面与 2 号组合梁对接面对齐，然后焊接墩顶环焊缝接缝呈 3 孔连续梁。*n* +3 号墩顶滑移副 A 内千斤顶退顶，使组合梁落于 *n* +3 号墩顶垫石上的滑移副 M 上，滑移副 A 拆除倒用。滑移副 M 安装限位装置，使其成为固定支座，确保梁体稳定。

④架设 4 号组合梁，呈简支状态。落梁支点为 *n* +4 号墩顶上 *A* 断面和 *n* +5 号墩顶上 *M* 断面，如图 6.5-5 所示。

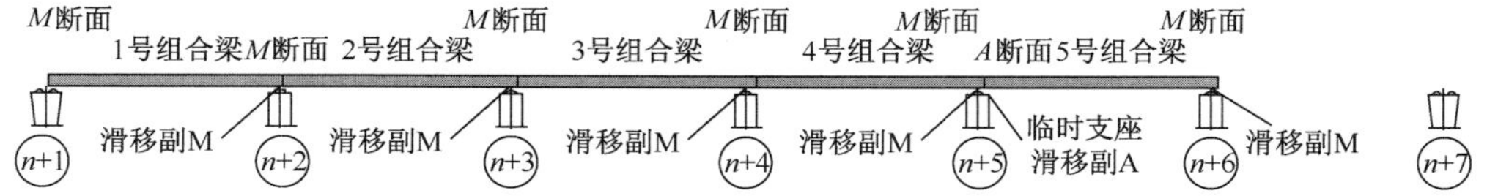

图 6.5-5　组合梁架设施工步骤图(四)

调整 4 号组合梁端面与 3 号组合梁对接面对齐，然后焊接墩顶环焊缝接缝呈 4 孔连续梁。*n* +4 号墩顶滑移副 A 内千斤顶退顶，使组合梁落于 *n* +4 号墩顶垫石上的滑移副 M 上，滑移副 A 拆除倒用。滑移副 M 安装限位装置，使其成为固定支座，确保梁体稳定。按上述相同方法架设、安装 4 号、5 号组合梁。

⑤架设 6 号组合梁，呈简支状态。落梁支点为 *n* +6 号墩顶上 A 断面和 *n* +7 号墩顶上 *M* 断面，如图 6.5-6 所示。

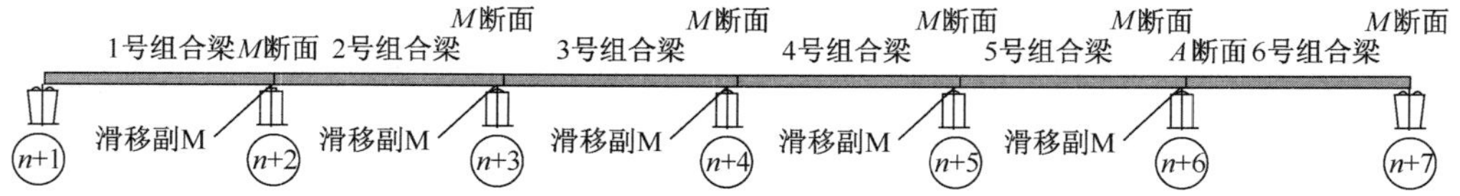

图 6.5-6　组合梁架设施工步骤图(五)

调整 6 号组合梁端面与 5 号组合梁对接面对齐，然后焊接墩顶环焊缝接缝呈 6 孔连续梁。拆除 *n* +6 号墩顶处滑移副 A。通过 *n* +7 号墩顶垫石侧滑移副 A 与滑移副 M 进行倒顶，拆除滑移副 M，安装永久支座。按设计在锚栓预留孔灌浆，使支座与垫石固定。灌浆强度达到设计要求后，最终退顶，使梁落在永久支座上。

此时一联组合梁已全部焊接完成，呈 6 孔连续梁。梁底滑移副 A 都已拆除，组合梁重量都支撑在 *n* +2 号 ~ *n* +6 号墩顶垫石的滑移副 M 及两个边墩永久支座上。

(3)体系转换施工

组合梁焊接成连续结构后,进行墩顶组合梁顶落梁施工,以完成体系转换。以一联 6×85m 组合梁为例,施工步骤如下:

①在 $n+4$ 号墩顶 A 断面布置 8 个 600t 千斤顶同步顶升,将组合梁顶起到设计要求的高度,将垫石上滑移副 M 钢板抄垫牢靠,浇筑墩顶处混凝土板湿接缝(其中离墩顶左右各约 12m 处的湿接缝暂不现浇),待混凝土强度达到规定强度后,张拉墩顶处混凝土板纵向预应力钢束。然后浇筑离墩顶左右各约 12m 处混凝土板湿接缝,待混凝土强度达到规定强度后,张拉墩顶处混凝土板横向预应力钢束。在墩顶落梁过程中,滑移副 M 处支点作为倒顶设施使用,永久支座在倒顶的最后一次行程前安装,即将剩余钢板全部抽出,换上永久支座,然后一次性落顶,安装支座上钢板螺栓,使永久支座与组合梁联结。然后进行支座灌浆,灌浆强度达到设计要求后,最终退顶,使梁落在永久支座上。如图 6.5-7所示。

6×85m顶升高度表

墩号	$n+2$	$n+3$	$n+4$	$n+5$	$n+6$
顶升高度(cm)	42.0	28.0	38.0	28.0	42.0
顶升次序	3	2	1	2	3

5×85m顶升高度表

墩号	$n+2$	$n+3$	$n+4$	$n+5$
顶升高度(cm)	45.0	32.0	38.0	45.0
顶升次序	3	2	1	3

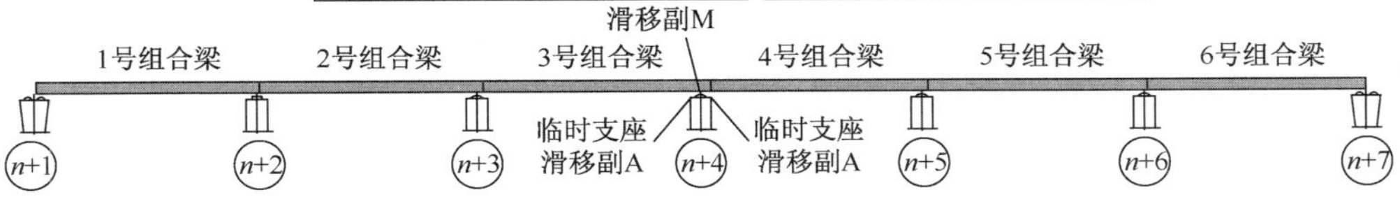

图 6.5-7　组合梁体系转换施工步骤图(一)

②按照上述步骤的施工方法,同时顶升 $n+3$ 号、$n+5$ 号墩顶组合梁,完成 $n+3$ 号、$n+5$ 号墩墩顶混凝土板以及张拉、压浆施工,强度达到设计要求后落梁,如图 6.5-8 所示。

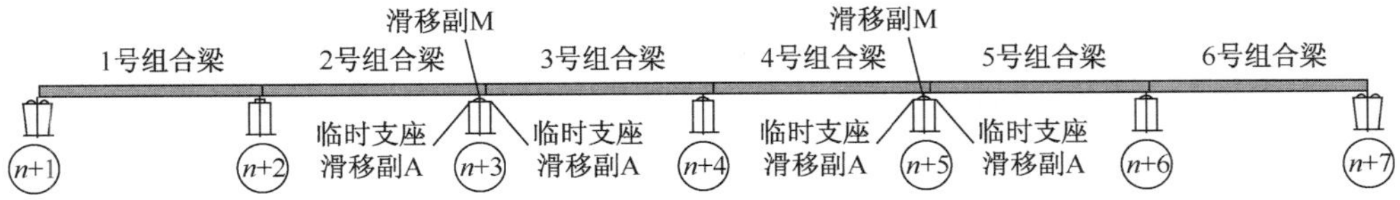

图 6.5-8　组合梁体系转换施工步骤图(二)

③同时顶升 $n+2$ 号、$n+6$ 号墩墩顶组合梁,完成 $n+2$ 号、$n+6$ 号墩墩顶混凝土板以及张拉、压浆施工,强度达到设计要求后落梁。完成一联组合梁体系转换施工。如图 6.5-9所示。

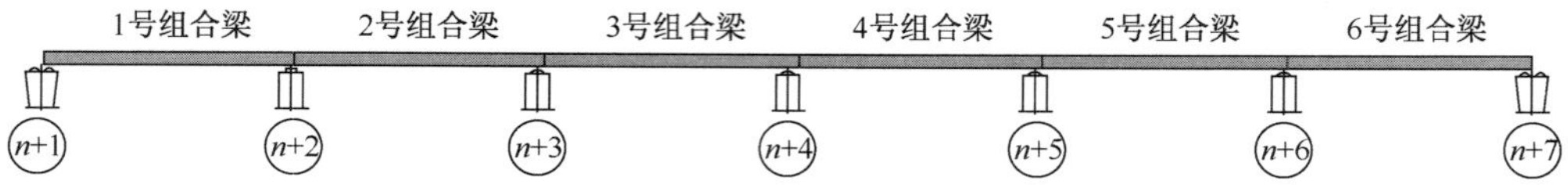

图 6.5-9　组合梁体系转换施工步骤图(三)

6.5.2　组合梁精确调位

考虑运架船在组合梁架设过程中受海浪、风力等诸多施工工况的影响,组合梁落位时不能一次到位,因此落位分为初步定位和精确对位两个步骤。组合梁落位技术流程图如图 6.5-10 所示。

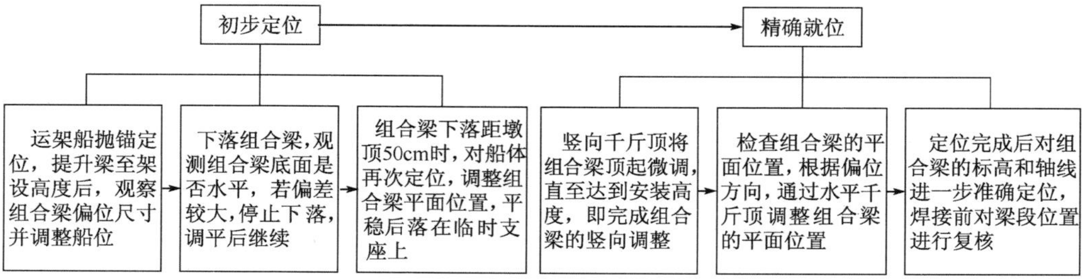

图 6.5-10　组合梁落位技术流程图

(1)组合梁初步定位

在"天一"号运架船抛锚定位完成后,提升梁至架设高度后,将船驶进桥孔位置,墩顶施工人员应观察组合梁偏位尺寸并通知起重船上指挥人员调整船位,如图 6.5-11 所示。大致对位后,下落组合梁。在下落过程中,应随时观测组合梁底面是否水平,若偏差较大,应停止下落,调平后方可继续。在组合梁下落至距墩顶约 50cm 时,须对船体再次定位,以进一步调整组合梁平面位置,待组合梁平稳后即可落梁,将组合梁安放在临时支座上。架设过程中,运架一体船尽可能准确定位,保证组合梁可落于 4 个临时支座上,落位时应确保轴线平面偏位不得大于 150mm,梁体临时支座相对高程偏差不大于 2mm。

(2)组合梁精确就位

组合梁初步定位后用墩顶滑移副 A、滑移副 M 对组合梁进行精调,先调整组合梁的高程再调整组合梁的平面位置,如图 6.5-12 所示。

用竖向千斤顶将组合梁顶起微调,直至达到组合梁的安装高度,即完成组合梁的竖向调整。临时支座处的千斤顶顶升、回落应同步进行,过程要求缓慢进行,应以压力表读数缓慢上升或下降为控制依据,同时密切观测千斤顶活塞回落情况。为保证受力安全,同时防止各千斤顶受压过大,各千斤顶均装备有稳压即防过压保护装置。千斤顶在顶升和降落的过程中，应密切注意其相邻千斤顶的压力变化，如相邻千斤顶的压力变化过大，应立即停下来分析原因，并解决问题。

图 6.5-11　组合梁墩顶初步定位

图 6.5-12　组合梁墩顶精确定位

检查组合梁的平面位置，根据组合梁的偏位方向，开动相应的水平千斤顶，滑移副在水平顶力作用下与组合梁一起移动，直至组合梁位置满足设计要求。精确调位时，纵向和横向应按先后顺序作业。向一个方向调位时，顶推力为相反方向的水平顶顶塞应松开一定距离，但距离不能太大，以发挥保险作用，若调位幅度较大，可以分几次调节水平顶松开的距离。调整时，采用对组合梁纵轴线上前后两点进行控制的定位方法，即可快速而准确地完成组合梁的定位。定位完成后通过测量组合梁 4 角点设定位置的高程和轴线进一步准确定位，在梁段焊接之前需对梁段位置进行复核，误差满足安装精度要求方可进行下一步的焊接工作。

6.5.3　组合梁施工全过程监控

大跨径组合连续梁桥的施工工艺包括节段预制、组拼，混凝土桥面板预制、安装，整孔吊装，墩顶对接焊，顶升墩顶进行桥面湿接缝浇筑等复杂的施工工序。结构刚度、温度效应、施工误差等因素将会对节段之间的匹配精度产生较大影响，而这关系到主梁的受力状况，是监控工作的重点，也是难点。由于施工过程中的细节繁多，因此对组合梁结构的监控十分必要。

6.5.4　监测内容

监控内容主要分为准备阶段、制造阶段和安装阶段。准备阶段进行施工监控仿真分析计算、施工监控方案及实施细则以及钢主梁制造参数计算。制造阶段对钢主梁制造进行线形监测，桥面板预制过程预埋应力传感器。安装阶段涉及组合梁装船、运输、吊装及体系转化过程中的应力、线形控制，组合梁各墩顶顶升量及顶升次序、预应力等控制，主梁温度场监测以及各施工阶段稳定性分析及控制。

6.5.5　几何形态监测

(1)主梁线形监测

主梁线形监测包括对钢主梁制造和组合梁组合阶段的线形监测。钢主梁制造阶段监测的主要内容包括钢主梁的梁高、梁长、梁宽、横断面对角线长、旁弯、横坡以及纵向竖曲线。非通航孔桥梁长、梁高、梁宽及横断面对角线测量示意图如图6.5-13、图6.5-14所示。

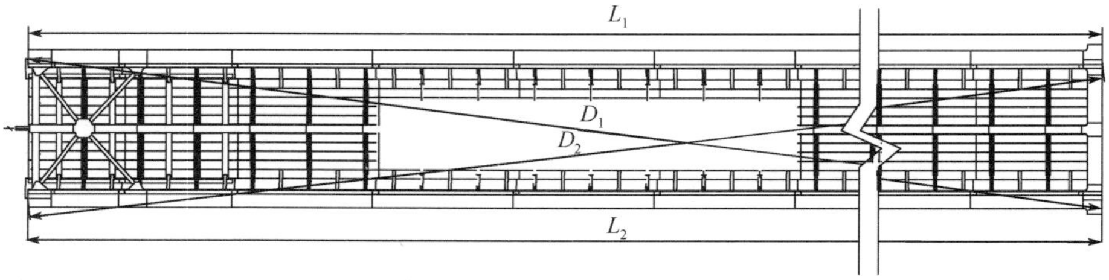

图6.5-13　非通航孔桥梁长测量示意图

L-长度(m)；*D*-对角线长(m)

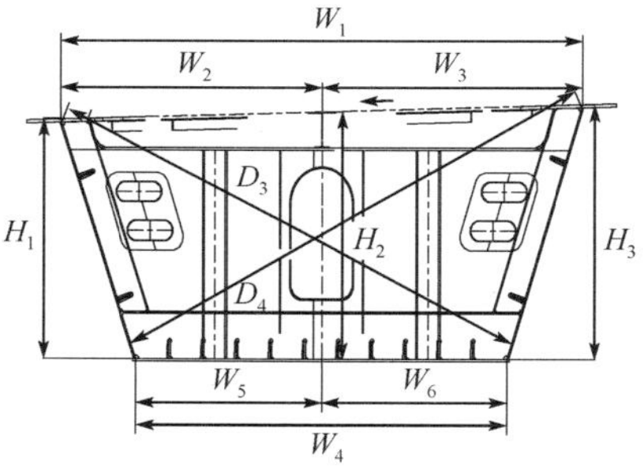

图6.5-14　非通航孔桥梁高、梁宽及横断面对角线测量示意图

W-宽度(m)；*H*-高度(m)；*D*-对角线长(m)

在钢主梁组合阶段应对钢主梁的线形进行全过程的跟踪测量，对于组合梁在组装阶段进行线形监测的目的是通过对上述工况下的线形监测的结果，与理论计算值进行对比分析，计算理论的线形变化量与实测变化量的差别，通过误差分析，对计算模型进行参数修正，使得理论计算值与实测值趋于一致，进而指导下一梁段的制造施工(制造预拱度的设置)。

(2)组合梁架设及体系转换线形监测

组合梁架设及体系转换线形监测的主要工况为:主梁运输、起吊就位时;梁段焊接完成时;梁段顶、落梁施工完成时;梁段二期恒载铺装完成后。

线形监测主要分平面监控和纵面高程监控两部分。其中平面监控主要是监控每施工一孔箱梁节段,桥轴线实际平面坐标是否与设计平面坐标吻合。主梁轴线测量可采用相对桥墩的测量结果,测量误差不得大于 ±2mm。平面线形控制的精度要求为:桥轴线平面偏差不得大于 ±10mm;相邻梁段间相对轴线偏差不得大于梁段长度的 1/3000。

6.5.6　结构内力监测

应力监控方法是在结构受力关键部位预埋(焊接)应变计,然后随施工进展测量每一工况前后的应力变化,最后将实测应力数值与理论数值对比来确定当前结构状态是否安全。由于应力监测长期误差较大且不容易控制,所以在实际监控中一方面采用测试效果较好且稳定的应力传感器,另一方面在监测过程中尽可能地消除读数漂移和其他影响。

(1)组合梁组合阶段应力监测

组合梁组合阶段应力监测需对钢主梁和桥面板应力进行监测。钢主梁应力监测的主要工况为:组合区域内槽形钢主梁就位时;组合区域内槽形钢主梁预起顶完成时;桥面板安装完成时;组合梁横移前(中间支点脱离时);模拟墩顶架梁状态时(跨径为墩顶设计跨径);组合梁横移至存梁台座存梁时。桥面板应力监测的主要工况为:桥面板安装完成时;组合梁横移前(中间支点脱离时);模拟墩顶架梁状态时(跨径为墩顶设计跨径);组合梁横移至存梁台座存梁时。

(2)组合梁吊装运输阶段应力监测

在吊装运输阶段采用无线传感网技术与人工采集相结合的方法作为应力实时监控的手段,通过终端节点采集数据,监测钢梁结构在运输及现场吊装过程中的实时应力状态,从而保证了钢梁施工过程中的安全性。

(3)组合梁现场安装阶段应力监测

在现场安装阶段,由于主梁主要受自身重力作用,因此主梁应力监控十分重要,必须随着主梁大节段安装进行,不断监测主梁应力状况以确保大桥的安全。主梁安装阶段应力监测采用人工采集的方式进行,主要的监测工况为:主梁大节段架设完成后;主梁焊接完成后;主梁合龙前后;主梁辅助墩位置处顶落梁施工前后;桥面铺装等二期恒载施工完成后。

6.5.7　结构温度场监测

桥梁施工过程中，环境温度的大小及日照温差会影响结构体系的内力分布；同时，结构的温度变化还会影响施工中构件的安装精度及测量精度。因此，对结构的温度场以及环境温度进行监测，并修正温度效应所导致的施工控制误差是非常有必要的。温度监测的项目主要有结构温度场监测和环境温度监测两大类。

(1)主梁温度场监测

主梁温度场观测主要是通过在主梁内安装温度感应元，获得当地地区组合梁随温度变化的温度场，为主梁匹配安装以及运营阶段分析温度作用提供实测数据。由于应力传感器具有温度监测的功能，对于应力监测的断面位置可以同时监测温度，其他位置采用红外测温仪进行温度监测。

(2)环境温度监测

环境温度监测采用便携式数字温度计，对环境温度的测量应连续进行，根据施工进度由测试小组完成温度及湿度数据采集，监测位置根据实际需要决定。

6.6　本章小结

本章对组合梁设计和施工技术进行了总结，得到如下创新技术成果：

(1)组合梁结构设计采用单室槽形钢梁截面，通过布置在上翼缘和小纵梁上的连接件与混凝土桥面板结合。组合梁墩顶负弯矩区通过张拉预应力钢束和支点强迫位移法来控制混凝土桥面板开裂的问题，连接件采用集束式的布置形式来提高预应力的施加效率。

(2)为尽可能减少海上施工作业，组合梁采用整孔预制方案，钢槽梁、混凝土桥面板及组合梁均在工厂预制完成。使用运架一体船将组合梁段运至桥址处，逐孔吊装大节段组合梁段至墩顶，装置进行精确调整后，将相邻梁段进行焊接，从而完成组合梁的架设。通过墩顶顶升、回落梁施工实现组合梁的体系转换，使组合梁支承于永久支座上。

(3)为确保在施工过程中结构受力和变形始终处于安全范围之内，对组合梁在准备阶段、制造阶段和安装阶段进行严格监控。

本章总结的主要创新点为：

(1)混凝土板与钢槽梁采用了一种集束式剪力钉布置方式，有效提升了混凝土桥面板预应力施加效率，简化了施工工艺。

(2)通过采用墩顶起顶再回落、施加纵向预应力钢束、混凝土板采用掺合物等措施,实现了裂缝宽度 $\delta \leqslant 0.15$mm 的控制标准。

(3)采用简支变连续的施工方法,通过专用运架一体船完成整孔组合梁架设;采用分批次顶落梁操作,实现墩顶负弯矩区的应力调整;采用临时支座调位措施完成支座安装及结构体系转换,最终形成了组合梁设计、制造、运输与安装成套施工工艺。

CHAPTER SEVEN

第7章

大型钢塔体系设计及整塔安装

7.1 概述

港珠澳大桥三座通航孔桥均为斜拉桥，江海直达船航道桥采用中央单索面三塔钢箱梁斜拉桥，桥跨布置为(110+129+258+258+129+110)m=994m，中索塔和边索塔分别高109.756m和108.5m。九洲航道桥采用主跨为268m双塔钢箱组合梁斜拉桥，桥跨布置为(85+127.5+268+127.5+85)m=693m，塔高114.7m。青州航道桥为主跨458m的双塔钢箱梁斜拉桥，桥跨布置为(110+236+458+236+110)m=1150m，索塔总高163m。港珠澳大桥地处台风区，频繁受到热带气旋影响，且属于海洋水文及防洪敏感区，风浪涌条件严酷，海上施工难度极大，同时大桥又处于我国最繁忙的多向航运交通水域，也是珍惜海洋动物白海豚的自然保护区，需将现场施工对于通航和环保的影响降到最低。因此，钢塔安装采用工厂预制整体吊装的快速施工方法，但由于异形钢塔超重超高，且整体吊装技术在钢塔安装方面尚无成熟经验可以借鉴，施工面临着巨大挑战。

江海直达船航道桥主塔含吊具总质量约3100t，长105m，采用海上浮式起重机抬吊转体就位安装，施工重点为控制双抬吊协同转体作业以及钢塔空中姿态。九洲航道桥主塔上塔柱安装采用创新的整体提升竖转方案，其施工分为两步，首先利用大型浮式起重机将约70m长、质量1000t的上塔柱整体吊装至桥面滑道上；然后利用塔身两侧搭建的临时提升吊架通过提升、滑移，完成整体竖转。青州航道桥塔柱“中国结”钢结形撑构造异形、尺寸庞大，利用塔顶起重机逐段拼装，结形撑端头与混凝土塔柱中的预埋件在高空进行焊接连接，其余节段接头采用螺栓连接，结形撑钢结构与混凝土塔柱要求精确匹配，难度极大，高空组装在中国亦属首例。

本章主要包括钢塔结构设计、钢塔制造过程中的难点(超厚钢板焊接和结形撑配切)、钢塔运输支撑绑扎设置和线路选择，并重点阐述了钢塔整体吊装过程(海豚塔双浮式起重机海上转体吊装、风帆塔梁上竖转吊装以及钢结形撑高空吊装)，同时详细介绍了钢塔安装过程线形、应力、温度的监控措施，从而对钢塔设计、运输、吊装、监控全过程进行面总结。

7.2 大型钢塔结构设计

7.2.1 海豚形钢塔结构设计

(1)景观设计

江海直达船航道桥主塔造型取自白海豚元素,与该区域海豚保护区的海洋文化相吻合,寓意人与海洋和谐共处,如图7.2-1所示。

图7.2-1 江海直达船航道桥

(2)结构设计

江海直达船航道桥为主跨2×258m的三塔钢箱梁斜拉桥,采用六跨连续半漂浮体系:在索塔两侧三角撑上和辅助墩、过渡墩顶设置竖向支座,以增加全桥的抗扭刚度;在两个边索塔横桥向塔身两侧和过渡墩顶设置水平横向抗风支座,以共同承受横桥向风力作用;在三个索塔和四个墩顶设置纵桥向阻尼装置,在中索塔和两个辅助缴顶设置横向阻尼装置,在温度、平均风和活载作用下加劲梁可在阻尼装置的自由行程内伸缩,而在刹车、阵风和地震等快速荷载作用下,阻尼装置发生作用,可限制加劲梁的纵、横向位移并改善桥梁两端伸缩装置的受力状态。基础采用钢管复合桩、现浇承台;桥墩采用预制拼装混凝土整幅式桥墩。主梁采用大悬臂整体式(局部分离式)钢箱梁。布设斜拉索的钢箱梁主跨和次边跨区段除索塔处梁段外均采用整箱形式。整箱断面为两侧带长悬臂的单箱三室,箱梁顶板宽38.8m,底板宽20.7m,梁高4.5m,悬臂长度为5.675m。斜拉索锚固于两道中腹板形成的中央腔室内。未设斜拉索的钢箱梁边跨区段和索塔处梁段采用分体箱形式。横向两个分离钢箱梁之间用横向连接箱梁和工字梁加以连接。分体箱的宽度和梁高与整箱相同。桥型布置如图7.2-2所示。斜拉索采用竖琴式中央单索面布置,全桥共7×2×3=42根斜拉索,最长约135m,规格均为PES7-511,单根最大质量(不计锚具)约为22t。斜拉索锚固构造如图7.2-3所示。为使拉索的风/雨微振和满激振动到抑制，本桥采用气动措施和阻尼器并用的综合减振方案。

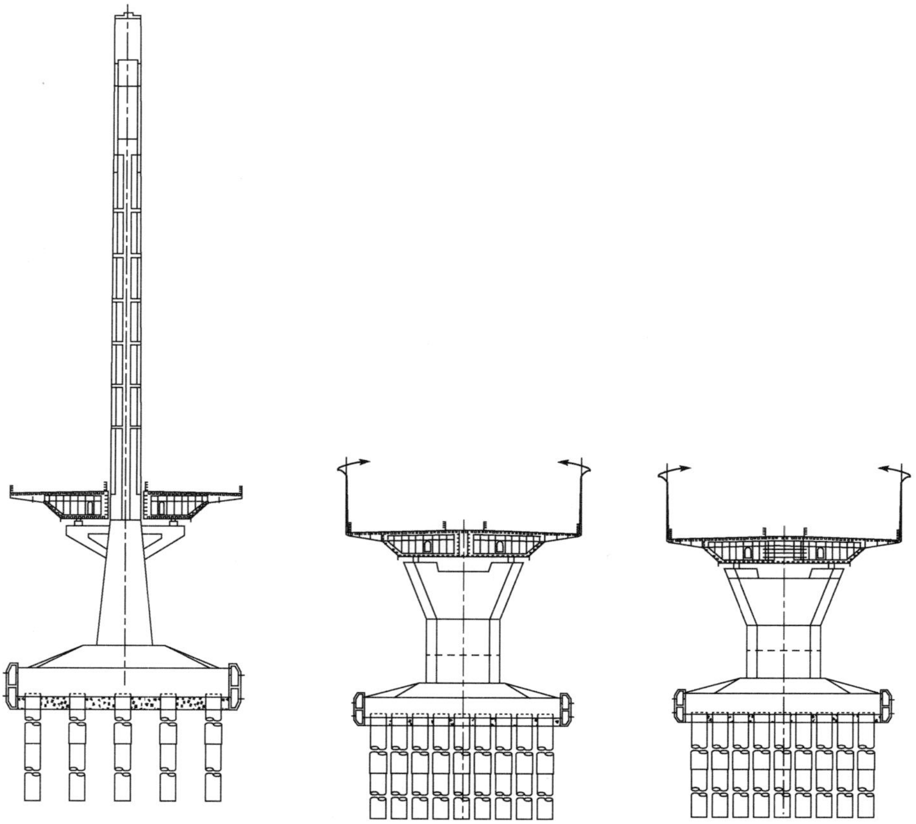

a) 塔梁结合段　　b) 整箱段　　c) 分体箱梁段

图 7.2-2　江海直达船航道桥桥型布置图

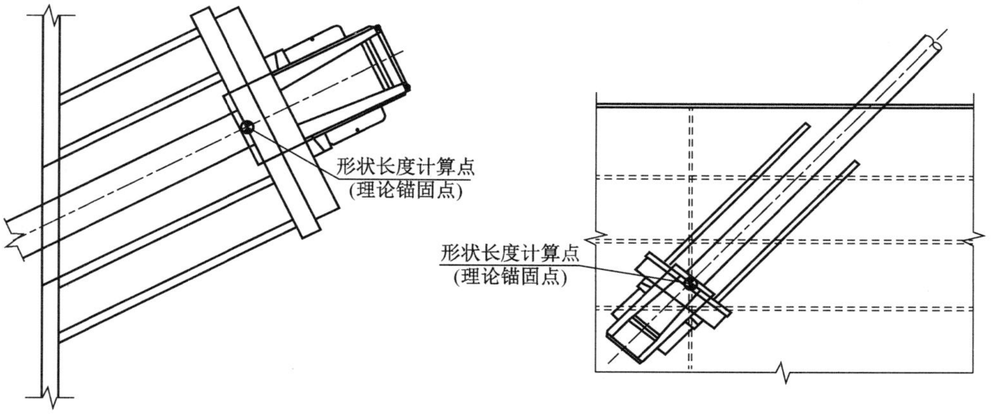

a) 塔端锚固　　b) 梁端锚固

图 7.2-3　江海直达船航道桥斜拉索锚固构造示意图

主塔柱由两部分组成：直线受力部分和曲线造型部分。索塔主塔柱受力部分采用矩形断面(顶部局部区段在外侧设置了凹角以抑制索塔产生风振)，底部截面尺寸分别为：横桥向宽9.000/9.234m，顺桥向长9.000/9.234m(前为边索塔，后为中索塔)；顶部截面尺寸为：横桥向宽3.000m，顺桥向长2.980m。主塔柱受力部分通高设置了两道中腹板，两腹板净距1m，在索塔下塔柱底部附近区域，由于受力较大且复杂，另外增加了两道纵向腹板和两道横向腹板。主塔柱造型部分每个节段包含两个相同的装饰块对称布置于索塔的横桥向两侧。七个节段的外缘位于半径为180.500m的圆曲线上。主塔柱造型部分靠近主塔柱受力部分的内侧翼板厚度为30mm，腹板及外侧小翼板厚度均为20mm，加劲肋规格均为16×160mm，顶部装饰块内沿索塔高度方向设置一道横隔板，其余每个装饰块内沿索塔高度方向设置两道横隔板，横隔板厚均为10mm。索塔副塔柱为“凸”形断面，底部截面尺寸为：横桥向宽3.000m，顺桥向长3.278m；顶部截面尺寸为：横桥向宽3.000m，顺桥向长2.034m。塔柱截面示意如图7.2-4所示。每个主、副塔柱之间通过7根联系杆进行连接，该联系杆也作为斜拉索通道。联系杆采用边长1.080m的正方形断面，翼缘板和腹板的厚度均为40mm。索塔三角撑由水平杆和斜杆组成，水平杆和斜杆均采用宽2.44m、高1.5m的矩形断面，水平杆的上翼缘板和斜杆的下翼缘板厚度均为60mm，水平杆的下翼缘板、斜杆的上翼缘板以及腹板厚度均为40mm，三角撑翼缘板和腹板均采用24×200mm的加劲肋。由于支座位于水平杆和斜杆相交处，故对此处节点位置板件做了加强处理。索塔三角撑和塔柱通过焊接进行连接。

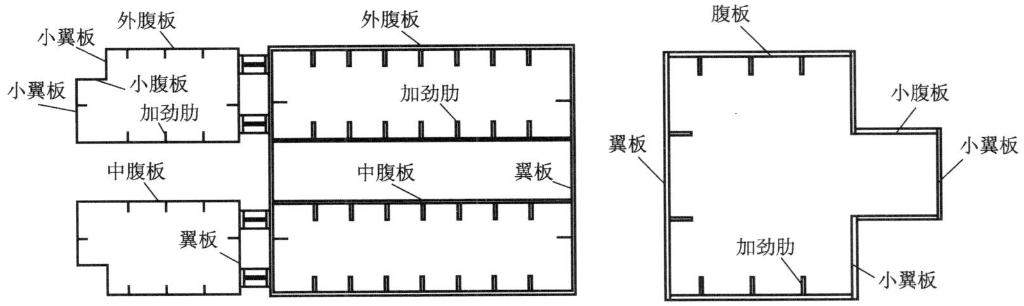

图7.2-4　江海直达船航道桥塔柱截面示意图

索塔节段划分如图7.2-5所示，主塔柱受力部分由下至上共分为Z0～Z12十三个节段。Z0节段高度均为3.45m，质量约500t，单独安装。Z1～Z12节段整体吊装，138号墩整体吊装段高 105m，质量约 2600t，139 号墩整体吊装段高 106.256m，质量约 2650t，140 号墩整体吊装段高 105m，质量约 2600t。索塔副塔柱由下至上共分为 F1 ~ F12 共 12 个节段，节段长 6.576 ~ 16.450m（大部分节段长在 7.500m 左右）。

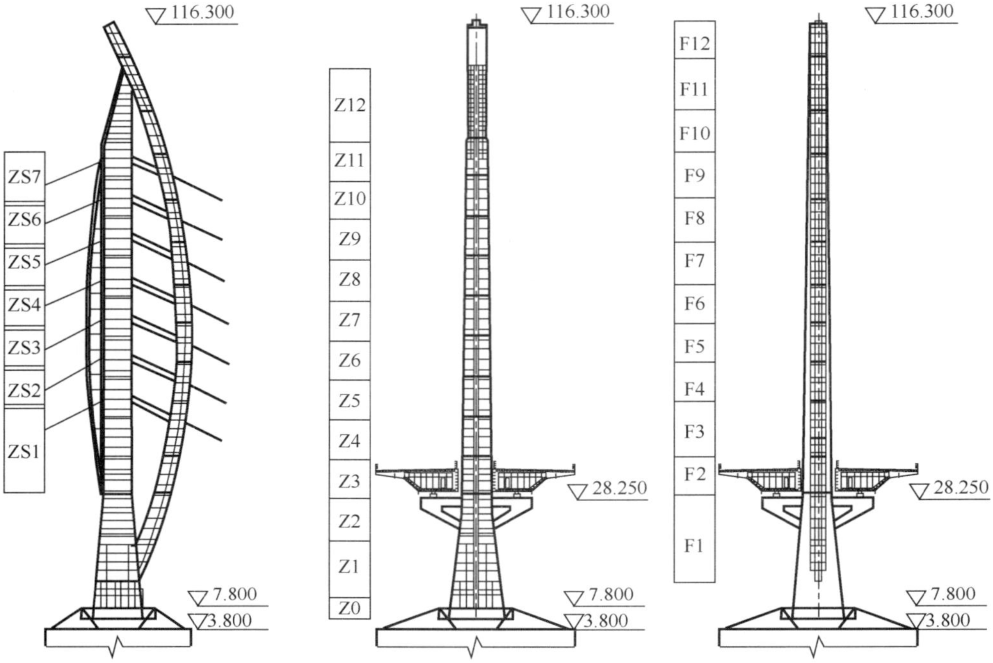

图 7.2-5　江海直达船航道桥索塔节段划分图（高程单位：m）

（3）连接设计

索塔塔底与混凝土承台锚固采用承压板和锚固螺杆相结合的方式。塔底设置厚度为 150mm 的承压钢板，钢板与塔柱根部焊接，使塔柱截面的压应力通过承压钢板均匀传递到混凝土支撑面（承压板与混凝土承台顶面间设置有压浆层）；塔柱截面四周设置大直径高强螺杆，通过施加预拉应力以保持塔柱截面与支撑面之间紧密接触，高强螺杆上端锚固在 Z0 节段，底端锚固在预埋于混凝土承台内部的锚定梁上。Z0 节段与整体段通过 M24 高强度螺栓进行连接。连接板构造如图 7.2-6 所示。

7.2.2　风帆形钢塔结构设计

（1）景观设计

九洲航道桥主塔造型取自“风帆”，寓意“扬帆起航”，与江海直达船航道桥塔身形成序列化造型效果，桥塔整体造型优美、亲和力强，如图 7.2-7 所示。

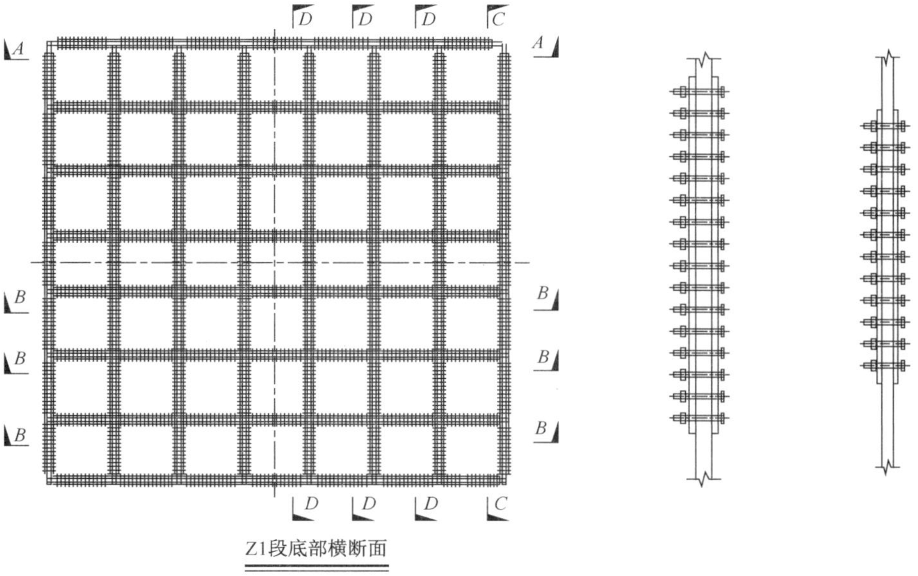

图 7.2-6 连接板构造示意图

图 7.2-7 九洲航道桥

(2)结构设计

为优化景观效果,九洲航道桥采用塔、梁、墩固结的结构体系,结构简洁,线条流畅,桥型布置图如图 7.2-8 所示。辅助墩及过渡墩设竖向支座及横向约束,支座具备减隔震性能。主梁采用分离式开口钢箱 + 混凝土桥面板的组合截面。钢主梁采用分离式开口双箱截面,两钢主梁间通过箱形横梁连成整体。单幅钢主梁外侧腹板为斜腹板,倾角约为 71°,内侧腹板为直腹板;斜拉索锚固在两开口钢主梁之间的箱形横梁上,横梁与钢主梁等高,其两腹板纵桥向间距 4.0m。在钢主梁内锚索断面处与箱形横梁腹板位置对应处设置两道横隔板(即前后锚索横隔板),间距 4.0m,在前后锚索横隔板间另外设一道横隔板,距离前后锚索横隔板均为 4.25m,普通节段横隔板均采用桁架空腹式结构,任意两

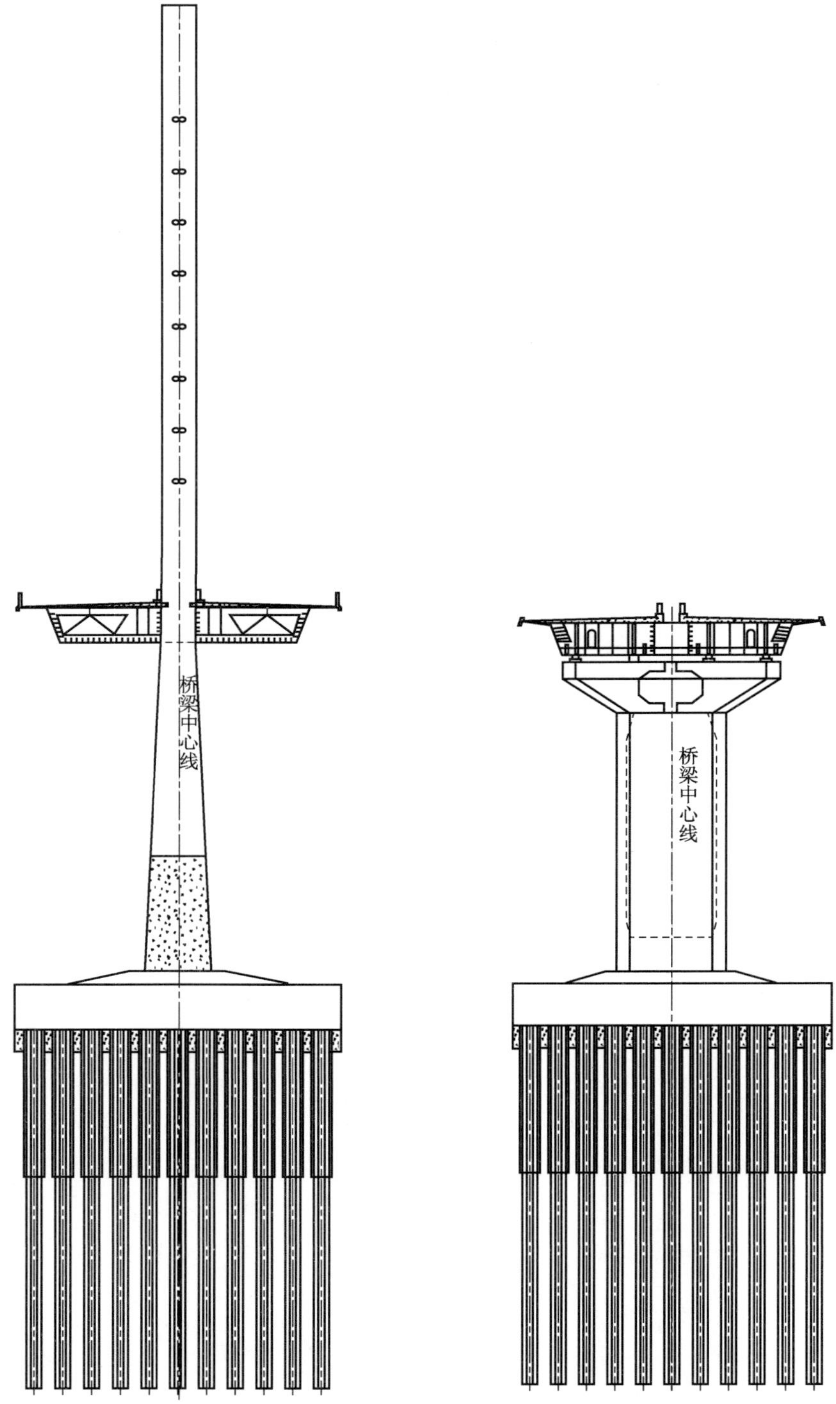

图 7.2-8　桥型布置图

道横隔板之间设置一道横肋板。斜拉索采用中央双索面竖琴形布置,两索面横向间距为1.0m。斜拉索梁端采用锚管直接锚固于联系两分离式钢梁的箱形横梁上,纵向索距12.5m;在塔上采用钢锚箱锚固,竖向间距6.1m。全桥一共有64根斜拉索,最长约140m,单根最大重量约20t。斜拉索采用直径7mm高强度平行钢丝拉索,斜拉索锚固示意如图7.2-9所示。

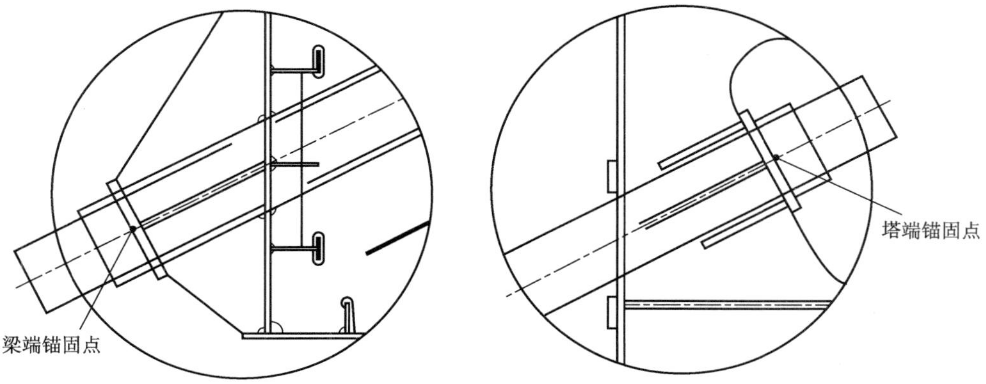

a) 斜拉索梁端锚固示意　　b) 斜拉索塔端锚固示意

图7.2-9　斜拉索锚固示意图

九洲航道桥主塔采用钢-混组合结构,由竖直的塔柱和弯曲的曲臂组成。塔柱和曲臂在主梁位置设置纵向连杆,塔柱、曲臂和连杆形成稳定的三角形结构。在索锚区沿拉索方向在塔柱和曲臂之间设置连杆。钢塔柱断面采用带倒角的四边形,钢曲臂采用切角箱形截面,均由板肋加劲。根据主塔各区段受力情况,采用变壁厚设计,板厚分为36mm、40mm、48mm、60mm、80mm五种规格。塔壁变厚时保持塔壁内侧对齐。主塔壁板均采用板式加劲肋加劲,板厚分为28mm、32mm、40mm、48mm、60mm五种规格,肋高有300mm和400mm两种。钢塔柱和钢曲臂箱内均设横隔板,钢塔柱拉索锚固区横隔板间距3.05m,锚索隔板和普通隔板间隔布置,桥面至第一对拉索之间横隔板间距3.0m,桥面以下横隔板标准间距3.2m;钢曲臂横隔板间距3.0~3.9m,与曲臂的轴线垂直。钢塔柱桥面以上普通隔板厚16mm,锚索隔板厚40mm,塔梁固结区隔板厚50mm,桥面以下隔板厚20mm,均采用板肋加劲。钢曲臂横隔板厚度均为16mm,采用10~12mm厚封边板予以加劲。主塔结构示意如图7.2-10所示。

T3节段为塔梁固结段,主梁与主塔采用刚性固结方案,塔梁结合部位需要传递主梁纵向力、横向力和主塔竖向力。主梁直腹板和横隔板分别对齐主塔两个方向壁板,匀顺传递主梁横向、纵向内力;主塔位置处,混凝土桥面板不与塔柱连接,有效减小了主梁弯曲施加给主塔的附加弯矩，减小主塔应力，并简化了混凝土桥面板的受力状态；在主塔前后6.4m范围，增设钢梁顶板，局部形成闭口钢主梁，以提高主梁扭转刚度；两分离式钢箱之间的连接钢板纵向长度为12.6m，顶板局部加厚至48mm，底板局部加厚至50mm，并在与主梁内横隔板、横肋对应位置设置横隔板；梁底设置连接隅撑；主塔内对应主梁上翼板和底板的位置设置横隔板，确保结构传力直接、流畅。

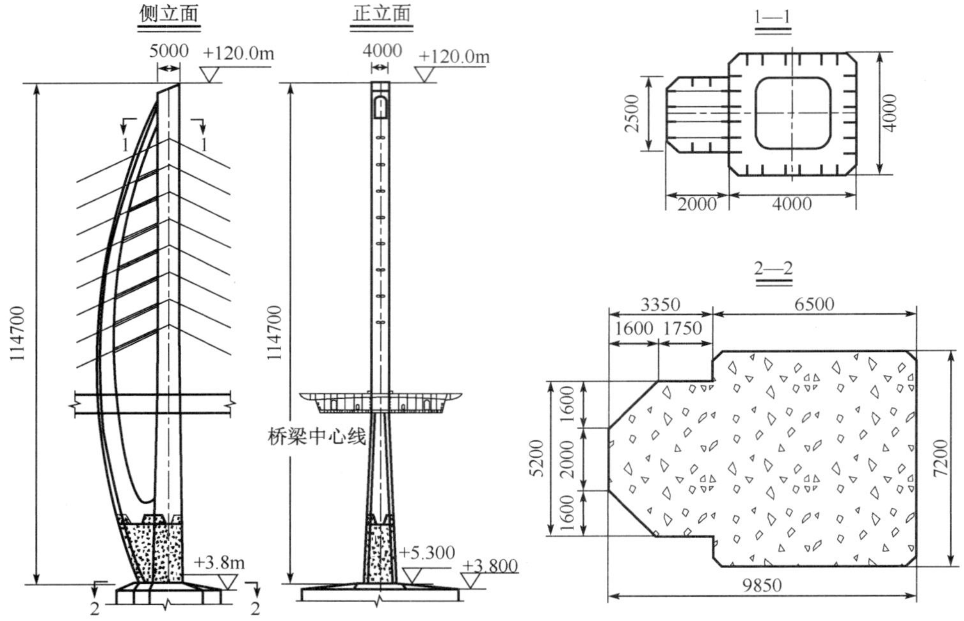

图7.2-10 主塔结构示意图(尺寸单位:mm;高程单位:m)

塔柱节段划分自塔底至塔顶依次为:13.7m混凝土塔柱、3m钢混结合段和98.0m钢塔柱。根据结构构造特点并兼顾工厂制造便捷性，钢塔柱划分为T0～T9共10个节段，其中T4～T8节段为斜拉索锚固区段，T9为钢塔柱与曲臂连接区段，T0为钢-混结合段，T3为塔梁固结段。T3段节段质量约为570t，其余节段质量从70～210t不等。钢塔柱节段分块图如图7.2-11所示。

(3)连接设计

与混凝土塔柱结合的T0节段及曲臂B3节段为混凝土结合段。该结合段通过混凝土塔柱预埋预应力螺杆及结合段混凝土与混凝土塔柱段连接成整体以抵抗主塔的纵横向弯矩。塔柱T0节段承压面上沿断面四周布置预应力螺杆，间距700mm，每个螺杆预张拉力4000kN，并分次张拉到位，以抵抗主塔的纵、横向弯矩；曲臂B3节段承压板面上沿断面四周布置，间距600mm。预应力螺杆下端锚固在混凝土塔柱内，每个螺杆预张拉力165kN，承压板下方混凝土及水泥压浆层强度满足要求后一次性张拉到位。

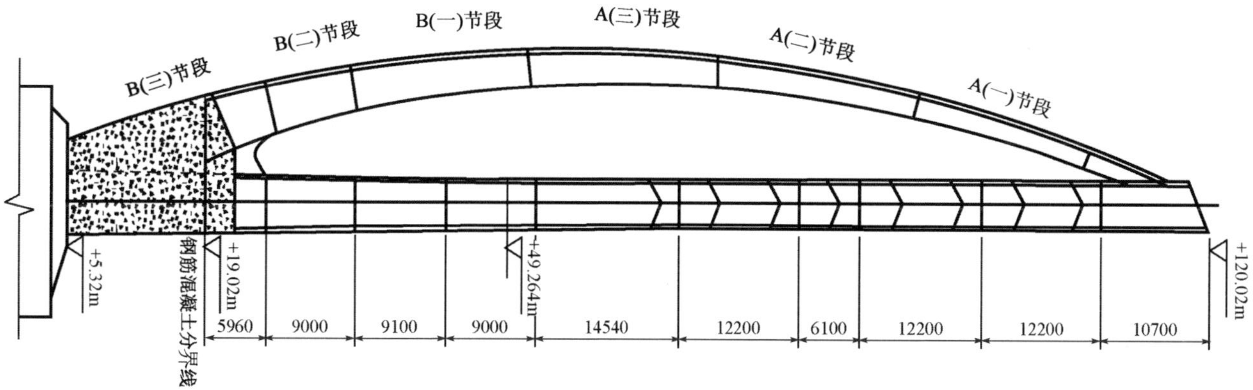

节段号	T0	T1	T2	T3	T4	T5	T6	T7	T8	T9
节段重量(kg)	157635. 6	214444. 5	189560. 8	609119.9	210093. 1	158254. 9	67237.3	133098. 6	124098. 4	83819.2
主塔壁板厚(mm)	80	80	80	80	60	48	40	40	36	36
主塔肋板厚(mm)	60	60	60	60	60	40	32	32	28	28
主塔肋板高(mm)	400	400	400	400	400	400	300	300	300	300
主塔材质	Q370qD	Q370qD	Q370qD	Q370qD	Q370qD	Q370qD	Q345qD	Q345qD	Q345qD	Q345qD

图7.2-11　钢塔柱节段分块图(尺寸单位：mm；高程单位：m)

7.2.3　超大型中国结设计

（1）景观设计

塔顶结形撑吸收“中国结”文化元素，寓意团圆回归、三地同心，共创粤港澳大湾区美好未来，如图7.2-12所示。将最初的直角、直线造型“曲线化”，提升景观层次，使中国结更显纤巧、灵动、精致、优雅，与附近连接隧道的东西人工岛形成“珠联璧合”的总体造型理念。

图7.2-12　青州航道桥

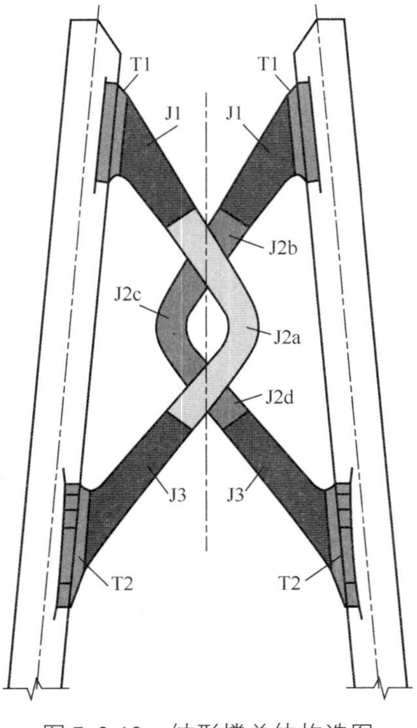

图7.2-13　结形撑总体构造图

（2）结构设计

全桥采用半漂浮体系，塔墩固结，主梁在塔墩上设置竖向支承。主梁采用流线型扁平钢箱梁，斜拉索采用扇形布置、双索面、在钢箱梁外侧锚固。

索塔采用横向H形框架，塔柱为钢筋混凝土构件，下横梁为预应力混凝土构件，采用底缘呈圆弧形的变高度结构；上横梁剪力撑为钢结构，采用“中国结”造型，顶部距承台高约159m。索塔未设置顶横梁，桥面以上塔柱完全由剪刀撑联结受力，是典型的剪刀撑受力体系。结形撑构件为钢结构，总高约50m，采用箱型横断面，宽度（顺桥向）为4m，高度由2.6m渐变到4.2m。结形撑由T1、J1、J2、J3、T2五种类型节段组成，如图7.2-13所示。

(3)连接设计

结形撑与主塔相连接段分别为 T1、T2。塔柱内部采用钢箱形式连接,T2 伸出塔柱外部 1m。T1、T2、J1、J2、J3 节段之间采用高强度螺栓连接,与混凝土塔柱为剪力键连接。青州航道桥为斜拉桥,上塔柱受力受斜拉索影响显著,横向大风和地震作用下连接节点受力大,两肢塔柱存在扭转受力,均导致连接节点受力复杂,且连接断面高度达 12.344m。为此,基于钢-混混合结构传力机理的研究成果,钢结形撑与混凝土塔柱连接采用承压-传剪的复合传力模式及构造,通过连接箱实现。连接箱为一个将结形撑与塔柱连接节点范围内的塔壁包裹的箱体,其壁板(腹板和面板)均开设圆孔,塔柱竖、横向钢筋均穿过圆孔,形成 PBL 剪力键传力(腹板上还设置了少量剪力钉),且均开设大的混凝土浇筑孔,利于混凝土的浇筑流通形成整体受力。

7.3　复杂几何形状钢塔制造技术

钢塔制造过程也分为板单元制造、小节段拼装和大节段组拼三个阶段,与 5.4 节钢箱梁制造过程基本相同。主要不同点在于:①钢塔承压板板厚达 150mm,需对超厚钢板焊接进行精确控制,确保焊接质量。②钢结形撑需与混凝土桥塔内的预埋节段精确连接,因此标准节段 J1、J3 焊接接口端预留二次配切量。

7.3.1　超厚钢板焊接工艺

港珠澳钢塔承压板厚度达到 150mm,其焊接工艺成为钢塔制造的重点和难点。以江海直达船航道桥为例,阐述超厚钢板焊接过程。钢塔 Z0 节段承压板由 4 块规格为 150mm × 2657mm × 10628mm 的板拼接而成,如图 7.3-1 所示,重约 127t,焊缝为全熔透。承压板拼接焊缝坡口形式及加工现场如图 7.3-2、图 7.3-3 所示。深坡口侧深度 79mm,浅坡口侧深度 65mm,钝边 6mm。厚板在焊接过程中容易产生很大的焊接内应力和焊接变形,焊后常常出现焊缝结晶组织粗大、韧性下降、焊接残余应力大、焊接裂纹等问题。厚板焊接过程控制主要从控制焊接热输入量(线能量)、焊缝层(道)间温度、焊缝冷却速度、翻面焊接等方面入手。然而,在实际生产过程中,厚板无码装焊的重点和难点则是监控焊接变形量,把握翻面时机。

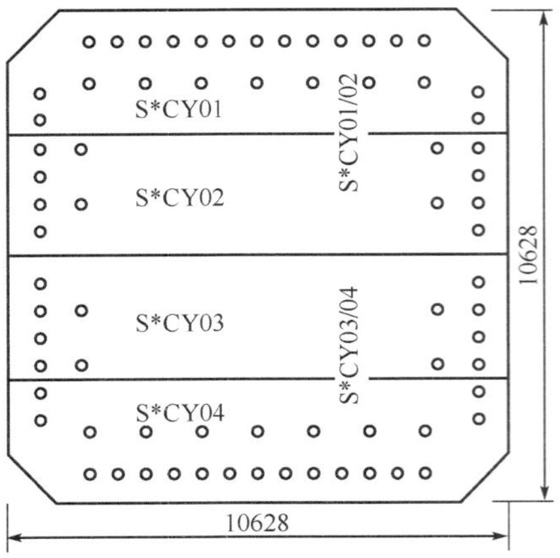

图 7.3-1　承压板结构(尺寸单位:mm)

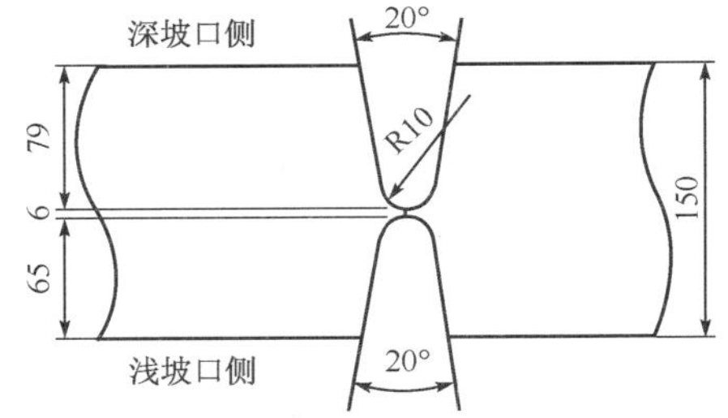

图 7.3-2　承压板拼接焊缝坡口形式(尺寸单位:mm)

图 7.3-3　坡口加工现场图

(1)焊前准备工作

通过千斤顶和配重来调整装配精度,错边量小于或等于 1mm。焊缝两端安装引、熄弧板,并打磨清理坡口及两侧待焊区域不少于 30mm 范围,采用陶质电加热片加热至 100 ± 20℃。

(2)焊接过程控制

厚板无码装焊应加强焊接过程控制,通过焊前电加热板预热(图 7.3-4)、控制焊接线能量、监测层间温度和焊接角变形、及时翻面焊接、焊后保温缓冷等措施可有效控制焊接变形。焊接过程控制包括:①根据焊接工艺评定试验参数进行双拼板焊接,如图 7.3-5 所示。②采用点温计测量层间温度,避免层(道)间温度过高。③采用石棉布进行保温缓冷。④通过拉线和直尺测量焊接角变形量,确定翻面焊接时机。

图 7.3-4 焊前电加热板预热

图 7.3-5 双拼板焊接

S*CY01 与 S*CY02 拼板焊接(简称“双拼”)共进行 5 次翻面,如图 7.3-6、图 7.3-7 所示,其焊接过程为:①先焊深坡口侧,焊完第 7 道后(焊后深度 $h=59\mathrm{mm}$,S*CY01 下表面板边距胎架 96mm)进行第 1 次翻面。②对浅坡口侧进行清根、打磨和预热。③浅坡口侧焊完第 7 道后(焊后深度 $h=59\mathrm{mm}$,S*CY01 下表面板边距胎架 78mm),进行第 2 次翻面。④待深坡口侧再焊接完 17 道后(焊后深度 $h=28\mathrm{mm}$,S*CY01 下表面板边距胎架 11.13mm),进行第 3 次翻面。⑤浅坡口侧再焊接 28 道后(焊后深度 $h=10\mathrm{mm}$,S*CY01 下表面板边距胎架 3~5mm),进行第 4 次翻面。⑥再焊接深坡口侧,完成 25 道焊道后(深坡口侧坡口填充完毕)进行第 5 次翻面。⑦将浅坡口侧焊缝焊至与母材平齐。

图 7.3-6 双拼板翻身

图 7.3-7 双拼板焊接

S*CY01/02 与 S*CY03/04 拼板焊接(简称“大拼”)共进行 3 次翻面,其焊接过程如下:①先焊深坡口侧,焊完第 13 道后(焊后坡口深度 $h=45\sim46\mathrm{mm}$)进行翻面。②对浅坡口侧进行清根、打磨和预热,焊完第 14 道后(坡口深度 $h=41\sim44\mathrm{mm}$)再次进行翻面,将深坡口侧焊接至于母材平齐。③进行第 3 次翻面,完成浅坡口侧的焊缝。

(3)焊后保温及平面度测量

焊后采用石棉布进行保温缓冷,防止焊缝冷却过快产生脆硬组织。采用水准仪检测平面度,承压板焊后整体平面度控制较理想,测量监控点高程差小于 10mm,满足港珠澳大桥精度要求。

(4)超声波探伤

按照《铁路钢桥制造规范》(TB 10212—2009)对接焊缝无损检验要求对焊缝全长进行超声波 BI 级检测,并对焊缝两端及中间 250mm 区域进行超声波 CI 级检测(代替 X 射线检测),如图 7.3-8 所示。经上述两类超声波无损检测,承压板对接焊缝无损检测一次合格率为 100%。拼焊完成后的承压板如图 7.3-9 所示。

图 7.3-8　超声波探伤

图 7.3-9　拼焊完成后的承压板

图 7.3-10　镗铣床加工

7.3.2　节段端面机加工精度控制

江海直达船航道桥 Z0、Z1 端面平面度要求是四千分之一、贴合度 80% 以上。为此采用了 TK6920 立式镗铣床加工,如图 7.3-10 所示。采用翻身借刀方式,分两次加工,如图 7.3-11 所示。测量设备选用精度达到万分之一的激光雷达测量(图 7.3-12),专门采用了数控液压支撑系统来配合激光雷达的精确测量以保证加工精度。

7.3.3　结形撑配切

结形撑配切需考虑下列因素:①由于混凝土塔在温度和风力的作用下会发生变形和摆动,因此预埋段 T1 和 T2 的位置也会随之改变,从而与设计位置产生偏差。②预埋件由于施工过程误差,其相对位置会产生偏差,因而连接端口需根据预埋件相对位置调整配切长度。③J1、J3 节段在吊装过程中在自身重力作用下也会产生变形。综合以上因素确定 J1、J3 节段配切量,如图 7.3-13 所示。图 7.3-14 为结形撑现场制造图。

图 7.3-11　翻身借刀

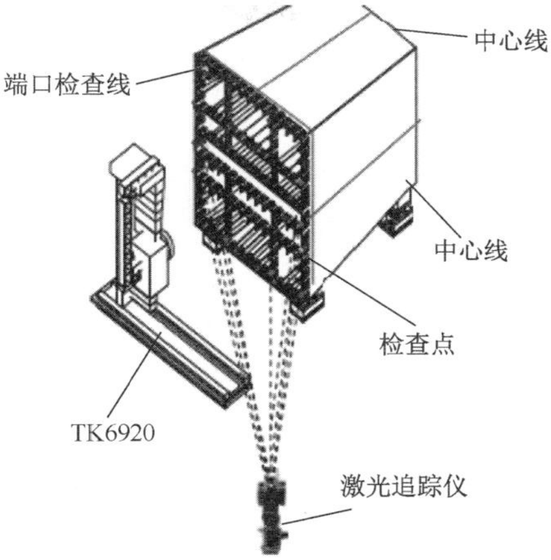

图 7.3-12　激光雷达测量

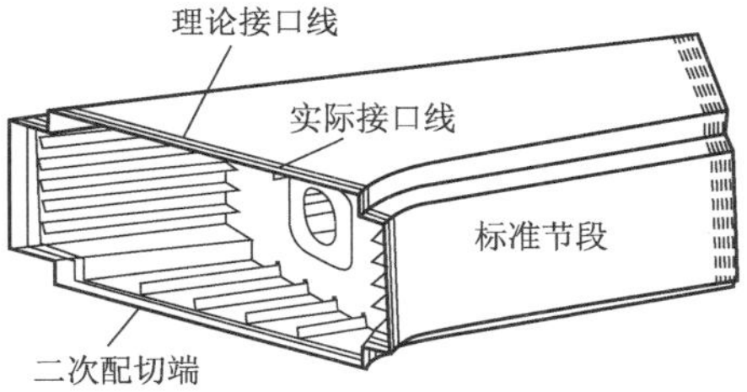

图 7.3-13　节段配切示意图

图 7.3-14　结形撑制造现场图

7.4　大型钢塔运输技术

所运输的钢塔长度较长(最长为 106.256m),单个整体节段重量较大(最大约为 2650t),且需在运输船上进行滑移竖转,配合吊装作业的船舶定位难度较大,采用驳船“幸运海”+拖轮“宁海拖 2001”+2200HP 锚艇为钢塔运输船组。

7.4.1　装船方法

钢塔采用滚装上船的方式,上船时机的选择涉及潮汐大小、运输船吃水和码头高程等因素。具体装船时选择装船码头处的水位在低平潮时进行装船作业,以减少钢塔在上船时对运输船的浮态调节。在合适的上船时机控制 6 组组合式运梁液压车车轮方向与发运中线平行,并顶起钢塔脱离支承钢墩,同时向运输船运行。钢塔装船时,随着钢塔逐步上船运行,运输船受载增加会出现尾倾现象,因此,及时对运输船尾部排水和首部压水进行浮态调节,保持运输船船尾甲板与码头岸上地面高程一致且纵倾度小于组合式运梁液压车的爬坡能力。

7.4.2　钢塔翻身

江海直达船航道桥 138 号钢塔按设计为副塔在上、主塔在下进行制造,由于现场吊装工况环境制约,需变为副塔在下、主塔在上进行运输及吊装,因此,138 号钢塔需进行 180°翻身。

将该钢塔整体段发运至山桥基地,使用 2 台 2000t 门式起重机进行翻身。钢塔下船采用扁担梁吊运,翻身分为两次,每次翻身 90°。钢塔翻身采用 L 形吊架和垫梁,垫梁的作用是调整钢塔重心,使其在 L 形吊架两吊点中心处,以保证钢塔翻身时任意工况下吊钩受力基本均匀,减少"海豚"形钢塔不规则钢结构重心变化大的影响。L 吊架垫梁图如图 7.4-1 所示。考虑到地面单位承载力的不足,支架底部加大面积,增加钢支墩。同时,在钢支墩下垫放混凝土垫块和 2 层 20mm 厚钢板,L 形吊架初始时,下垫钢垫梁和 2 层 20mm 厚钢板,以满足地面承载要求。L 支架垫梁如图 7.4-2 所示。

钢塔翻身流程如图 7.4-3 所示,钢塔翻身现场如图 7.4-4 所示。

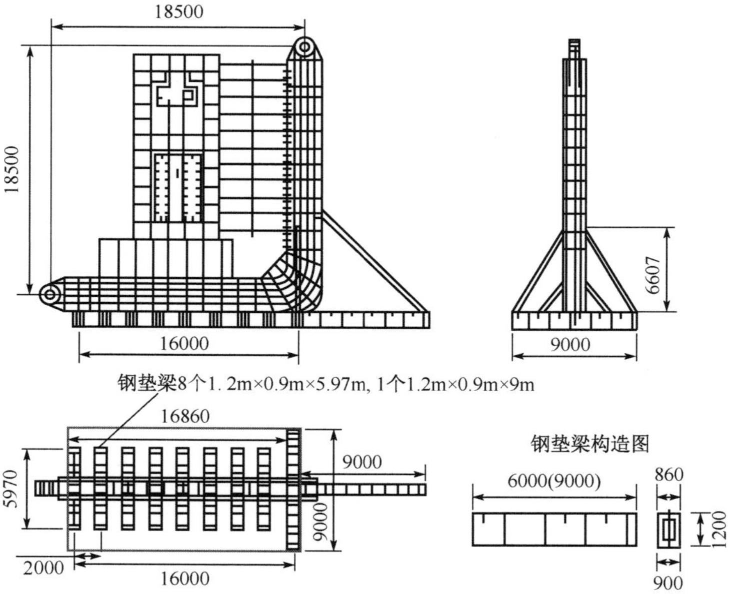

图 7.4-1　L 吊架垫梁图(尺寸单位:mm)

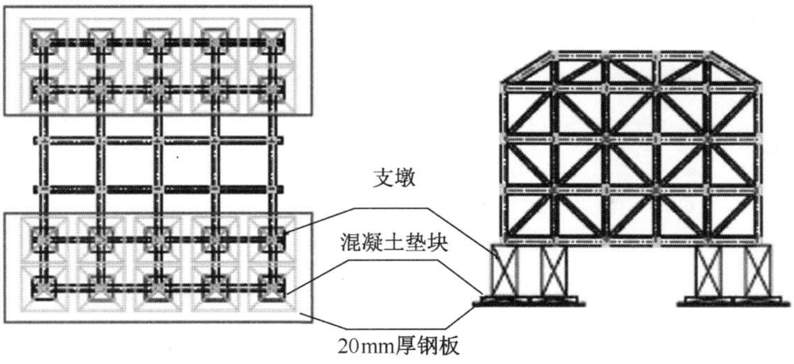

图 7.4-2　L 支架垫梁图

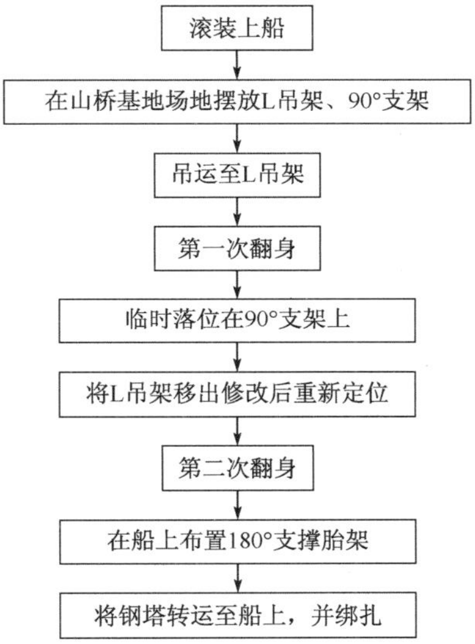

图 7.4-3　钢塔翻身流程图

图 7.4-4　钢塔翻身现场图

7.4.3　船上支撑绑扎

(1)江海直达船航道桥

江海直达船航道桥钢塔运输船尾支撑采取用运输托架作为船上支撑,船首采用滑靴作为支撑。船尾支撑的运输托架,中间部分落放在两条滑轨上,两边落在船上设置的钢墩上,并垫入枕木。钢塔滑移装置船上布置如图 7.4-5 所示。

运输船上装载钢塔后,钢塔在运输过程中,风浪流对运输船作用,必然造成钢塔纵横向滑动,应进行适当的绑扎,以确保钢塔绑扎固定后无纵横向滑移及横向翻转。采取在纵横向设挡板的方式限制其滑动,绑扎加固形式为尾部托架和首部滑靴分别采用挡板限制其滑动,横向挡板的数量共 16 块,在纵横向共拉 16 根钢丝绳,每个点拉两根,绑扎示意如图 7.4-6 所示。

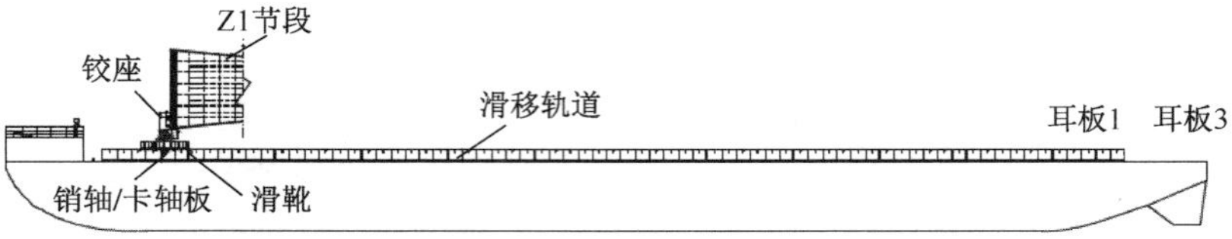

a) 立面图

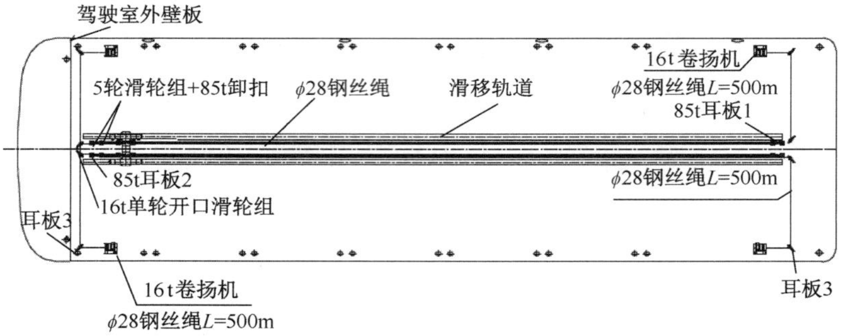

b)平面图

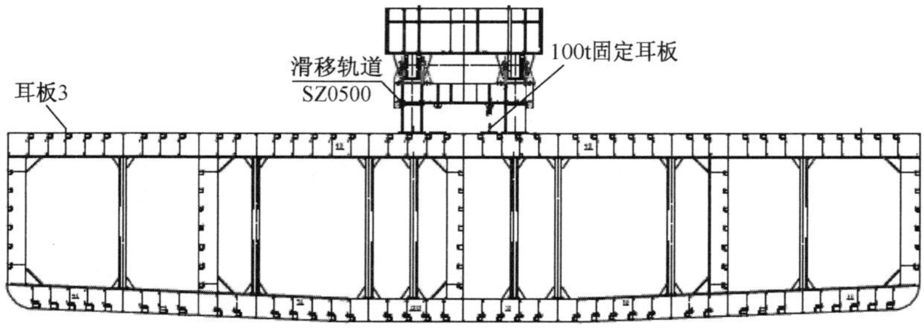

c) 侧面图

图 7.4-5　钢塔滑移装置船上布置图

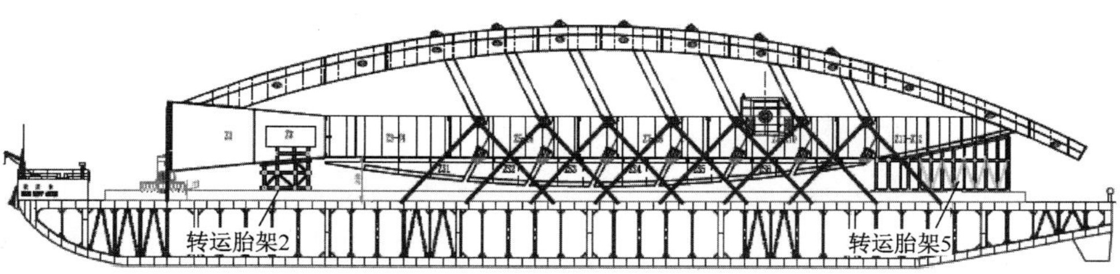

图 7.4-6　钢塔绑扎总体示意图

(2)九洲航道桥

九洲航道桥钢塔运输过程中,为了安全运输及对钢塔等构件本体涂面进行保护,钢塔构件与甲板接触的面或点采用托架和橡胶垫进行保护,并使用钢丝绳对钢塔进行绑扎固定。钢塔大、小节段运输示意如图 7.4-7、图 7.4-8 所示。

(3)结形撑

由于装载钢结形撑选用的船型为深舱自航船,故钢结形撑都在舱内平放,支撑加固只需在底部垫木板或草垫即可。装船前,在运输船上采用200mm×200mm×200mm的枕木作为J2、J3块体的垫墩,J2块体垫10个,J3块体垫12个,并使用限位挡块保证结形撑稳定。J2、J3块体平放时高度为4m,重心较低,在挡块及枕木的摩擦力作用下可确保J2、J3块体的安全。结形撑装船运输实景如图7.4-9所示。

图7.4-7　钢塔小节段运输示意图

图7.4-8　钢塔大节段运输示意图

图7.4-9　结形撑装船运输实景图

7.4.4　运输路线规划

(1)运输条件

①运输船队最大吃水在3.5m左右,从中山基地码头至港珠澳大桥桥址全程约28海里,沿途航道水深大于5m(除横门东水道2至3号浮水深3.5m以外),因此航道水深不受限制。

②整个作业水域潮差不大,流速普遍在1.5~2.0节之间,但受台风影响较大。航行中应严格遵守船舶定线制规定等相关法规,行驶规定航路,采用安全航速。

(2)运输路线

钢塔运输船自中山基地码头出发,经横门东水道,至淇澳岛东侧,由横门东水道1号浮处转向南下,航行至港珠澳大桥施工桥址。

(3)运输注意事项

①根据钢塔的尺度,结合装船组成船队后存在瞭望困难等不利客观条件,以及行驶

航路的航道实际情况,宜在白天且气象条件良好、能见度高的情况下开航,以提高运输船队航行的安全性。

②由于钢塔长度方向上重量分布不均匀,装船后驳船可能会产生纵倾的现象,当发生纵倾情况时,应利用自身的压载泵进行压载调节,减小船舶纵倾的程度。

③钢塔装船后,驳船船尾存在一定的盲区,航行中需加强瞭望;同时在船尾安置警示灯。

④航行中应经常检查梁段的绑扎固定情况,如有松动,应及时采取紧固等措施。

7.5　整体式钢塔安装技术

7.5.1　海豚塔海上竖转安装技术

用"长大海升"3200t 双臂架变幅式起重船与"正力"2200t 起重船进行钢塔竖转,之后由"长大海升"单独吊装就位的方法进行安装。海豚塔吊装工艺流程如图 7.5-1 所示。该工艺为国内首创,施工难度大,危险性高,其主要技术难点如下:①钢塔竖转过程中由于姿态变化,钢塔吊具需具备 360°旋转的功能。②设备的起重能力与吊点位置密切相关。③钢塔设计为异形不对称构造,钢塔倾斜就位后须施加水平力使钢塔呈竖直状态。④吊装就位后钢塔整体段与 Z0 基础段临时匹配需要在海洋不利环境下保持稳定。

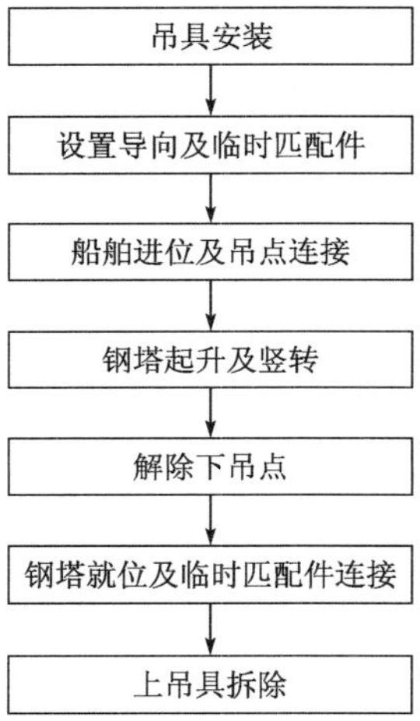

图 7.5-1　海豚塔吊装工艺流程图

1)吊具选择

受浮式起重机起重能力及吊具安装空间的限制,吊具的自重、结构需进行合理控制。钢塔上吊具采用抗弯扭性能强、吊装工艺方便的箱梁式结构(图 7.5-2),为实现钢塔竖转过程,吊具与钢塔连接部位使用了大吨位的悬臂销轴构造;下吊具采用桁架式结构。

2)海上竖转工艺

(1)整体提升阶段

该阶段"长大海升"和"正力"工作角度分别为 60.5°和 60°。为保证驳船具备足够的安全空间撤离施工水域,"长大海升"和"正力"整体同步起吊钢塔,钢塔最底部离甲板面 10m 高度,每起升 1m 进行观测、调整。起升完成后,运输驳船从南面绞锚撤离。钢塔整体提升如图7.5-3所示。

(2)转体第一阶段

驳船撤离后,开始进入竖向调整阶段。“正力”保持不动,然后“长大海升”吊钩提升30.34m,分两次完成,第一次提升19.13m。“长大海升”吊钩提升19.13m时,塔尖开始进入“长大海升”臂架之间,此时臂架间距5.3m,塔尖宽度为3m,剩余空间净距为2.3m。该阶段整个提升过程中“长大海升”吊钩会往后偏移最大0.74m,最大倾斜角度为0.61°。“长大海升”吊重最大为2038t,过程中最大水平力为215.2kN。塔尖进入“长大海升”吊臂、臂架如图7.5-4、图7.5-5所示。“海升”吊钩提升30.34m时状态如图7.5-6所示。

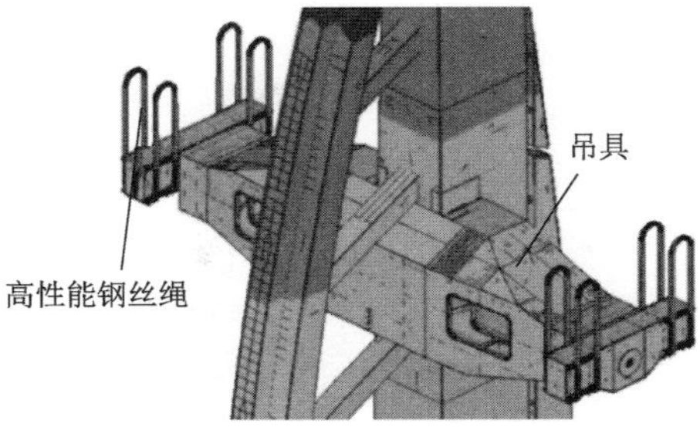

图7.5-2　上吊具结构示意图

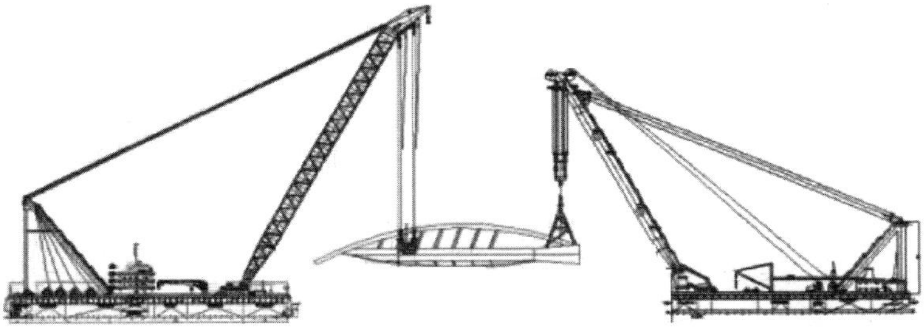
图7.5-3　钢塔整体提升

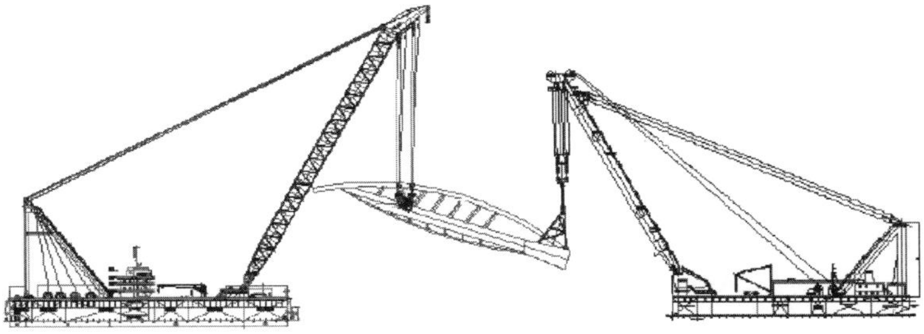
图7.5-4　塔尖进入“长大海升”吊臂

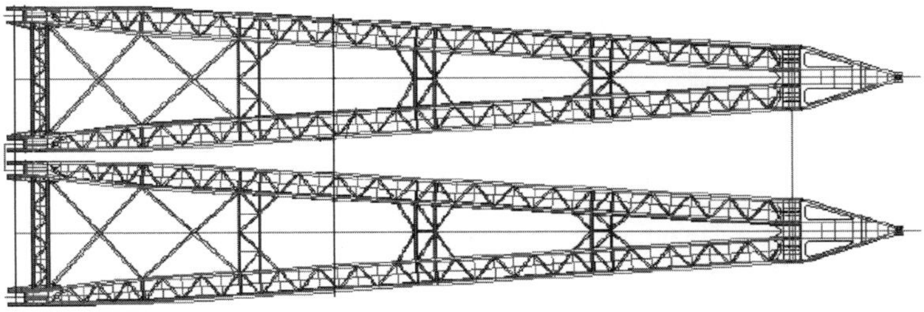
图7.5-5　塔尖进入“长大海升”臂架图

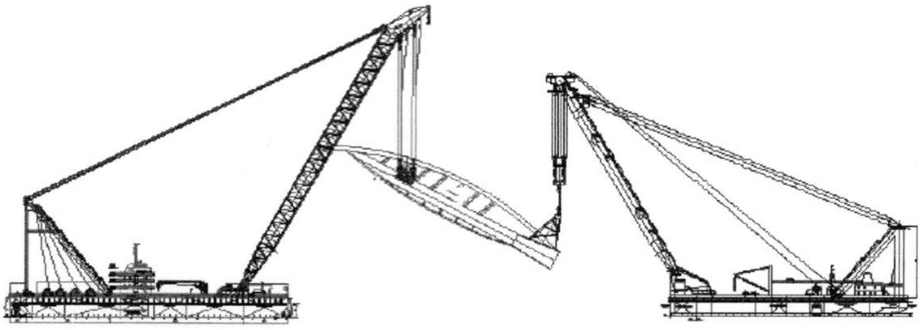

图 7.5-6 “长大海升”吊钩提升 30.34m 时状态

(3)变幅阶段

“长大海升”臂架变幅(60.5°~65°),“正力”臂架变幅(60°~50°),“正力”55°到50°的变幅由“正力”吊钩下放和前移来实现。此阶段“长大海升”的角度调整为 4.5°,“正力”的角度调整为 10°。此阶段分 6 个步骤完成,角度调整速度均为 1°/15min。变幅完成后状态如图 7.5-7 所示。

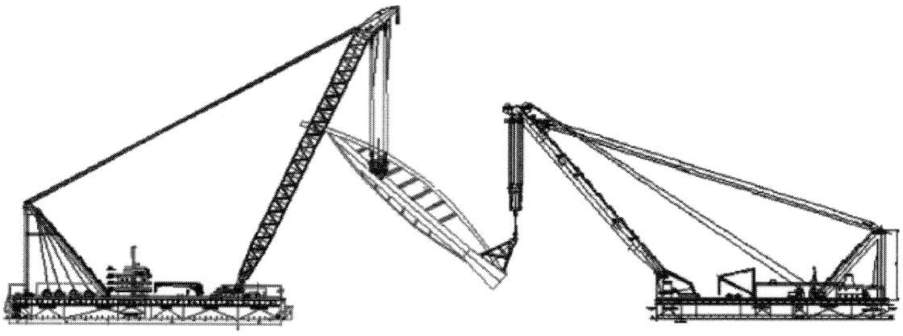

图 7.5-7 变幅完成后状态

(4)转体第二阶段

变幅完成后,开始上吊点垂直提升过程,提升过程中按照以“正力”每移动 3m 为基准,然后“长大海升”提升钢塔相应的高度,重复进行下一步的钢塔上吊点提升,直至“正力”前移完成 9m(共分 3 步完成),“长大海升”提升高度 11.95m,“长大海升”钢丝绳提升速度为 1m/min。此过程中“长大海升”吊重最大为 2344t,最大水平力为 378kN。随“正力”的前移,“长大海升”吊重逐渐增大。转体第二阶段完成后状态如图 7.5-8 所示。

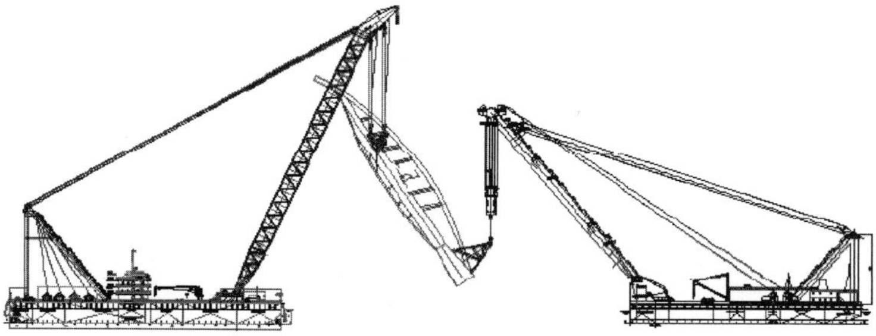

图 7.5-8 转体第二阶段完成后状态

（5）转体第三阶段

“正力”前移完成9m，“长大海升”吊钩提升11.95m后，“长大海升”停止提升，“正力”开始下放吊钩并前移，配合完成钢塔绕上吊点转体。“正力”吊钩下放相应高度，再前移相应的步距，此阶段“正力”总共需前移24m，吊钩总共下放高度16.5m，“正力”钢丝绳松1.7m后完成钢塔的转体，此时钢塔底部距离水面高度213cm，过程中“长大海升”吊重由2393t逐渐增大至3185t，水平力最大为372.1kN。完成转体后状态如图7.5-9所示。

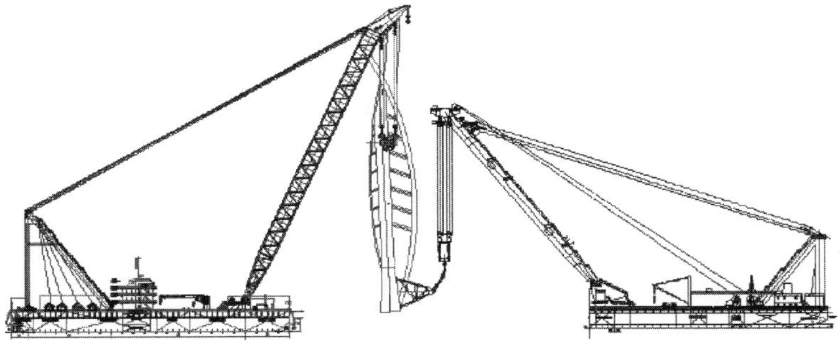

图7.5-9　完成转体后状态

（6）下吊具吊点解除及牵引索的安装

钢塔完成转体后，开始拆除“正力”与下吊具连接的销轴（为避免钢丝绳甩出去，先用5t手拉葫芦牵引住销轴套，然后再开始解除连接销轴），如图7.5-10所示。钢塔底部和吊具需提前安装爬梯和通道，确保施工安全。连接解除完成后，“正力”绞锚往珠海方向后退，同时提前安排船舶配合“长大海升”，将两侧的牵引索安装至钢塔底部，如图7.5-11所示。

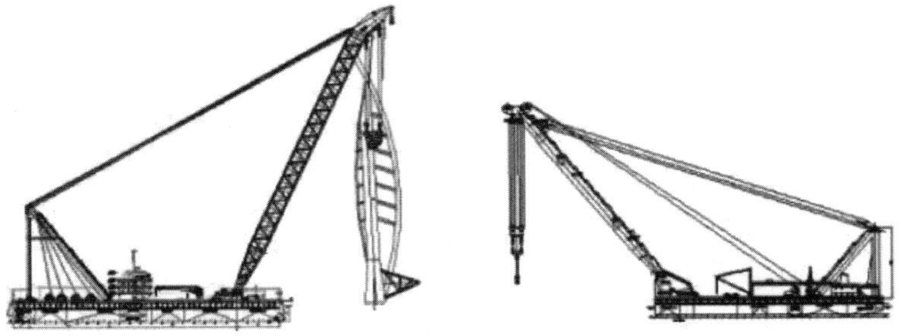

图7.5-10　“正力”吊点连接解除

采用整体吊装方案，有利于高空作业地面化、海上作业工厂化，有利于整个质量控制，降低了海上施工作业的风险，减少了对海洋环境的污染，缩短了施工工期，确保了工程进度与质量。竖转吊装现场如图7.5-12所示。

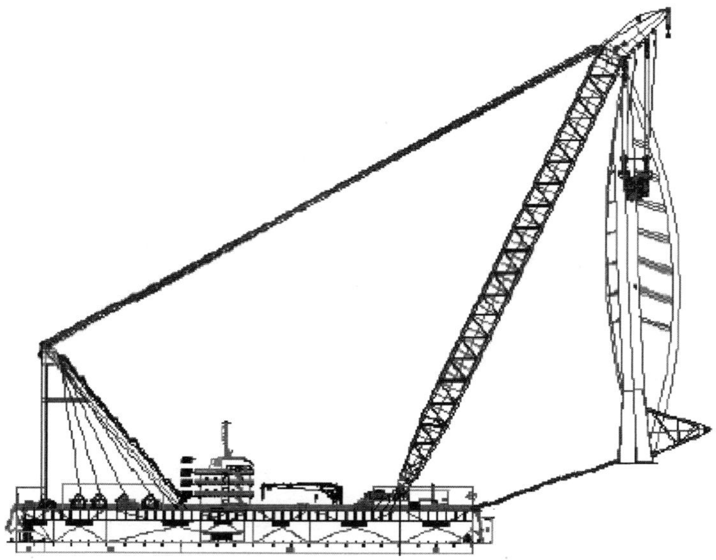

图 7.5-11　牵引索安装

3)钢塔就位

图 7.5-12　竖转吊装现场图

由于钢塔的重心位置与吊点位置不在同一竖直线上,因此,钢塔起吊后整体呈倾斜状态,主塔轴线与竖直方向的夹角为 2.7°,调直钢塔时需提供牵引力约 550kN。通过在 Z0 节段外腹板外侧顶面 4 个角栓接定位导向钢板进行钢塔的平面定位。横桥向及顺桥向钢板间设置加劲肋增加导向结构的整体刚度。导向结构采用 5cm 厚钢板焊接而成,内设 4cm 加劲板,顶部设置纵坡方便上部节段下放,与整体段交汇处设置 2mm 的间隙。

牵引索安装完成后,再提升钢塔 13m,“长大海升”绞锚前移至钢塔指定就位位置,然后进行钢塔下放和精确就位,钢塔底部通过导向和“长大海升”船上两侧的 40t 卷扬机对钢塔进行牵引调直与 Z0 节段顶部的就位,为了保证钢塔的顺利下放,在顺桥向两侧各放置了 2 个 100t 的千斤顶来辅助钢塔精确就位。牵引水平距离为 3.1m。

4)匹配件安装

钢塔就位后,在 Z0 和 Z1 节段之间采用 20 套临时匹配构造连接(为了避免钢塔 Z1 节段底部与 Z0 节段的直接碰撞,在匹配件上安装了相应的缓冲橡胶垫片)。每个匹配件在 Z1 端安装一台 100t 千斤顶,在 Z0、Z1 对位后,利用千斤顶顶进插销,并在插销下端安装半圆形卡板卡紧。在匹配件安装的过程中应该采用对角安装的原则，匹配件安装后浮式起重机可以解钩。

7.5.2　风帆塔梁上转体安装技术

九洲航道桥钢塔 T4 ~ T9 节段及曲臂 A1 ~ A3 节段为桥面以上塔柱整体吊装段，上塔柱运至桥位处后，分为海上吊装和梁上竖转两个步骤：首先采用“正力”在桥位处水平起吊上塔柱至塔梁固结段顶面；然后利用在梁面主塔位置处安装的钢管吊架进行上塔柱提升及空中竖转作业，完成上塔柱的安装施工。

1）吊装临时结构

采用梁上转动施工工艺需要配置较多的施工临时设施，主要的施工临时设施、设施功能和设计非常关键，如表 7.5-1 所示。

梁上转动工艺施工主要临时设施功能和设计一览表　　表 7.5-1

序号	设施名称	主要结构	主要功能	设计要点
1	钢上塔柱竖转提升系统	钢管支架	竖向提升并支撑钢塔	受力设计
		滑移体系	水平摆放钢塔并供竖转滑移面	受力设计和滑移功能设计
2	海上吊装吊具	扁担梁	支撑与连接功能	受力设计
		销轴	连接功能	
		钢丝绳	连接功能	
3	竖转提升吊具	千斤顶	提升	受力设计
		钢绞线	连接功能	受力设计
		锚箱	连接功能	受力设计
		三角连接板	支撑与连接功能	受力及转动设计
		扁担梁	支撑与连接功能	受力设计
		销轴	连接功能	受力设计
4	塔柱及主梁局部加强	加强构件	施工过程结构局部薄弱位置加强	受力设计
5	塔柱安装定位导向及匹配件	导向和匹配结构	定位导向	功能设计
6	柱通道爬梯、操作平台等附属结构	爬梯、平台	上人通道	受力和功能设计

塔梁上转体过程中，梁上转体吊具和滑移体系是关键性设施，直接关系到施工成败，以下着重对其进行讨论。

（1）吊具

①三角连接板。

由于“长大海升”为双臂架变幅起重船，左右臂架中心距为24m，单臂架前后主钩间距5.412m，专门设计了三脚架吊具来完成上塔柱吊装。三角板连接件为厚度60mm、材质为Q690D钢板焊接而成的半封闭式结构，与塔柱扁担梁通过销轴连接，是上塔柱提升竖转过程中的直接承重结构。三角连接板及连接销轴结构如图7.5-13所示。

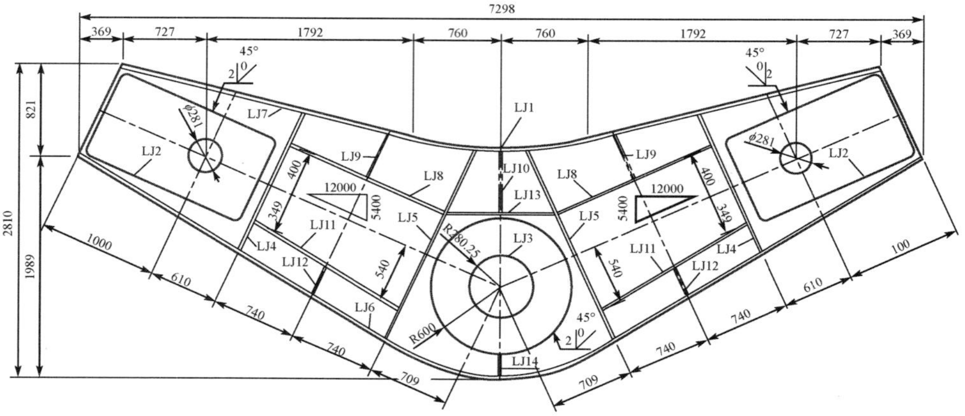

图7.5-13　三角连接板及连接销轴示意图（尺寸单位：mm）

②扁担梁。

九洲航道桥航空限高为+122m，上塔柱塔顶设计高程为+120m，常规顶部提吊的方法难以满足航空限高要求。为此在塔柱中段位置设置吊装扁担梁以降低起吊吊点，同时保证塔柱从运输船起吊后能够顺利翻转至竖直状态。

③钢锚箱。

在提升钢绞线与三角连接板间设置锚箱结构。锚箱与钢绞线采用P锚方式锚固，锚箱与三角连接板采用ϕ280mm销轴B连接。锚箱结构采用Q345B钢板加工制作，焊缝均为连续角焊缝，焊高为12mm。

（2）滑移体系

上塔柱在提升时，为保证塔柱底口能平顺滑动，在桥面与塔柱底口间布设滑移体系，滑移系统由滑道系统、滑移绞及滑座组成，滑道系统主要由垫块（梁）、贝雷桁架结构及滑道梁等组成。滑道从下到上依次含垫块、贝雷梁和滑道梁三大部分。

(3)导向装置及匹配件

在塔柱焊接制造时在T4节段下口及T3节段上口壁板内侧焊接导向板及匹配件用于塔柱安装过程中精确定位及定位完成后临时锁定。导向板沿塔柱壁板四周布置,共计4组。其中2组为开口型(L2),2组为闭口型(L1)。施工时上节塔柱壁板焊接导向板阳头,在下节段塔柱焊接导向板阴头。导向板均采用厚度为50mm的Q345b钢板下料制造。

上塔柱安装时由于塔柱本身高度较高,截面尺寸较大,容易受风力影响摆动。为保证上塔柱在吊装过程中能够顺利下放至设计高程,并完成匹配件连接,需在T3节段上口设置导向系统,新增导向设置于T3顶口内侧四角处,采用箱形结构,高度990cm,其中604cm伸出T3节段顶口,并设置斜向坡度,作为初步导向,便于塔柱顺利下放,上塔柱下口至T3节段上方约1m位置时,需缓慢下放,确保节段底口顺利滑入导向板达到初步对位。

(4)钢塔柱安装精调装置

上塔柱在吊装过程中为了有效地控制节段定位及调整精度,除初步导向装置、导向板及牵引装置外,采取了在已安装钢塔柱节段顶口部位安装定位调整工装,实现待安装塔柱定位及调位。定位调整工装和设备主要包括手摇式千斤顶和设置在T3节段顶口四角"新增导向"上布设的横桥向和纵桥向水平支撑,支撑采用钢板焊接,安装于"新增导向"顶口向下30cm处。钢塔柱安装调整工装如图7.5-14所示。

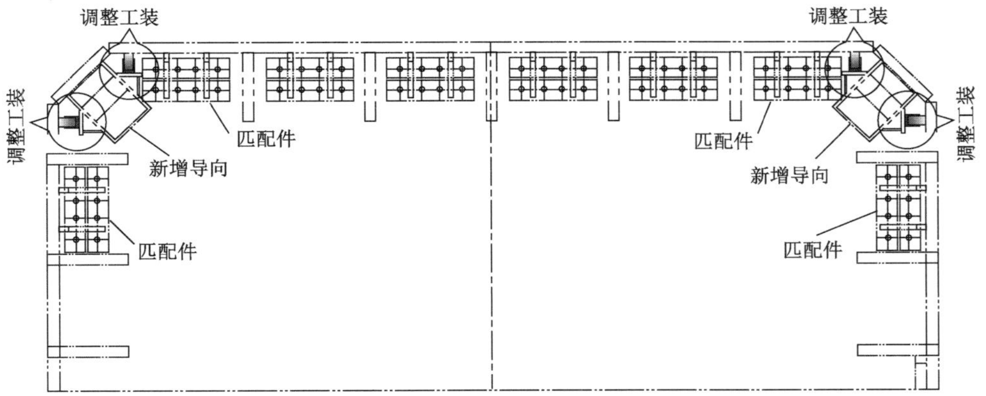

图7.5-14 钢塔柱安装调整工装

2)海上吊装施工

钢塔柱安装的第一步是海上吊装,将钢塔柱从平卧姿态从运梁船吊装至主梁支架上。其具体施工步骤为:

步骤一:

(1)拼装滑移系统,完成T3顶口临时支撑结构安装。

(2)完成内海侧钢管支架拼装。

步骤二:

(1)钢上塔柱运输至桥位处,安装吊具、安装倾斜仪等监控设备。

(2)船舶按照2200t起重船→运输船的顺序,依次于墩旁外海侧抛锚驻位,安装“正力”吊点钢丝绳。

(3)开启倾斜仪设备,此时2200t浮式起重机扒杆角度为60°,且在整个吊装施工过程中保持不变,上塔柱在整个吊装施工过程中也始终保持水平卧躺状态。

步骤三:

(1)2200t浮式起重机四个主钩同步提升使上塔柱脱离船面,高出运输船约2m,运输船横向绞锚3m后沿澳门侧方向退出。

(2)2200t浮式起重机四个主钩按0.5m/min的速度继续同步提升,累计提升高度54m后静置。此时水面高程为+1.0m,上塔柱底面高程为+55.0m,高出T3顶口抄垫(高程+54.437m)高程0.56m。

步骤四:

(1)2200t浮式起重机按1m/min的速度绞锚前移31m后静置,此时上塔柱位于临时摆放位置正上方0.56m处。

(2)2200t浮式起重机四个主钩按0.5m/min的速度,同步下放钢丝绳,将上塔柱水平摆放至T3顶口及滑移轨道上的临时支撑点上。

步骤五:

(1)2200t浮式起重机松钩,拆除钢丝绳,浮式起重机退出,拆除吊具,安装上塔柱抗风拉缆。

(2)安装外海侧钢管支架,安装560t连续千斤顶及提升钢绞线。

3)梁上竖转施工

钢塔柱吊装至主梁支架上后,接下来进入塔柱竖转关键施工工序,钢塔柱竖转提升施工步骤为:

步骤一(吊装系统安装):

(1)安装上塔柱扁担梁至吊装设计位置,并安装销轴C,使之与钢上塔柱连接稳固。

(2)安装提升竖转吊具,主要施工内容包括:锚箱和三角连接板连接;三角连接板与扁担梁连接。①将连续千斤顶提升钢绞线与锚箱连接,利用千斤顶将锚箱下放至三角连接板顶面约50cm处,分别下放锚箱使其与连接板销轴孔重合,采用销轴B将锚箱与连接板进行连接。②利用千斤顶将三角连接板提升至与扁担梁连接位置,并安装销轴A,

使之连接稳固。

(3)安装滑移轨道边跨侧30t水平千斤顶，拆除抗风拉缆并完成起吊前的系统检查工作。

步骤二(试提升)：

(1)在提升前，认真检查整个提升系统的工作情况(连续千斤顶、钢绞线、液压泵站、计算机控制系统、传感检测系统等)。

(2)启动连续千斤顶，采用手动方式控制4台千斤顶同步缓慢提升上塔柱，提升过程中保证上塔柱两侧吊点高差保持在10mm以内，完成油缸的第一个行程；行程结束后，检查上部结构、提升平台、提升锚箱的情况；确认一切正常后，再完成第二、第三行程。

(3)钢上塔柱脱离支点高度方向20cm处，停止千斤顶提升作业并锁定，空中停滞2~3h以上，观察整个结构和提升系统的情况，确认提升系统各项指标符合要求后，进行钢上塔柱正式竖转提升作业。

步骤三(正式提升)：

(1)调整控制系统至自动方式，启动连续千斤顶，保持钢上塔柱两侧吊点高差小于或等于10mm，4台千斤顶同步缓慢提升上塔柱，同时边跨侧30t水平千斤顶配合作业，通过计算机控制系统使钢上塔柱竖向提升位移与横向滑移位移按比例同步。

(2)利用4台连续千斤顶同步提升钢塔，拆除钢塔T3节段顶口临时支撑结构，安装中跨30t水平千斤顶；当钢塔沿滑道缓慢滑移至中跨30t水平千斤顶作业状态时，利用中跨水平千斤顶配合4台连续千斤顶继续提升翻转钢塔柱，直至钢塔柱提升翻转至竖直状态并提升至设计位置。

步骤四(塔柱定位安装)：

(1)上塔柱翻转至竖直状态，继续通过4台连续千斤顶同步提升上塔柱，使上塔柱T4节段底口距离已安装节段T3顶口正上方3.3m后停止提升并完成千斤顶锁定，拆除滑移绞及滑座等滑移系统。

(2)进行待安装塔柱底口与T3顶口平面位置测量，根据测量数据及监控指令完成塔柱接口粗略对齐，然后通过4台连续千斤顶同步开始缓慢下放上塔柱，使T4底口顺利滑入T3顶口的初步导向。

(3)在塔柱底口沿初步导向系统下滑至距离T3顶口约2cm时，停止下放作业并锁定连续千斤顶，对上塔柱进行垂直度及平面精度调整，此时以主塔T3与T4接口安装定位精度控制为主、曲臂侧为辅进行测量控制，根据测量结果并计算出调整数值，4台连续提升千斤顶同步控制，提升或回落个别千斤顶油缸对应钢绞线完成塔柱垂直度精调，并利用T3节段内侧设置的调整工装进行塔柱平面及扭转精调。在钢塔柱平面位置测量复核满足要求后，利用钢柱内侧设置的限位结构对T3与T4接口进行临时限位，继续下放塔柱，通过导向板完成最终精确定位。

(4)通过计算机同步控制继续下放钢塔柱，使钢塔上下端口壁板端面全部接触，并完成钢塔立柱与曲臂接口处匹配件螺栓临时连接。保持下放系统呈吊装状态，完成匹配件间钢锲块抄实，并对钢塔立柱匹配件高强螺栓全部进行施拧，完成钢柱塔立柱最终临时连接。

(5)4台连续千斤顶继续回油卸载，观测千斤顶对应油表读数，当油表读数回归至竖转完成时千斤顶静置状态下油表读数的50%时，停止千斤顶卸载作业并锁定，对匹配件连接螺栓进行二次施拧，保持千斤顶呈受力状态，通过塔顶球形棱镜和T4底口对塔柱垂直度、平面位置及高程进行复测，塔柱安装精度满足设计及施工要求后利用焊接施工平台，进行钢塔立柱T3与T4节段接口焊接施工。

(6)为保证钢塔柱立柱安装精度，在塔柱T3与T4节段接口焊接完成后，根据测量结果，利用曲臂Q3节段内侧设置的调整工装进行曲臂接口对接精度调整，并对匹配件接口缝隙用钢垫片进行塞垫完成曲臂精调。测量复核要求后，对曲臂接口进行临时限位并完成匹配件高强螺栓施拧，进行曲臂接口焊缝施焊。

(7)完成钢塔吊装施工。

钢塔柱竖转提升过程示意如图7.5-15所示，现场实景如图7.5-16所示。

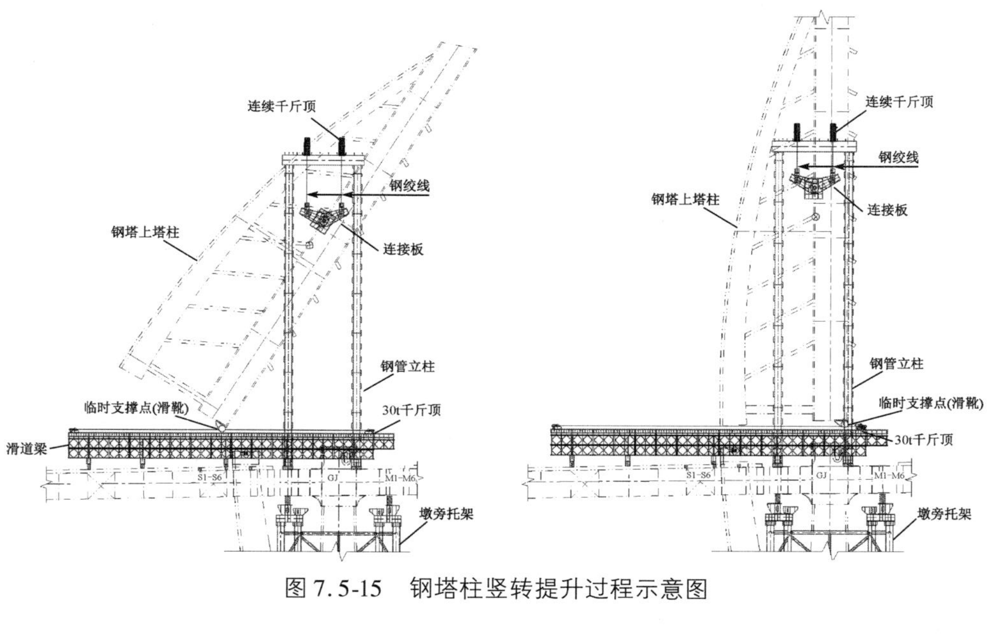

图7.5-15　钢塔柱竖转提升过程示意图

图 7.5-16　钢塔柱竖转提升过程实景图

7.5.3　中国结高空安装技术

青州航道桥通过塔顶起重机、塔式起重机以及支撑支架、限位钢管等相互结合的方式顺利地实现了结形撑的安装，其工艺流程如图 7.5-17 所示。

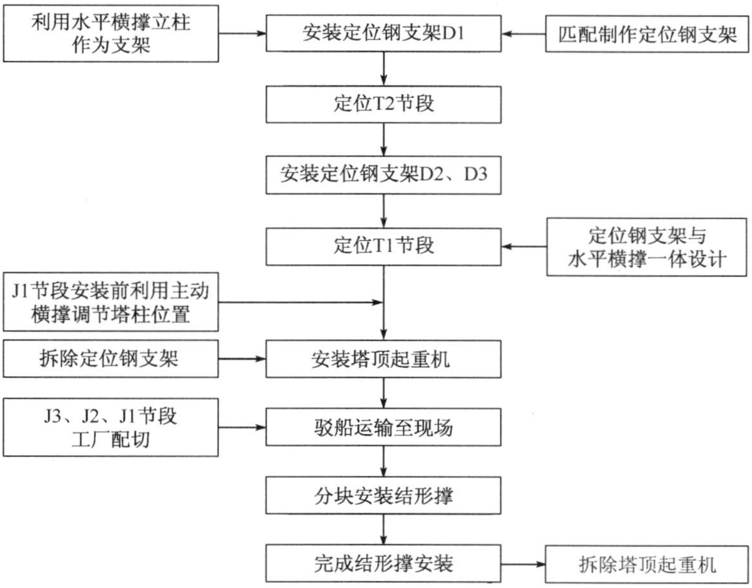

图 7.5-17　结形撑安装工艺流程图

1）吊装

结形撑按设计分三块吊装。最大吊重约 249t（J2），采用塔顶起重机上的 2 台 185t 连续千斤顶提升。

(1)塔顶起重机

塔顶起重机采用设置于塔顶临时吊架上的卷扬系统提升。起吊系统应具有纵、横向移动功能,以满足不同节段、不同工况下的吊装要求。塔顶起吊系统为专门设计、专业加工的全新系统,以确保吊装施工安全。塔顶起重机系统由下至上分为:①在塔顶设置的三角形承重牛腿及牛腿顶顺桥向布置的轨道;②行走大车系统(顺桥向行走);③承重主梁;④起重小车及卷扬系统(横桥向行走);⑤电气控制系统。

图7.5-18　J2吊装现场实景图

(2)J3节段吊装

试拼完成后将两个J3节段采用型钢临时连接,确保J3与J2接口的相对位置不变,以确保现场栓接精度要求。采用塔顶4台卷扬机起吊,通过80t吊钩组、ϕ50mm钢丝绳及150t卸扣与临时吊点连接。

(3)J2节段吊装

J2节段总质量近250t,形状复杂、截面尺寸大。J2节段采用8点起吊。由于原设计吊点位于截面圆弧的中心位置,截面重心位于吊点偏上位置,为确保吊装安全,充分利用顶部与J1连接螺栓孔,通过M24普通螺栓(8.8级)、30mm连接耳板、150t卸扣以及5m长50mm钢丝绳组成。吊装现场实景如图7.5-18所示。

(4)J1节段吊装

J1节段即结形撑的合龙段,重62t。在J2节段安装完毕后,对J2与T1位置进行监测,掌握其位置随温度变化情况,据此选择最佳吊装时机。采用4点吊装,先安装与J2连接螺栓后再焊接与T1接口。

2)定位及调位

预埋节段T2、T1安装过程中利用钢支架定位,顶部调平钢板竖向安装精度允许偏差仅3mm,倾斜角度与塔柱严格一致。顺桥向调整时定位支撑作为反力支架使用,利用千斤顶实现纵桥向位置调整,允许偏差为3mm。横向水平支撑应保证调整阶段的整体稳定性、抵抗水平分力。

(1)T2、T1定位支撑

①T2、T1竖向定位支撑。

每个T2(T1)节段竖向采用2根HN400×200型钢支撑,型钢与塔柱倾角一致

(5.1°),平面允许偏差为15mm,在第18节(26节)混凝土浇筑前预埋。型钢顶部采用20mm厚钢板调平。钢板高程偏差控制在3mm以内,以确保T2(T1)节段的安装精度。调平钢板与型钢间点焊固定。

②T2、T1横向定位支架。

T2节段通过设置横向定位支架来抵抗水平分力、确保调位阶段的整体稳定性。定位支架放置在钢管立柱顶端,采用型钢焊接而成。考虑加工及安装精度偏差,支架两端比设计长度各减少20mm,安装完成后两端通过薄钢板调整至精确位置;支架长22.805m、宽4m、高5m。

为减少材料用量、降低高空作业安全风险,T1横向定位支架不采取在钢管立柱上继续接高方式,而是在塔柱上相应位置设置预埋件及牛腿方式,将T1横向定位支架直接放置在牛腿上并焊接牢固。支架长18.45m、宽4m、高9m,分2节制作,每节高度为4.5m。

③T2、T1底节段固定。

T2、T1底节段定位完成后,用HN400×200型钢将其与塔柱预埋钢板焊接牢固,防止钢筋安装过程中发生位移。固定型钢长度为1m,与结形撑接触部位连续焊接。

(2)J3调位、定位

J3提升到距离设计高度约50cm后,顺桥向平移至塔柱中心,然后再向上提升,精确定位之后,在临时托架上用型钢支垫,并通过薄钢片填塞临时连接件与托架间空隙。此方法可以有效减少J3节段的摆动,方便临时锁定和焊接。

(3)J2调位、定位

在J3顶部设置反力牛腿及千斤顶调位,J2调位流程如下:第一步,利用节段连接孔在J3顶口上安装调位牛腿及限位导向板。第二步,①J2节段起吊前在其与J3接口上安装限位导向板;②塔顶起重机起吊J2至J3节段顶口上方约50cm;③手拉葫芦配合塔顶起重机对J2节段进行移位,利用限位导向板对其进行初定位;④初定位完成后,利用调位牛腿对其进行微调至设计位置,完成精确定位。第三步,①对临时导向限位板及牛腿位置以外的位置进行螺栓连接;②拆除临时导向限位板及限位牛腿,完成该位置的螺栓连接;③拆除J3临时连接件并进行该位置的螺栓安装。从而完成J2与J3的连接施工。J2调位牛腿及限位板布置图如图7.5-19所示。

(4)J1调位、定位

J1调位与J2类似,在J2顶口设置导向限位板及调位牛腿,如图7.5-20所示。

J3的定位和调整通过固定支架与支撑支架之间设置调位系统实现。在临时固定支架上设置临时支墩,与支撑支架间设置滑板层;在支撑支架上设置反力架并放置千斤顶。通过千斤顶进行横桥向及纵桥向调整。

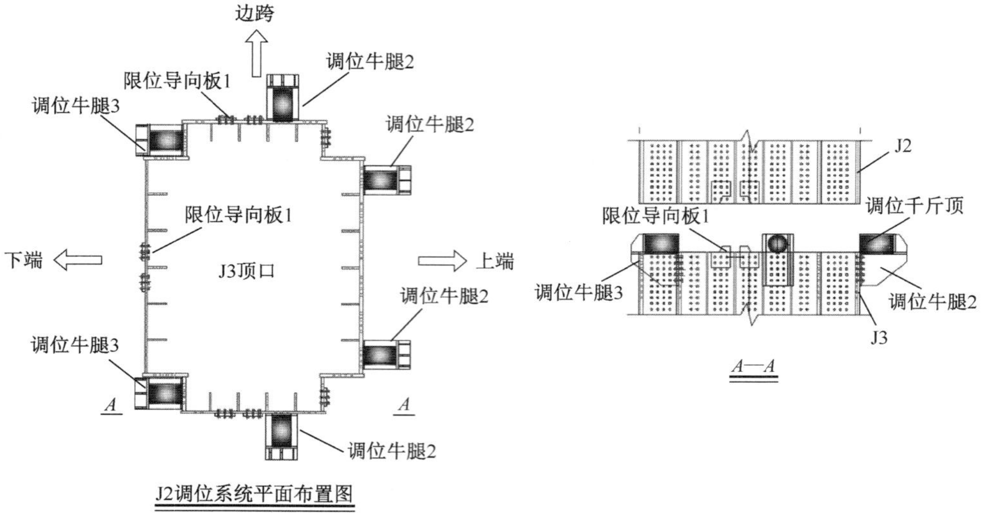

图 7.5-19　J2 调位牛腿及限位板布置图

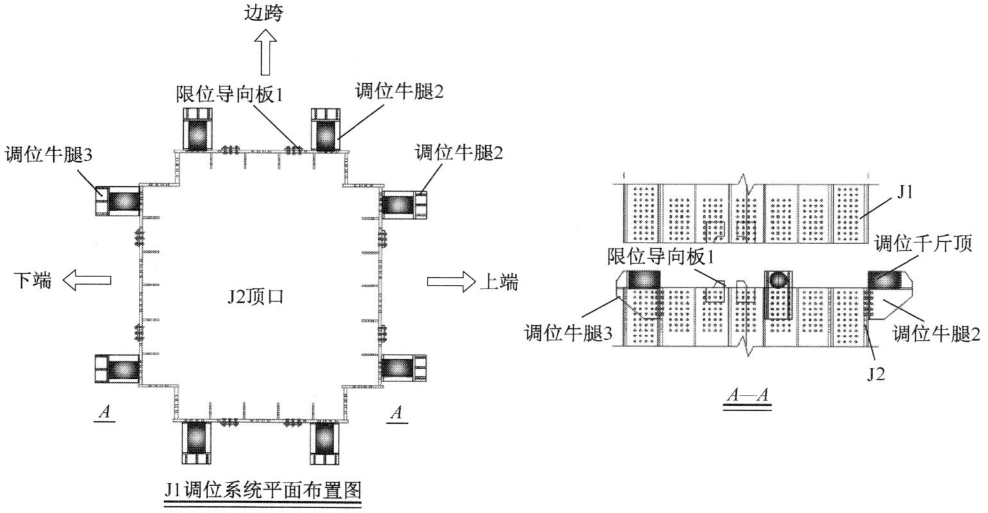

图 7.5-20　J1 调位牛腿及限位板布置图

3）连接

斜拉桥塔柱受力受斜拉索影响较大，同时受横向大风、塔柱扭曲等影响，连接节点受力复杂，对预埋节段的位置、倾角等的精度要求高。因此，结形撑与混凝土塔柱采用“承压-传剪”的复合传力模式，预埋节点处采用连接箱包裹塔柱。在连接箱的腹板、面板均开设圆孔，塔柱的竖向及横向钢筋均穿过圆孔，形成 PBL 剪力键。在竖向开设混凝土浇筑孔以便于混凝土的浇筑、振捣和形成整体。结形撑与主塔以及分块节段之间采用高强螺栓连接。

(1)T2、T1 节段焊接

为了有效控制焊接收缩变形,确保焊后 T2、T1 节段的外形尺寸精度,将上下节段的内壁板(20mm)及加劲(24mm)、外壁板(30mm)对接坡口设计为单边 V 形坡口。腹板(40mm)对接坡口设计为带钝边的双 V 形坡口。为便于 T2(T1)上下节段现场组装定位,有效控制焊接收缩变形量,采用如图 7.5-21 所示的焊接顺序,第一步,吊装就位调平锚固后,首先焊接内壁板、外壁板间对接焊缝①(焊接时从焊缝中间向两边对称施焊,两条焊缝对称施焊);然后对称焊接连接箱间对接焊缝②;最后对称焊接接头板间对接焊缝③。焊接应注意观察、检测变形情况,必要时可按以上顺序分 2～3 次填满坡口。第二步,探伤合格后,焊接加劲肋对接焊缝或角焊缝。第三步,焊接其他焊缝。

(2)J3 节段焊接

为减少焊接收缩变形,先焊接一侧的 J3 与 T2 接口,再焊接另一侧的接口。环口焊接顺序如图 7.5-22 所示,依次焊接次面板间对接焊缝①,面板间对接焊缝②,腹板间对接焊缝③,次腹板间对接焊缝④,同序号焊缝同时对称施焊,焊接时应注意观察、检测变形情况,必要时按以上顺序分 2～3 次填满坡口。探伤检测合格后,焊接加劲肋对接焊缝或角焊缝。J1 与 T1 焊接顺序与此相同。

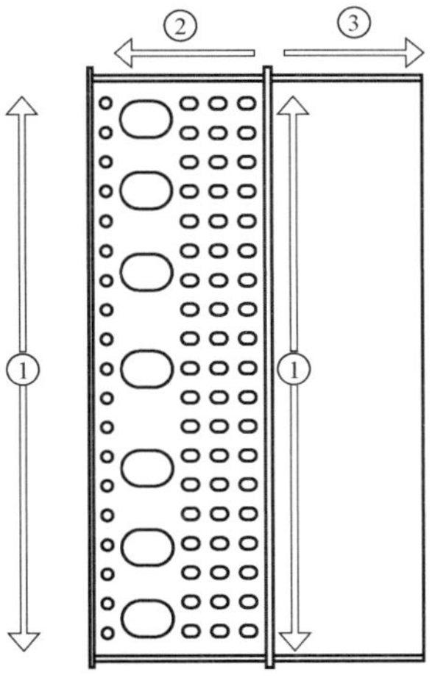

图 7.5-21 T2(T1)焊接顺序示意图

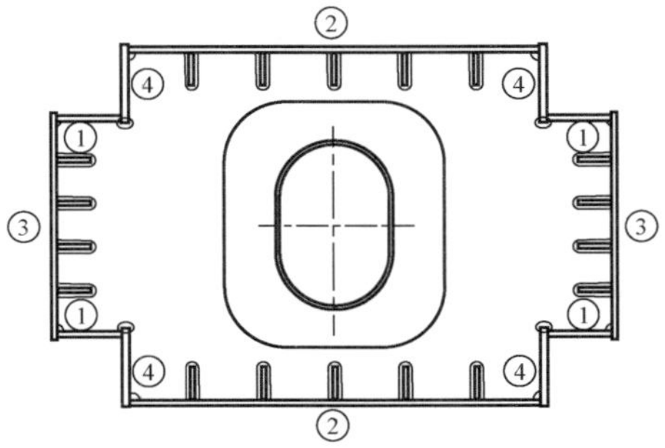

图 7.5-22 J3 与 T2 焊接顺序

(3)J2 节段栓接

充分利用钢管横撑,在其上设置阶梯状施工平台,方便不同高度的螺栓安装。

①节段吊装就位后,调整环口平整度,保证相邻环口间错边量小于或等于 1mm,然后安装拼接板并使用普通螺栓及冲钉定位,不得用高强螺栓代替普通螺栓使用,以防止损伤螺纹引起扭矩系数的变化。冲钉及普通螺栓均匀交错布置。②高强度螺栓紧固分

图 7.5-23　J2 与 J3 栓接施工现场图

初拧、复拧和终拧依次进行，初拧扭矩宜为终拧扭矩的 50%，复拧扭矩等于初拧扭矩。紧固时从板件中心向四周、由中间向两端对称施拧。③初拧、复拧和终拧在同一工作日完成。紧固螺栓副时，通过螺母施加扭矩。施力应连续、平稳，螺杆和垫圈不得随螺母一起转动，若垫圈发生转动，应更换螺栓重新施拧。④冲钉和临时螺栓的更换，在已安装的螺栓副初拧后进行。⑤初拧、复拧后用白油漆标明螺栓与螺母、垫圈与钢板间的相对位置，经初拧、复拧检查合格后方许终拧。J2 与 J3 栓接施工现场如图 7.5-23 所示。

4）结形撑安装质量检验

索塔钢结形撑安装质量检验及验收应符合表 7.5-2 的要求。

索塔钢结形撑安装检查项目　　表 7.5-2

序号	实测项目			规定值或允许偏差	检查方法和频率	权值
1	高度（mm）			3	钢盘尺，每段	2
2	倾斜度			1/4000	激光自动跟踪仪（API 测量）；轴线方向及其法向	2
3	横截面对角线差（mm）			3	钢盘尺：接头处的横截面	2
4	扭曲（mm）			每米不超过 1，且总量不超过 10	水准仪	1
5	阶段壁板错边量（mm）			2，角点 3	钢板尺：工地接头处安装	1
6△	连接	焊缝	尺寸及外观	符合招标文件技术规范及相关标准要求	查焊接记录	3
			焊缝探伤			
		高强螺栓扭矩		±10%	测力扳手检查 5%	
		栓接面抗滑系数（喷砂）		出厂≥0.55；安装≥0.45	按设计规定	
		防腐涂层		符合相关标准要求	查涂装施工记录	

7.6 钢塔安装过程监控

7.6.1 江海直达船航道桥钢塔安装监控

1)线形监控

(1)吊装过程监控

为了实时监测钢塔起升时“长大海升”4 个主钩高度一致,需要在每个主钩正反两面中心位置贴反光片(测点由 CB04 标进行布置),并将全站仪架设在面向“长大海升”船头方向。测站点既可保证面向海升船头,又能同时观测到 4 个主钩上的反光片。起升钢塔阶段,测量人员利用全站仪观测 4 个主钩上的反光片,得到 4 个高差数据,在主钩高度一致时,高差数据应完全相同,如果出现 4 个主钩之间相对高差超过 10cm 的情况,则暂停起升,根据数据调节主钩,使其高度一致,之后再继续起升。主钩反光片位置如图 7.6-1 所示,主钩高度一致监测布置如图 7.6-2 所示。

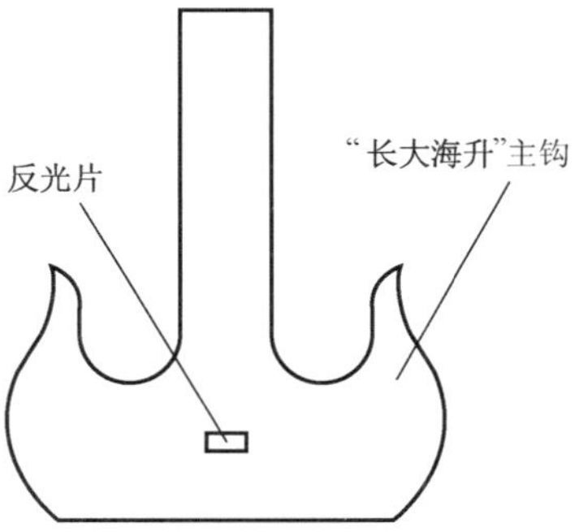

图 7.6-1　主钩反光片位置示意图

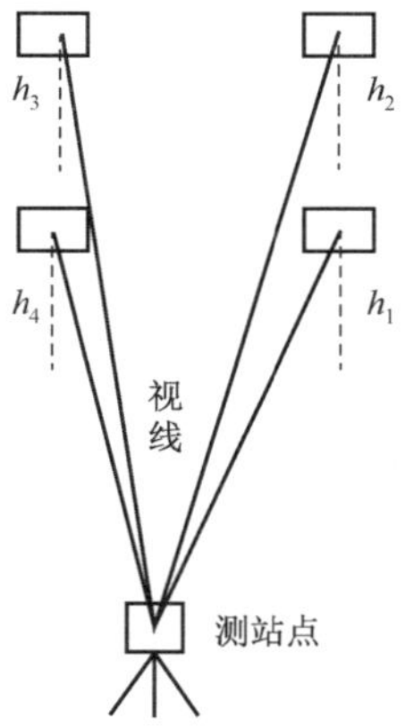

图 7.6-2　主钩高度一致监测布置图

(2)吊装就位后监控

钢塔全过程施工监控中几何形态监测的主要目的是保证钢塔塔身线形的准确可靠、钢塔安装施工顺利实施以及获取已形成的结构实际几何形态,它对施工控制、预报非常关键。在后续的施工中,如索塔吊装、安装,斜拉索张拉等,均需对索塔结构的变形及应力进行监控,保证结构在施工中处于安全状态。在钢塔的预制阶段在塔柱的 4 个变形测点处埋设 360°棱镜,建立监控工作所需的线形监测系统。塔柱线形测点布置如图 7.6-3

所示，主塔柱中部2个测点位于Z6节段和Z7节段之间的接缝处，南北侧各1个；副塔柱顶部测点位于距F12节段顶部往下1m处，副塔柱底部测点位于F5节段与F6节段之间的接缝处，截面位置为各自腹板的中间处。

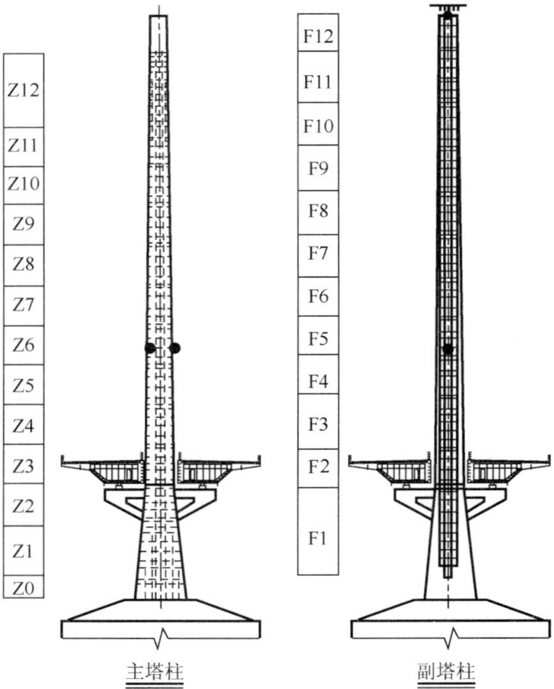

图7.6-3　塔柱线形测点布置示意图

2）应力监控

结构截面的应力监测是钢塔安装施工监控的主要内容之一，它是施工过程的安全预警系统。由于钢塔的无应力状态是施工监控的重要参数之一，为尽可能测得准确的应力值，应力传感器需在梁厂总拼节段进行安装，需从总拼节段的理论无应力状态开始进行测试，为下阶段运输、吊装提供基础数据。钢塔施工控制中的应力监测到的内容主要包括：①钢塔主塔柱Z1节段的应力监测。②钢塔主塔柱Z3节段的应力监测。③钢塔主塔柱Z7节段的正应力监测。④钢塔主塔柱Z11节段的应力监测。⑤钢塔三角撑处的应力监测。在每个应力测试界面上布设了6个应力测点，合计30个测点。

Z1、Z7、Z11节段应力实时监测结果如图7.6-4～图7.6-6所示。结果表明吊装过程中索塔结构应力变化平稳，故偶应力处于安全范围。

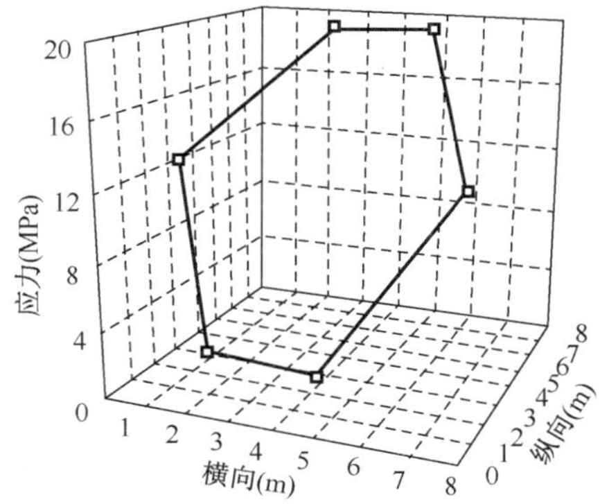

a) 4：00截面应力状态

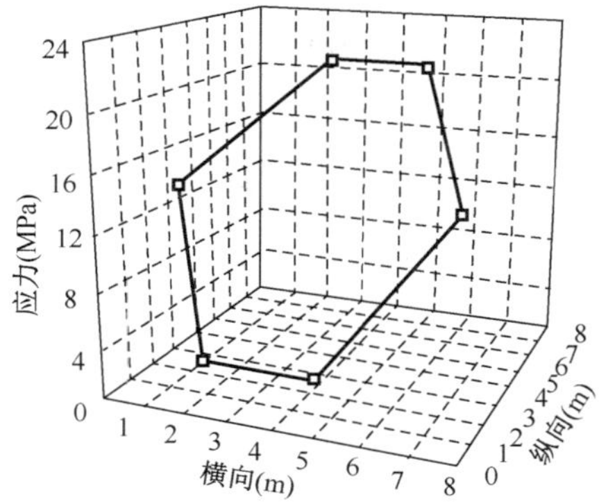

b) 5：00截面应力状态

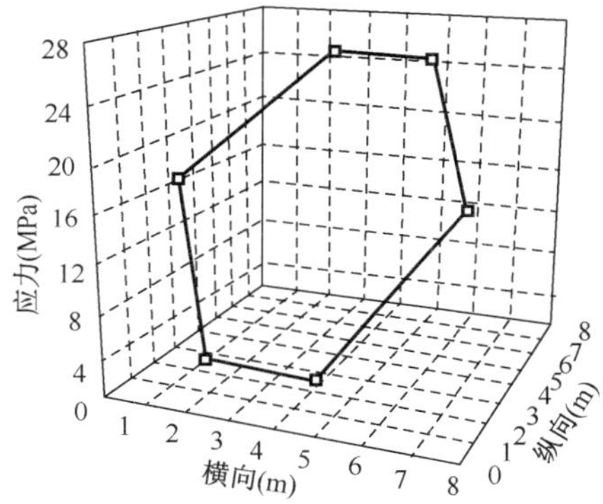

c) 6：00截面应力状态

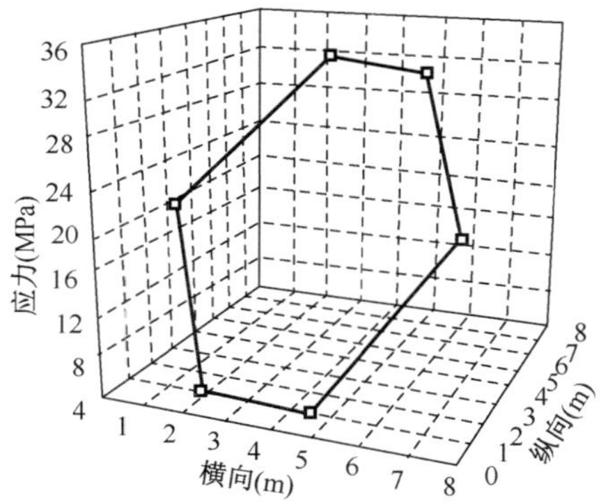

d) 7：00截面应力状态

图 7.6-4　Z1 节段应力测试截面各阶段应力

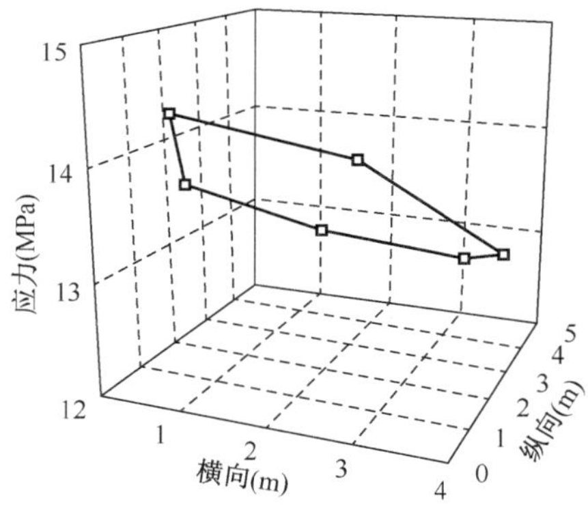

a) 4：00截面应力状态

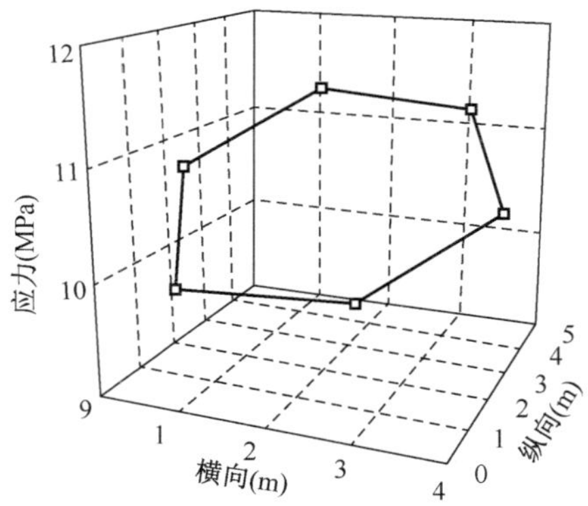

b) 5：00截面应力状态

图　7.6-5

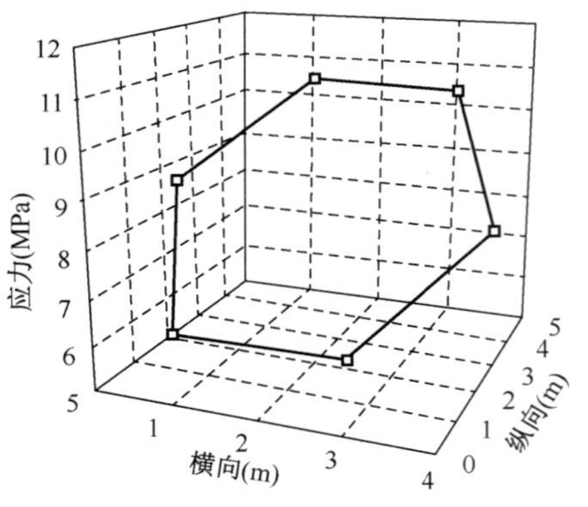

c) 6：00截面应力状态

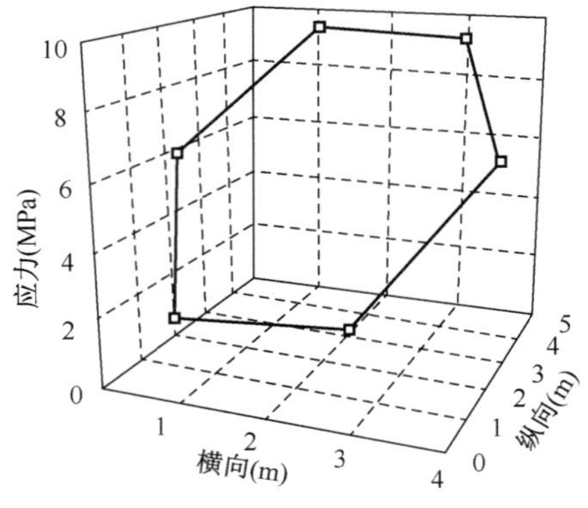

d) 7：00截面应力状态

图 7.6-5　Z7 节段应力测试截面各阶段应力

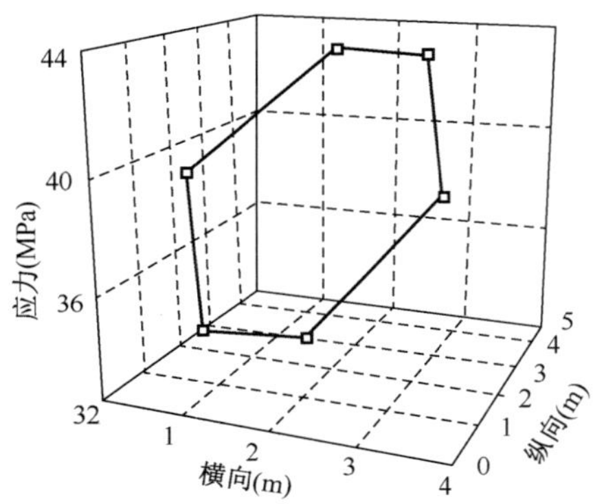

a) 4：00截面应力状态

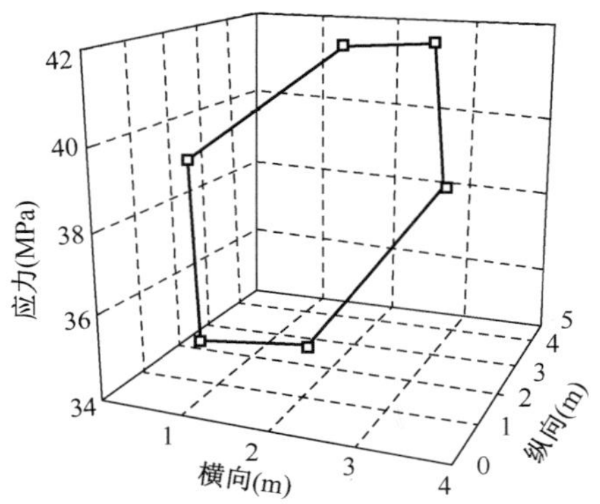

b) 5：00截面应力状态

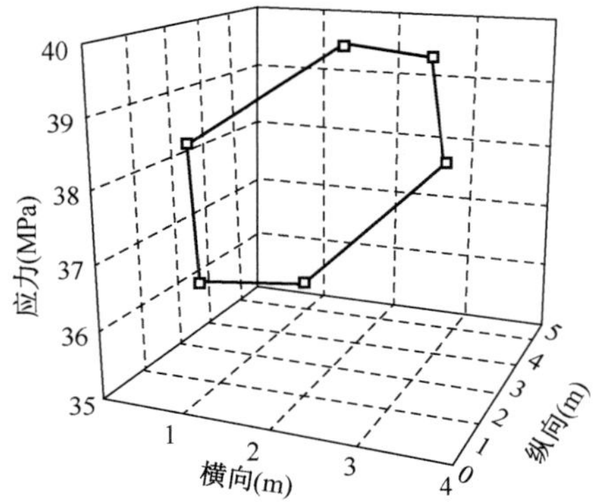

c) 6：00截面应力状态

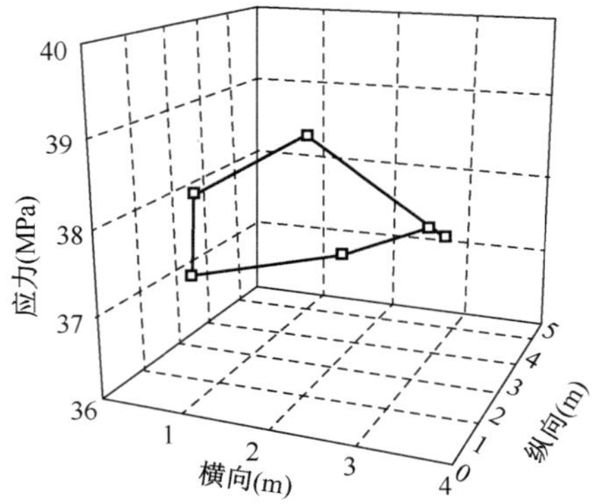

d) 7：00截面应力状态

图 7.6-6　Z11 节段应力测试截面各阶段应力

7.6.2 九洲航道桥钢塔吊装控制

上塔柱安装阶段施工监控的主要内容分为两部分，分别为上塔柱试提升阶段监控及上塔柱正式竖转阶段监控，具体监测方法及监测结果如下所述。

1）上塔柱试提升阶段

上塔柱吊装准备工作完成后，正式吊装前开展试提升工作。钢塔脱离支点高度方向20cm处，经试提升合格后开始正式吊装作业。试提升阶段是上塔柱吊装阶段控制的重要环节，在试提升过程中，开展相应的数据采集工作。所需采集的数据包括分配梁B应力监测、钢管支架整体变形监测、吊具锚箱应力监测和钢梁局部应力（钢管支架支撑位置处）监测。

（1）分配梁B应力监测

①测点布置。

在吊装过程中，钢管支架顶部分配梁B的受力较大，因此试提升阶段应对分配梁B进行应力监测，分配梁B应力测试选择分配梁的底板位置，具体监测测试端面及测点布置如图7.6-7所示。

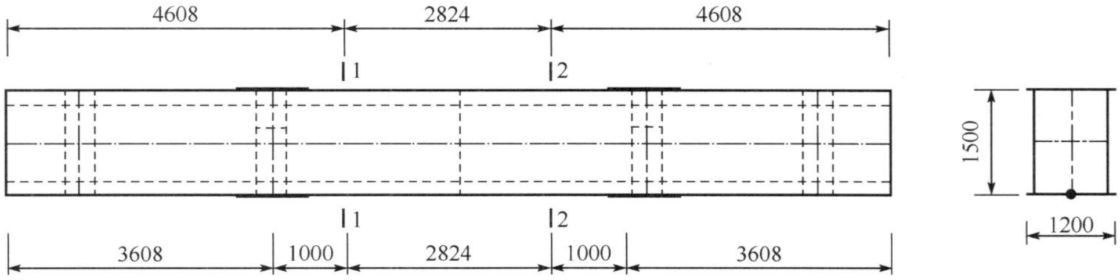

图7.6-7 分配梁B应力测试端面及测点布置图（单位尺寸：mm）

②监测结果。

经过有限元计算得知在上塔柱竖转完成后分配梁B的理论计算应力（传感器安装位置）为95MPa（拉应力），在试提升阶段荷载进行分级加载，各级荷载下分配梁B的实测应力状态如表7.6-4所示，实测应力与满载理论应力对比情况如图7.6-8所示。

试提升阶段分配梁B实测应力状态 表7.6-4

加载工况	分配梁B1-1		分配梁B1-2		分配梁B2-1		分配梁B2-2	
	编号：58569		编号：28136		编号：7196		编号：21174	
	应变（εμ）	应力（MPa）	应变（εμ）	应力（MPa）	应变（εμ）	应力（MPa）	应变（εμ）	应力（MPa）
0%	3342	—	3535	—	3826	—	3802	—

续上表

加载工况	分配梁 B1-1		分配梁 B1-2		分配梁 B2-1		分配梁 B2-2	
	编号:58569		编号:28136		编号:7196		编号:21174	
	应变（εμ）	应力（MPa）	应变（εμ）	应力（MPa）	应变（εμ）	应力（MPa）	应变（εμ）	应力（MPa）
60%	3461	24.51	3656	24.72	3945	24.51	3923	24.72
90%	3527	38.11	3728	39.55	4024	40.58	4001	40.79
100%	3607	54.59	3815	57.68	4103	56.86	4086	58.51

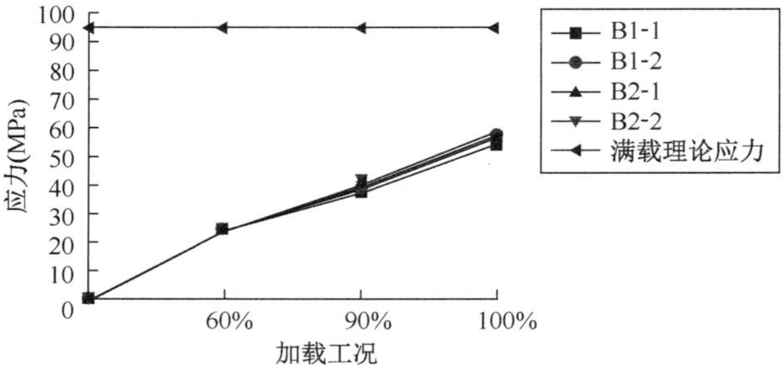

图 7.6-8　试提升阶段分配梁 B 实测应力与满载理论应力对比

由表 7.6-4 及图 7.6-8 可知，在荷载加载至 100% 状态时，分配梁 B 的最大实测应力为 58.51MPa（拉应力），满载下实测应力均小于理论计算应力，结构处于安全状态。

（2）钢管支架整体变形监测

①测点布置。

钢管支架整体变形监测主要监测钢管支架顶部，分配梁位置处的变形（支架整体偏位），待上塔柱试提升起吊后进行监测，具体监测的测点布置如图 7.6-9 所示，测点位于分配梁 B 顶部千斤顶布置位置处，采用全站仪监测。

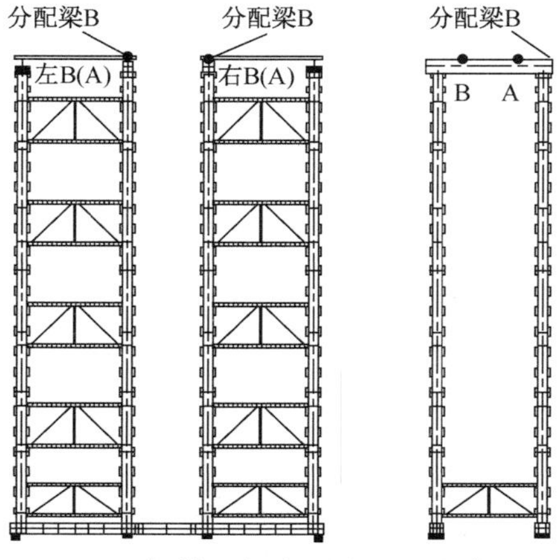

图 7.6-9　钢管支架变形监测测点布置图

②监测结果。

试提升阶段支架整体变形结果如表 7.6-5 和图 7.6-10 所示。

试提升阶段支架整体变形(mm)　　表 7.6-5

加载工况	变　形　量			
工况	左 A	左 B	右 A	右 B
0%	0	0	0	0
60%	37	38	−23	−17
90%	44	44	−30	−35
100%	47	51	−40	−39

注:变形量右偏为正值,左偏为负值。

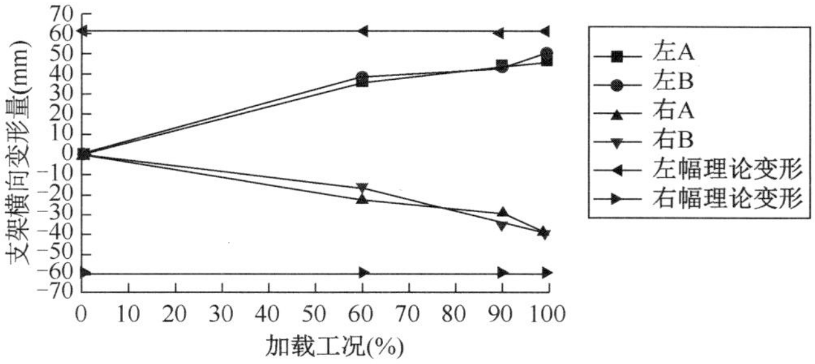

图 7.6-10　试提升阶段支架整体变形

支架横向变形理论计算值为 61mm,由表 7.6-5 可知,试提升阶段的支架横向变形值均小于 61mm。

(3)吊具锚箱应力监测

①测点布置。

试提升阶段,为了评判吊具的受力是否处于安全状态,在吊具锚箱 M1 板计算的应力最大位置处安装应力传感器,监测上塔柱试提升阶段吊具锚箱的应力。吊具锚箱应力监测测点布置如图 7.6-11 所示。

②监测结果。

经过有限元计算,在上塔柱竖转完成后吊具锚箱的理论计算应力(传感器安装位置)为 135MPa,在试提升阶段荷载进行分级加载,具体各级荷载下吊具锚箱的实测应力状态如表 7.6-6 所示,各级加载下的实测应力与满载理论应力对比情况如图 7.6-12 所示。

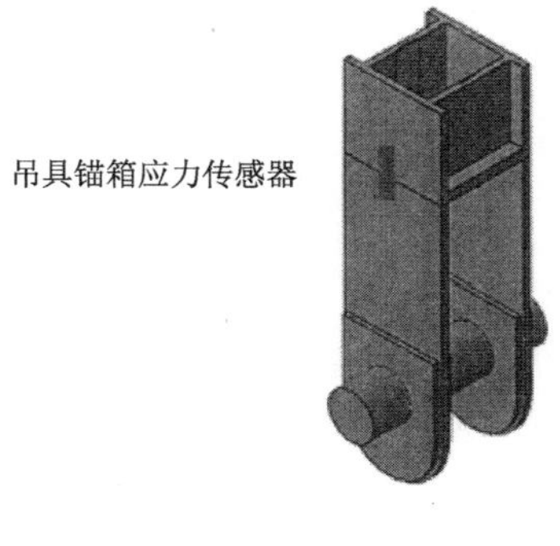

图 7.6-11　吊具锚箱应力监测测点布置

试提升阶段吊具锚箱实测应力状态　　表 7.6-6

加载工况	应变(εμ)	应力(MPa)
0%	2921	—
60%	3136	44.29
90%	3299	77.868
100%	3462	111.446

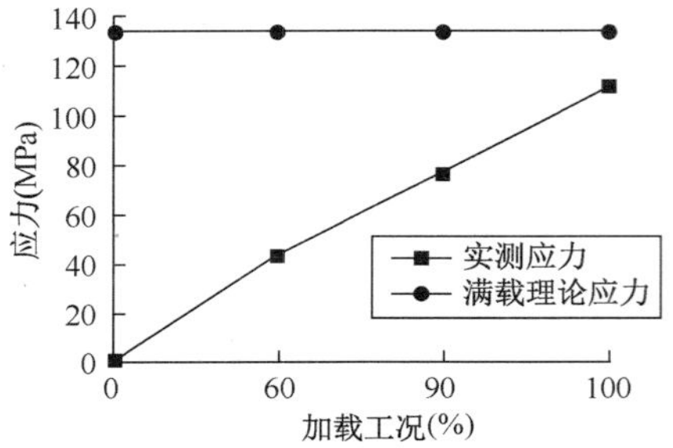

图 7.6-12　吊具锚箱实测应力与满载理论应力对比

由表 7.6-6、图 7.6-12 可知，在荷载加载至 100% 状态时，吊具锚箱的最大实测应力为 111MPa，小于理论计算应力，吊具锚箱 M1 结构处于安全状态。

(4)钢梁局部应力监测

①测点布置。

在上塔柱起吊后，塔梁结合段位置处(钢管支架作用位置)呈现局部受力状态，因此为了确保主梁结构的安全，避免局部应力过大出现钢梁的局部屈曲变形，需要对局部受力部位进行应力监测。由计算结果可知，局部应力最大部位为钢管支架支撑位置处的隔板，此部位为应力的重点关注部位。钢梁局部应力监测测点布置图如图 7.6-13 所示。

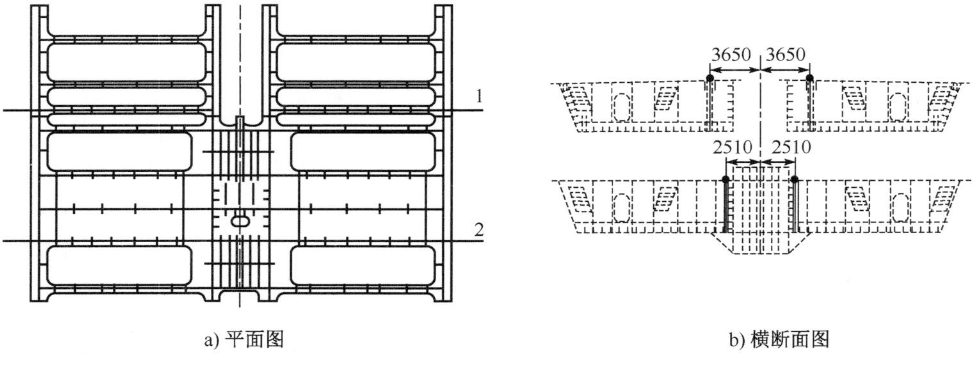

图 7.6-13　钢梁局部应力监测测点布置图(尺寸单位：mm)

②监测结果。

S01 段主梁隔板的理论计算应力(传感器安装位置)在满载状态下为 38MPa，GJ 段(固结段)主梁隔板的理论计算应力(传感器安装位置)为 54MPa，试提升阶段主梁隔板应力监测结果如表 7.6-7 所示，各级加载下的实测应力与满载理论应力对比情况如图 7.6-14所示。

试提升阶段主梁隔板应力监测　　表 7.6-7

加载工况	隔板 S01-1		隔板 S01-2		隔板 GJ-1		隔板 GJ-2	
	编号:11445		编号:64421		编号:39506		编号:51646	
	应变(εμ)	应力(MPa)	应变(εμ)	应力(MPa)	应变(εμ)	应力(MPa)	应变(εμ)	应力(MPa)
0%	3047	—	2420	—	2428	—	2769	—
60%	2988	-12.154	2368	-10.712	2354	-15.244	2701	-14.008
90%	2955	-18.952	2338	-16.892	2325	-21.218	2673	-19.776
100%	2931	-23.896	2301	-24.514	2295	-27.398	2642	-26.162

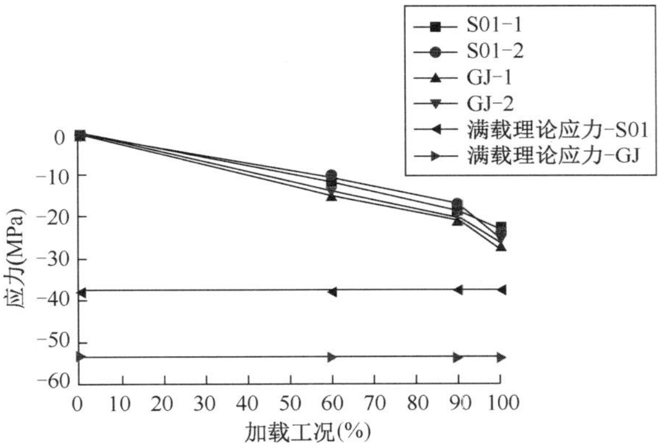

图 7.6-14　试提升阶段主梁隔板应力与满载理论应力对比

由表 7.6-7 可知，在荷载加载至 100% 状态时，S01 段主梁隔板的最大实测应力为 -24.514MPa(压应力)，GJ 段主梁隔板的最大实测应力为 -26.162MPa(压应力)，满载状态下均小于理论计算应力，结构处于安全状态。

2)上塔柱正式竖转阶段

上塔柱竖转阶段，对分配梁 B 应力、钢管支架整体变形、钢梁局部应力及安装就位后塔顶坐标进行监测，具体监测内容与试提升阶段一致，监测结果如下。

(1)分配梁 B 应力监测

上塔柱竖转过程中，监控单位对分配梁 B 的应力进行了监测，同时在竖转完成以后对分配梁 B 的应力进行跟踪监测至次日 19:00，具体监测结果如表 7.6-8、图 7.6-15 所示。

正式竖转阶段分配梁 B 实测应力状态　表 7.6-8

加载工况	分配梁 B1-1 编号:58569		分配梁 B1-2 编号:28136	
	应变（εμ）	应力（MPa）	应变（εμ）	应力（MPa）
$Y=1.2m, X=0.12m$	3584	49.852	3794	53.354
$Y=5.8m, X=1.23m$	3606	54.384	3809	56.444
$Y=10.5m, X=3.03m$	3620	57.268	3825	59.74
$Y=14.9m, X=5.52m$	3629	59.122	3832	61.182
$Y=30.4m, X=33.36m$	3640	61.388	3856	66.126
竖转完成后次日 9:10	3660	65.508	3875	70.04
竖转完成后次日 10:50	3667	66.95	3878	70.658
竖转完成后次日 16:40	3653	64.066	3875	70.04
竖转完成后次日 19:00	3652	63.86	3871	69.216
加载工况	分配梁 B2-1 编号:7196		分配梁 B2-2 编号:21174	
	应变（εμ）	应力（MPa）	应变（εμ）	应力（MPa）
$Y=1.2m, X=0.12m$	4142	65.096	4091	59.534
$Y=5.8m, X=1.23m$	4133	63.242	4115	64.478
$Y=10.5m, X=3.03m$	4133	63.242	4120	65.508
$Y=14.9m, X=5.52m$	4133	63.242	4115	64.478
$Y=30.4m, X=33.36m$	4145	65.714	4132	67.98
竖转完成后次日 9:10	4178	72.512	4165	74.778
竖转完成后次日 10:50	4180	72.924	4166	74.984
竖转完成后次日 16:40	4173	71.482	4155	72.718
竖转完成后次日 19:00	4169	70.658	4152	72.1

注:1. 加载工况 Y、X 分别为上塔柱竖转时的竖向提升位移和水平前进位移。
2. 应力的初值为上塔柱试提升前的数据。

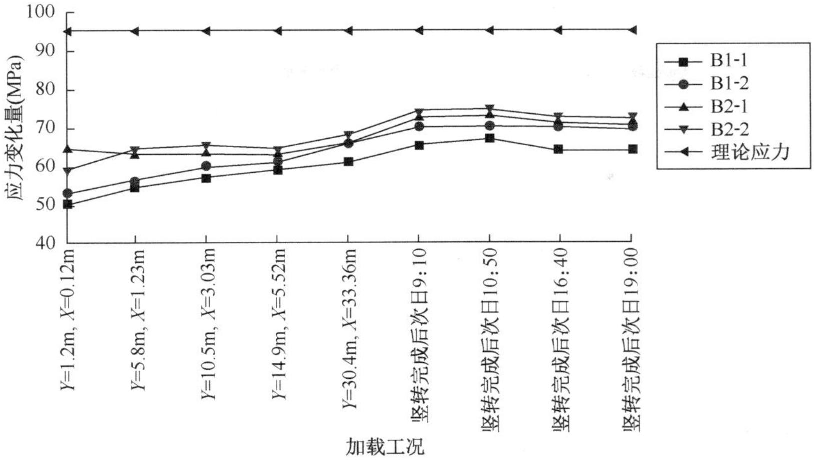

图 7.6-15　正式竖转阶段分配梁 B 实测应力与理论应力对比

由表 7.6-8 及图 7.6-15 可知，在上塔柱竖转完成后分配梁 B 的应力最大值为 74.778MPa，小于理论计算值，并且分配梁的应力状态相对稳定，结构在整个竖转过程中处于安全的状态。

(2)钢管支架整体变形监测

竖转过程中支架的整体变形监测结果如表 7.6-9 所示，监测测点位于在内侧钢管支架顶部，左右幅支架各布置一个测点，监测时间段为整个竖转过程。

正式竖转阶段支架整体变形(m)　　表 7.6-9

序　号	左　幅		右　幅	
	X	Y	X	Y
1	3	7	-3	3
2	17	5	-6	4
3	17	7	-4	13
4	20	5	-3	10
5	12	2	-11	7
6	6	3	-27	19
7	6	-2	-24	22
8	8	-8	-36	13
9	6	-8	-30	7
10	3	-16	-31	7
11	2	-30	-29	3
12	8	-19	-2	0
13	20	-18	-3	1

注：1. X 以顺桥向变化为正值，Y 以右偏为正值。

2. 变形量均为在各测量阶段相对于竖转提升前的累计变化量。

由表7.6-9可知，在上塔柱竖转过程中，支架变形相对稳定，右幅支架在竖转完成后相对于提升前的偏位基本全部恢复，左幅支架存在相对变形，但变形量不大。由于在提升过程中，支架的上部作用的荷载基本保持不变（分配梁B的应力监测结果也可以反映出），支架在竖转过程中的变形考虑为日照温差而引起。

（3）钢梁局部应力监测

上塔柱竖转过程中，监控单位对主梁隔板的应力进行了监测，同时在竖转完成以后进行跟踪监测至次日19:00，具体监测结果如表7.6-10、图7.6-16所示。

正式竖转阶段支架整体变形　表7.6-10

加载工况	隔板S01-1		隔板S01-2	
	编号:11445		编号:64421	
	应变（εμ）	应力（MPa）	应变（εμ）	应力（MPa）
$Y=1.2m, X=0.12m$	2929	-24.308	2301	-24.514
$Y=5.8m, X=1.23m$	2927	-24.72	2307	-23.278
$Y=10.5m, X=3.03m$	2931	-23.896	2309	-22.866
$Y=14.9m, X=5.52m$	2932	-23.69	2309	-22.866
$Y=30.4m, X=33.36m$	2936	-22.866	2308	-23.072
竖转完成后次日9:10	2930	-24.102	2303	-24.102
竖转完成后次日10:50	2935	-23.072	2301	-24.514
竖转完成后次日16:40	2939	-22.248	2307	-23.278
竖转完成后次日19:00	2931	-23.896	2300	-24.72
加载工况	隔板GJ-1		隔板GJ-2	
	编号:39506		编号:51646	
	应变（εμ）	应力（MPa）	应变（εμ）	应力（MPa）
$Y=1.2m, X=0.12m$	2271	-32.342	2628	-29.046
$Y=5.8m, X=1.23m$	2269	-32.754	2633	-28016
$Y=10.5m, X=3.03m$	2274	-31.724	2631	-28.428
$Y=14.9m, X=5.52m$	2277	-31.106	2629	-28.84
$Y=30.4m, X=33.36m$	2281	-30.282	2630	-28.634
竖转完成后次日9:10	2265	-33.578	2628	-29.046
竖转完成后次日10:50	2262	-34.196	2631	-28.428

续上表

加载工况	隔板 GJ-1		隔板 GJ-2	
	编号:39506		编号:51646	
	应变（εμ）	应力（MPa）	应变（εμ）	应力（MPa）
竖转完成后次日 16:40	2268	-32.96	2630	-28.634
竖转完成后次日 19:00	2266	-33.372	2629	-28.84

注:1. 加载工况 Y、X 分别为上塔柱竖转时的竖向提升位移和水平前进位移。

2. 应力的初值为上塔柱试提升前的数据。

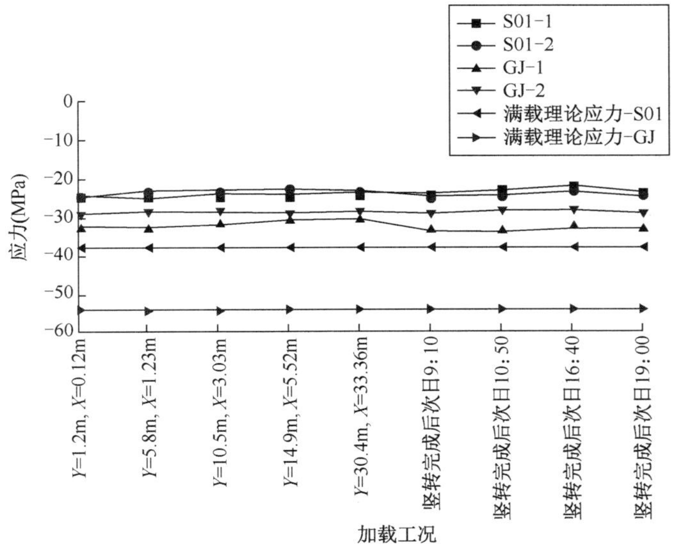

图 7.6-16　正式竖转阶段主梁隔板实测应力与理论应力对比

由表 7.6-10 及图 7.6-16 可知,在上塔柱竖转完成后主梁 S01 段隔板的应力最大值为 -24.7MPa(压应力),GJ 段隔板的应力最大值为 -34.2MPa(压应力),均小于理论计算值,结构在整个竖转过程中处于安全的状态。

(4)塔顶坐标监测

①测点布置。

上塔柱竖转完成就位后,对上塔柱塔顶坐标进行监测,判断上塔柱安装后的定位精度,采用全站仪监测。在塔顶布置两个固定棱镜,棱镜的测点布置情况如图 7.6-17 所示。

②监测结果。

上塔柱竖转就位后,对塔顶坐标进行监测,根据监测结果进行安装精调,精调完成后的监测结果与理论定位坐标进行对比的情况如表 7.6-11 所示。从监测结果上来看,精调后上塔柱塔顶坐标满足平面位置要求，同时根据平面位置的偏差可计算出索塔垂直度也满足设计要求。

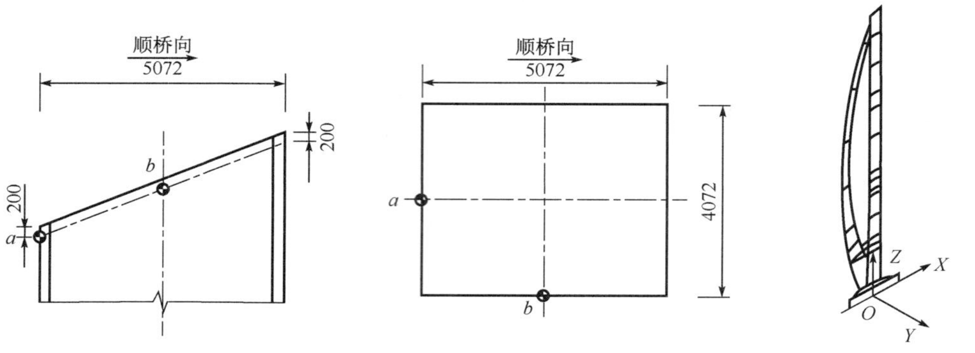

a) 立面图　b) 平面图　c) 坐标系统示意图

图 7.6-17　上塔柱塔顶固定棱镜布置示意图(尺寸单位：mm)

上塔柱就位精调后塔顶坐标　表 7.6-11

测点编号	理论定位坐标值			实际安装定位坐标值			偏　差		
	X (m)	Y (m)	Z (m)	X (m)	Y (m)	Z (m)	X (mm)	Y (mm)	Z (mm)
a	33951.908	0.000	117.912	33951.899	0.000	117.920	-9	0	8
b	33954.500	2.092	118.910	33954.493	2.092	118.918	-7	0	8

7.6.3　青州航道桥钢结形撑安装监控

受螺栓连接的限制，钢结形撑的容许误差为 3mm，其中 T1、T2 节段埋设在混凝土中，而索塔土建施工的容许误差为 30mm，两者精度控制差距大，结形撑空间坐标在很大程度上受塔柱施工精度的影响。结形撑空中连接部分改为焊接并采用配切方案，在保证结形撑线型和顺利合龙的基础上，保证结形撑的成桥应力水平满足设计要求也是监控工作的重点和难点。

①测点布置：在每个边跨侧的结形撑栓接螺孔位置及结形撑中线位置处设置 6 个安装外形测点。②测试方法：用 GPS 双频接收机和全站仪对结形撑安装位置进行测试。③测试频率：在每个结形撑的安装时进行测量，以保证安装外形满足要求。通过数组精确的测量，并对其进行误差处理后，确定合适的中线平移量，由此进一步计算出结形撑焊接口各点位处的配切量。

(1)结形撑 T2、T1 相对位置监测

结形撑 T2、T1 测量断面测点布置如图 7.6-18 所示，结形撑温度场测点布置如

图 7.6-19所示，温度场监测结果如表 7.6-12 所示。

结形撑 T2 测试时刻塔柱温度场(℃)　　表 7.6-12

位置	时间	1	2	3	4	5	6	7	8
南塔	15:40	17.40	18.60	21.80	19.60	17.40	17.40	16.80	16.20
	16:40	12.20	15.20	15.60	13.80	12.20	12.20	12.20	11.60
北塔	15:40	16.80	18.80	21.00	16.60	16.20	15.80	15.60	15.40
	16:40	16.40	17.40	15.40	12.80	11.40	10.80	10.80	10.60

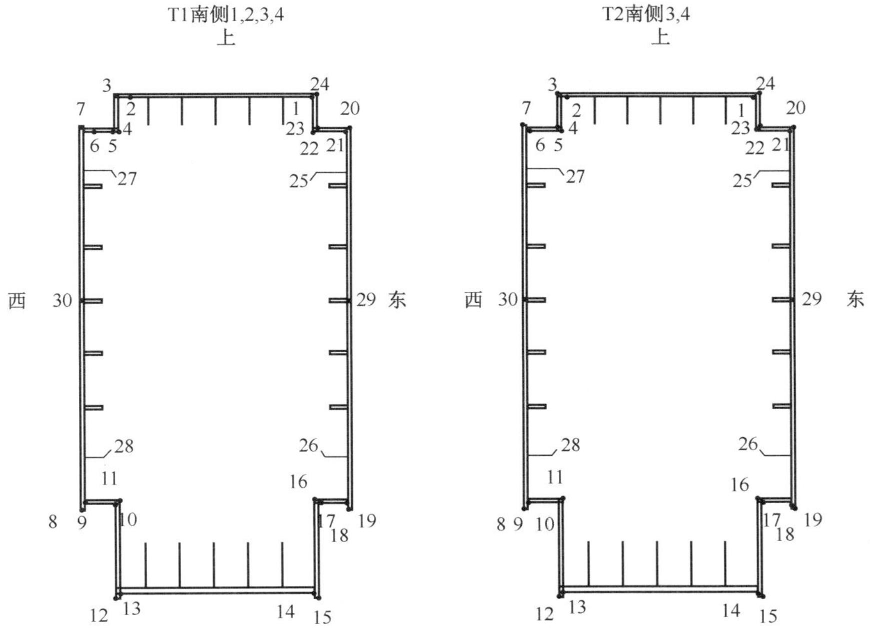

图 7.6-18　T2、T1 测量断面测点布置

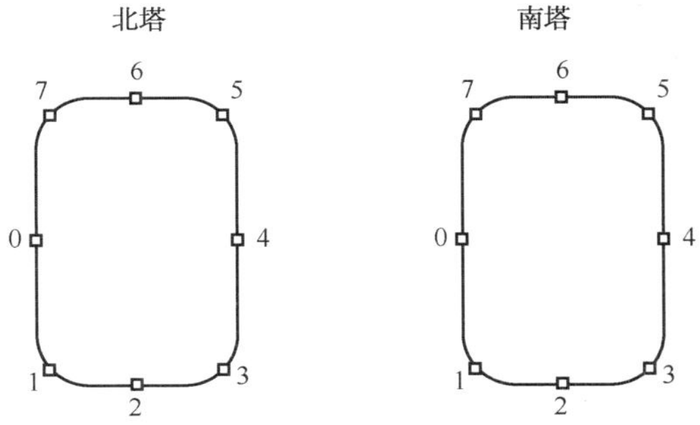

图 7.6-19　结形撑温度场测点布置

（2）索塔结形撑 J1、J2、J3 监测

结形撑 J1、J2、J3 监测结果如表 7.6-13 所示。

结形撑监测结果(m)　　表 7.6-13

结形撑编号		56 号索塔 J1、J2、J3			测试时间		2014 年 9 月 28 日	
环境温度		24℃			相对湿度(%)		57%	
测点点号	设计值		实测值			偏差		
	X	Y	X	Y	Z	ΔX	ΔY	ΔZ
J2-Y1	2.4221	-7.1000	2.4171	-7.1023	-1.5068	-0.0050	-0.0023	0.0004
J2-Y2	1.8756	-3.1748	1.8748	-3.1758	-1.5072	-0.0008	-0.0010	0.0000
J2-Y3	2.5290	8.6520	2.5290	8.6492	-1.5059	0.0000	-0.0028	0.0013
J2-Y4	0.8602	9.7543	0.8600	9.7513	-1.5086	-0.0002	-0.0030	-0.0014
J2-Z1	-2.4221	-7.1000	-2.4216	-7.1017	-1.5075	0.0006	-0.0017	-0.0003
J2-Z2	-1.8756	-3.1748	-1.8765	-3.1773	-1.5080	-0.0009	-0.0025	-0.0008
J2-Z3	-2.5290	8.6520	-2.5340	8.6485	-1.5128	-0.0050	-0.0035	-0.0056
J2-Z4	-0.8602	9.7543	-0.8647	9.7511	-1.5106	-0.0044	-0.0032	-0.0034
J3-Y1	10.0024	-16.3954	9.9985	-16.3939	-1.5102	-0.0039	0.0015	-0.0030
J3-Y2	4.3181	-9.4249	4.3115	-9.4252	-1.5165	-0.0066	-0.0003	-0.0092
J3-Y3	8.6850	-17.4698	8.6799	-17.4683	-1.5066	-0.0052	0.0015	0.0006
J3-Y4	3.0006	-10.4993	2.9969	-10.4977	-1.5138	-0.0037	0.0016	-0.0065
J3-Z1	-10.0024	-16.3954	-10.0034	-16.3947	-1.5140	-0.0010	0.0007	-0.0067
J3-Z2	-4.3181	-9.4249	-4.3182	-9.4253	-1.5151	0.0000	-0.0004	-0.0079
J3-Z3	-8.6850	-17.4698	-8.6844	-17.4708	-1.5106	0.0006	-0.0010	-0.0034
J3-Z4	-3.0006	-10.4993	-3.0026	-10.4997	-1.5151	-0.002	-0.0004	-0.0078

注：1. ΔX 大于 0 为偏北，ΔY 大于 0 为偏高。

2. 以 J2-Y2 实测高程为实测水准起点。

结形撑各控制点三维线形均在容许误差范围内，满足验收标准要求。

7.7　本章小结

大型钢塔整体制造、吊装技术将海上作业工厂化、高空作业地面化，有利于钢结构制造拼装质量控制。整体装配式施工可缩短海上作业时间，降低安全风险。本章对整体式钢塔建造技术进行了总结，得到如下创新技术成果。

(1)江海直达船航道桥钢塔海上整体竖转吊装施工过程中采用双浮式起重机协同作业,使得钢塔由水平姿态向垂直姿态竖转平稳过渡。通过合理设计导向装置能顺利实现整体段与Z0节段的匹配施工。通过在吊装前准确定位钢塔Z0节段,吊装过程中严密监测浮式起重机轴线、浮式起重机主钩高度及吊具倾斜度,使钢塔能安全顺利地吊装就位,同时也使钢塔的安装线形满足高精度要求。

(2)九洲航道桥钢上塔柱施工过程中充分利用已架设完成的主梁作为支撑结构,采用梁上转体施工,变海上作业为陆上作业,减少了海上作业时间,降低了施工难度,提高了施工安全性。

(3)为保证庞大异形的钢结形撑满足设计及安装精度要求,在与预埋段连接的节段上预留二次配切量,架设前根据实际测量预埋件安装尺寸配切节段;施工采用塔顶起重机逐段拼装,吊装过程中通过在横梁顶部安装支撑支架、限位支架、限位钢管等措施保证了吊装过程中受力安全及稳定;通过结形撑安装位置和温度场监测保障施工质量。

本章总结的主要创新点为:

(1)首次将超大型钢塔由节段制造变为整体制造。

(2)研发了钢塔翻转吊具与大型门式起重机多吊点同步通信联控系统,首次实现超大型钢塔180°整体翻转。

(3)研发了全回转悬臂销轴式吊具,首次形成了高度逾百米级整体式重型异形钢塔整体安装施工工法。

(4)提出了钢结形撑整体外形精度保障技术。

(5)首次研发了具有纵、横向位移功能的塔顶起吊安装系统。

CHAPTER EIGHT

第8章

跨海斜拉桥及分段安装技术

8.1　概述

港珠澳大桥桥梁工程包括三座通航孔桥：青州航道桥、江海直达船航道桥和九洲航道桥，均采用斜拉桥结构。青州航道桥桥跨布置为 110 + 236 + 458 + 236 + 110 = 1150m，钢主梁采用流线型扁平钢箱梁；江海直达船航道桥桥跨布置为 110 + 129 + 258 + 258 + 129 + 110 = 994m，钢箱梁主跨和次边跨区段除索塔处梁段外均采用整箱形式，钢箱梁边跨区段和索塔处梁段采用分体箱形式；九洲航道桥桥跨布置为 85 + 127.5 + 268 + 127.5 + 85 = 693m，主梁采用分离式开口钢箱 + 混凝土桥面板的组合截面。三座斜拉桥主梁均采用工厂预制、现场吊装的方法进行施工，根据桥跨、临时通航等条件将主梁划分为不同施工节段。其中，青州航道桥和江海直达船航道桥主梁施工包括索塔区节段吊装、边跨节段整体吊装、标准梁段吊装、边跨及中跨合龙段吊装、斜拉索安装等关键工序；九洲航道桥组合梁施工包括大节段组合梁划分、大节段组合梁临时墩布设、大节段组合梁架设、斜拉索安装等关键工序。本章分别对青州航道桥、江海直达船航道桥和九洲航道桥的主梁设计、工厂预制过程、海上运输技术、主梁安装技术、斜拉索安装技术和主梁安装过程监控等方面内容进行阐述。

8.2　青州航道桥主梁安装技术

8.2.1　扁平流线型钢箱梁设计

青州航道桥为双塔钢箱梁斜拉桥，桥跨布置为(110 + 236 + 458 + 236 + 110)m，全长 1150m，如图 8.2-1 所示。中跨和次边跨布设斜拉索，边跨不布设斜拉索。主梁采用流线型扁平钢箱梁，斜拉索采用扇形布置，双索面，在钢箱梁外侧锚固。

全桥采用半漂浮体系，在索塔处设置具有横向水平承载力要求的竖向球型钢支座，沿纵桥向可自由活动，并设置横向支座及带纵向静力限位功能的阻尼装置。在辅助墩处设置竖向的双向球型钢支座，并设置横、纵向阻尼装置。在过渡墩处设置具有横向水平承载力要求的竖向球型钢支座，沿纵桥向可自由活动，并设置纵向阻尼装置。

钢箱梁采用带风嘴的扁平流线型截面，主要由顶板、水平底板、斜底板、边腹板、中腹板、风嘴、横隔板及横肋板组成。顶板宽33.8m，厚18～22mm，不同厚度顶板对接时，顶板上缘保持齐平。底板宽21.2m，厚14～20mm，不同厚度底板对接时，底板上缘保持齐平。斜底板宽6.7m，厚14～16mm。边腹板宽2.3m，厚14～30mm，边跨跨中区域边腹板设置除湿孔和人孔，除湿孔直径400mm，人孔高1200mm、宽600mm。中腹板厚14～40mm，不同厚度中腹板对接时，中心保持齐平，除支座附近梁段外，每个梁段设置1个中腹板人洞，人洞高1000mm、宽700mm。横向支撑包括横隔板、横肋板，标准间距2.5m，在中跨、次边跨，横隔板、横肋板基本为相邻交替布置，支座处有所加强；在边跨，基本按3道横肋板、1道横隔板布置。风嘴宽约2600mm，高约2300mm，由顶板、腹板、底板、横隔板组成。钢箱梁标准截面如图8.2-2所示。

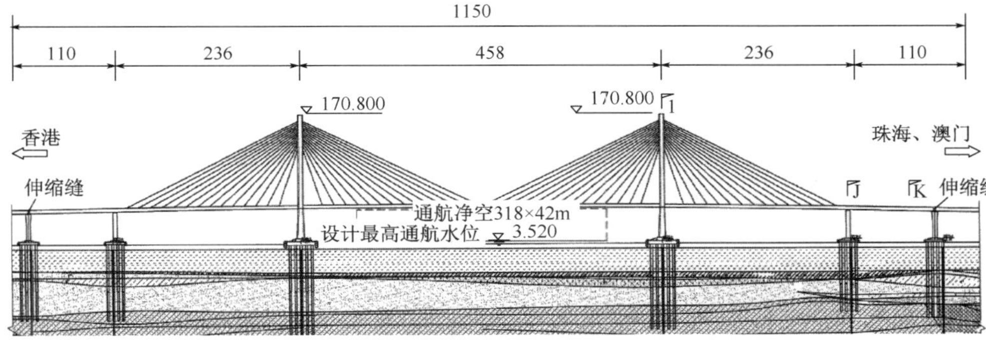

图8.2-1　青州航道桥示意图(尺寸单位:m)

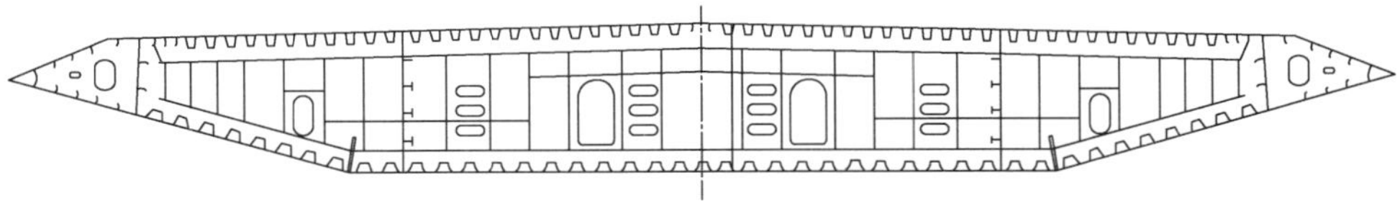

图8.2-2　青州航道桥钢箱梁标准截面图

索塔采用双柱门形框架塔，包括下塔柱、中塔柱、上塔柱、下横梁、钢结形撑、钢锚箱等结构。塔柱高163m，采用空心单箱单室断面，在上塔柱和中塔柱高度范围内为等截面，下塔柱高度范围内为变截面。下横梁设在主梁下方，采用箱形断面，为全预应力混凝土变截面结构。索塔结形撑设置于索塔两上塔柱之间，为索塔横框架受力的上端联系构造，采用"中国结"造型。钢锚箱为由侧面拉板、端部承压板、腹板、锚板、横隔板、连接板及加劲肋等组成的空间箱形结构。全桥共设2×4×14=112根斜拉索，最长约249m，单根最大质量(不计锚具)约为37.5t。索塔结构如图8.2-3所示。

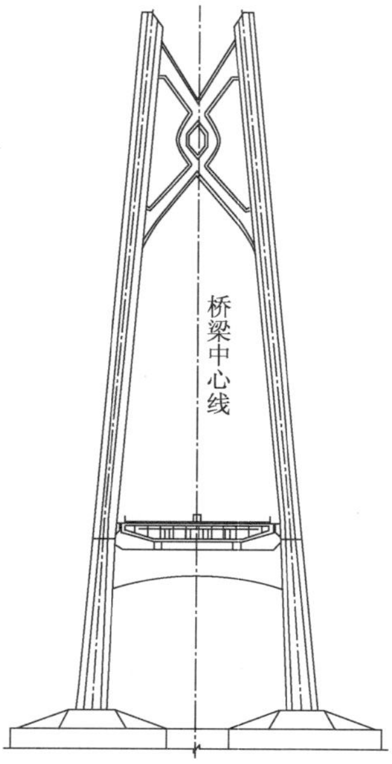

图 8.2-3　青州航道桥索塔结构

8.2.2　钢箱梁工厂制造技术

青州航道桥工厂制造包括板单元制造、小节段拼装、大节段组拼、涂装等内容。

(1)板单元制造

板单元包括顶板、底板、横隔板、纵隔板、腹板、锚箱、风嘴等几个类型。为保证板单元质量及施工高效,采用自动组装、自动定位焊、机器人自动焊接等先进的自动化装备和先进工艺进行板单元制造。板单元施工流程及要点已在第 5 章进行阐述,在此不再做详细阐述。

(2)小节段拼装

节段制造过程中,按照自下向上、自中间向两边的顺序,实现立体阶梯形推进方式逐段组装与焊接,青州航道桥小节段拼装顺序如图 8.2-4 所示。拼装时,以胎架为外胎,以横隔板、腹板为内胎,重点控制桥梁的线形、钢箱梁几何形状和尺寸精度、相邻接口的精确匹配等。

(3)大节段组拼

为方便厂内转运和涂装作业,将大节段分成若干个分段制作,每个分段由 2 ~ 3 个钢箱梁小节段组成,分段拼装是在钢箱梁拼装胎架上完成,完全符合钢箱梁制造线形。具体组拼工艺见第 5 章内容。

(4)涂装

青州航道桥涂装分为预涂车间底漆、基地二次涂装、桥位涂装三个过程。其中,预涂车间底漆为下料前板材和型钢经预处理生产线进行抛丸、喷涂车间底漆、烘干处理;基地二次涂装的表面处理和喷涂作业均在涂装房内进行,表面处理和喷涂作业均以机械化作业为主,仅在不易采用机械部位采用手工作业;桥位涂装指对工地焊缝处采用喷砂处理,内表面焊缝处和其他漆膜破损处采用打磨的方法,使其除锈等级和表面粗糙度达到规范要求,再按涂装体系补涂。防腐涂装房如图 8.2-5 所示。

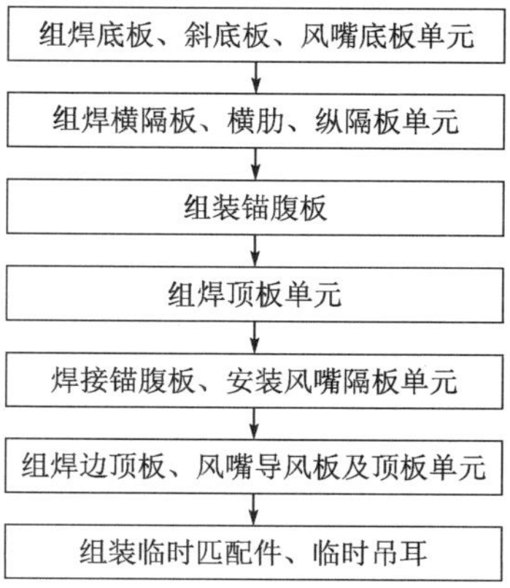

图 8.2-4　小节段拼装顺序

图 8.2-5 防腐涂装房

8.2.3 多节段钢箱梁运输技术

青州航道桥钢箱梁节段水上运输从中山基地码头起至港珠澳大桥青州航道桥桥位止，全程约 18n mile，船舶航行约需用 4 ~ 5h。

其中标准节段采用“正和 508”运输船进行运输，索塔区节段及中跨合龙段采用“吉海恒通”运输船运输。

运输船采用 700mm × 700mm × 1000mm 钢墩作为标准节段临时支墩，并在钢墩上加 2000mm × 200mm × 200mm 枕木。

8.2.4 节段钢箱梁悬臂安装技术

青州航道桥全桥钢箱梁划分为 A ~ N、O ~ S 共 18 种类型、85 个梁段。其中 A、B 为索塔附近无索区梁段，为整体吊装节段；C、D 为标准梁段，采用桥面起重机吊装；E 为边跨合龙段，采用桥面起重机吊装；F、G、H、I、J、K、L 为香港侧边跨整体吊装梁段，采用大型浮式起重机抬吊装；F、G、H、N、P、Q、R、S 为珠海侧边跨整体吊装梁段，采用大型浮式起重机抬吊装；M 为中跨合龙段，采用桥面起重机吊装。

(1)索塔区节段吊装

索塔区节段由 ES1、ET0、EM1(WS1、WT0、WM1)三个梁段组成，长 30.4m，起吊质量约 995t，选用“正力”吊装，吊装施工流程如图 8.2-6 所示。

钢箱梁设置 8 个吊点，吊点位于钢箱梁中腹板与横隔板、横肋交点处，吊点平面布置如图 8.2-7 所示。

每个下横梁顶设置 4 个临时支墩，横桥向间距 2.8m，顺桥向间距 4m，作为落梁时的临时支撑结构。采用 HW400 × 400 型钢和 20mm 厚钢板组焊而成，高度分别为 201cm

(边跨侧)和204.8cm(中跨侧)。考虑下横梁顶面高程偏差等影响,实际高度按低于理论值30cm制作,上垫钢板调整至设计高程,临时支墩结构如图8.2-8所示。

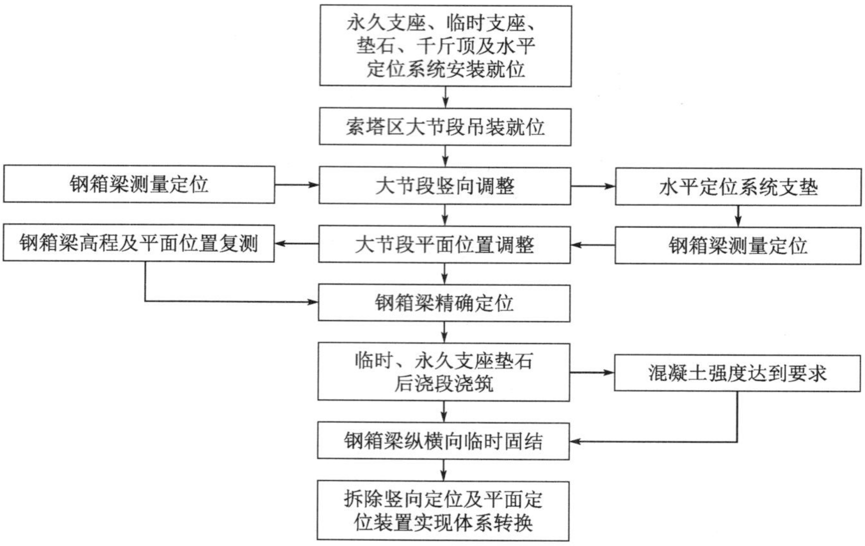

图8.2-6 索塔区节段吊装施工流程图

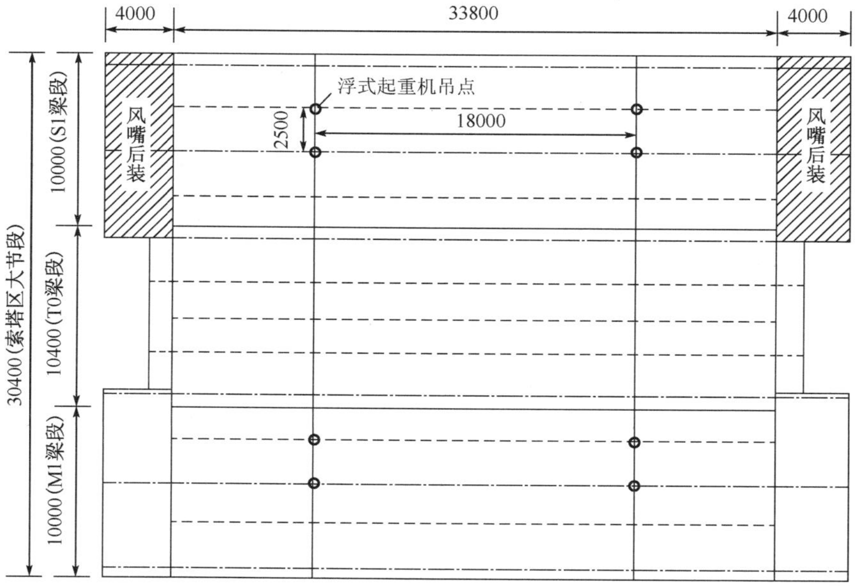

图8.2-7 吊点平面布置图(尺寸单位:mm)

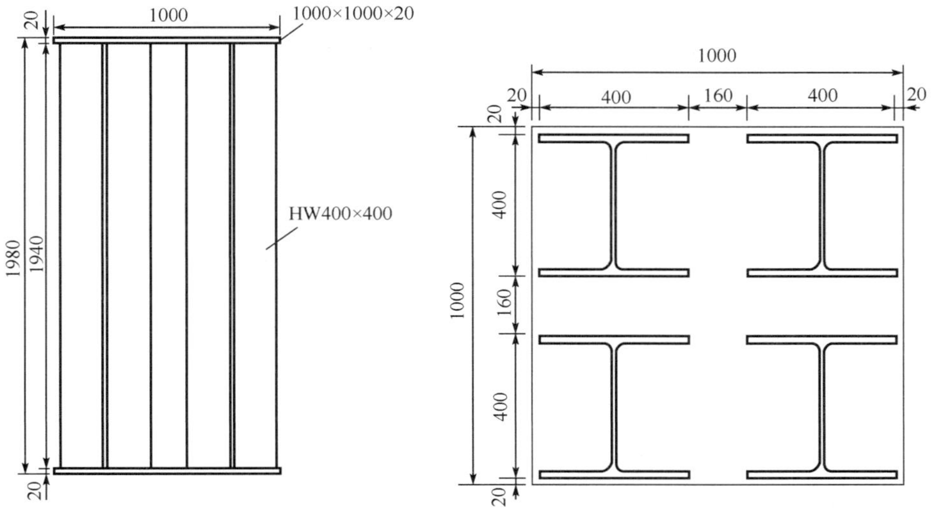

图 8.2-8 临时支墩结构(尺寸单位:mm)

钢箱梁通过 4 组调位装置调整平面位置和高程。每组调位装置竖向设置 1 台 1200t 液压千斤顶用于调整钢箱梁高程,水平向设置 3 台 250t 千斤顶用于水平向调位。调位装置如图 8.2-9 所示。

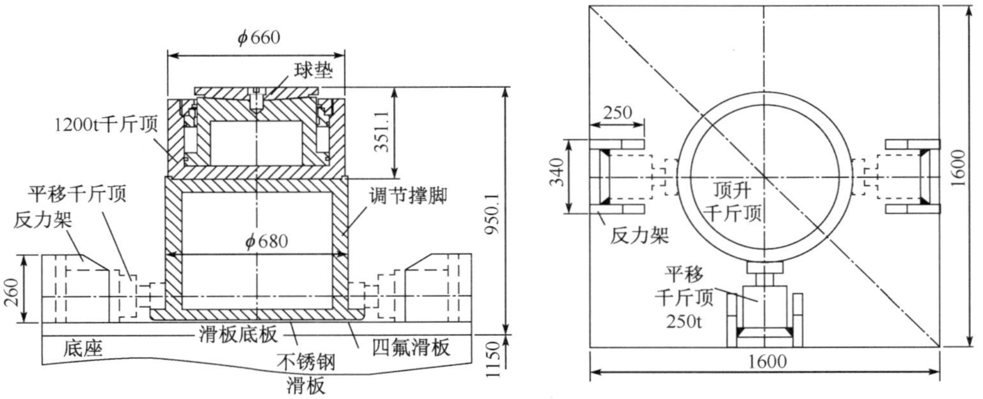

图 8.2-9 调位装置示意图(尺寸单位:mm)

钢箱梁竖向临时固结采用 12 根 1860MPa 的 PES7-109 高强钢丝拉索,单根拉索张拉力 4000kN。拉索上端为固定端,通过钢销与梁底耳板连接;下端为张拉端,锚固在下横梁底部。钢箱梁纵向临时固结采用在钢箱梁上设置固结牛腿,在牛腿与横向抗风支座垫石间设置橡胶垫。

(2)边跨节段整体吊装

边跨节段长度 134.45m,起吊质量约 3500t。采用“一航津泰”4000t 起重船和“东海工 7”2600t 自航起重船抬吊安装,吊装施工流程如图 8.2-10 所示。

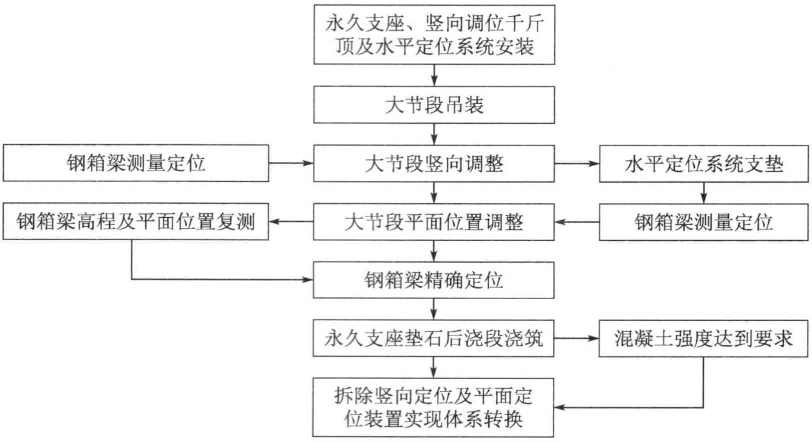

图 8.2-10　边跨节段整体吊装流程图

边跨节段共布置 4 组吊点群，在横桥向与顺桥向均对称。每组吊点群包括 10 只吊耳，共 40 个吊耳，吊耳连续均匀布置，中心位于中腹板与横隔板（或横肋板）的交线处。每个吊耳与钢箱梁间采用 32 套 M24 高强螺栓连接。边跨节段吊点平面布置如图 8.2-11 所示。

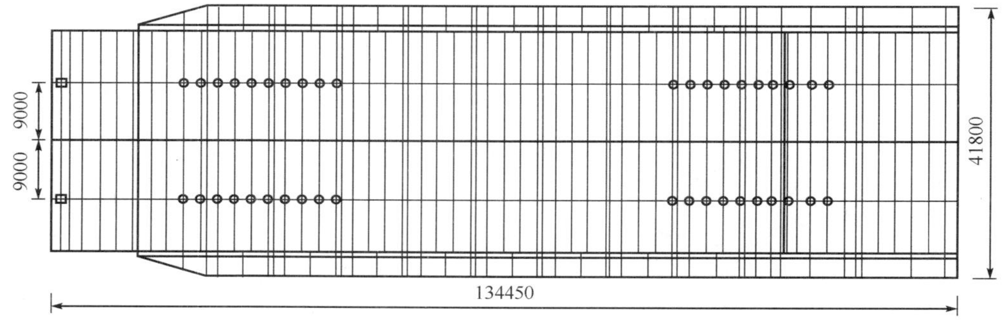

图 8.2-11　边跨节段吊点平面布置图（尺寸单位：mm）

辅助墩与过渡墩墩顶各设 2 个临时支墩，横桥向间距 14.36m，作为落梁时的临时支撑结构。临时支墩由 2 层 36b 工字钢焊接而成，总高度 720mm，比理论高度低 50mm，顶部垫 50mm 厚钢板调整至设计高程。辅助墩与过渡墩墩顶各设 2 组调位装置调整平面位置和高程。每组调位装置竖向设置 1 台 1200t 液压千斤顶，水平向设置 3 台 250t 千斤顶。

吊装时分别将 4000t 浮式起重机和 2600t 浮式起重机停至设计位置抛锚定位，为保证两艘浮式起重机提升速度、前移速度、落梁速度基本保持一致，设专人指挥两艘浮式起重机。提升钢箱梁移至设计位置正上方，并缓慢落钩，将钢箱梁放置于临时钢支墩上，通过调位装置精确调整钢箱梁至设计位置。钢箱梁精确定位完成后，安装临时支座、竖向支座。

(3)标准梁段吊装

青州航道桥标准梁段共52个,长度均为15m,节段起吊质量为369~385t,其中珠海侧采用BL200B变幅桥面起重机吊梁,香港侧采用BL200G固定臂桥面起重机吊梁。标准梁段安装主要施工内容包括桥面起重机安装、试吊和标准梁段吊装等。

BL200B变幅桥面起重机和BL200G固定臂桥面起重机额定起吊质量为200t,主要由机架金属结构、吊具、滑道及前移机构、吊点平移机构、锚固支撑系统、起升卷扬机、液压系统、司机室、电气系统、支顶装置等组成,如图8.2-12、图8.2-13所示。

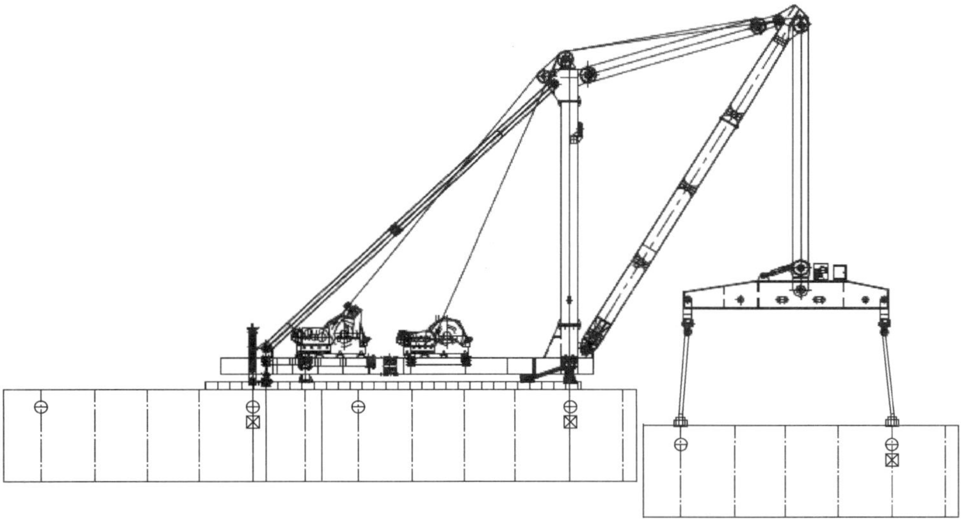

图8.2-12 BL200B变幅桥面起重机构造图(尺寸单位:mm)

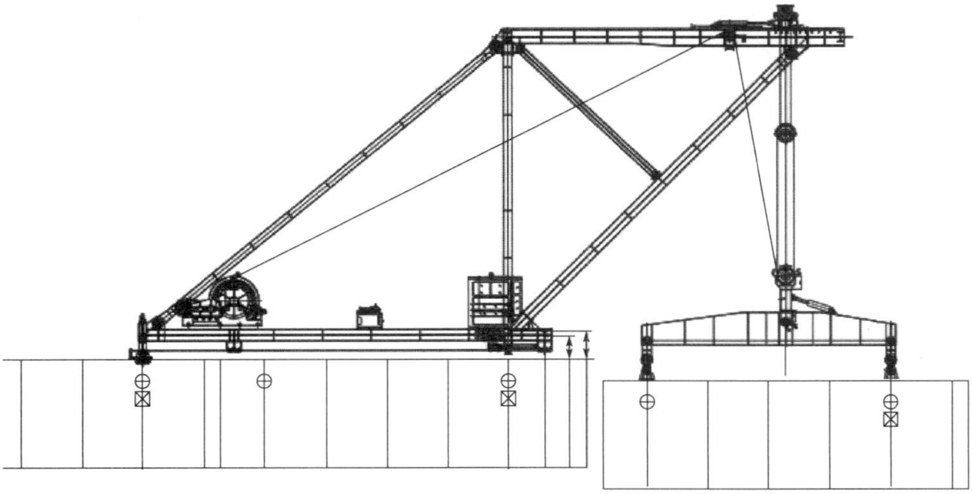

图8.2-13 BL200G固定臂桥面起重机构造图

桥面起重机在现场施工平台上拼装，通过2200t浮式起重机将其整体吊装上桥，先吊装中跨侧桥面起重机，后吊装边跨侧桥面起重机。桥面起重机安装完成后需进行空载试验、行走试验、起升试验、荷载试验以检测桥面起重机能否正常工作。

桥面起重机安装调试完成后，在桥塔两侧对称同步进行标准梁段的悬拼施工，施工流程如图8.2-14所示。

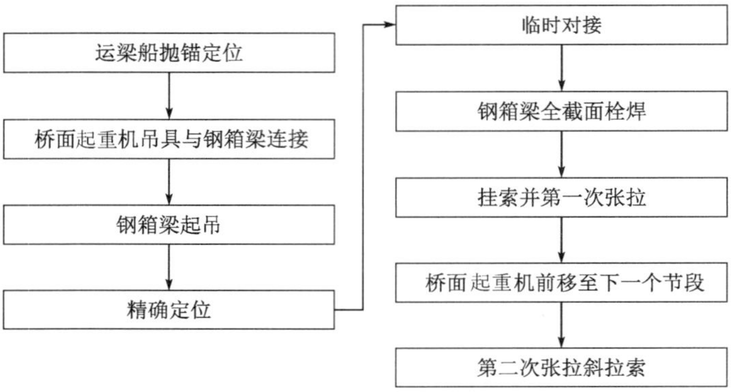

图8.2-14　标准梁段悬臂拼装施工流程图

为保证钢箱梁段施工精度，需对吊装梁段精确对位。当钢箱梁升至桥面时，单独操作两侧卷扬机调整梁块横桥向高度，并操作吊具调平系统调整钢梁节段顺桥向水平角，再操作吊点纵、横移油缸，进行钢梁节段对位拼装。

(4)合龙段吊装

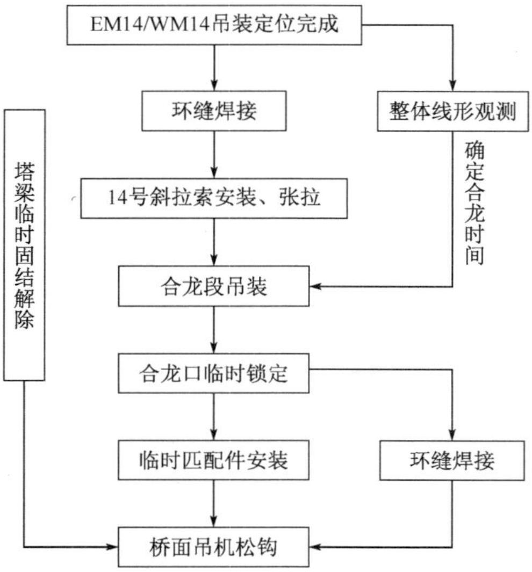

图8.2-15　中跨合龙段施工工艺流程图

边跨合龙段与标准梁段施工相同，此处阐述中跨合龙段吊装。中跨合龙段长7.6m，重186t。待M14斜拉索第二次张拉完后，将桥面起重机前移，对梁端进行48h测量，根据测量数据确定合龙段最佳合龙时间、温度。

根据本桥结构特点及现场施工条件，选用温度自然合龙方案，即选择合适的环境温度，根据现场实际监测到的钢箱梁内表面温度及合龙口长度，进行合龙段的配切，合龙段与两端悬臂梁段同时对接施焊。中跨合龙段施工工艺流程如图8.2-15所示。

(1)全桥通测

在斜拉索S14、M14张拉完成后，进行中跨合龙前的全桥通测,通测内容包括:钢箱梁高程、轴线、里程、应力;斜拉索索力;桥塔偏位和应力;承台沉降。根据全桥通测结果判断是否需要进行调索。

(2)钢箱梁吊装定位

根据通测确定合龙温度及合龙时间,采用4台BL200架桥机抬吊,抬吊过程由专人统一指挥,保证两侧架桥机同步运行。

(3)临时锁定

钢箱梁吊装就位后,进行临时锁定,临时锁定设置在钢箱梁顶板、底板、边腹板位置处。其中,边腹板处设置4根[32a型钢进行锁定,顶板和底板处各设置4根[32a型钢进行锁定,锁定装置需能够承受临时固结拆除及温度变化产生在合龙段两侧焊缝位置的轴向力和弯矩。

(4)环缝焊接及临时固结解除

临时锁定完成后,对合龙段接缝处环缝进行焊接,并解除索塔区临时固结(包括竖向临时拉索、顺桥向临时牛腿和支座),解除工作必须在合龙段环缝焊接完毕前完成。

8.2.5 斜拉索安装技术

1)斜拉索安装

青州航道桥斜拉索为空间双塔双索面扇形结构,每塔的两侧各布置14对斜拉索,全桥共设2×4×14=112根斜拉索,采用标准强度1860MPa的直径7mm锌铝合金镀层,高强度、低松弛平行钢丝束,双层PE保护(内为黑色PE,外为彩色PE双护层)。

斜拉索最小长度86.831m,重3.378t;最大长度248.648m,重37.521t。根据斜拉索的长度、质量、张拉力的大小以及张拉施工空间等实际情况,斜拉索施工均采用先塔端挂索、后梁端挂索,塔上张拉的方案。根据索力大小,选用1000t张拉千斤顶,且斜拉索索力调整均在塔内进行。

斜拉索通过D1100塔吊吊装至桥面并进行放索,然后通过塔顶卷扬机将拉索锚头牵引至相应索管内,旋紧锚杯螺母锚固,完成塔端斜拉索的挂设。塔端斜拉索挂设完毕后,进行斜拉索梁端挂索。梁端挂索完成后,在塔端对斜拉索进行张拉及索力调整。根据设计要求,斜拉索采用两次张拉程序,第一次张拉为桥面起重机吊装钢箱梁节段上桥,焊接完毕后;第二次张拉为桥面起重机前移至待吊下一梁段位置就位后。张拉过程通过张拉力和伸长量双项指标控制,张拉力通过压力传感器精确测定;伸长量主要来调节桥面线形。

钢箱梁及斜拉索施工期间,因风雨等影响,斜拉索风振非常明显,直接影响箱梁悬拼的平面位置及线形的控制,需要对斜拉索采取临时减振措施。每根斜拉索施工完成后,用临时索将斜拉索同钢箱梁临时连接,斜拉索临时减振布置如图 8.2-16 所示。

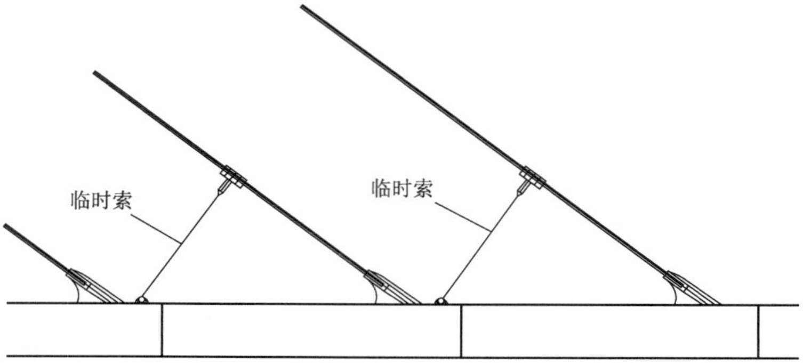

图 8.2-16　斜拉索临时减振布置

为改善主梁和索塔结构的受力状态,需要对斜拉索进行索力调整。斜拉索调索主要分为三个阶段:第一阶段在边跨合龙前进行一次全面调索,使钢箱梁线形满足设计要求;第二阶段为中跨合龙前,除满足合龙线形要求外,还应纠正塔的变形,使索塔偏移量控制在设计允许范围内;第三阶段在二期恒载施加以后,除控制线形外,对索力进行调整,使索力终值误差以及高次超静定梁的受力状态达到设计要求的 2% 以内。

2)抗风索安装

为减小悬臂施工长度,采用 1860MPa 的 7mm 高强钢丝拉索取代临时墩。抗风索上端锚固于第 6 对斜拉索下方梁底,下端锚固于索塔承台斜面。在第 6 对斜拉索二次张拉完毕后安装抗风索,边跨合龙后拆除抗风索。抗风索两端配冷铸锚,梁端为固定端,通过 ϕ178mm 的销轴将双叉耳结构的锚具与梁底耳板连接,承台端为张拉端。抗风索布置如图 8.2-17 所示。

(1)梁端挂索

6 号斜拉索二次张拉完成后,开始梁端挂设抗风索。梁端挂索采用 5t 卷扬机起重,在梁底设计位置安装 10t 转向定滑轮。卷扬机设置在驳船的一端,拉索放置在驳船的另一端,挂索示意如图 8.2-18 所示。

(2)承台端锚固

锚固结构采用承台内预埋 12 根 ϕ32 精轧螺纹钢筋作为受拉构件,通过设置锚梁做反力架,锚固构造如图 8.2-19 所示。采用 650t 千斤顶、过渡连接头、钢绞线、工具锚等将抗风索牵引到位连接。

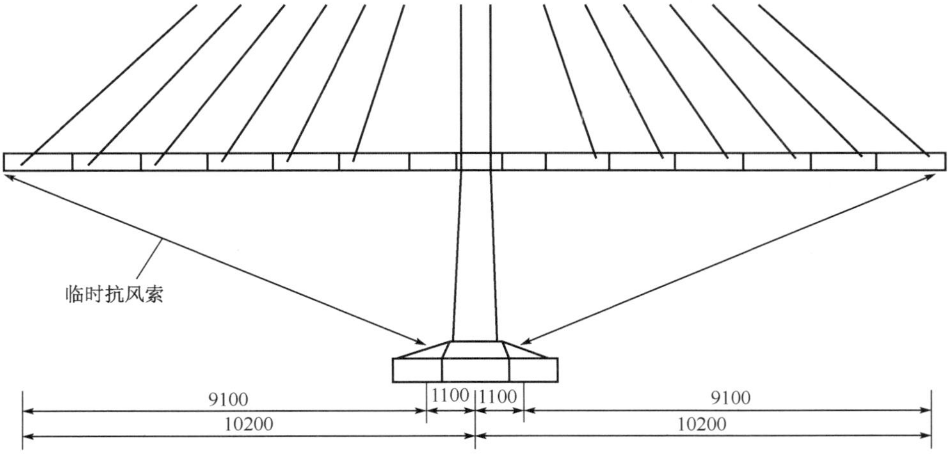

a)立面图

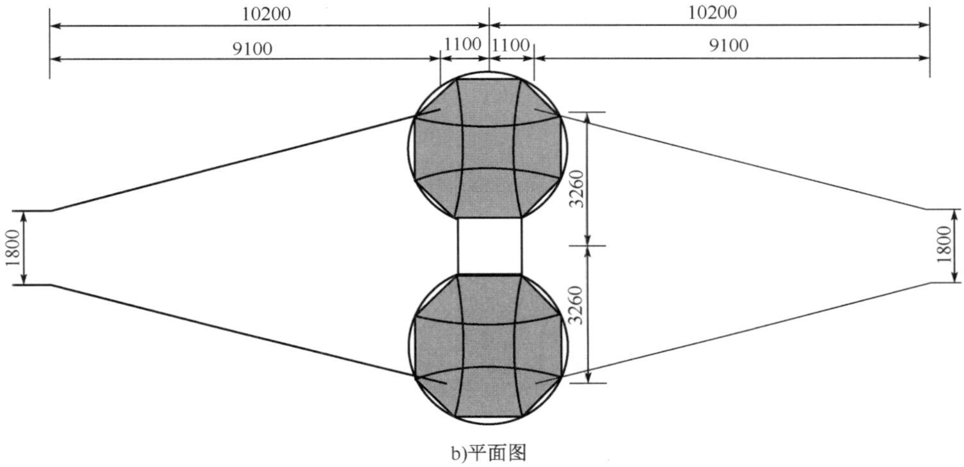

b)平面图

图 8.2-17 抗风索布置图(尺寸单位:mm)

8.2.6 钢箱梁安装过程监控

青州航道桥为双塔双索面钢箱梁斜拉桥,其施工方法、材料性能、安装程序、钢箱梁安装高程、斜拉索张拉索力等直接影响成桥应力状态和几何线形。为确保桥梁施工过程中顺利实现设计的合理成桥状态,斜拉桥施工中须进行施工监控,钢箱梁安装过程精度控制如表 8.2-1 所示。

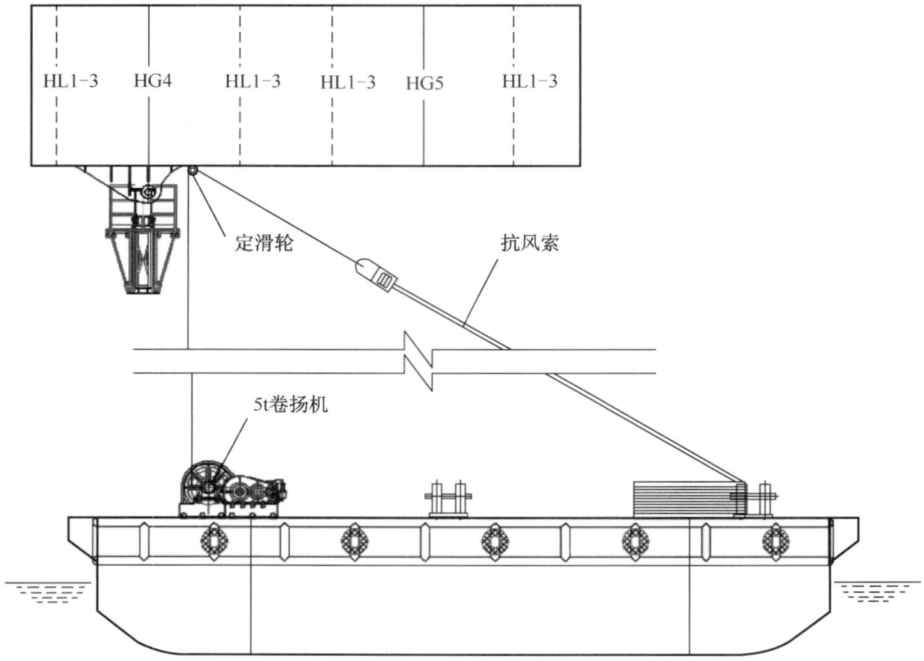

图 8.2-18　梁端挂索示意图

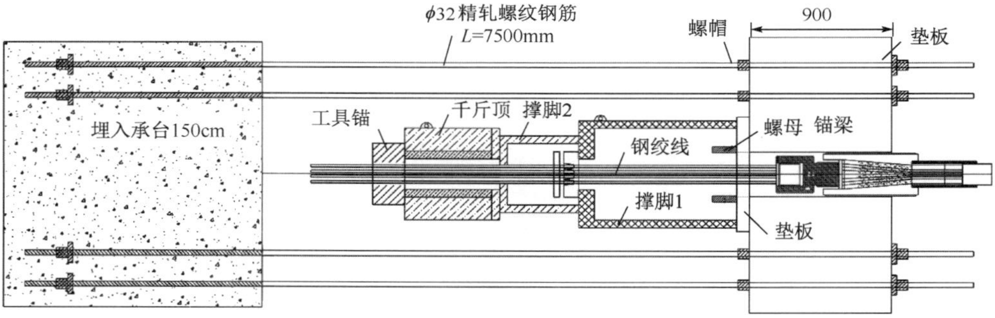

图 8.2-19　承台端锚固构造

钢箱梁安装过程精度控制　　表 8.2-1

项　目	允 许 偏 差
主梁轴线偏位	10mm
主梁成桥高程	±L/1000mm
桥长偏差	±50mm
斜拉索索力偏差	10%或设计允许值

钢箱梁安装监控内容包括钢箱梁安装过程中纵桥向变形控制、横桥向变形控制、钢箱梁轴向偏位控制、钢箱梁安装过程中应力监测、钢箱梁在张拉斜拉索过程中应力监测、钢箱梁合龙过程中应力监测、钢箱梁在桥面铺装过程中及成桥后应力监测、斜拉索无应力长度和斜拉索索力等。各测试内容的测试截面、测点布置、测试方法和测试频率如表8.2-2所示。

青州航道桥钢箱梁施工过程监测 表8.2-2

测试内容	测试截面	测点布置	测试方法	测试频率
钢箱梁安装纵桥向变形控制	a. 0号大节段:支撑中心截面、0号大节段两端截面; b. 悬臂拼装节段:斜拉索与钢箱梁锚固处截面; c. 边跨大节段:支座中心截面、边跨四分点截面	在待测截面顶板外侧沿左、中、右布设3个监测点,分别位于顶板箱梁中心线以及两侧边腹板处	精密水准仪及钢尺测量节段顶板高程	在主梁起重机前移后、每根斜拉索张拉完毕后,测量后3个梁段和当前梁段的梁端高程,共4个梁端高程。以拉索最后一次张拉到位作为一个梁段的测量控制结果评价工况
钢箱梁安装横桥向变形控制	桥面起重机作用梁段与起吊梁段焊接截面	在桥面起重机作用梁段与起吊梁段待测截面中心线位置顶板外侧布设3个横向变形监测点(可与纵向变形监测点共用)	精密水准仪及钢尺测量节段顶板高程	在每个悬臂拼装节段起吊拼装过程中均需测试
钢箱梁轴线偏位控制	a. 边跨大节段及0号大节段,组成大节段的各小节段前端截面; b. 中跨及次边跨悬臂拼装小节段,小节段与斜拉索锚固处截面	在每个已施工梁段上各布设1个,具体位置为每个梁段前端断面线后退5~10cm的桥中线处,可结合主梁高程监测点一起布置	用全站仪对主梁轴线偏位进行测试	索塔偏位测量在钢箱梁施工过程中进行测试,包括起重机前移、所有拉索张拉工况、二次调索前后以及二期恒载施工前后进行,以拉索最后一次张拉到位作为一个梁段的测量控制结果评价工况

续上表

测试内容	测试截面	测点布置	测试方法	测试频率
钢箱梁在架设过程中的应力监测	a. 边跨及0号整体吊装大节段，吊点截面及两吊点中间截面； b. 悬臂拼装小节段，两吊点截面	a. 边跨及0号整体吊装大节段：在吊点截面附近主拉应力较大位置布设应变传感器；两吊点中间截面受压区、受拉区分别布设应变传感器； b. 悬臂拼装小节段：在吊点截面附近主拉应力较大位置布设应变传感器	采用外贴式应变传感器及配套数据采集设备进行测试	每一节段钢箱梁起吊期间进行跟踪观测
钢箱梁在张拉斜拉索过程中的应力监测	边跨跨中截面、辅助墩墩顶截面、次边跨1/4L、3/4L（L为次边跨跨径）截面、中跨1/4L、1/2L、3/4L（L为中跨跨径）截面	a. 正弯矩截面：纵向应变测点分别布设在箱梁中心线顶、底板处，中腹板与顶、底板交界处以及边腹板与顶板交界处；横向应变测点布设在箱梁中心线顶、底板处以及中腹板与顶、底板交界处； b. 负弯矩截面：纵向应变测点分别布设在箱梁中心线顶、底板处，中腹板与顶、底板交界处以及边腹板与底板交界处；横向应变测点布设在箱梁中心线顶、底板处以及中腹板与顶、底板交界处	采用外贴式应变传感器及配套数据采集设备进行测试	按照斜拉索张拉前、张拉1/2、张拉完成后以及全桥调索完成后的顺序进行测试

续上表

测试内容	测试截面	测点布置	测试方法	测试频率
钢箱梁合龙过程中的应力监测	边跨跨中截面、辅助墩墩顶截面、次边跨1/4L、3/4L（L为次边跨跨径）截面、中跨1/4L、1/2L、3/4L（L为中跨跨径）截面	a. 正弯矩截面：纵向应变测点分别布设在箱梁中心线顶、底板处，中腹板与顶、底板交界处以及边腹板与顶板交界处；横向应变测点布设在箱梁中心线顶、底板处以及中腹板与顶、底板交界处； b. 负弯矩截面：纵向应变测点分别布设在箱梁中心线顶、底板处，中腹板与顶、底板交界处以及边腹板与底板交界处；横向应变测点布设在箱梁中心线顶、底板处以及中腹板与顶、底板交界处	采用外贴式应变传感器及配套数据采集设备进行测试	在边跨及中跨合龙调控过程中进行测试
钢箱梁在桥面铺装过程中及成桥后的应力监测	边跨跨中截面、辅助墩墩顶截面、次边跨1/4L、3/4L（L为次边跨跨径）截面、中跨1/4L、1/2L、3/4L（L为中跨跨径）截面	a. 正弯矩截面：纵向应变测点分别布设在箱梁中心线顶、底板处，中腹板与顶、底板交界处以及边腹板与顶板交界处；横向应变测点布设在箱梁中心线顶、底板处以及中腹板与顶、底板交界处； b. 负弯矩截面：纵向应变测点分别布设在箱梁中心线顶、底板处，中腹板与顶、底板交界处以及边腹板与底板交界处；横向应变测点布设在箱梁中心线顶、底板处以及中腹板与顶、底板交界处	采用外贴式应变传感器及配套数据采集设备进行测试	在桥面铺装过程中以及成桥后进行测试

续上表

测试内容	测试截面	测点布置	测试方法	测试频率
斜拉索索力测试	斜拉索测试截面选在拉索与主梁锚固端一侧，距离桥面 2m 左右	在待测斜拉索截面布设一个加速度传感器，传感器沿竖直方向布置，在每根斜拉索安装完毕后，张拉之前安装在对应位置	采用千斤顶校正法和频率测试法相结合	a. 每安装及张拉一对斜拉索，对悬臂端前 5 根斜拉索索力进行测量； b. 主梁施工过程中，调索前后均进行全桥的索力测量； c. 合龙前后进行全桥索力测量； d. 铺装后成桥索力测量

8.3　江海直达船航道桥主梁安装技术

8.3.1　钢箱梁设计

江海直达船航道桥采用中央平行单索面三塔钢箱梁斜拉桥，两个中跨和次边跨布设斜拉索。桥跨布置为(110 + 129 + 258 + 258 + 129 + 110)m，全桥长 994m，如图 8.3-1 所示。

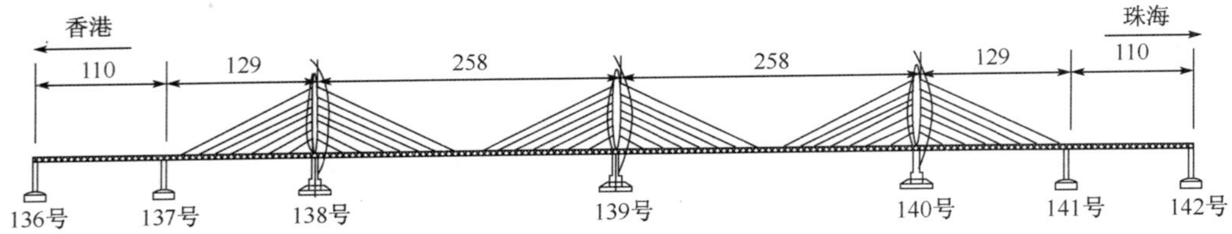

图 8.3-1　江海直达船航道桥示意图(尺寸单位：m)

全桥采用半漂浮体系。竖桥向，各塔、墩处均设置竖向支座；横桥向，两个过渡墩和两个边塔处设置横向抗风支座，两个辅助墩和中塔处设置横向阻尼装置；纵桥向，各塔、墩处均设置纵向阻尼装置。

布设斜拉索的钢箱梁主跨和次边跨区段除索塔处梁段外均采用整箱形式，如图 8.3-2a) 所示。整箱断面为两侧带长悬臂的单箱三室，箱梁顶板宽 38.8m，底宽20.7m，梁高 4.5m，悬臂长度为 5.675m。斜拉索锚固于两道中腹板形成的中央腔室内。未设斜拉索的钢箱梁边跨区段和索塔处梁段采用分体箱形式，如图 8.3-2b) 所示。横向两个分离钢箱梁之间用横向连接箱梁和工字梁加以连接，分体箱的全宽和梁高等均与整箱相同。

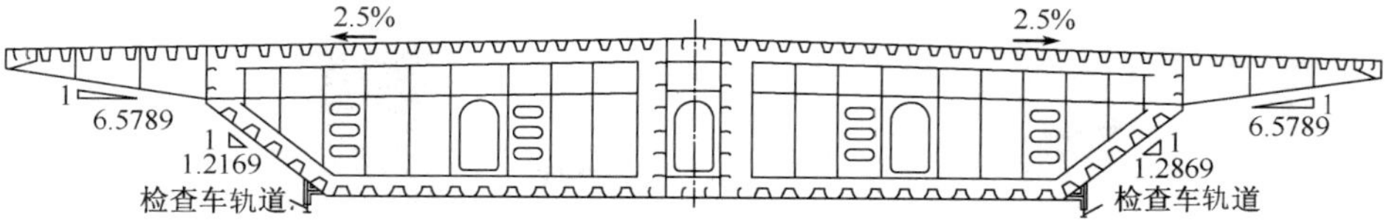

a)整箱标准截面示意图

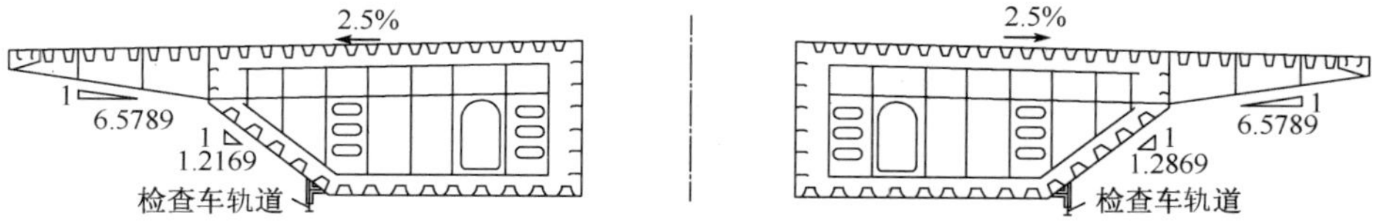

b)分体箱标准截面示意图

图 8.3-2 主梁截面示意图

索塔采用全钢结构塔身,为海豚造型,塔身高 110m,由主、副塔柱和联系杆三部分组成,主塔柱包括受力直塔柱和造型曲塔柱两部分。主塔柱受力部分采用矩形断面,副塔柱采用凸字形断面。斜拉索为中央平行单索面,立面为竖琴形,纵桥向索距为 15cm,最大索长约 135m,最大索重约 22t。索塔结构如图 8.3-3 所示。

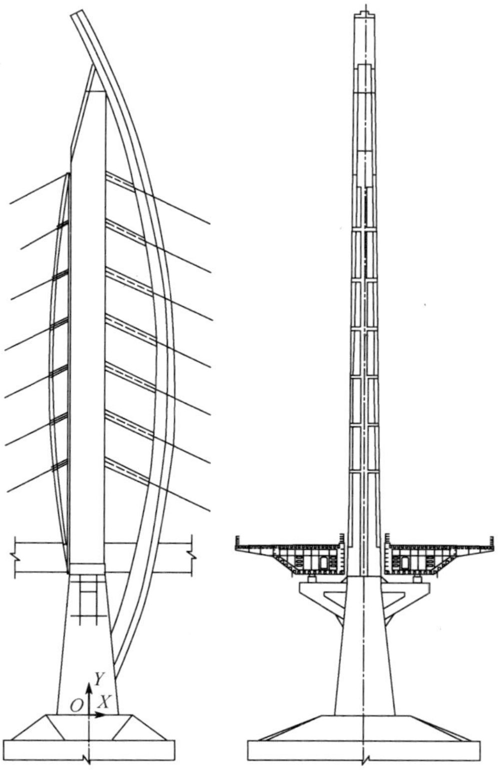

图 8.3-3 索塔结构示意图

8.3.2　钢箱梁工厂制造技术

江海直达船航道桥钢箱梁标准节段在拼装场地室内的组装胎架上进行一体化的匹配组装及二次预拼装，钢箱梁组装思路同青州航道桥，本节不再叙述。组装完成后，解除钢箱梁外轮廓与胎架模板之间的约束，根据监控线性划节段端口余量切割线，并采用半自动火焰切割机切除余量。通过200t液压小车将完工的小节段拉拢，以顶板监控线性为基准进行二次匹配，再配钻U形肋拼接板孔群及安装临时匹配件。

8.3.3　钢箱梁运输技术

与青州航道桥钢梁运输基本相同，此处不再重复赘述。

8.3.4　节段钢箱梁安装技术

江海直达船航道桥全桥钢箱梁划分为A～J共10种类型、75个梁段。其中T1～T3、S1、M1为索塔附近无索区梁段，为支架吊装节段；S2～S5、M2～M7为标准梁段，采用桥面起重机吊装；H为中跨合龙段，采用桥面起重机吊装；F1～F13为边跨整体吊装梁段，采用大型浮式起重机抬吊装。

1）索塔区节段吊装

索塔区包括T1、T2、T3、S1、M1五个梁段，均采用搭设墩顶支架，浮式起重机起吊钢箱梁至墩顶支架上，再采取纵横滑移就位的方法进行安装。其中T1梁段采用3200t大型浮式起重机半幅起装，经微调定位后再进行横向连接并与塔柱进行临时固结；T2梁段、T3梁段、S1梁段、M1梁段采用3200t大型浮式起重机整体吊装。

（1）墩顶支架设计

墩顶支架由$\phi1200\times\delta14$mm及$\phi1000\times\delta12$mm钢管桩、$\phi426\times\delta6$mm钢管平联、I56a工字钢纵梁以及I25a工字钢垫梁、不锈钢板及滑板组成的纵横向滑移装置组成。

支架横桥向布置4条$\phi1200\times\delta14$mm螺旋钢管（或$\phi1000\times\delta12$mm螺旋钢管），间距为6m、7m、6m；顺桥向间距布置为（13＋12.5＋12＋12.5＋13）m，沿承台中心线对称布置。整个支架设置3～4层横联，横联竖向间距为9m，支撑钢管上面采用3I56a工字钢作为纵向分配梁。支架平面布置如图8.3-4所示。

T2、T3、S1、M1梁段分别设置4个临时支座；T1梁段因采用半幅拼装且梁长达16.35m，故每半幅设置6个临时支座。

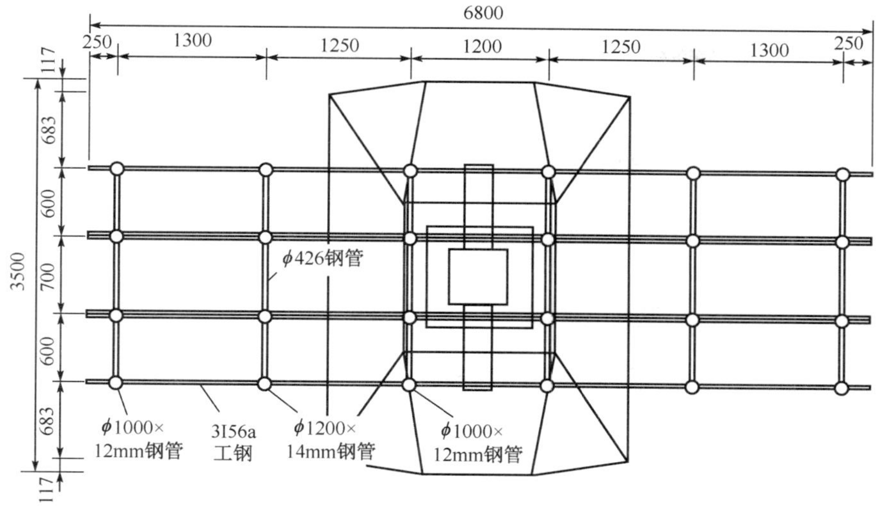

图 8.3-4　支架平面布置示意图(尺寸单位:cm)

(2)梁段施工

塔处支架搭设完成后,首先利用大型浮式起重机分别安装 T1 梁段的右(左)半幅钢箱梁,经微调定位后利用手拉葫芦及钢丝绳与塔柱连接固定;而后采用同样的吊装方法安装 T1 梁段左(右)半幅钢箱梁,经微调定位后利用手拉葫芦及钢丝绳与塔柱连接固定。横向连接箱先安装在先吊装的半幅箱梁上一同起吊定位,待另半幅箱梁精确定位后完成 T1 梁段的横向连接,再次复测梁段的平面位置,满足要求后安装 T1 梁段与塔柱的临时固结。

待 T1 梁段安装完成后,分别利用大型浮式起重机安装 T2 梁段、T3 梁段、S1 梁段及 M1 梁段,经微调定位后,与 T1 梁段进行栓焊连接,既而完成塔处吊装段施工。

2)边跨节段整体吊装

边跨节段长度 143.355m,起吊质量约 3478t。采用“长大海升”号 3200t 双臂架变幅式浮式起重机和“振浮 5”号 2200t 浮式起重机整体吊装。

边跨节段共布置 4 组吊点群,在横桥向与顺桥向均对称。每组吊点群包括 10 只吊耳,共 40 个吊耳,吊耳连续均匀布置。

过渡墩上布置 2 台 1000t 竖向千斤顶,分布于 2 个调位装置外侧,单个调位装置(共计 2 个)内布置 100t 千斤顶 2 台(其中 1 台为横桥向调位,1 台顺桥向调位),过渡墩千斤顶布置如图 8.3-5 所示。

辅助墩布置 4 台 1000t 竖向千斤顶,分布于 2 个调位装置外侧;单个调位装置(共计 2 个)内布置 2 台 100t 千斤顶(横桥向调位)和 1 台 200t 千斤顶(顺桥向调位),辅助墩千斤顶布置如图 8.3-6 所示。

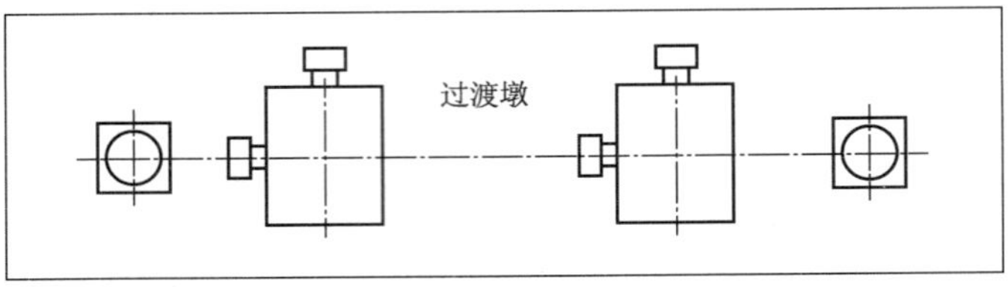

图 8.3-5　过渡墩千斤顶布置图

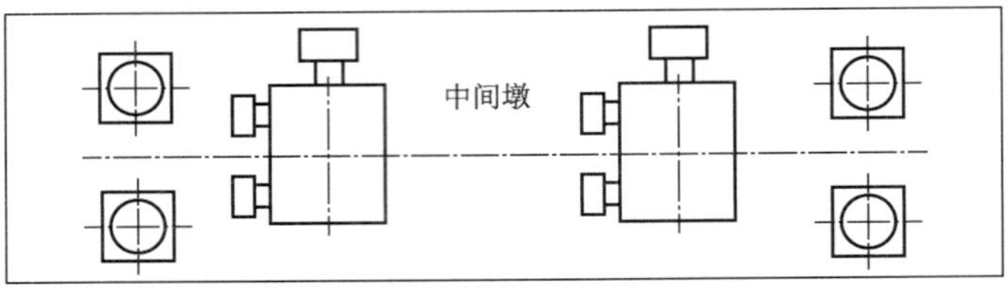

图 8.3-6　辅助墩千斤顶布置图

吊装钢箱梁,缓慢下放至调位支座内,利用竖向千斤顶调整钢箱梁高程,在竖向千斤顶顶部安装 5cm 垫板,使钢箱梁底部高出永久支座约 2cm,调整完成后,通过增加/减少滑移支座和钢箱梁底部的垫板保证钢箱梁底部和永久支座之间约 2cm 的间隙,竖向千斤顶卸载,使载荷转移到滑移支座上。水平千斤顶调整钢箱梁水平位置,先利用水平千斤顶进行横桥向调位,再利用水平千斤顶进行纵桥向调整,也可根据现场情况改变水平调整顺序。

3)标准梁段吊装

江海直达船航道桥标准梁段共 38 个,长度均为 15m,节段起吊质量为 323t 左右,采用桥面起重机吊装。

安装桥面起重机并进行调试,准备进行 S2 ~ S5、M2 ~ M7 及 H 梁段对称的吊装。吊装前准确标定架设梁段的位置并进行吊具定位试验,驳船浮运钢箱梁定位,两侧桥面起重机同步,对称采用四点起吊待装梁段安装,待装梁段与已装梁段进行临时连接,经监控并调整后进行梁段栓焊连接,而后安装并张拉该梁段拉索。主塔两侧桥面起重机前移就位,循环进行下一梁段安装。

4)合龙段吊装

根据设计要求,边跨合龙后进行中跨合龙,合龙前根据前期的测量资料选定合龙温度及合龙段长度,根据换算后所得的合龙段长度进行二次下料。合龙前必须通过调整相关拉索的索力,以使合龙梁段的高程符合监控的要求。

边跨合龙段施工前,提前 2 ~ 3 个梁段在钢箱梁吊装施工时根据已经吊装完成的钢箱梁监控数据进行分析,预测边跨合龙时高程和线形。边跨合龙段安装时,分别用桥面起重机起吊边跨合龙段和中跨对应梁段，将中跨对应梁段与中跨悬臂段焊接，然后将边跨合龙段与边跨悬臂段和整体吊装段临时连接，经监控并调整后进行栓焊连接，实现边跨合龙，并安装对应斜拉索，拆除边跨桥面起重机，前移就位中跨桥面起重机。

中跨合龙段采用两台桥面起重机同步起吊安装，合龙前，提前2～3个梁段在钢箱梁吊装施工时根据已吊装完成钢箱梁监控数据进行分析，预测中跨合龙时高程和线形。吊装选择在温度较低、风速较小的时段，利用中跨两侧桥面起重机起吊合龙段就位，完成临时连接。按设计规定，待温度达到设计合龙温度时精确调整合龙段焊缝缝宽、高程、线形等，完成工地栓焊连接，解除钢箱梁索塔处的临时约束、安装永久支座，再拆除中跨桥面起重机。

8.3.5 斜拉索安装技术

江海直达船航道桥为中央单索面三塔钢箱梁斜拉桥，采用高强低松弛平行钢丝外包双层PE护层的扭绞型成品拉索，空间扇形布置。全桥共42根斜拉索，最长约135m，单根最大重量约(含锚具)为25t。斜拉索安装采用“先塔上锚固端安装，然后梁上张拉端反顶安装，再梁下牵引、张拉”的施工方法。

斜拉索在桥面放索完成后，通过塔顶卷扬机将拉索端部牵引至锚固钢套管，旋紧螺母至设计锚固位置，完成塔端斜拉索挂设。随后进行梁端压索，并在梁端进行张拉及索力调整，斜拉索分级张拉程序为：$0 \to 0.2\sigma \to 0.4\sigma \to 0.6\sigma \to 0.8\sigma \to 1.0\sigma$。

斜拉索采用内置式阻尼减振器进行减振。将减振器放置进入拉索钢导管内，安装时先将减振器的一半安放进索导管内，然后再将另一半安放进去。如遇小量拉索偏位不能正常安装时，可用倒链牵拉使拉索尽可能居中后安装；如遇大量拉索偏位不能正常安装时，需对减振器适当切割或做其他处理后再安装。减振器安装完成后，上端用密封胶作防水处理，减振器安装示意如图8.3-7所示。

图8.3-7 减振器安装示意图

8.3.6　钢箱梁安装过程监控

江海直达船航道桥为三塔单索面钢箱梁斜拉桥,其施工方法、材料性能、安装程序、钢箱梁安装高程、斜拉索张拉索力等直接影响成桥应力状态和几何线形。为确保桥梁施工过程中顺利实现设计的合理成桥状态,斜拉桥施工中须进行施工监控,钢箱梁安装过程监控精度如表 8.3-1 所示。

钢箱梁安装过程监控精度控制　　表 8.3-1

项　目	允许偏差
主梁轴线偏位	10mm
主梁成桥高程	$\pm L/1000$mm
桥长偏差	±50mm
斜拉索索力偏差	10% 或设计允许值

钢箱梁安装监控内容包括钢箱梁安装过程中纵桥向变形控制、横桥向变形控制、钢箱梁轴向偏位控制、钢箱梁安装过程中应力监测、钢箱梁在张拉斜拉索过程中应力监测、钢箱梁合龙过程中应力监测、钢箱梁在桥面铺装过程中及成桥后应力监测、斜拉索无应力长度、斜拉索索力等。各测试内容的测试截面、测点布置、测试方法和测试频率如表 8.3-2所示。

江海直达船航道桥钢箱梁施工过程监测　　表 8.3-2

测试内容	测试截面	测点布置	测试方法	测试频率
钢箱梁安装纵桥向变形控制	a. 0 号节段:0 号大节段两端截面; b. 悬臂拼装节段:斜拉索与钢箱梁锚固处截面; c. 边跨大节段:支座中心截面、边跨四分点截面	在待测截面顶板外侧沿左、中、右布设 3 个监测点,分别位于顶板箱梁中心线以及两侧边腹板处	精密水准仪及钢尺测量节段顶板高程	在主梁起重机前移后、每根斜拉索张拉完毕后,测量后 3 个梁段和当前梁段的梁端高程,共 4 个梁端高程。以拉索最后一次张拉到位作为一个梁段的测量控制结果评价工况
钢箱梁安装横桥向变形控制	桥面起重机作用梁段与起吊梁段焊接截面	在桥面起重机作用梁段与起吊梁段待测截面中心线位置顶板外侧布设 3 个横向变形监测点(可与纵向变形监测点共用)	精密水准仪及钢尺测量节段顶板高程	在每个悬臂拼装节段起吊拼装过程中均需测试

续上表

测试内容	测试截面	测点布置	测试方法	测试频率
钢箱梁轴线偏位控制	a. 边跨大节段及0号节段，组成大节段的各小节段前端截面； b. 中跨及次边跨悬臂拼装小节段，小节段与斜拉索锚固处截面	在每个已施工梁段上各布设1个，具体位置为每个梁段前端断面线后退5~10cm的桥中线处，可结合主梁高程监测点一起布置	用全站仪对主梁轴线偏位进行测试	索塔偏位测量在钢箱梁施工过程中进行，包括起重机前移、所有拉索张拉工况、二次调索前后以及二期恒载施工前后进行，以拉索最后一次张拉到位作为一个梁段的测量控制结果评价工况
钢箱梁在架设过程中的应力监测	图8.3-8中2号~4号、6号~8号、10号~12号测试截面	如图8.3-9所示	采用外贴式应变传感器及配套数据采集设备进行测试	安装钢箱梁前、后分别进行测试
钢箱梁在张拉斜拉索过程中的应力监测	图8.3-8中1号~13号测试截面，选取其中离待张拉索较近的截面及该阶段应力较大的截面进行测量	如图8.3-9、图8.3-10所示	采用外贴式应变传感器及配套数据采集设备进行测试	按照斜拉索张拉前、张拉完成后以及全桥调索完成后的顺序进行测试
钢箱梁合龙过程中的应力监测	图8.3-8中1号~13号测试截面	如图8.3-9、图8.3-10所示	采用外贴式应变传感器及配套数据采集设备进行测试	在边跨及中跨合龙调控过程中进行测试
钢箱梁在桥面铺装过程中及成桥后的应力监测	图8.3-8中1号~13号测试截面	如图8.3-9、图8.3-10所示	采用外贴式应变传感器及配套数据采集设备进行测试	在桥面铺装过程中以及成桥后进行测试

续上表

测试内容	测试截面	测点布置	测试方法	测试频率
斜拉索索力测试	斜拉索测试截面选在拉索与主梁锚固端一侧，距离桥面2m左右	在待测斜拉索截面布设一个加速度传感器，传感器沿竖直方向布置，在每根斜拉索安装完毕后、张拉之前安装在对应位置	采用千斤顶校正法和频率测试法相结合	a. 每安装及张拉一对斜拉索，对悬臂端前5根斜拉索索力进行测量； b. 主梁施工过程中，调索前后均进行全桥的索力测量； c. 合龙前后进行全桥索力测量； d. 铺装后成桥索力测量

注：为尽量消除日照温差影响，以上各钢箱梁施工阶段应变测试应选在凌晨或日落后气温稳定时进行。

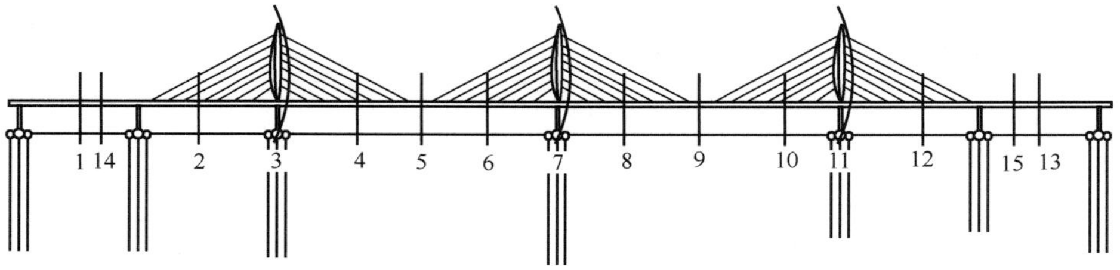

图8.3-8　江海直达船航道桥钢箱梁应力测试截面布置图

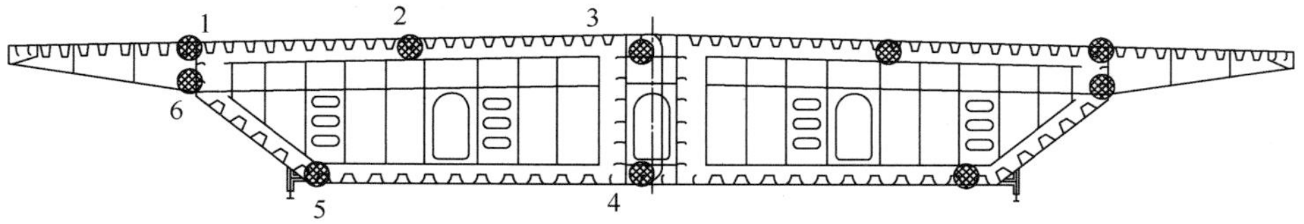

图8.3-9　整体式钢箱梁应力测试截面测点布置图

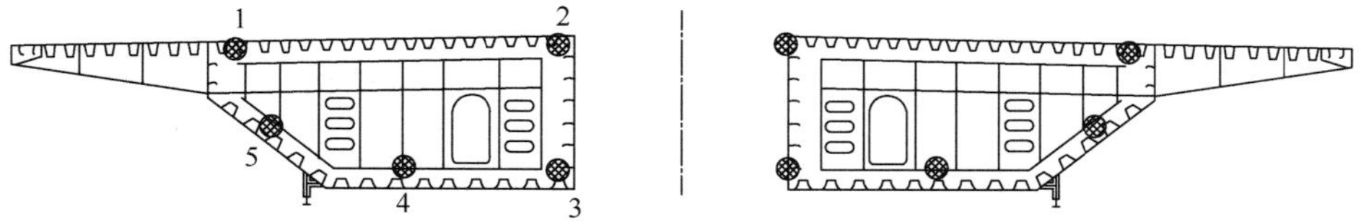

图8.3-10　分离式钢箱梁应力测试截面测点布置图

8.4　九洲航道桥主梁安装技术

8.4.1　组合梁设计

九洲航道桥为双塔单索面钢-混组合梁斜拉桥，桥跨布置为(85 + 127.5 + 268 + 127.5 + 85)m，全长693m，边中跨比为0.476∶1，如图8.4-1所示。全桥采用塔、梁、墩固结体系。辅助墩和过渡墩设竖向支座及横向约束，支座具备减隔震性能。主梁采用分离式开口钢箱 + 混凝土桥面板的组合截面，主塔采用钢-混结构，斜拉索采用竖琴形布置。

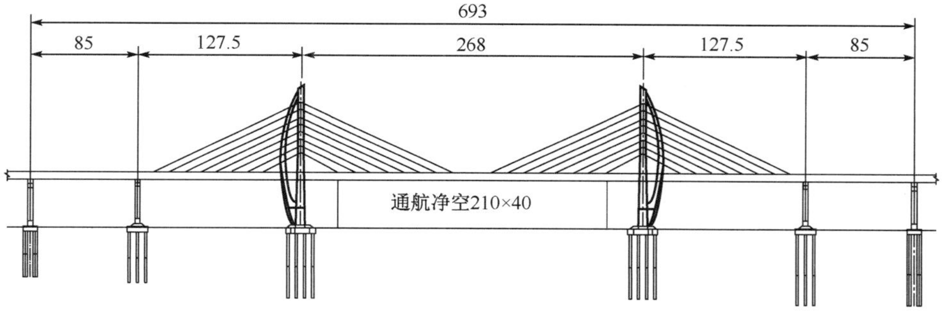

图8.4-1　九洲航道桥示意图(尺寸单位:m)

钢箱梁采用分离式开口双箱截面，两钢箱梁间通过箱形横梁连成整体，横梁与箱梁等高，斜拉索锚固于箱形横梁上。开口钢梁主要由内、外侧上翼缘板、腹板、底板、腹板加劲肋、底板加劲肋、横隔板以及横肋板组成。钢箱梁断面如图8.4-2所示。

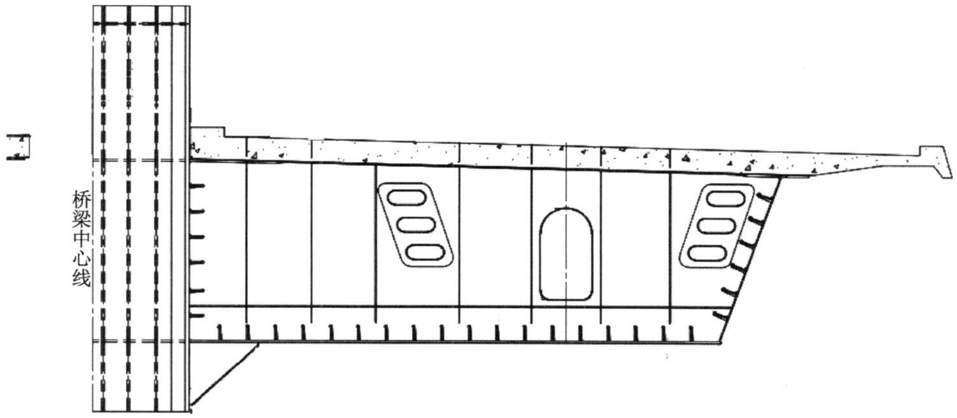

a)主塔位置断面图

图　8.4-2

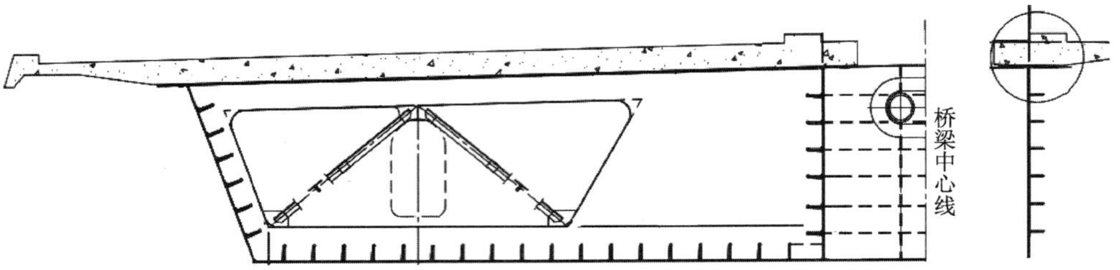

b)中跨锚索前隔板断面图

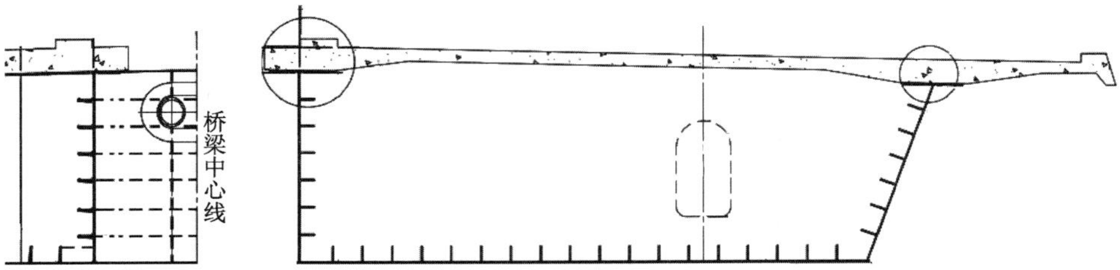

c)中跨跨中断面图

图 8.4-2　钢箱梁断面图

预制混凝土桥面板支承在槽形钢梁的上翼缘和横梁及横肋上，为纵向单向板，桥面板厚 0.26m，支承位置加厚至 0.5m，悬臂长度 3.5m。主梁有索区及辅助墩顶设置纵向预应力。

混凝土桥面板与钢梁之间通过布置于钢梁顶板的剪力焊钉连接，剪力焊钉直径 22mm，高 250mm。剪力钉布置在钢梁上翼缘和横隔板上翼缘板上。钢梁上翼缘的剪力钉采用集束式布置，每束横向间距 125mm，纵向 4 排为一个钉群，焊钉剪力键纵向间距 125mm，钉群中心线之间的纵向距离为 1000mm。横梁上翼缘剪力钉采用均匀布置，依剪力大小适当调整间距。

索塔采用钢-混组合结构，由竖直塔柱和弯曲曲臂组成，塔柱和曲臂在主梁位置设置纵向连杆，三者组成稳定的三角形结构。塔柱和曲臂自塔底至塔顶依次为：13.7m 混凝土塔柱、3.0m 钢-混结合段和 98.0m 钢塔柱。塔柱断面采用带切角的四边形，纵横向均采用变宽设计，塔柱在塔顶处尺寸为 4.0m × 5.0m（横桥向 × 竖桥向），桥面高度处尺寸为 4.0m × 5.0m（横桥向 × 竖桥向），塔底处尺寸为 7.36m × 6.66m（横桥向 × 竖桥向），其间以直线渐变。斜拉索采用中央双索面竖琴形布置，两索面横向间距为 1.0m，全桥共设 64 根斜拉索。斜拉索梁端采用锚管直接锚固于联系两分离式钢梁的箱形横梁上，纵向索距 12.5m，塔端采用钢锚箱锚固，竖向间距 6.1m。索塔结构如图 8.4-3 所示。

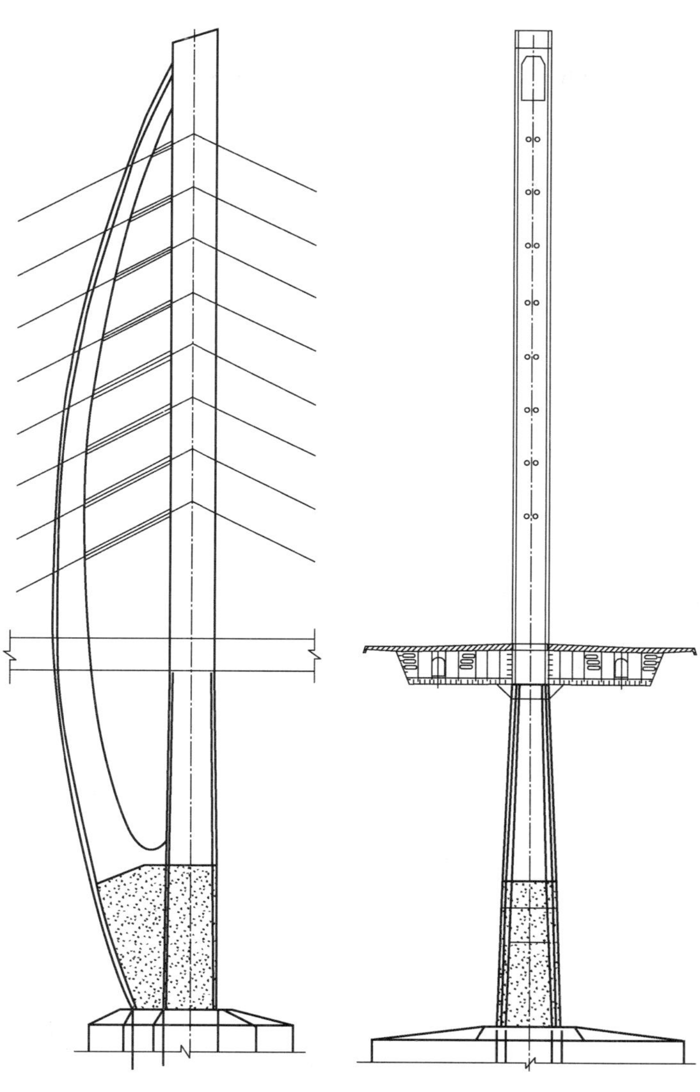

图 8.4-3　索塔结构示意图

8.4.2　组合梁工厂制造技术

九洲航道桥工厂制造包括开口式钢箱梁制造和混凝土桥面板预制。

钢箱梁制造包括板单元制造、节段拼装。在专业厂家制造板单元，海运至中山基地完成钢箱梁节段拼装、组合。整孔大节段通过小节段连续匹配组焊、喷砂、涂装等完成。

混凝土桥面板在中山基地的车间内预制，桥面板混凝土强度达到设计要求后，张拉未穿过剪力钉预留槽的横向预应力钢束，对未张拉孔道进行封堵，防止孔道污染。桥面板在中山基地内存放 6 个月以上方可与钢箱梁组合安装，以减少混凝土收缩徐变造成的不利影响。

钢箱梁与桥面板组合时,桥面板由平板车运至组合梁面板安装区域之内,由门式起重机起吊安装到钢主梁上。每一标准梁段钢主梁上单幅布置3块桥面板,其中靠近斜拉索锚箱部分的2块桥面板按照设计要求安装到位,浇筑该桥面板间湿接缝和剪力钉预留孔混凝土,完成工厂组合,张拉二期横向预应力。靠近钢主梁拼接缝位置的桥面板在吊装前先不组合,放置在钢主梁上,待钢主梁节段对接焊接完成后,再将该桥面板安装就位,浇筑剩余湿接缝和剪力钉预留孔,张拉横向预应力,浇筑板侧后浇带,完成施工。

8.4.3　组合梁运输技术

九洲航道桥采用“天一”号运架一体船进行海上运输,航程25.5n mile,航行约5h。

组合梁于出海装卸平台就位后,将“天一”号驶入装卸平台,系缆和锚泊定位,并精确对位。缓慢起吊组合梁至一定高度,解缆起锚,退出装卸平台,在平台外水域锚泊,进行组合梁与船体绑扎固定,固定过程如下:

(1)起重机下放组合梁,梁底刚好接触“绑扎托架”上的橡胶垫时,缓缓落梁,当数据显示临时竖向支承的承载合力约500kN时,停止落梁。

(2)开启“绑扎托架”上的夹紧油缸,横向夹紧组合梁,完成绑扎固定。

(3)吊梁扁担与组合梁之间用钢丝拉索临时连接,拉钩挂在梁端钢主梁翼缘板上。

8.4.4　组合梁安装技术

九洲航道桥组合梁共计57个梁段。组合梁施工工艺为:将组合梁划分为若干大节段,利用海上大型浮式起重机将组合梁大节段直接吊装至设计位置,调整大节段位置并进行现场对接焊接作业,完成左右幅整体对接及顺桥向大节段之间的组拼焊接。组合梁施工技术主要分为三部分内容:大节段组合梁划分,大节段组合梁临时墩布设,大节段组合梁架设技术。

1)大节段组合梁划分

综合考虑吊装、运输、临时施工设施、安装精度等因素对组合梁进行划分,全桥组合梁共分为20个大节段和2个中跨合龙段,其中,左右幅各10个大节段和1个中跨合龙段。组合梁各节段主梁结构立面图如图8.4-4~图8.4-8所示。

2)大节段组合梁临时墩布设

为保证大节段组合梁吊装正常进行,在主跨设置3个临时墩,次边跨(辅助墩与主墩之间)设置1个临时墩,全桥共设置5个临时墩。

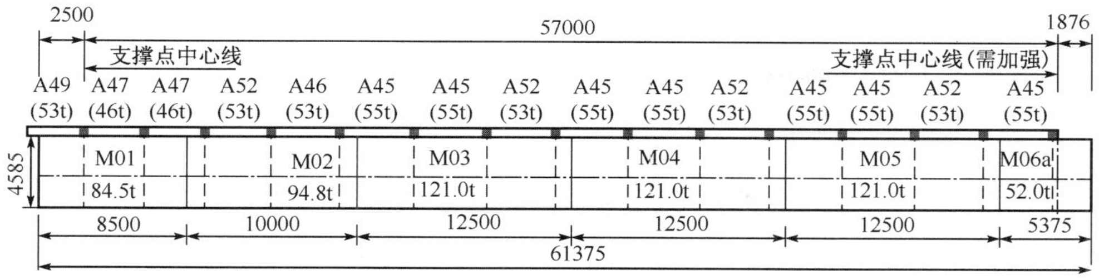

图 8.4-4 M1 ~ M6a 节段主梁结构立面图

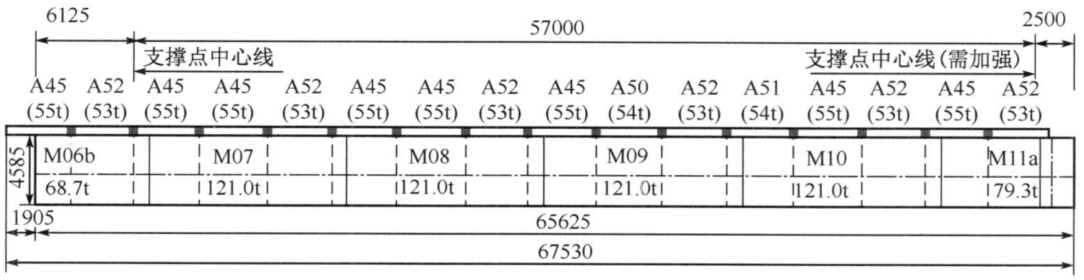

图 8.4-5 M6b ~ M11 节段主梁结构立面图

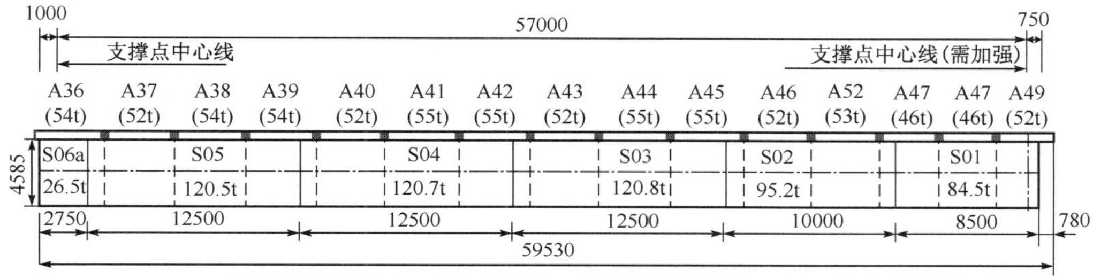

图 8.4-6 S1 ~ S6a 节段主梁结构立面图

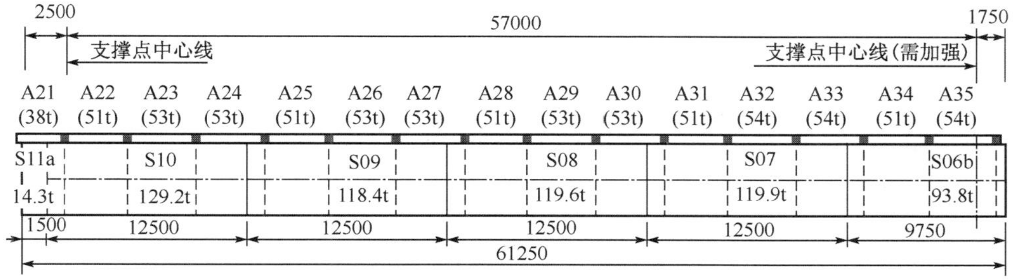

图 8.4-7 S6b ~ S11a 节段主梁结构立面图

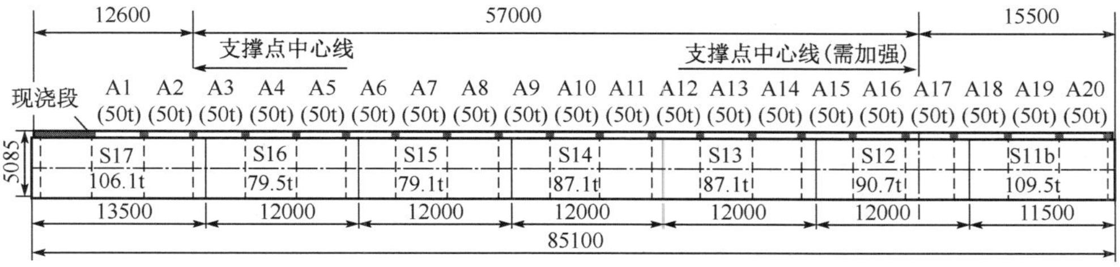

图 8.4-8 S11b ~ S17 节段主梁结构立面图

临时墩从下至上包括钢管桩、桩顶分配梁、钢管柱、柱顶分配梁、三向调位装置五部分。钢管桩为 $\phi2000\times20$mm 的钢管，入土深度约 32m，顶部设置横向和纵向分配梁，桩顶部以下 3m 处用连接系连接，组成为钢结构承台。钢管柱为 $\phi1000\times20$mm 的钢管，钢管柱之间在整个高度均采用连接系连接，顶部设分配梁，分配梁上摆放三向调位装置，临时墩结构如图 8.4-9 所示。

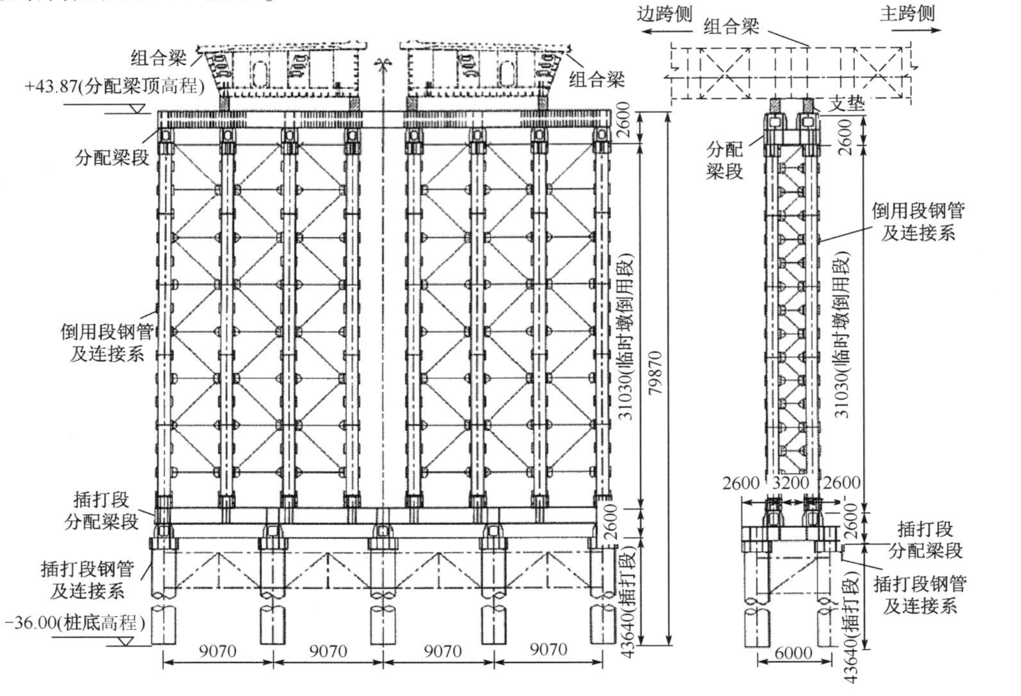

图 8.4-9　临时墩示意图（尺寸单位：mm）

三向调位装置主要由滑移板、反力座、100t 千斤顶、600t 千斤顶、垫块等组成。通过 600t 千斤顶调整组合梁上下位置，通过 100t 千斤顶、反力座和滑移板构成滑移体系，调整组合梁纵、横向位置。三向调位装置布置如图 8.4-10 所示。

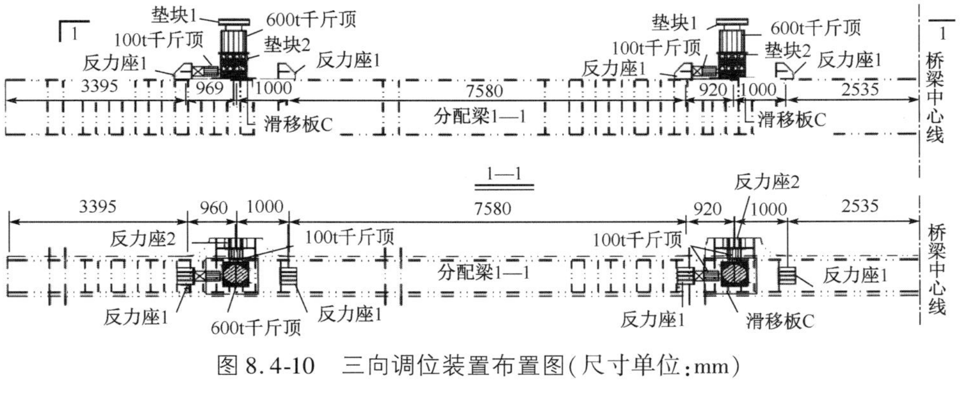

图 8.4-10　三向调位装置布置图（尺寸单位：mm）

3)大节段组合梁架设

大节段组合梁施工流程如图 8.4-11 所示。

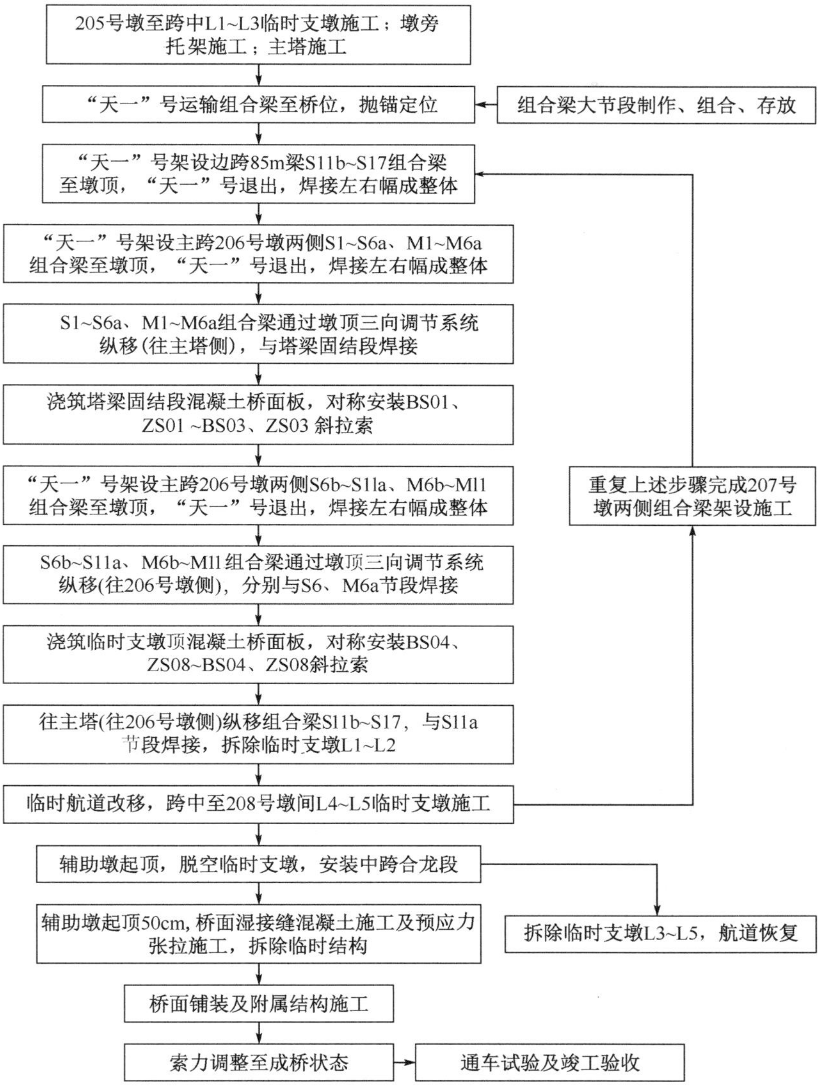

图 8.4-11　大节段组合梁施工流程图

(1)施工准备

施工临时墩 L1 ~ L3、L5，并安装墩旁托架。吊装 206 号墩、207 号墩塔梁固结段 GJ 节段。

(2)S11b ~ S17 节段施工

安装 204 号墩顶和 206 号墩旁支架顶部三向调节系统。采用“天一”号运架一体船吊装边跨 85m 梁 S11b ~ S17 节段至支撑上，通过三向调整装置对后架半幅节段进行横移，并完成左右幅半幅组合梁的对位，然后将其焊接成一个组合梁段。

（3）S1 ~ S6a、M1 ~ M6a 节段施工

利用“天一”号运架一体船分幅吊装主塔墩206号两侧S1 ~ S6a、M1 ~ S6a组合梁，支点为临时支墩L1、L2及墩旁托架临时支撑点，通过三向调整装置对后架半幅节段进行横移，完成左右幅半幅组合梁对位，并将左右幅焊接成整体组合梁，组合梁段呈简支状态。

组合梁初步定位后，同步开启临时支墩L1、L2和206号墩旁支架顶竖向千斤顶起顶组合梁至设计高程。开动水平千斤顶，进行组合梁段向主塔侧纵移，与GJ段进行对位，检查组合梁的平面位置，根据组合梁的偏位方向，精调S1 ~ S6a、M1 ~ M6a组合梁平面位置至设计要求，然后将其与GJ段焊接成一个组合梁段。浇筑塔梁固结段混凝土桥面板，形成整体梁段，并安装对应斜拉索。

（4）S6b ~ S11a、M6b ~ M11 节段施工

利用“天一”号运架一体船分幅吊装主塔墩206号两侧S6b ~ S11a、M6b ~ M11组合梁节段，支点为临时支墩L1、L2、L3及205号墩，通过三向调整装置完成组合梁初步就位。

组合梁初步定位后，同步开启临时支墩L1、L2、L3和205号墩顶竖向千斤顶起顶组合梁至设计高程。开动水平千斤顶，进行组合梁段向主塔侧纵移，分别与S6a、M6a进行对位，检查组合梁的平面位置，根据组合梁的偏位方向，精调S6b ~ S11a、M6b ~ M11组合梁平面位置至设计要求，然后将其分别与S6a、M6a段焊接成一个组合梁段。浇筑临时墩L1和L2墩顶混凝土桥面板，并对称张拉相应斜拉索。

（5）S11b ~ S17 节段焊接

开启204号墩和205号墩顶三向调整装置起顶组合梁S11b ~ S17节段，进行组合梁段向主塔206号墩侧纵移与S11a端进行对位，检查组合梁的平面位置并精调组合梁平面位置至设计要求，然后将其与S11a端焊接成一个组合梁段，浇筑205号墩顶混凝土桥面板。拆除临时支墩L1、L2，搭设临时支墩L4。

（6）重复上述步骤，完成207号墩两边大节段施工

（7）中跨合龙段安装

完成206号塔和207号塔斜拉索挂张拉施工，调整梁体线形至设计状态后，进行跨中合龙施工。合龙前，在临时支墩L3顶部设置合龙口三向调整装置，在位于合龙口两侧梁端腹板部位安装临时锁定装置等结构。对合龙口长度在临时锁定前两天进行48h连续观测，根据观测数据，确定合龙口在20℃（合龙设计温度）的合龙施工窗口期。监控单位根据确定的合龙段钢梁实际合龙长度进行修正，然后编制合龙段钢梁配切指令，根据

配切指令完成合龙段钢梁配切。在 20℃条件下临时锁定合龙口,吊装中跨合龙段就位,调整合龙段与主桥合龙口钢箱梁两端梁段的轴线、高程位置及缝宽,完成焊缝锁定,使合龙焊缝在无应力的条件下焊接,完成中跨合龙施工。

8.4.5 斜拉索安装技术

九洲航道桥斜拉索为双塔单索面竖琴形结构,每塔的两侧各布置 14 对斜拉索,全桥共设 64 根斜拉索,最长 139.536m,单根最大质量 19716.5kg(不含锚具重量)。采用标准强度 1770MPa、直径 7mm 的高强度平行钢丝束,双层 PE 保护(内为黑色 PE,外为彩色 PE 双护层)。

斜拉索采用"先梁后索"的工艺,即在每幅钢箱梁各大节段连接成整体之后,进行斜拉索施工。斜拉索安装采用"先塔端后梁端,先近端后远端"的安装顺序进行安装。斜拉索安装完毕后按设计规定的张拉应力值进行张拉,并以伸长量作为校核。

为对斜拉索进行减振,在斜拉索两端均安装有减振器,采用 9050 黏弹性高阻尼材料在斜拉索端部钢导管的入口处设置一个附加阻尼支点。因减振器安装以后束内的钢绞线被包裹在一起而不易采用千斤顶准确测量每根钢绞线的拉力,故减振器在斜拉索索力最终确定以后安装。

8.4.6 组合梁安装过程监控

九洲航道桥组合梁施工包括节段预制和组拼、混凝土桥面板预制和安装、整体吊装、桥面湿接缝浇筑等复杂施工工序。组合梁内力状态受结构刚度、温度效应、施工误差等因素影响,为保证桥梁在施工过程中结构受力和变形始终处于安全范围之内,须对组合梁施工过程进行监控。

组合梁安装监控内容包括组合梁安装阶段线形监测、组合梁安装阶段应力监测、组合梁安装阶段索长及索力监测等。

1)组合梁安装阶段线形监测

组合梁安装阶段线形监测分为平面线形和纵面高程线形监测两部分。平面监测主要是监测每施工一个箱梁大节段,桥轴线实际平面坐标是否与设计平面坐标吻合。平面监测测点设在每梁段前端顶面中心。主梁轴线测量可采用相对 0 号块测量结果,测量误差不得大于 ±2mm。平面线形控制精度要求为:桥轴线平面偏差不得大于 ±10mm;相邻梁段间相对轴线偏差不得大于梁段长度的 1/3000。

纵面高程线形监测分为四个阶段,分别为钢梁节段焊接前测量、钢梁节段焊接后测量、斜拉索张拉后测量和桥面铺装后测量。其中焊接前、后测量采用局部测量的方法进行,斜拉索张拉后、桥面铺装完成后测量采用全局测量的方法。

2)组合梁安装阶段应力监测

组合梁安装阶段应力监测分为边跨大节段起吊阶段应力监测和塔区梁段现场安装阶段应力监测。监测传感器采用智能弦式数码传感器,混凝土埋入式为 JMZX-215AT 型,钢结构表贴式为 JMZX-212AT 型。传感器测读仪采用 JMZX-200X 综合测试仪。所用传感器应变测量误差小于 ±0.5%,年漂移量小于 ±0.5%,温度漂移量小于 ±0.25%/10℃,温度测量仪器误差小于 ±1℃。

边跨大节段起吊应力监测断面如图 8.4-12 中 1—1、15—15 截面所示,测点布置如图 8.4-13所示。塔区梁段应力监测断面如图 8.4-12 中 2—2 ~ 14—14 断面所示,测点布置如图 8.4-13 所示。图 8.4-12 中:2—2、14—14 为边跨跨中断面,3—3、13—13 为辅助墩位置处断面,4—4、12—12 为次边跨跨中断面,5—5、6—6、10—10、11—11 为索塔区梁段断面,7—7、9—9 为中跨 1/4 位置处断面,8—8 为中跨跨中断面。

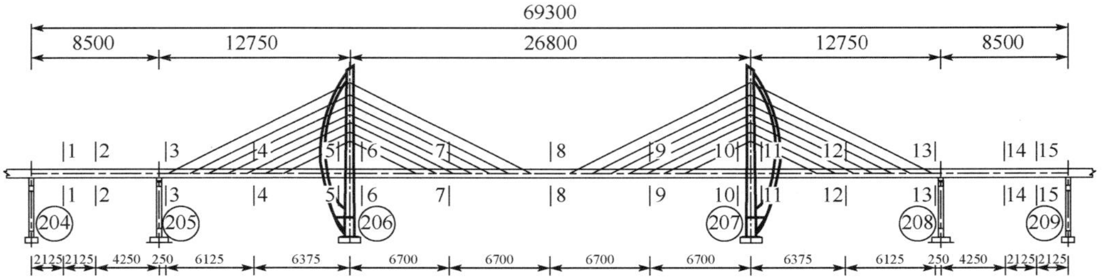

图 8.4-12　组合梁应力监测断面示意图(尺寸单位:cm)

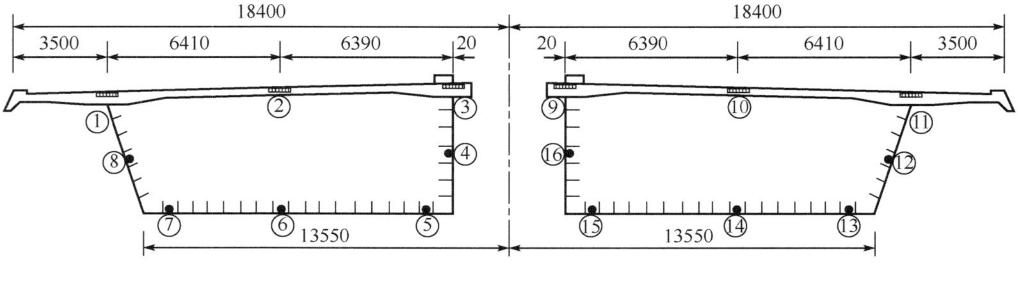

图 8.4-13　组合梁应力监测点布置示意图(尺寸单位:mm)

注:▭表示混凝土桥面板埋入式应力传感器;●表示钢结构表贴式应力传感器。

3)组合梁安装阶段索长及索力监测

斜拉索张拉阶段,通过控制张拉后螺母的外表面到指定参考点(锚杯外端)的距离来控制斜拉索的张拉,控制点布置如图 8.4-14 所示。

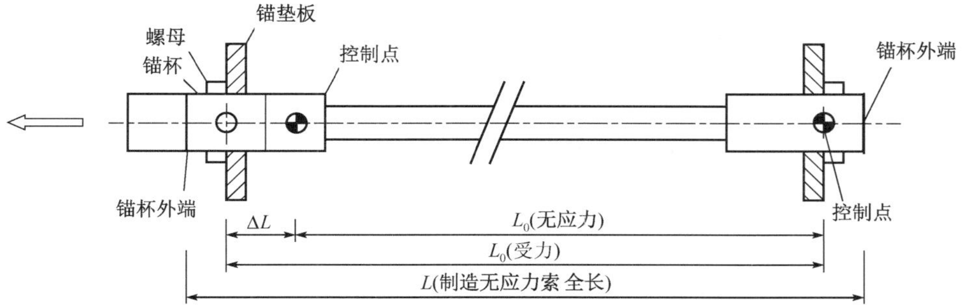

a)张拉前

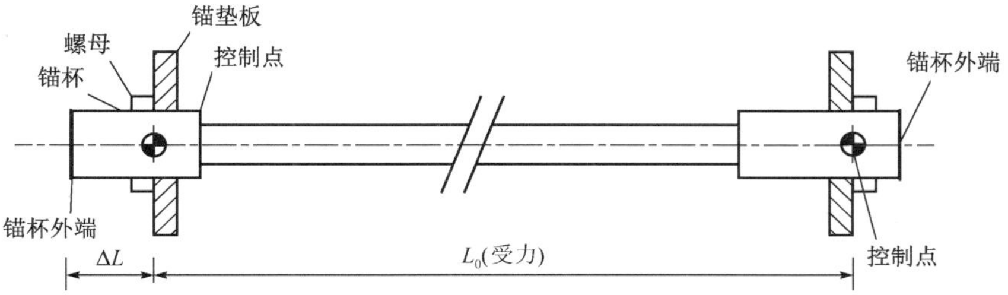

b)张拉后

图 8.4-14　斜拉索控制点布置图

九洲航道桥采用锚索测力计静测法和索力动测仪频率法相结合的方式监测索力。锚索计布置如图 8.4-15 所示,索力测试采用设备如表 8.4-1 所示。

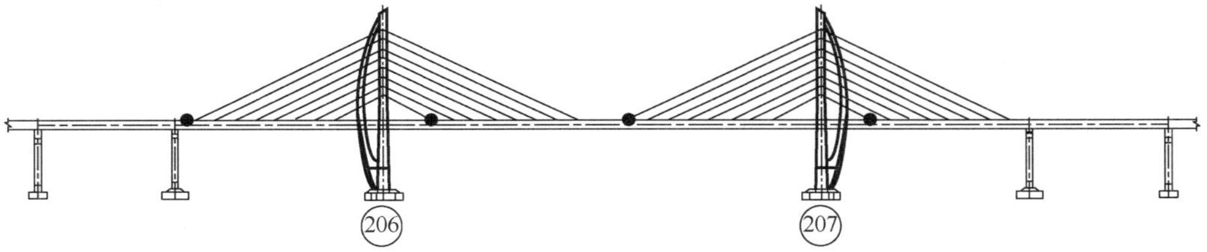

图 8.4-15　锚索计布置示意图

注:• 表示布置锚索计;横向双排索仅布置其中一排。

索力测试采用设备　　表 8.4-1

序　号	设 备 名	量　程	数　量
1	穿心式锚索计	根据现场定	4 只
2	综合读数仪	六通道	2 台
3	索力动测仪	单通道	2 台
4	索力动测头	——	3 个

8.5 本章小结

本章通过对青州航道桥、江海直达船航道桥、九洲航道桥主梁安装技术进行总结，得出以下关键技术：

(1)通航孔桥钢箱梁采用智能化建造技术，通过自动组装、自动定位焊、机器人自动焊接等先进工艺实现板单元高品质制造；采用自下向上、自中间向两边的顺序进行梁段组拼，实现钢箱梁节段高精度制造。

(2)青州航道桥和江海直达船航道桥钢箱梁采用标准节段悬拼与大节段整孔安装相结合的方法进行安装，大节段和标准节段施工完成后进行边跨及中跨合龙段安装。

(3)九洲航道桥组合梁通过设置临时墩辅助进行梁段分节段整体吊装的方法进行安装，不同节段间焊接、大节段焊接完成后进行中跨合龙段的安装。实现了主梁快速施工，且不影响通航。

(4)通航孔桥主梁施工过程须进行监控。通过主梁无应力线形数据，实现海上梁段的精确安装；通过对主梁运输和架设过程的应力监测，保证运输过程主梁稳定和架设过程主梁受力安全；通过对斜拉索索力的监测与调整，实现设计成桥受力状态。

CHAPTER NINE 第9章

GMA体系钢桥面铺装技术

9.1　概述

正交异性钢桥面沥青铺装不同于一般公路沥青混凝土路面，它直接铺设在正交异性钢桥面板上。钢桥面板柔度大，桥面系结构刚度较小（例如桥面板薄、纵横向加劲间距大等），在行车荷载与温度变化、风载、海洋气候、地震等自然因素共同影响下，往往会出现以下几种常见病害：

(1)钢桥面铺装受桥梁结构制约而导致沥青铺装面层表面拉应变较大，桥面铺装层整体抗拉强度不足，产生纵向及横向开裂。

(2)钢桥面铺装材料本身的耐疲劳性能不足，在重载超载汽车荷载反复作用下，因混合料蠕变形成永久变形积累而出现车辙。

(3)钢桥面沥青铺装层与钢桥面板间黏结力不足以及结合界面处结合材料防水抗水能力不足而出现桥面沥青铺装层坑槽。

(4)钢桥面铺装层材料与钢桥面板间的结合性能不好，整体强度不足以克服高温下剪切变形而导致沥青铺装层整体滑移，与钢桥面板脱离，出现大面积的行车面层严重病害。

德国、英国、美国及日本等发达国家对钢桥正交异性板桥面铺装进行了大量研究，各国形成了适应各自国情的钢桥面铺装结构方案体系，包括整套的工艺细则及评价标准，大部分桥梁钢桥面铺装层的施工都取得了成功，并取得了丰富的实践经验。目前，钢桥面应用较广的沥青混合料铺装类型可分为以下几种：

(1)改性沥青 SMA：早期在欧洲各国和日本等国应用较广泛的改性沥青 SMA。其主要优点是柔韧性、抗松散、抗裂性能好，具有良好的抗疲劳性能及防水性能，不易产生车辙，且路面防滑性能好，施工简单，工期短，费用较低。主要缺点是对集料要求高，与钢板界面黏结性能差，铺装层较厚，易出现推挤、滑移等病害。

(2)浇注式沥青混凝土：在德国广泛应用于铺装下层（保护层）的高温拌和型浇注式沥青混凝土，以及在英国应用最成熟的浇注式沥青玛蹄脂混凝土。其主要优点是拌制的混合料都有良好的流动性能，均可采用流体成型法施工；采用悬浮密实结构，空隙率几乎为零，具备优良的防水、抗老化、抗裂性能，对钢桥面板的追随性及黏结性能优于一般沥青混凝土。主要缺点是高温稳定性难以控制，易形成车辙，因需要一系列专用设备导致施工组织比较复杂、周期长，且施工时混合料的温度非常高，达到 240℃以上，可能会对桥梁造成一定的影响。

(3)环氧沥青混凝土:以美国和中国为代表的环氧树脂沥青混凝土。其主要优点是铺装结构整体性好、强度高,高温时有良好的抗塑性及抗变形能力强,低温时有优良的抗裂性能,同时抵抗化学物质侵蚀的能力很强。主要缺点是价格高,混合料配制工艺复杂,施工中对时间、温度、湿度等外界环境有严格要求,施工质量控制难度大,养护周期长,施工质量的好坏直接影响铺装层的应用寿命,损坏后修复难度大。

钢桥面铺装层受复杂多变的自然环境影响以及繁重的交通负荷作用,工作条件十分苛刻,钢桥面铺装问题已是一项世界性的技术难题。它涉及材料特性、力学分析、施工工艺等多方面的研究,对铺装材料的基本强度、黏结性能、变形性能、高温稳定性能、疲劳性能、施工工艺性能和正交异性板钢桥面的受力状态等要求很高。正交异性钢桥面铺装在我国的研究已超过20年,在桥面铺装结构力学分析、材料开发应用、施工技术、维修养护等方面均进行了大量的研究工作,在此过程中累积了一些成功和失败的经验。但从整体上看,我国钢桥面铺装病害问题仍然较为突出,钢桥面铺装技术和规范还未成熟。这就要求我国工程技术人员,在合理地借鉴国外成功经验的基础上,结合我国的气候、交通、桥面结构等因素进行具体研究设计,探索适合我国的钢桥面铺装技术、铺装材料和铺装结构。

港珠澳大桥处在高温、多雨的亚热带地区,为确保港珠澳大桥桥面铺装系统长寿命优化方法和关键技术研究专题具有更好的科学性、针对性和实用性,避免在使用期内出现高温车辙、层间推移、疲劳开裂等结构性破坏问题,本章从港珠澳大桥钢桥面铺装方案、铺装结构设计、加速加载试验、施工工艺方面进行了技术总结。

9.2　钢桥面铺装结构设计

由于我国钢桥面铺装一直没有得到很好解决,借鉴和探索应用了多种铺装方案,典型的钢桥面铺装结构包括双层SMA铺装、双层EA铺装、浇注式沥青混合料加SMA铺装、单层GA铺装、树脂类混合料加SMA铺装,也有一些新型的铺装结构,如浇注式沥青混合料加环氧沥青铺装、活性粉末混凝土(RPC)薄层组合铺装体系等。各铺装方案有不同特点和适应性,针对具体工作确定合理的铺装结构形式,保证钢桥面铺装的耐久性和使用性能,是钢桥面铺装设计中需要解决的一项重要内容。

9.2.1　钢桥面铺装设计基本原则

(1)考虑到港珠澳大桥的重要性和影响,充分借鉴港珠澳大桥相邻地区成熟的铺装技术,降低技术风险。

(2)根据港珠澳大桥交通荷载等级,选择相适应的钢桥面铺装方案。

(3)钢桥面铺装便于快速维修养护。

(4)便于选择具有丰富施工经验的钢桥面铺装承包人。

(5)钢桥面铺装经济性较好。

(6)钢桥面铺装方案满足施工工期和施工场地布置要求。

9.2.2　港珠澳大桥钢桥面铺装方案

钢桥面铺装方案选择是一个集铺装材料、铺装结构、施工实施、质量控制等因素的综合问题,根据钢桥面铺装的温度、交通荷载、桥面板刚度等设计条件,针对具体工程特点综合优化选择确定。可以通过专家论证和综合权重分析,比较备选铺装方案的特点,选出最合适的铺装方案。钢桥面铺装设计路线图如图 9.2-1 所示。

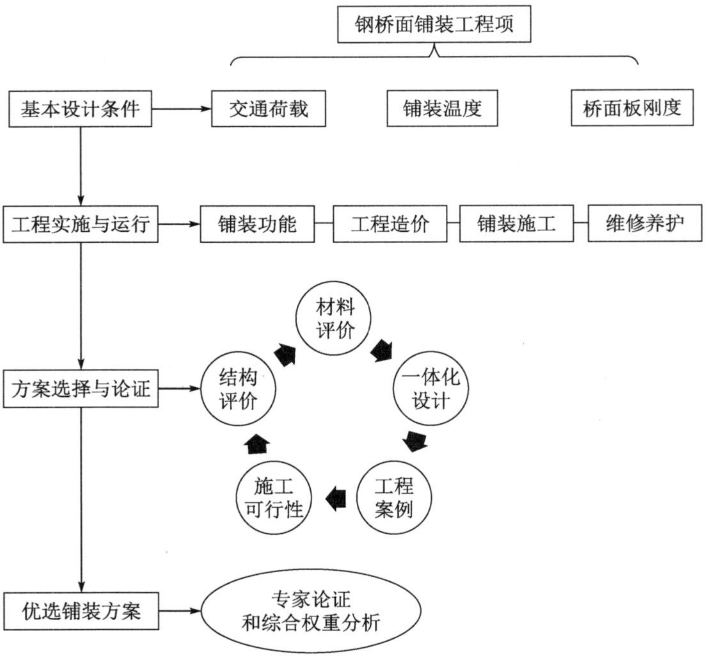

图 9.2-1　港珠澳大桥钢桥面铺装设计路线图

港珠澳大桥钢桥面铺装设计参数如表 9.2-1 所示。

港珠澳大桥钢桥面铺装的主要设计参数 表 9.2-1

项　目	内　容
计算行车速度	100km/h
车辆荷载等级	公路—I 级
设计交通量(累计标准轴载)	1140 万次/车道
设计标准轴载	BZZ-100
桥梁沥青铺装层使用温度范围	0 ~ 60℃
使用年限	15 年

根据港珠澳大桥钢桥面铺装运行交通荷载、温度环境要求,考虑港珠澳大桥工程特点、施工条件、工期要求,结合典型铺装方案比较分析、相邻地区成熟的技术,以及对浇注式沥青铺装与热拌环氧沥青铺装比较分析,同时综合各种技术条件和各方要求、意见,最终确定港珠澳大桥钢桥面铺装推荐方案为"GMA 浇注式沥青 + SMA 方案",如表 9.2-2 所示。钢桥面铺装结构示意图如图 9.2-2 所示。

港珠澳大桥钢桥面铺装推荐方案 表 9.2-2

类别	范围	桥面铺装结构设计	
		行车道、路肩	中央分隔带、检修道
钢桥面	钢箱梁	铺装上层:改性沥青 SMA-13, 厚度:38mm	铺装层:GMA-10, 中央分隔带铺装厚度:68mm; 检修道铺装厚度:30mm
		铺装下层:GMA-10,厚度:30mm	
		黏结层,厚度:50 ~ 100μm	黏结层,厚度:50 ~ 100μm
		防水层,厚度:2mm	防水层,厚度:2mm
		底漆,厚度:50 ~ 75μm	底漆,厚度:50 ~ 75μm
		喷砂除锈:清洁度 Sa2.5 级, 粗糙度 50 ~ 100μm	喷砂除锈:清洁度 Sa2.5 级, 粗糙度 50 ~ 100μm

9.2.3 钢桥面铺装结构分析

钢桥面铺装的受力变形较一般路面结构更苛刻,铺装层的受力状态也会直接影响铺装层的使用寿命,为此有必要掌握钢桥面铺装的受力状态,为钢桥面铺装层材料设计与性能评价提供依据。

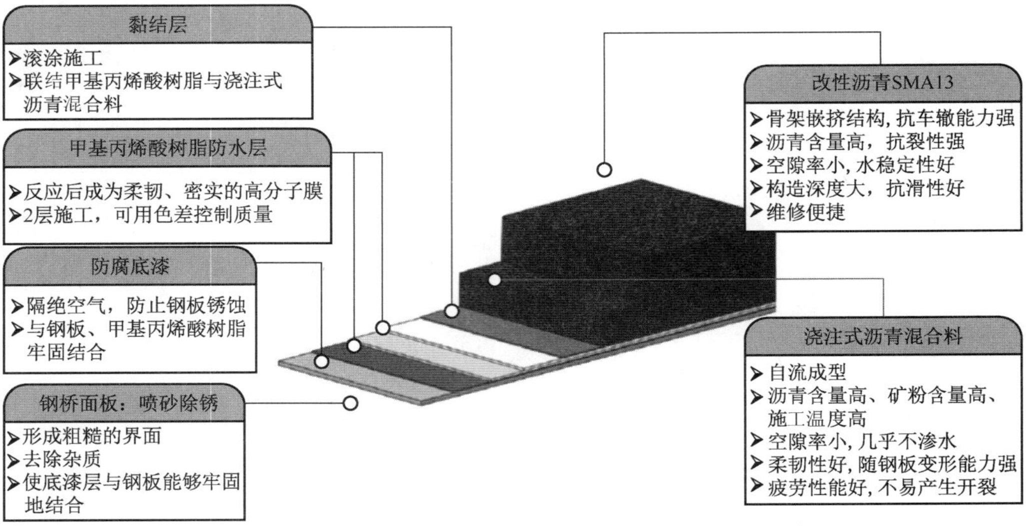

图 9.2-2　港珠澳大桥钢桥面铺装结构示意图

9.2.3.1　钢桥面结构刚度计算

港珠澳大桥钢桥面板结构如下：

(1)顶板最小厚度为 18mm(国内其他桥梁多为 14～16mm)；

(2)顶板 U 形肋高 300mm(国内其他桥梁多为 280mm),U 形肋板厚 8mm；

(3)横隔板纵向最大间距 10m,其间设置间距 2.5m 的横隔肋(国内其他桥梁横隔板间距多为 3.5m 左右),最小厚度 12mm。

根据《公路钢箱梁桥面铺装设计与施工技术指南》的规定,港珠澳大桥桥面板肋间相对挠度为 0.15mm,肋间曲率半径为 38m,满足《公路钢箱梁桥面铺装设计与施工技术指南》里不大于 0.4mm 和不小于 20m 的规定。

12～18mm 钢桥面板刚度计算比较情况见表 9.2-3,表中数据显示 18mm 厚桥面板刚度显著提高,有利于桥面铺装的抗疲劳耐久性。

钢桥面板刚度计算数据　　表 9.2-3

顶板厚度(mm)	18	16	14	12	要求
肋间相对挠度(mm)	0.15	0.18	0.21	0.24	≤0.4
肋间曲率半径(m)	38	32	27	24	≥20

9.2.3.2 钢桥面铺装结构受力数值模拟分析

本次钢桥面铺装结构受力分析以港珠澳大桥非通航孔桥梁标准联 6×110m 钢箱连续梁桥为例，其钢桥面铺装结构计算采用两层次分析法进行受力分析。首先建立全桥梁单元模型，考虑整体变温、梯度变温及车道荷载作用下的结构整体变形；随后，针对变形不利位置，采用“板-壳”模型理论进行局部分析，采用多车道整体布载方式确定最不利荷载下的铺装层力学状态，从而得到钢桥面铺装层的各项应力状态的最大值，为钢桥面铺装材料设计提供理论依据。

1）计算参数

（1）箱梁设计参数

港珠澳大桥非通航孔桥梁标准联 6×110m 钢箱连续梁的箱梁主要结构参数如表 9.2-4所示。

钢箱梁主要结构参数（mm） 表 9.2-4

横隔板的悬挑高度	U 形肋间距	U 形肋截面尺寸（高×上宽×下宽）	跨中横隔板间距	顶板厚度	横隔板/横肋厚度	U 形肋厚度
1500	300	300×300×180	2500	18	16	8

（2）汽车荷载

在对铺装层进行受力分析时采用的荷载有两种：整体加载和局部加载。整体加载时汽车荷载采用《公路桥涵设计通用规范》（JTG D60—2004）中的公路—I 级汽车荷载。局部加载时取用汽车超—20 车队重车为作用荷载，轮载采用双后轴轴载，考虑到超载对桥面铺装层的影响，相应荷载值均按增加 25% 进行计算，车辆荷载后轴轴重 140kN，单轮轴重 70kN，单轴轮载着地面积为 600mm（横向）×200mm（纵向），考虑 25% 的超载，轮压为 0.729MPa，局部计算的冲击系数取 1.4。车辆荷载模型如图 9.2-3 所示。

2）基本原理与假定

应用有限元方法对钢桥面铺装体系进行力学分析，采用以下基本假定：

（1）沥青混凝土铺装层为连续、完全弹性、均匀、各向同性。

（2）铺装层与钢板层间接触是完全连续的。

（3）正交异性板和铺装层的自重不计。

由于钢箱梁在车辆荷载的作用下有较大的变形，桥面铺装作为桥梁结构的附属部分，其刚度远小于钢箱梁桥的刚度，钢箱梁的整体变形会对铺装的受力产生影响。因此在进行铺装层力学分析时,必须考虑桥梁整体变形的影响和铺装层在车辆荷载作用下产生局部效应的影响。

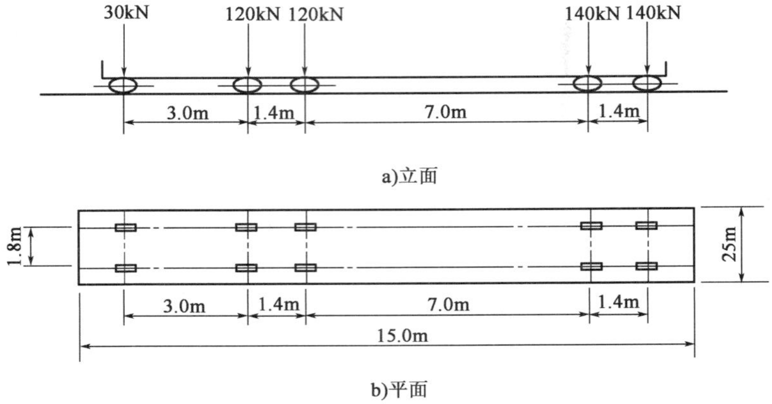

图 9.2-3　车辆荷载模型

3)结构计算模型

钢桥面铺装结构计算模型,应能综合考虑汽车荷载及温度作用下结构的整体效应(各跨的相互作用效应)、空间效应(扁平钢箱梁在荷载作用下的剪力滞效应)及局部效应(车轮的局部加载效应)的影响,在获得可行的计算效率的同时保证计算精度。

(1)初步计算模型

为了能从总体上了解结构在不同荷载工况下的变形规律,首先在专业桥梁分析软件 Midas Civil 中建立全桥梁单元模型进行结构分析,以确定细化分析中的分析重点和模型细化位置。在梁单元模型中,假定同一截面处的顶层铺装、底层铺装及钢箱梁均满足平截面变形假定,对顶层铺装、底层铺装及钢箱梁均分别建立梁单元,各自间通过刚性连接在结点处相连。港珠澳大桥 6×110m 钢箱梁整体示意图如图 9.2-4 所示,梁单元模型的局部示意图如图 9.2-5 所示。

图 9.2-4　港珠澳大桥 6×110m 钢箱梁整体示意图

采用梁单元模型进行初步分析后得到的车道荷载作用下的结构整体变形包络图如图 9.2-6 所示。

(2)精细计算模型

根据图 9.2-6 的计算结果可知,整体结构中以第一跨跨中、第一二跨间支座、第二跨跨中处的整体变形最大，因此，精细计算模型选定第一跨和第二跨为本次计算的分析重点。为充分考虑扁平钢箱梁在荷载作用下的剪力滞效应（结构空间效应），针对第一跨及第二跨的顶层铺装、底层铺装及钢箱梁均建立板壳模型，各自间通过刚性连接在结点处相连，其余第三～六跨均类似于初步计算模型建立为梁单元模型。

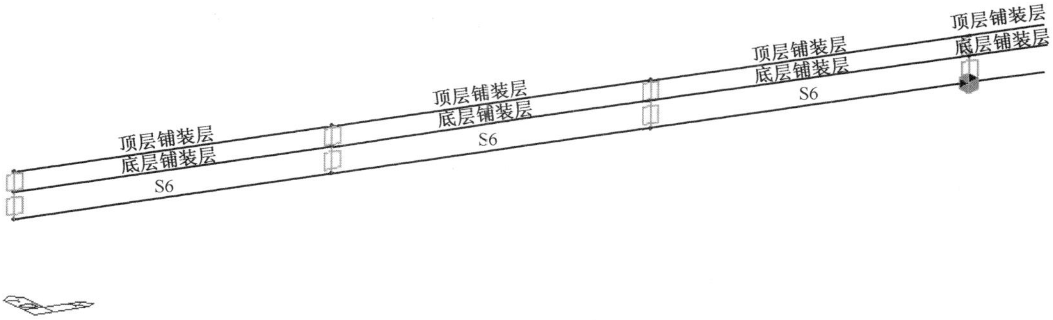

图 9.2-5　梁单元模型的局部示意图

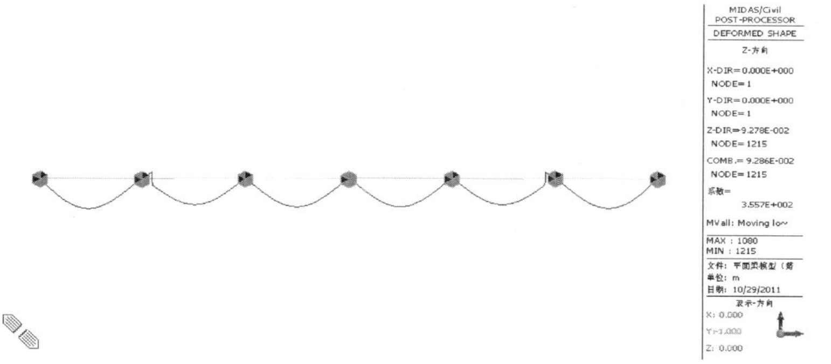

图 9.2-6　梁单元模型车道荷载工况下的结构变形包络图

以第一跨跨中、第一二跨间支座及第二跨跨中为车辆荷载作用下局部分析的加载位置。由于在车辆荷载作用下，局部加载位置处的铺装层内不再满足平截面变形假定（此时钢箱梁顶板内仍满足），因此，针对第一跨跨中、第一二跨间支座及第二跨跨中的顶层铺装、底层铺装均建立实体单元进行分析，以保证能有效反映车载作用下结构局部效应，底层铺装与钢箱梁顶板间通过刚性连接在结点处相连。精细计算模型如图 9.2-7所示。

该模型包含了 311042 个节点，2637 个梁单元，97907 个板单元，201096 个实体单元，39720 个刚性杆单元，结构总自由度数接近 200 万。

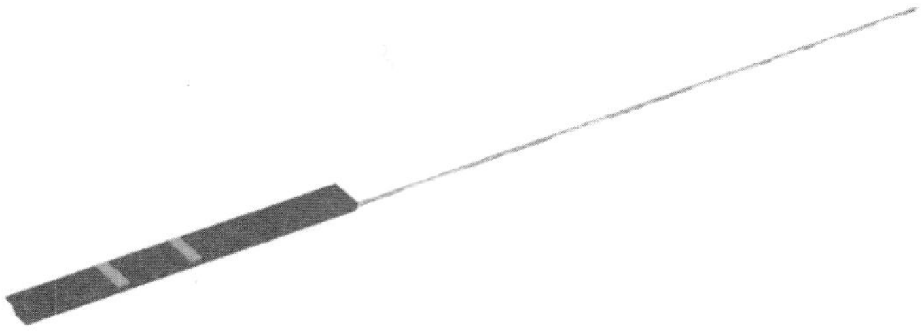

a)整体视图

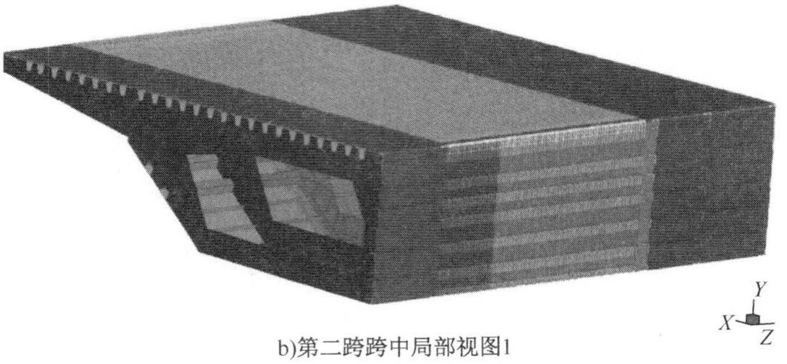

b)第二跨跨中局部视图1

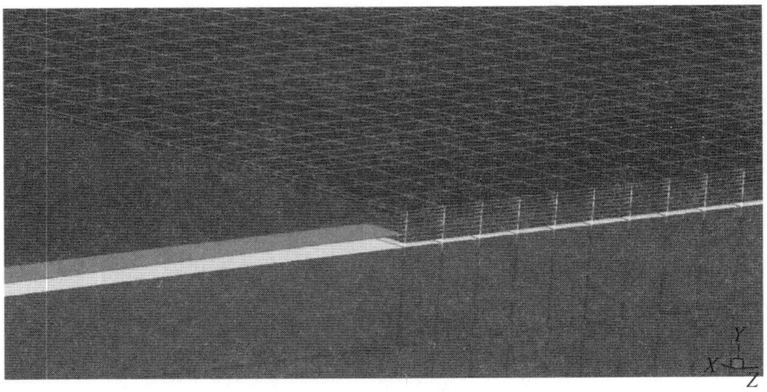

c)第二跨跨中局部视图2

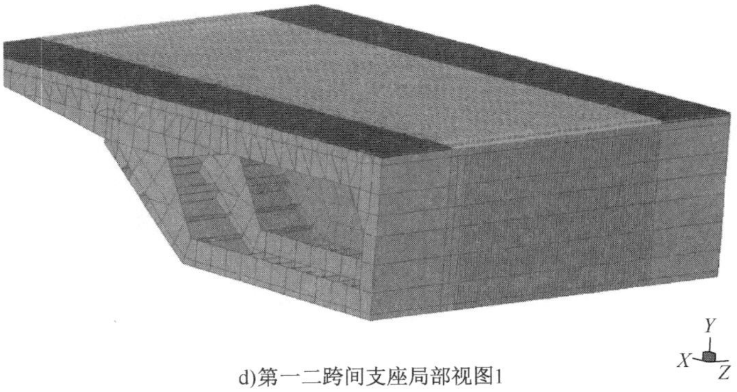

d)第一二跨间支座局部视图1

图　9.2-7

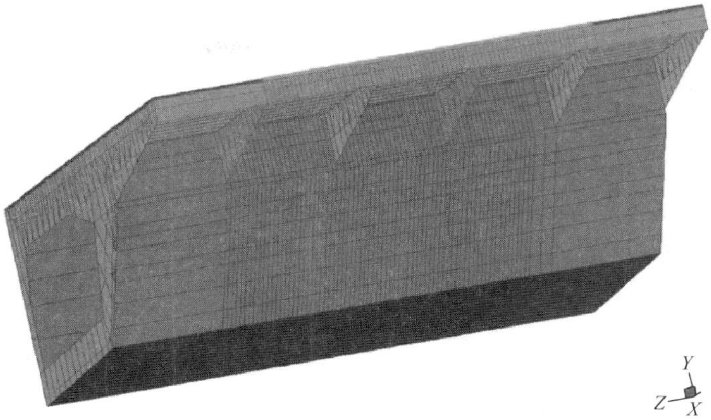

e)第一二跨间支座局部视图2

图 9.2-7　精细计算模型示意图

(3)车辆荷载模型

在对铺装层进行受力分析时采用的荷载有两种:局部加载和整体加载。

局部加载:根据正交异性钢桥面板的几何特性,考虑到行车荷载作用到钢箱梁不同位置处对铺装层受力状态的影响,局部加载的横向作用位置(单车道)按图 9.2-8 所示分 3 种情况,即:荷位 1 为施加荷载中心位置位于两加劲肋之间中心位置的正上方;荷位 2 为施加荷载中心位置位于加劲肋边缘位置的正上方;荷位 3 为施加荷载中心位置位于加劲肋中心位置的正上方。

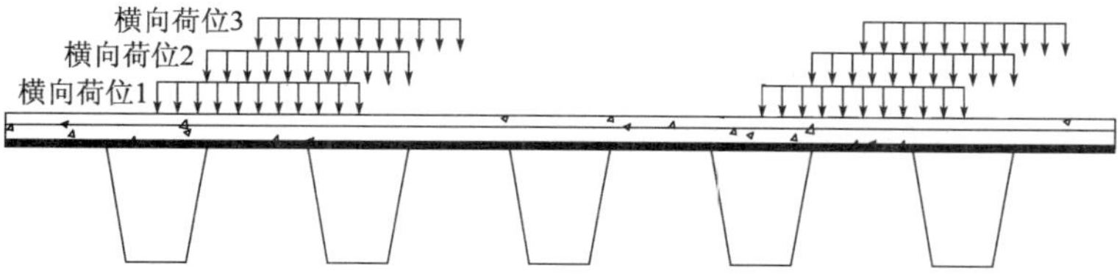

图 9.2-8　车辆荷载沿桥面横向作用位置示意图

同时,在桥梁结构纵向上,行车荷载作用于钢箱梁结构不同位置处均对桥面铺装层力学状态产生不同影响,荷载纵向作用位置分以下 3 种情况:荷位 1 代表荷载中心位置位于横隔板顶处;荷位 2 代表荷载中心位置位于横隔板与横肋之间的跨中;荷位 3 代表荷载中心位置位于横肋顶,如图 9.2-9 所示。

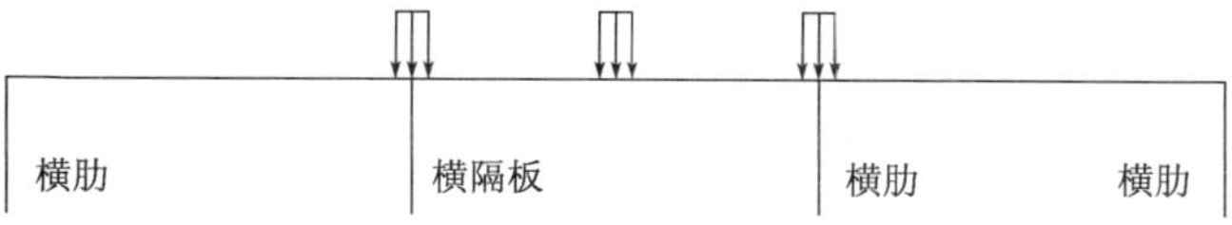

图 9.2-9　荷载沿桥面纵向布置的 3 个作用位置

为了得到铺装层在车辆荷载作用下的最大力学响应，除上述局部加载的车辆荷载外，还需考虑结构整体效应的影响。

整体加载：按照《公路桥涵设计通用规范》（JTG D60—2004）的规定，公路—Ⅰ级车道均布荷载标准值为 $q_k = 10.5\text{kN/m}$；当桥梁计算跨径大于或等于50m 时，集中荷载标准值 $p_k = 306\text{kN}$。且车道荷载的均布荷载标准值应满布于使结构产生最不利效应的同号影响线上；集中荷载标准值只作用于相应影响线中一个最大影响线峰值处。最不利节段15m 范围内车道荷载为 $15 \times 10.5 + 360 = 517.5\text{kN}$，与《公路桥涵设计通用规范》（JTG D60—2004）规定的公路—Ⅰ级车辆荷载重力标准值，即550kN 较为接近。

根据初步计算模型中得到的第一跨跨中、第一二跨间支座及第二跨跨中处弯矩的影响线分析结果，分别按照最大正弯矩、最大负弯矩及最大正弯矩效应布设相应的车道荷载。即研究第一跨跨中节段时，车道荷载的布置方式为一、三、五跨布置车道荷载，第一跨跨中布置集中荷载；研究第一二跨间支座节段时，车道荷载的布置方式为一、二、四、六跨布置车道荷载，第一跨跨中布置集中荷载；研究第二跨跨中节段时，车道荷载的布置方式为二、四、六跨布置车道荷载，第二跨跨中布置集中荷载。车道荷载布置时，考虑多车道共同作用时的横向折减系数。

（4）边界条件

根据该桥支座实际情况施加边界条件，除三四跨之间的支座限制三个方向的位移外，其他支座均只约束横向和垂直方向。

（5）确定最不利的荷载组合

桥梁在实际运行过程中，车辆荷载在桥面的分布情况有多种方式，通过在各车道上布置几个具有代表性的荷载工况，以寻找各车道上均有荷载作用时铺装层受力最不利的荷载布置形式，从而得到考虑全桥整体受力时铺装层的最大应力值。以第二跨跨中节段为例，车辆荷载的横向布置如图9.2-10 所示，在四个车道的横向断面均分别布置三种荷位情况；纵向荷位布置方式如图9.2-9 和图9.2-11 所示，共有36 种车辆荷载布置工况。

对所设置的36 个荷载工况进行有限元分析，得到各工况下铺装层的最大应力值，找出各项最大应力值以及所对应的工况，其工况作为控制荷载工况。分析结果表明第二跨跨中节段不同荷位作用下的控制荷载工况为：①最大横向拉应力的控制荷载工况为第二车道的纵1 横1。②最大纵向拉应力的控制荷载工况为第二车道的纵2 横2。③最大横向剪应力的控制荷载工况为第二车道的纵3 横1。④最大纵向剪应力的控制荷载工况为第一车道的纵1 横1。

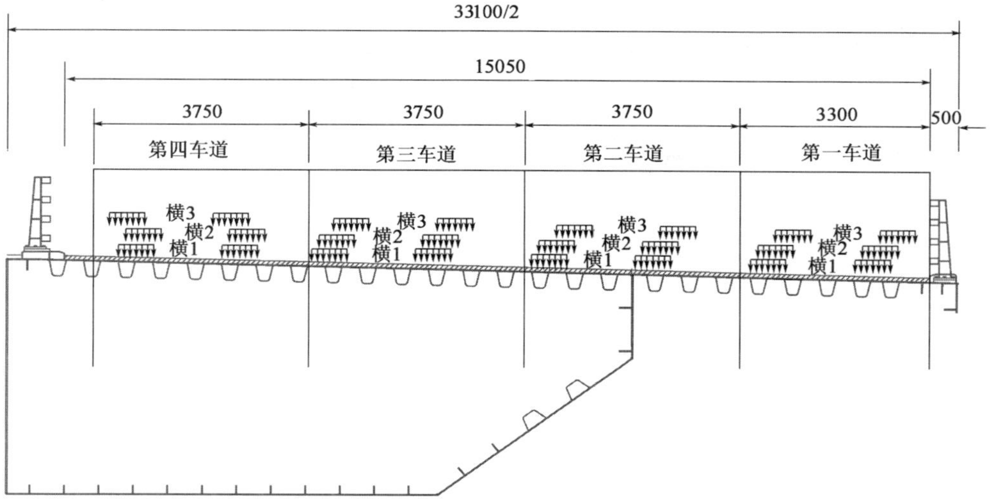

图 9.2-10　车辆荷载的横向布置(尺寸单位:mm)

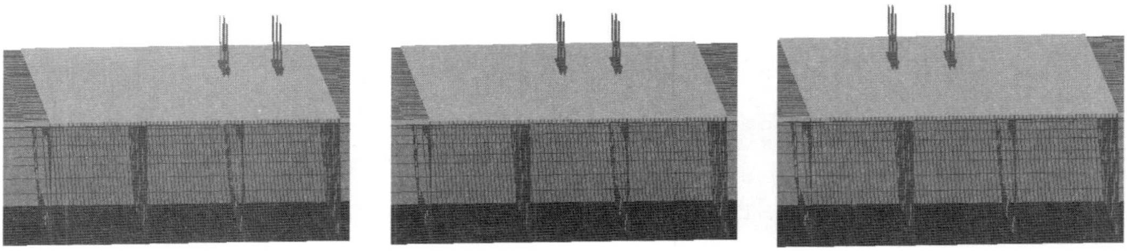

图 9.2-11　车载的纵向荷位布置

9.2.3.3　车载作用下钢桥面铺装局部与整体力学状态分析

为了解关注节段处钢桥面铺装层整体受力与局部受力时最大应力应变值的变化情况,采用有限元分析方法分别对整体与局部进行力学分析。整体受力是指在每个车道上均有荷载布置,布置方式为前面计算得出的最不利荷载组合;局部受力是指只有单个车道的局部区域作用,荷载作用形式为标准车双后轮轴载。

采用有限元计算港珠澳大桥钢桥面铺装受力变形情况,铺装层弹性模量在20℃时为7000MPa,在15℃时为12000MPa,铺装层厚度为70mm。钢桥面铺装设计主要考虑影响最显著的横向应变,港珠澳大桥钢桥面铺装最大横向应变计算数据见表9.2-5。从表中可以看出,铺装在整体荷载超载25%、冲击系数为1.4的极端不利条件下,最大横向拉应变可能达到$277\mu\varepsilon \times 1.4 = 388\mu\varepsilon$;如不考虑25%超载,应变水平将线性下降。数据表明,港珠澳大桥钢桥面铺装的最不利应变水平较低,桥面刚度较大,有利于钢桥面铺装的抗疲劳耐久性。

钢桥面铺装最大横向应变计算数据(με)　　表 9.2-5

铺装计算温度	最大横向拉应变			
	0% 超载		25% 超载	
	局部荷载	整体荷载	局部荷载	整体荷载
20℃	140	208	187	277
15℃	107	167	142	222

15℃条件下,钢桥面铺装在一般局部荷载作用下的最大横向应变为 107με,可将其作为桥面铺装在标准轴载作用下的疲劳设计控制标准。以此条件进行加速加载试验时,考虑试验效率,加速加载试验控制应变可为一般荷载受力应变 107με的 2~2.5 倍,即 214~270με。

9.2.4　港珠澳大桥钢桥面铺装设计温度

桥面铺装温度主要受环境温度、日照、主梁结构形式等因素的影响,我国典型大跨径钢桥面铺装温度范围分三个区间:区域Ⅰ(30~60℃)、区域Ⅱ(-10~65℃)、区域Ⅲ(-5~70℃)。一般铺装材料可满足低温性能要求,对于高温等级情况,需要结合交通荷载等级情况,确定桥面铺装材料的高温稳定性能指标,满足钢桥面铺装的高温稳定要求。为确定港珠澳大桥钢桥面铺装设计温度,需要对港珠澳大桥临近区域类似工程的青马大桥和深圳湾大桥钢桥面铺装温度进行调查分析,结合数值模拟计算确定港珠澳大桥钢桥面铺装设计温度范围。

9.2.4.1　同条件下类似工程钢桥面铺装温度测试分析

1)青马大桥

根据青马大桥 2011 年 7—9 月报告期内记录的桥面和桥面铺装最高和最低有效温度数据资料,2011 年 1—3 月测得最低温度为 4.9℃。青马大桥记录的桥面铺装最高温度为 53.2℃。青马大桥的主梁为非封闭的加劲桁梁结构,内部可以通风,相对密闭钢箱梁,在一定程度上可降低钢桥面铺装温度。

2)深圳湾大桥

深圳湾大桥钢桥面沥青铺装记录的最高温度为 51.5℃,最低温度为 2.5℃。深圳湾大桥钢桥面板记录的最高温度为 54.5℃(2008 年 7 月),最低温度为 5.4℃。中交公路规划设计院有限公司监测报告显示,2011 年桥面温度最高值为 55.89℃,2012 年 8 月桥面温度最高值为 510.36℃。深圳湾大桥主梁为钢箱梁,钢箱梁具有一定的蓄热特点,桥面铺装温度高于青马大桥。中交公路规划设计院有限公司监测温度位置或方法与香港方有差异，导致两方监测的铺装最高温度有一定差异。

3）虎门大桥

虎门大桥钢桥面铺装温度检测结果表明，最高温度约在60～65℃。2013年7月12日，在中山对加速加载试验梁段的铺装层温度进行检测，测得桥面铺装最高温度为61.2℃。

9.2.4.2　钢箱梁温度场分布的数值模拟计算

1）计算参数

（1）材料参数

材料的物性参数包括密度、比热容、导热系数等，一般由现场试验测得，本次分析参数取值如表9.2-6所示。不考虑箱内空气与箱内钢板表面的自然对流换热，空气在箱内一般充当隔热层，将其视为一种隔热介质。各计算参数的取值见表9.2-7。

材料的物性参数　　表9.2-6

材　料	比热容［kJ/（kg·℃）］	导热系数［W·（m^2·℃）］	质量密度（kg/m^3）
顶层铺装	1200	1.456	2400
底层铺装	1200	1.456	2400
钢板	460	58.2	7850
空气	1.005	0.025	1.225

计算参数取值　　表9.2-7

参　数	取　值
日间对流换热系数［W·（m^2·℃）$^{-1}$］	10
夜间对流换热系数［W·（m^2·℃）$^{-1}$］	14
铺装层吸收系数	0.90
钢板吸收系数	0.53
桥面铺装对大气辐射吸收率	0.93
大气对桥面铺装辐射吸收率	0.82
钢板辐射吸收系数	0.40

（2）太阳辐射

根据气象学中太阳辐射的理论，可进行太阳辐射日变化的拟合。港珠澳大桥连接香港珠海澳门三地，香港的地理位置为北纬22°9′至22°37′、东经113.52°至114.30°之间；

澳门的地理位置为北纬22°14′、东经113°35′,所以此处在做太阳辐射强度变化规律研究时地理位置可取北纬22°、东经113°。模拟太阳辐射的日变化过程,以6月21日为例,其时程曲线如图9.2-12所示。

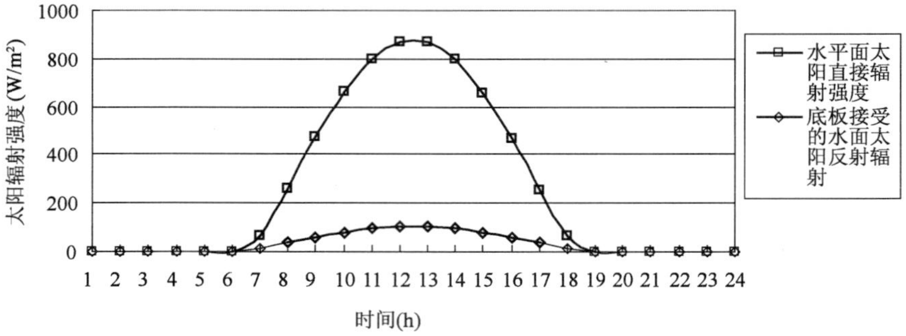

图9.2-12　太阳辐射强度时程曲线

(3)环境空气温度

室外空气和太阳辐射强度一样具有逐日、逐年周期性变化的特性,除了某些日子会发生突变外,一般较为一致。因此可以根据历年实测的日温数值,找出日气温变化规律,再进行曲线拟合,得出用于计算每日任意时刻气温的数学表达式。对于晴天,一般14:00—15:00气温达到最高,而在4:00—5:00达到最低,其变化具有简谐波的形状,但又非严格的正弦或余弦形式。

环境温度的变化用2个正弦函数组合模拟:

$$T_a = \bar{T}_a + \tilde{T}_a[0.96\sin\omega(t - t_0) + 0.14\sin2\omega(t - t_0)] \tag{9.2-1}$$

参考《港珠澳大桥主体工程桥梁》技术设计第三册《钢桥面铺装》给出的气象资料,珠海地区极端最高气温为38.9℃,最高年平均气温为25.7℃,按照式(9.2-1)拟合得到该地区对钢桥温度场分布最为不利的气温变化时程曲线,如图9.2-13所示。

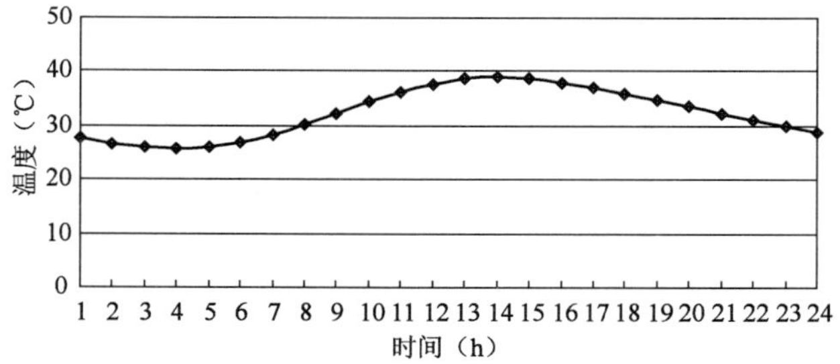

图9.2-13　气温变化时程曲线

2)基本假定

由于环境气候因素的多样性、随机性和不确定性,钢箱桥梁铺装层的温度分布是一个复杂边界条件的三维瞬态热传导问题，为便于分析，需要进行简化和假定。根据沥青混凝土桥面铺装层的实际情况，研究由 n 层不同材料组成的层状桥面结构的温度问题，做如下假设：

(1)桥面铺装层各层均为完全均匀和各向同性的连续体。

(2)桥面铺装层结构为带状物，不考虑温度沿桥面纵向分布的变化。

(3)桥面铺装层各层间接触良好，层间温度和热流连续。

通过上述假定，将钢箱梁温度场分析简化为二维的瞬态分析，即桥梁宽度和高度方向。

3)有限元模型

使用通用有限元软件 Strand7 进行瞬态非线性温度场分析，采用四节点平面四边形单元，模型中将空气视为一种介质参与热传递，箱梁截面有限元模型如图 9.2-14 所示。箱梁边腹板、斜底板、底板和悬臂板的底部接收水面反射辐射，箱梁顶面接收太阳直接辐射，箱梁外围四周与周围环境发生对流换热。边界条件是关于时间的函数，在 Strand7 中以表格形式输入太阳辐射和环境温度，然后再施加到相应的边界上。在进行温度场的瞬态分析时，软件自动读取每个时刻所对应的边界条件。时间步长为 1/12h，计算时间为 8 ×24h。

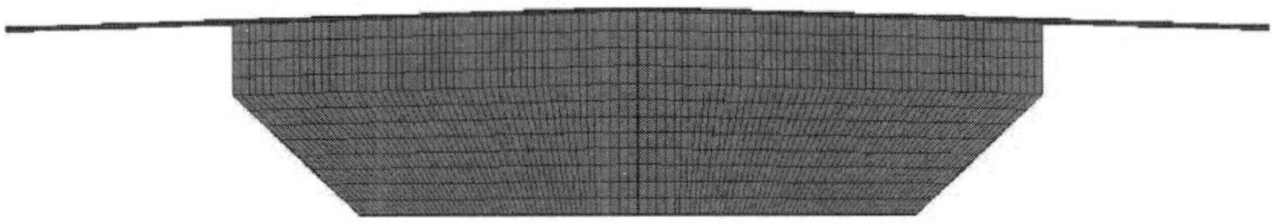

图 9.2-14 温度场分析有限元模型(包含箱内空气)

4)计算结果分析

对箱梁进行瞬态热分析需要给定初始温度分布。初始温度分布是未知的，计算时可以先假设一个合理的初始分布，如温度值等于 6:00 的环境温度，连续进行多天的时程分析，每天都采用同样的边界条件，经过若干天后，每天每时刻所对应的温度应趋于一致，表明假定截面初始温度所造成的影响已消除。

选取铺装层不同深度处、箱梁腹板不同位置以及箱内底板某处位置，其温度随时间变化如图 9.2-15 所示。从图中可以看出，钢桥面铺装层表面温度几乎与气温同步周期性变化。5:00—6:00，铺装层表面温度最低，而后逐渐升高，在 14:00 左右达到最高值，接着又逐渐降低。铺装层内部出现最高温度的时刻较铺装层表面有所延迟。

由于钢箱梁内部空气传热能力较低，且对于封闭钢箱梁，箱内空气几乎不流动，箱梁内的空气起到隔热作用，无法及时将桥面板的热流量传递到箱梁底部，使得箱内顶板和箱内上部空气保持较高温度，箱梁顶板和底板存在较大温差。

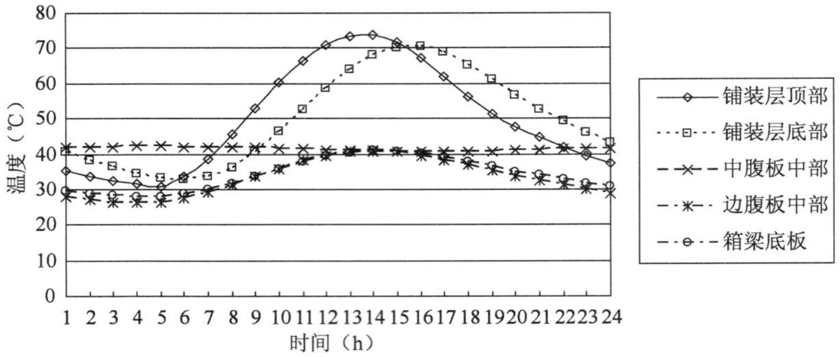

图 9.2-15　箱梁各部位温度随时间变化曲线

9.2.4.3　港珠澳大桥钢桥面铺装设计温度范围

MA、SMA 类钢桥面铺装材料属于感温性材料，广东地区应特别关注高温条件下这类材料的使用性能。港珠澳大桥临近区域钢桥面铺装实测得到的最高温度约为 60℃，由于现有桥面铺装温度观测结果仅为有限时间内的数据，预测设计年限内极端温度可能超过 60℃。根据桥面铺装温度调查情况分析，港珠澳大桥所在区域普通气温条件下钢桥面铺装温度处于 60℃左右的水平，极端情况下（例如气温超过 37℃）桥面铺装温度可能达到 65℃或者更高。

影响钢桥面铺装温度的因素很多，同时考虑到极端温度出现频率较低，出现极端温度时可采用洒水降温、限时限行重载车辆、封闭交通等手段防止桥面铺装产生过深车辙。为避免铺装材料的过度设计并控制工程造价，桥面铺装设计温度范围可不覆盖极端情况，应在合理的设计温度下进行铺装材料设计与性能评价。

依据对港珠澳大桥临近区域、类似工程钢桥面铺装温度的调查，结合港珠澳大桥中轻交通量的特点，根据有关方面建议，港珠澳大桥钢桥面铺装的设计温度为高温 60℃，低温 0℃，设计温度范围为 0 ~ 60℃。

9.2.5　港珠澳大桥钢桥面铺装交通荷载分析

钢桥面铺装直接承受交通荷载作用，交通荷载是桥面铺装设计的首要因素，交通荷载直接决定钢桥面铺装的变形状态和耐久性，同时交通荷载也可以等效为温度作用影响。交通荷载等级可参考《公路沥青路面设计规范》（JTG D50—2017）的交通等级划分标准。钢桥面铺装设计中需要重点考虑铺装材料的高温稳定性和抗疲劳耐久性。

根据华杰工程咨询有限公司 2013 年发布的《港珠澳大桥跨界交通需求再评估（第一阶段初稿）》进行交通量预测，并根据港珠澳大桥临近类似工程深圳湾大桥交通荷载特点分析港珠澳大桥交通荷载条件。

9.2.5.1　西部通道深圳湾大桥交通荷载条件分析

深圳湾大桥2007年11月以来逐月日均车流量统计如图9.2-16所示，目前日均车流量低于设计日均车流量29800辆的50%。重型车比例统计如图9.2-17所示，整体上约占30%，为设计的50%，图中数据也显示2009年以来重型车比例有下降趋势。

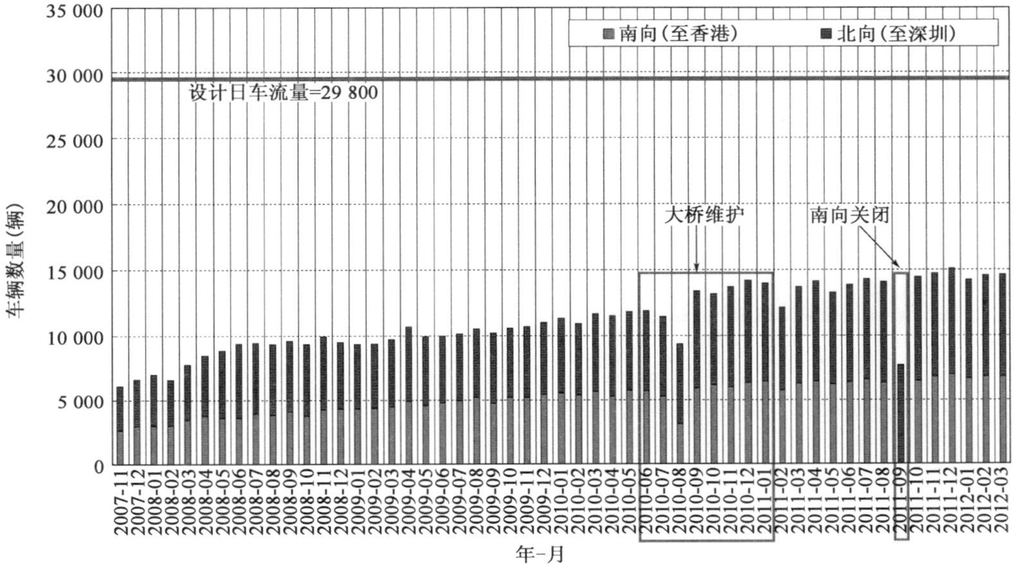

图9.2-16　深圳湾大桥逐月平均日车流量(2007年11月以来)

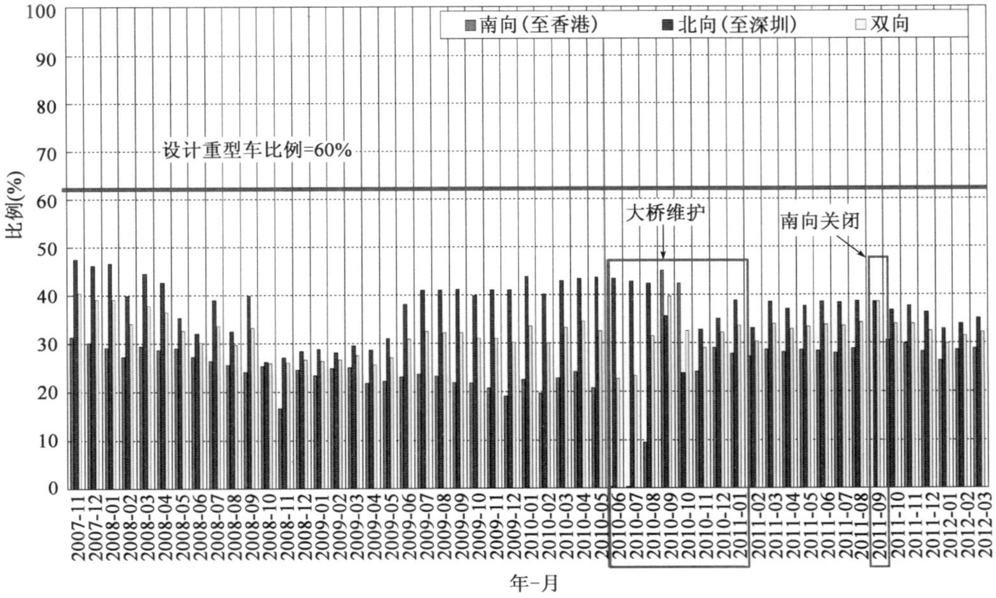

图9.2-17　深圳湾大桥逐月重型车比例(2007年11月以来)

深圳湾大桥2012年1—3月轴载统计数据如图9.2-18所示，图中数据显示约90%轴载低于7t，超载轴载基本低于12t，超载比例很低。2009年6月以来车辆类型统计如图9.2-19所示，图中显示小汽车约占60%，重型车约占30%。日均车流量约15000veh/d。

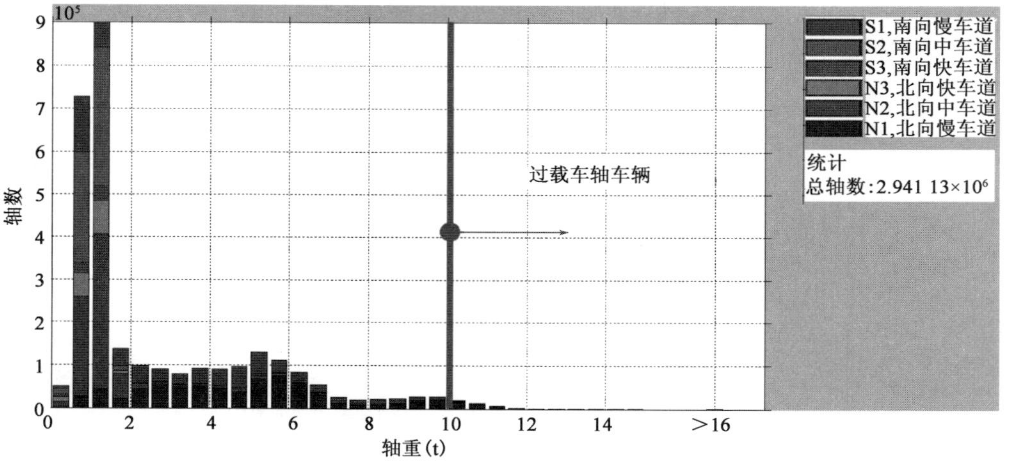

图9.2-18　深圳湾大桥各车道轴数和轴重（2012年1—3月）

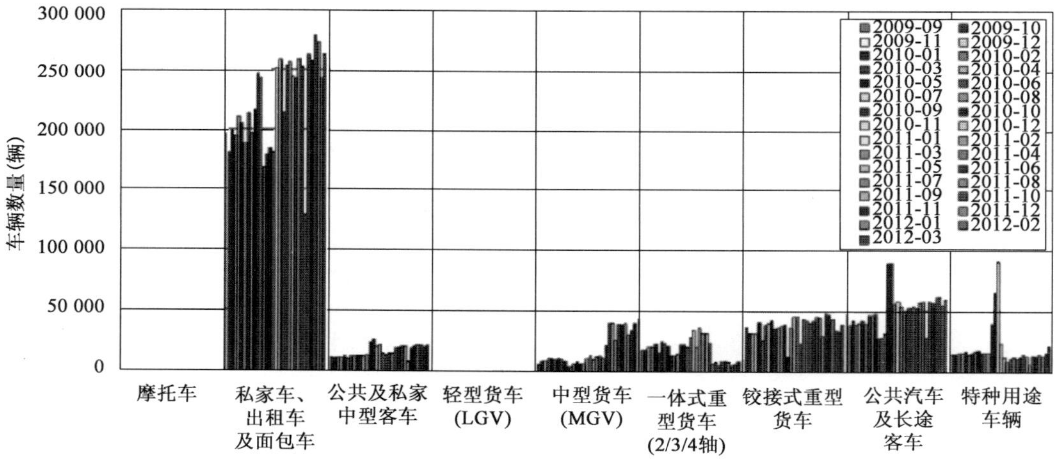

图9.2-19　深圳湾大桥各类车辆（双向）月度通行数量（2009年6月以来）

依据西部通道深圳湾大桥交通荷载情况，初步换算标准轴次，未来15年设计年限的BZZ-100累计$8\times10^6\sim1.0\times10^7$，参照我国沥青路面设计标准规范，深圳湾大桥交通荷载属于中等交通范围。

参考深圳湾大桥交通轴载特点，分析港珠澳大桥未来交通荷载重载比例较低，基本不需考虑超载问题。

9.2.5.2　港珠澳大桥交通荷载条件分析

华杰工程咨询有限公司2013年发布的《港珠澳大桥跨界交通需求再评估(第一阶段初稿)》中,港珠澳大桥未来交通量预测如表9.2-8所示,港珠澳大桥预测交通量与《工可报告》预测结果对比(veh/d)如表9.2-9所示,对比表明最新的港珠澳大桥预测交通量与《工可报告》差异主要表现为小客车数量增加10.2%~50.3%,而货车数量降低28.5%~33.2%。

港珠澳大桥分车型交通量预测结果(veh/d)　表9.2-8

年份	私家车	出租车	穿梭巴士	过境巴士	货柜车	普通货车	客车合计	货车合计	合计
2017年	6667	474	916	348	3241	2752	8405	5993	14398
2020年	10159	704	1405	587	4858	3319	12855	8177	21032
2030年	17637	1217	2265	1125	8553	4712	22244	13265	35509
2036年	23325	1575	2787	1545	11929	6083	29232	18013	47245
车型比例									
2017年	46.3%	3.3%	6.4%	2.4%	22.5%	19.1%	58.4%	41.6%	100.0%
2020年	48.3%	3.3%	6.7%	2.8%	23.1%	15.8%	61.1%	38.9%	100.0%
2030年	49.7%	3.4%	6.4%	3.2%	24.1%	13.3%	62.6%	37.4%	100.0%
2036年	49.4%	3.3%	5.9%	3.3%	25.3%	12.9%	61.9%	38.1%	100.0%

港珠澳大桥预测交通量与《工可报告》预测结果对比(veh/d)　表9.2-9

年份	小型客车	大型客车	货柜车	普通货车	合计
2017年	7141	1264	3241	2752	14398
2020年	10863	1992	4858	3319	21032
2030年	18854	3390	8553	4712	35509
2036年	24900	4332	11929	6083	47245
工可预测车辆数					
2017年	4750	1450	4800	3850	14850
2020年	8000	2150	7150	5000	22300
2030年	15700	3500	11850	7150	38200
2036年	22600	4400	15650	9100	51750

续上表

年份	小型客车	大型客车	货柜车	普通货车	合计
与工可预测对比变化幅度					
2017 年	50.3%	-12.8%	-32.5%	-28.5%	-3.0%
2020 年	35.8%	-7.3%	-32.1%	-33.6%	-5.7%
2030 年	20.1%	-3.1%	-27.8%	-34.1%	-7.0%
2036 年	10.2%	-1.5%	-23.8%	-33.2%	-8.7%

根据深圳湾大桥交通轴载特点和《港珠澳大桥跨界交通需求再评估(第一阶段初稿)》中的交通量预测,按照8%年增长率,计算港珠澳大桥铺装设计年限15年内的交通量为 1.14×10^7 次/车道,属于中等交通条件。

9.3　钢桥面铺装加速加载试验

沥青路面结构是在交通荷载和自然环境因素的综合作用下被缓慢破坏的,因此,若想要预估路面结构在设计使用年限内的实际使用效果、路面结构或材料的使用性能,就要依靠实际工程或试验路来进行长期观测,这样不仅浪费时间精力,而且收集的资料往往与实际情况差距很大。因此,为模拟路面结构性能随时间的衰减、变化,世界各国开发并研制了许多室内试验设备,加速加载试验设备就是其中的一项重要成果。它可以在短时间内通过可控制的较重轴载对足尺路面结构进行加速加载,以此模拟设计使用年限内实际交通荷载对路面的破坏作用。通过调节温度、湿度等参数,使试验环境比起普通室内车辙试验更真实地接近自然条件,试验结果更为可靠。

加速加载试验是模拟铺装材料在各种不利状况下的促进性破坏试验,是比较铺装方案性能优劣的一种方法和手段。考虑到港珠澳大桥桥面铺装使用条件的重要性与特殊性,为确保钢箱连续梁桥面铺装系统长寿命优化方法和关键技术研究具有更好的科学性、针对性和实用性,采用足尺模型加速加载试验来模拟桥面铺装在设计年限内的车辆荷载和环境条件下的使用情况。加速加载试验包括钢桥面铺装高温性能加速加载试验和疲劳性能加速加载试验。试验主要对不同桥面铺装材料、铺装结构进行比较研究和材料行为验证,预测和研究桥面铺装在长寿命期内的使用性能,并对室内铺装材料和铺装结构的研究成果进行可行性验证,为港珠澳大桥钢桥面铺装施工图设计提供依据。

9.3.1 钢桥面铺装加速加载试验方案

为了使加速加载试验能够客观、真实地模拟铺装体系在不利状况下的使用条件，所选取节段模型应能模拟实桥桥面铺装在行车荷载作用下的受力状况。根据《港珠澳大桥主体工程桥梁施工图设计阶段连续钢箱梁桥面铺装方案加速加载试验研究技术要求》和《关于进一步修订完善钢桥面铺装加速加载试验方案事宜通知》的要求，针对MA/GMA浇注式类铺装结构体系推荐方案开展加速加载试验研究工作。连续钢箱梁桥面铺装加速加载试验分别进行高温性能和疲劳性能的试验研究。

不论在德国、英国的规范体系中，还是在目前的欧盟标准体系中，因气候与交通条件的影响，反映浇注式沥青混凝土高温性能的技术指标都是简单的压入性试验，测试的是沥青混凝土的硬度，与沥青混凝土高温性能之间的相关性不显著。但港珠澳大桥所处的区域夏季炎热，持续高温时间长，对高温性能要求很高，而高温性能又是浇注式沥青混凝土的一个薄弱点，因此需加强对高温性能的研究。高温性能加速加载试验的研究目的在于：①比较不同铺装材料在相同温度、轴载条件及运行次数下的车辙变形抵抗能力，据此相互比较筛选车辙抵抗能力较好的铺装材料组成。②比较不同铺装材料在相同温度与轴载条件及运行次数下，车辙变化深度、硬度等材料设计指标与室内动稳定度测定结果的关系，为施工质量控制提供依据。

疲劳性能加速加载试验的研究目的在于：①比较不同铺装材料在相同温度、轴载条件及运行次数下的疲劳破坏抵抗能力，据此相互比较筛选疲劳抵抗能力较好的铺装材料组成。②根据模型设计与加速加载疲劳试验结果预测桥面铺装在标准荷载条件下的疲劳寿命。③比较不同铺装材料在相同温度、轴载条件及运行次数下疲劳性能与材料设计指标的关系，为施工质量控制提供依据。

高温性能试验采用单轴双轮组，在试验温度为60℃且施加荷载为接地压强0.7MPa的车轮压应力荷载水平下运行；疲劳性能评价采用力学分析得到的最不利应力状态为控制目标[本次试验施加荷载水平为单轴单轮1.5倍轴载（中国汽车设计活载），即单轴5.25t]，试验运行温度为15℃，采用足尺箱梁的部分节段进行试验。

9.3.1.1 加速加载高温车辙试验模型设计

1）加速加载高温车辙试验模型设计原则

根据《港珠澳大桥主体工程桥梁施工图设计阶段连续钢箱梁桥面铺装方案加速加载试验研究大纲》相关规定，高温车辙加速加载试验在60℃温度条件下以标准双轮轴载

(轮组重5t,接地压力0.7MPa)的荷载水平运行。预计运行次数为5万次或车辙深度达到1in(25.4mm)时进行控制。

2)钢箱梁模型设计

钢箱梁模型设计原则:试验允许荷载作用下,钢箱梁模型的钢桥面铺装最大横向拉应变与设计荷载作用下实桥模型的钢桥面铺装最大横向拉应变基本相同,纵向拉应变、纵向剪应变、横向剪应变尽可能与设计荷载作用时钢桥面的应变值接近。

钢箱梁桥面铺装力学状态分析的结果表明:第二跨跨中部分梁段沥青铺装层内的应力分布可以代表性地反映全桥沥青铺装层内的应力分布情况,在设计足尺加载试验梁段时,选择第二跨跨中处的部分梁段作为试验模型。受加速加载设备MMLS66限制,要求实际试验钢箱梁模型铺装面大小既应可支撑整台设备,又不至于过大造成浪费,最终铺装面尺寸确定为3.3m×8m(其中8m为MMLS66运行方向长度)。其试验模型主要尺寸如表9.3-1所示。

试验模型尺寸(mm)　　表9.3-1

模型	横隔板的悬挑高度	U形肋截面尺寸(高×上宽×下宽)	跨中横隔板间距	顶板厚度	横隔板/横肋厚度	U形肋厚度
试验模型	500	200×200×120	2500	18	16	8
实桥模型	1500	300×300×180	2500	18	16	8

9.3.1.2　加速加载疲劳试验模型设计

1)加速加载疲劳试验模型设计原则

根据《港珠澳大桥主体工程桥梁施工图设计阶段连续钢箱梁桥面铺装方案加速加载试验研究大纲》相关规定,加速加载疲劳试验在15℃温度条件下以5.25t单轮荷载(接地压强1.05MPa)运行。预计运行次数为200万次或铺装表面出现疲劳裂缝时进行控制。

2)钢箱梁模型设计

加速加载疲劳试验的模型设计尺寸同加速加载高温车辙试验的模型。根据铺装层受力分析结果(第9.2.3节)可知,加速加载疲劳试验模型中关键位置横向拉应变振幅是控制铺装层疲劳开裂破坏的主要设计指标。若在试验允许荷载作用下,试验模型构件钢桥面铺装最大横向拉应变变化的幅值与设计荷载作用下实桥模型的钢桥面铺装最大横向拉应变变化振幅值基本相同,那么加载对桥面铺装层产生的疲劳损伤一致。

根据计算分析结果可知:15℃条件下,钢桥面铺装在一般局部荷载作用下的最大横向应变为 107$\mu\varepsilon$,可将其作为桥面铺装在标准轴载作用下的疲劳设计控制标准。以此条件进行加速加载试验时,考虑试验效率,加速加载试验控制应变可为一般荷载受力应变 107$\mu\varepsilon$的 2 ~ 2.5 倍,即 214 ~ 270$\mu\varepsilon$。根据铺装材料的疲劳预测方程,加速加载试验 1 次相当于实桥铺装层加载 20 次,通过加速加载疲劳试验可检验铺装层疲劳性能。

9.3.1.3 加速加载试验段铺装方案

加速加载铺装层采用的是双层 GMA/MA + SMA 铺装方案,铺装层与钢板间采用 Eliminator防水层。GMA/MA 作铺装下面层,厚度 3cm,SMA 作铺装上面层,厚度 4cm。进行铺装方案设计时,沿铺装面长度方向,两种不同的拌和工艺各取一半,即铺面结构 GMA + SMA 面积为 3.3m × 4m,MA + SMA 铺面结构面积也为 3.3m × 4m。

9.3.1.4 加速加载设备

连续钢箱梁桥面铺装加速加载试验采用 MMLS66 型加速加载设备,MMLS66 型可移动直线式路面加速加载试验系统是由南非生产的,该系统最大轴载可以达到 7.5t,有效加载长度约为 8m,加载频率可达到 6000 次/h。加速加载试验设备如图 9.3-1所示。

图 9.3-1 MMLS66 型加速加载设备

9.3.2 钢桥面铺装高温性能加速加载试验

为了加强施工工艺、配合比对高温性能影响的研究,进行了两次连续钢箱梁桥面铺装高温性能加速加载试验。比较 GMA + SMA 和 MA + SMA 在相同条件下的车辙变形抵抗能力,据此筛选出车辙抵抗能力较好的铺装材料组成;比较 GMA + SMA 和 MA + SMA 在相同条件下的车辙变化深度与其他材料高温性能设计评价指标(动稳定度)的相关关系,为施工质量控制提供依据。

第一次正式加速加载试验前先进行预加载,加载 20kN,运行 1200 次左右,预加载结束后已肉眼可见车辙,经测量,GMA + SMA 铺面结构的车辙深度大约为 4mm,MA + SMA 铺面结构的车辙深度为 7 ~ 8mm。而后开始正式进行加速加载试验,加载 50kN,轮压 0.7MPa,温度 60℃,完成第一个 5000 次的试验后停止加载。试验结果表明,GA 工艺铺装层新增的车辙深度大约为 13mm(与加铺层轮迹外侧隆起处相比),MA 工艺铺装层新增的车辙深度达到21mm;进行第二个5000次时,因MA铺装层车辙深度过大影响车辙试验进行,采取了在其轮迹带上加铺碎石的方法,以保证完成整个高温试验。加载至1万次时,GA铺装层的一侧车辙深度大约为23mm,3万次时大约为35mm。MA铺装层一侧有两个断面的变形为31mm、29mm,另一个断面因变形过大测不出,且在这个加载阶段,这一侧已经在车辙处添加碎石,试验结果已经无效。

在试验后,对铺装结构车辙断面进行切割,加载5万次后结构GMA+SMA和加载3万次后结构MA+SMA轮迹带横断面分别如图9.3-2和图9.3-3所示。从图中可以看出,经过5万次加载后的结构GMA+SMA和经过3万次加载后的结构MA+SMA,从车辙断面上只能看到SMA上面层,却几乎已经看不到铺装下面层GMA/MA了。由此可得出结论:对复合结构MA/GMA+SMA而言,车辙变形主要是由于SMA压入MA/GMA产生的,浇注式沥青混凝土铺装体系的抗车辙能力主要取决于浇注式沥青混凝土本身的抗变形能力,而非上层的SMA结构。因此在第一次加速加载试验后,对MA以及GMA分别进行了优化设计。

图9.3-2　第一次试验加载5万次后结构GMA+SMA轮迹带横断面

图9.3-3　第一次试验加载3万次后结构MA+SMA轮迹带横断面

MA浇注式沥青混凝土的优化主要有以下几个方面:沥青用量、集料级配、拌和工艺,调整的范围以满足现行欧盟标准与BS-1447为准,进行小幅度调整。调整后的配合比需保证可溶沥青用量占ME的14%~14.5%,细集料用量由45%略有提高,但不高于50%。GMA拌和温度略有提高,但不高于230℃,MA拌和温度也有所提高,且小幅延长拌和时间。

第二次加速加载试验在正式进行试验前进行加速加载预加载,常温运行3500次左右,其中压力水平为20~30kN运行了1000次,压力水平为40~50kN运行了2500次,共计进行了3500次试运行预压,预加载结束后无明显车辙出现。而后正式开始高温性能加速加载试验，加载 50kN，轮压 0.7MPa，温度控制在 60℃ ±2℃。同样，分别于加载 5000 次、1 万次、2 万次、3 万次及 5 万次之后，对车辙检测断面进行道面平整度的精确测量，以确定车辙深度。

加载 5 万次后结构 GMA + SMA 和结构 MA + SMA 的变形如图 9.3-4、图 9.3-5 所示。从图中可看出，结构 GMA + SMA 的车辙深度要明显低于结构 MA + SMA 的车辙深度，这表明经过调整配合比和工艺特性后，结构 GMA + SMA 的高温性能依然要优于结构 MA + SMA。

图 9.3-4 第二次试验加载 5 万次后结构 GMA + SMA 的变形

图 9.3-5 第二次试验加载 5 万次后结构 MA + SMA 的变形

由于试验采用双轮组，分别统计了左轮和右轮的试验结果以便于进行比较，两次加速加载试验的详细数据结果如表 9.3-2、表 9.3-3 所示。

第一次加速加载试验结果(mm) 表 9.3-2

测试断面车辙		左轮				右轮			
		5000	10000	30000	50000	5000	10000	30000	50000
GMA	断面 1 车辙深度	16.952	17.420	25.517	28.13	16.433	17.503	23.181	26.637
	断面 2 车辙深度	10.543	20.682	30.276	31.73	12.07	14.751	21.963	29.277
	断面 3 车辙深度	16.011	18.964	29.104	34.213	14.78	16.215	21.267	24.679
MA	断面 4 车辙深度	24.476	29.934	—	—	25.062	25.772	—	—
	断面 5 车辙深度	30.29	—	—	—	31.145	—	—	—
	断面 6 车辙深度	29.796	—	—	—	30.148	—	—	—

第二次加速加载试验结果(mm)　　表9.3-3

测试断面车辙		左轮					右轮				
		5000	10000	20000	30000	50000	5000	10000	20000	30000	50000
GMA	断面1车辙深度	5.064	7.518	10.413	11.515	13.447	4.241	6.677	9.691	10.519	13.186
	断面2车辙深度	6.542	9.754	13.269	14.387	17.165	4.827	7.109	10.206	12.090	14.152
	断面3车辙深度	9.837	14.623	19.088	22.048	25.359	7.646	11.206	15.399	17.455	21.065
MA	断面4车辙深度	14.082	18.788	25.831	28.341	—	10.286	14.662	22.364	27.237	—
	断面5车辙深度	15.244	21.716	30.280	33.384	39.515	13.555	19.899	30.244	36.546	42.131
	断面6车辙深度	8.335	12.348	17.603	20.144	23.834	8.424	13.771	20.335	25.077	30.569

为直观说明级配与工艺条件优化后车辙性能的改善情况，分别绘制了左右轮车辙变形与加速加载次数的关系曲线，如图9.3-6、图9.3-7所示。

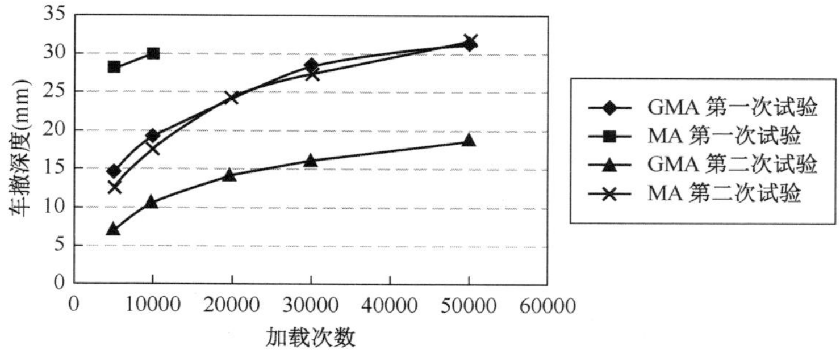

图9.3-6　加速加载试验左轮车辙发展曲线

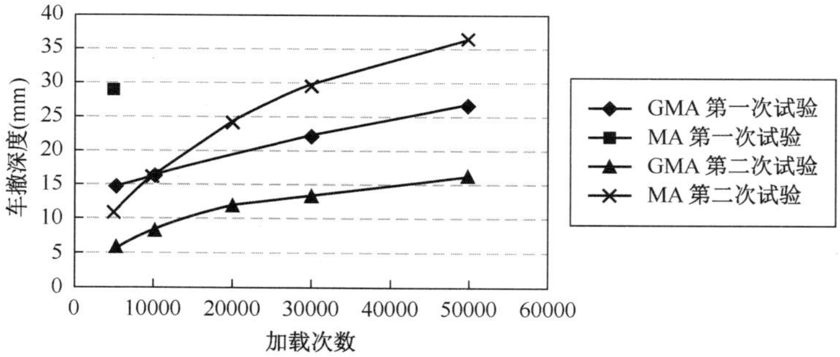

图9.3-7　加速加载试验右轮车辙发展曲线

由图9.3-6和图9.3-7可以看出：

(1)两次加速加载试验中，两种铺面结构的车辙发展变化规律基本一致，即随着加载次数的增加，路面表面的车辙都不断增大。

(2)对两种铺面结构的车辙进行比较发现，无论是第一次还是第二次加速加载试验,GMA + SMA 铺面结构高温性能都优于 MA + SMA 铺面。证明采用 GA 拌和工艺代替传统 MA 工艺是可行的。

(3)经过调整后的第二次加速加载试验比第一次加速加载试验在车辙表现上有较大提高,且第二次加速加载试验中 MA + SMA 铺面结构产生的车辙发展趋势基本与第一次 GMA + SMA 铺面结构产生的车辙发展趋势相似(尤其是左轮)。

(4)两次加速加载试验表明,车辙变形发展趋势与 MA、GMA 的车辙试验结果(动稳定度)相关性很好,与复合结构的车辙试验结果(动稳定度)相关性也非常好,证明采用动稳定度评价高温性能是有效的。

加速加载高温车辙试验结果表明,GMA 浇注式沥青混合料的高温性能可以达到、甚至优于 MA 沥青混合料。采用 GMA 工艺不仅解决了生产工效问题,同时浇注式沥青混凝土的性能达到英国标准体系要求,也达到泰州大桥、南京四桥等典型工程的浇注式混凝土的性能水平。港珠澳大桥钢桥面铺装推荐方案能满足钢桥面铺装高温稳定性设计要求。

9.3.3 钢桥面铺装疲劳性能加速加载试验

钢桥面的材料与结构特点使得桥面铺装层的变形大、承受的应力水平高,在反复作用下,钢桥面铺装体系易于出现疲劳开裂。通过连续钢箱梁桥面铺装疲劳性能加速加载试验验证 MA、GMA 两种工艺的铺装材料能否满足抗疲劳性能的设计要求。MA、GMA 两种铺装体系的疲劳性能加速加载试验次数分别为 200 万次,每天的加载次数在 10 万次左右,因此每天安排两次应变测试,测试频率约为 5 万次/次,每次测试时间为 1h 左右,有特殊测试计划的时候延长测试时间。测试时间及对应次数整理的结果如表 9.3-4 所示。

应变测试时间及次数记录 表 9.3-4

每日应变测试							
第一次				第二次			
开始时间	结束时间	测试时长(h)	对应总次数(次)	开始时间	结束时间	测试时长(h)	对应总次数(次)
12:30	13:37	1.1	62600	21:32	22:30	1.0	116800
12:41	13:50	1.2	187881	21:39	22:30	0.9	241681
12:35	13:31	0.9	309421	21:31	22:28	0.9	363021
17:00	17:58	1.0	458936	21:40	22:30	0.8	486936
12:32	13:41	1.2	554839	—	—	—	—

续上表

每日应变测试							
第一次				第二次			
开始时间	结束时间	测试时长(h)	对应总次数(次)	开始时间	结束时间	测试时长(h)	对应总次数(次)
1:18	1:50	0.5	609833	1:52	9:10	7.3	613233
12:30	14:04	1.6	799608	21:50	22:25	0.6	855608
21:35	22:30	0.9	976513	—	—	—	—
21:34	22:29	0.9	1098904	—	—	—	—
12:25	13:28	1.1	1143140	21:48	22:27	0.7	1199440
16:40	17:56	1.3	1291203	21:34	22:26	0.9	1320603
12:30	13:25	0.9	1389628	21:37	22:28	0.8	1444328
12:36	13:20	0.7	1512559	21:45	22:27	0.7	1567459
13:19	14:00	0.7	1639428	21:40	22:29	0.8	1689528
17:24	18:00	0.6	1786264	21:35	22:27	0.9	1811364
17:19	17:57	0.6	1908132	21:38	22:26	0.8	1934032
11:06	11:52	0.8	1992447	—	—	—	—

MMLS66 的加载频率约为 6000 次/h，即 1.67 次/s，DH3820 的监测频率为 10Hz，能较好地记录应变情况，但监测频率过高导致数据量过大，不便于分析处理数据。动态荷载下应变测试曲线为有规律的波形曲线，如图 9.3-8 所示。

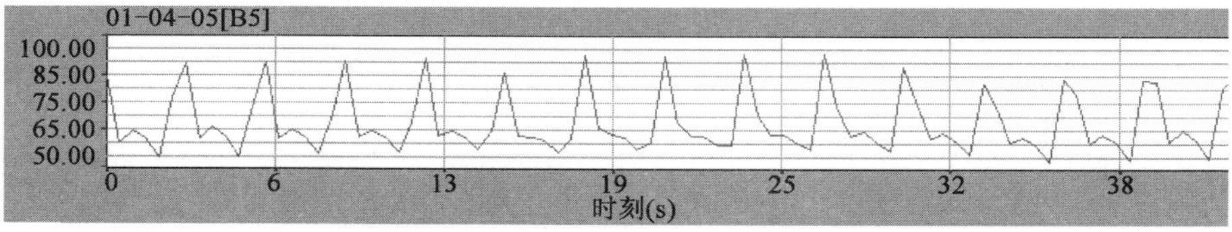

图 9.3-8　应变测试原文件曲线图

对原数据的记录分析发现，在短时间内数据较为稳定，因此按照每分钟取 1 个波峰值、1 个波谷值的频率对原数据进行处理。此外位移数据采用 YHD-50 位移传感器进行记录，该传感器能将位移数据转化为微应变值进行记录，微应变同位移的转换关系为 200με/mm。

第一次疲劳试验过程中，由于前期温度控制效果不理想，正式试验前已加载约 20 万次。在第一次疲劳试验过程中，沥青表面轮迹带内应变片破坏较为严重，故第二次疲劳试验时将表面应变片布置在轮迹两侧，存活率有较大提高。应变片整体存活率在 65% ~

85%,主要破坏层位于沥青表面及层间,钢板底面应变片存活率较高,维持在90%以上。疲劳试验在最不利位置测定的回弹应变水平与加速加载疲劳试验的设计值基本一致,验证了加速加载疲劳试验模型的正确性、科学性。MA工艺桥面铺装体系与GMA工艺铺装体系分别经过200万次的疲劳性能加速加载试验后,均无裂缝出现。

根据室内研究得到的疲劳预测方程,可知应变增大一倍,疲劳寿命缩减大约24倍,而本项目加速加载疲劳试验设计的应变值为实桥的2倍,因此200万次加速加载疲劳试验相当于实桥受行车荷载作用4800万次。加速加载疲劳试验后,无疲劳裂缝产生。加速加载疲劳试验结果表明,港珠澳大桥GMA桥面铺装推荐方案能满足钢桥面铺装疲劳耐久性要求。

9.4 GMA浇注式沥青混凝土施工工艺

港珠澳大桥钢桥面铺装采用GMA浇注式沥青+SMA方案,具体参数信息如表9.2-2所示,其中桥面铺装材料由以下几部分组成,GMA浇注式沥青混凝土施工工艺如图9.4-1所示。

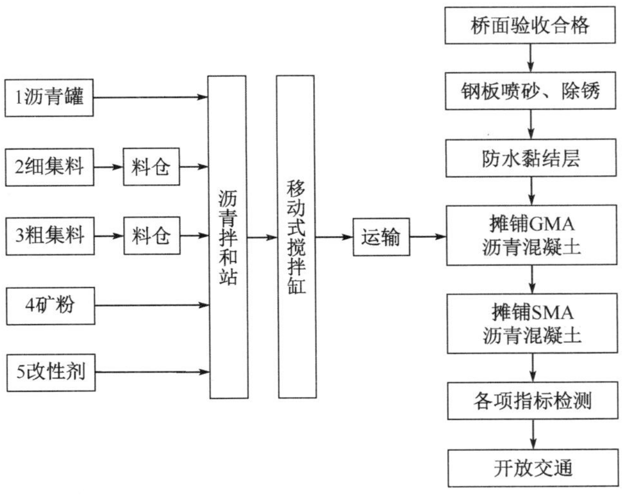

图9.4-1 GMA浇注式沥青混凝土施工工艺流程图

(1)防水黏结层:采用甲基丙烯酸甲酯(MMA)快速固化液体合成树脂材料。

(2)沥青结合料:GMA用的沥青结合料由A-70道路石油沥青和特立尼达湖精炼沥青(TLA)混合组成,混合沥青TLA所占比例为70%,A-70沥青占30%。SMA沥青混合料使用聚合物改性沥青,SMA与GMA层间采用改性乳化沥青。

(3)集料:GMA 及 SMA 用粗集料(≥2.36mm)应采用耐磨、抗压碎的石料轧制而成。可采用玄武岩、辉绿岩等轧碎集料,粗集料应为坚硬、清洁、干燥、无风化、无杂质、颗粒形状接近立方体、多棱角体的碎石。细集料不得采用天然砂,应采用石灰岩类原石轧制的机制砂或分级筛分的石屑。细集料应具有一定的棱角性,坚硬、洁净、干燥、无风化、无杂质或其他有害杂质。所有集料的技术指标均应满足《公路沥青路面施工技术规范》(JTG F40—2004)中相应的规定与要求。

(4)纤维:SMA 采用木质素纤维。

(5)接缝填缝材料:采用热灌沥青类填缝料和沥青贴缝条。

(6)桥面排水材料:由螺旋排水管(外径 10mm)、杂物收集篮及弹性混凝土组成。

9.4.1　桥面喷砂防水

9.4.1.1　喷砂除锈

通过对美国、英国等国家的调研,引进了全自动车载式抛丸机,使得钢桥面喷砂作业工效提升了 5 倍,并保障了实施质量。大型车载式抛丸机如图 9.4-2 所示。同时,配置小型手持式抛丸机,进行行车道边缘、路缘石区域以及中央分隔带区域的喷砂除锈工作。

图 9.4-2　大型车载式抛丸机

1)喷砂前的清理

(1)喷砂前,应首先检查钢桥面板的外观,确保表面无焊瘤、飞溅物、针孔、飞边和毛刺等,否则必须通过打磨加以清除,锋利的边角必须处理到半径 2mm 以上的圆角。

(2)用清洁剂或溶剂清洗钢桥面板表面的油、油脂、盐分及其他污染物,直至无油污、尘垢为止。

2)环境要求

(1)遇下雨、下雪、结露等气候时,严禁除锈作业。

(2)喷砂温度应高于露点3℃以上,相对湿度不大于85%。对于超出规定气象条件的施工作业,由承包人自行研究技术措施,报监理及业主批准。

(3)经喷砂除锈的钢板表面应尽快涂上底漆,湿度在50%~80%时,无保护措施时间应该小于3h。

3)磨料要求

磨料采用钢丸、钢质棱角砂,其比例通过试验确定。磨料必须保持干燥、清洁、不含有害物质,如油脂、盐分。

4)喷砂设备

采用带吸尘装置的车载式自动无尘打砂机。对于自动无尘打砂机所不能施工的区域和边缘,采用手提式打砂机作业。

5)喷砂质量要求及检测

喷砂除锈后钢桥面板表面应达到《涂覆涂料前钢材表面处理表面清洁度的目视评定 第一部分:未涂覆过的钢材表面和全面清除原有涂层后的钢材表面的锈蚀等级和处理等级》(GB/T 8923.1—2011)的要求。检测方法为目测和用塑胶贴纸法测量,粗糙度必须达到50~100μm。喷砂后,不准存在表面缺陷、大于1mm的表面焊瘤球或飞边。焊缝的最大高差为1mm,焊缝边缘与钢桥面的成型角度应该不大于45°。

9.4.1.2　防水黏结层

1)防水材料的运输和储存

所有材料应该按照生产商要求进行运输和储存。空容器的运输和销毁也应该按照生产商的使用说明和承包人核准的废物管理计划要求进行。为了确保材料免遭因容器缺陷、高温或其他不良条件引起的损坏,应该遵循生产商的使用说明。桥面钢板喷砂除锈清洁度达到Sa2.5级、粗糙度达到50~100μm,除锈后4h以内喷涂环氧富锌漆,厚度为50~100μm,彻底干透后,喷涂甲基丙烯酸树脂防水体系,该体系由防腐底漆、两层甲基丙烯酸树脂膜和反应性胶黏剂组成,厚度不小于2mm。

2)防水体系涂抹施工时的温度和湿度

防水体系涂抹施工时的温度和湿度在任何情况下均应遵循以下要求:

(1)钢板或者气温不能低于5℃。

(2)相对空气湿度低于85%。

(3)钢板温度不能低于露点温度3℃。

(4)不允许在下雨、结露或者大雾期间进行施工。

(5)防水层材料按照生产商使用说明施工,在防水层涂抹施工后的1h内不允许被雨水淋到。

3)防水层施工

(1)应该按照生产商的要求和监理批准规程进行防水体系的涂抹施工。严格遵循生产商对不同结构层所规定的固化时间到开放交通所需的硬化时间要求。

(2)防水层表面外观的表观和质地应一致均匀,同时应该与合格的试验段涂布相同。

(3)防水层应分为2层施工。第1层防水层应当是有色的,以便与底漆区分。第2层防水层应当与第1层防水层的颜色形成反差,应为浅色(例如白色或浅灰色),以降低对光线的吸收,并且与黏结层的颜色形成对比。每一层防水层的施工都应当达到100%涂布率,保证不低于1mm的干膜厚度。

(4)底漆施工之后,尽快进行防水膜的施工,以避免任何不必要的表面污染,并且为桥面提供完整的保护。每一层防水层在施工之后的2h以内,应可以提供暂时的车辆通行能力。

(5)防水层固化之后,涂覆黏结层。黏结层固化后应能够承受行走或者车辆交通。黏结层固化之后,进行沥青铺装摊铺。应尽快摊铺沥青铺装,以免表面遭到污染。如果黏结层受到污染则必须进行清理。在黏结层表面干燥无污染、黏结强度未受损的情况下,方可进行沥青铺装摊铺。

4)施工质量管理要求

在喷砂除锈前,工程师应目视检查整个施工区域。检查应该留有照相记录。承包人应向监理提供所有的质量保证体系、质量计划、检查计划和形式等,并需取得监理批准。所有的材料均应以可追溯的方式做好标记(批量编号、日期、时间等)。所有的检查和试验结果应采用承包人质量保证体系专用表格来记录。监理可随时抽检样品,独立进行检查和试验,承包人在监理取样时给予协助。

(1)钢板的清理和喷砂除锈期间的检查和试验。

在喷砂除锈期间应该记录以下内容:每0.5h的温度、湿度和露点温度;随机在清洁完成的分段钢板位置测试10次粗糙度,并做好记录(分段是连续施工中已经清洁的区域,最大面积是1000m^2)。

(2)防水黏结层涂抹施工时的检查和试验。

①在防水黏结层涂布施工期间,每0.5h记录1次基本温度、湿度和露点温度。

②在桥面板涂抹的防水层未固化时，测量和记录其厚度。每 $100m^2$ 至少应该进行 6 次随机分布试验。

③固化防水层膜的厚度采用经校准的厚度测试设备进行测量，在每 $100m^2$ 随机分布 12 个位置进行测量，还应通过材料消耗量计算其平均厚度。

④每涂抹完一层防水层后，需要涂抹施工的整个区域都应该用"气孔探测仪"检测气孔情况。所有的空隙和缺陷应该得到修补。

⑤每 $500m^2$ 在 3 个随机选定的位置测试防水层与钢板的黏结强度。

⑥在每天生产期间，每一层应准备 5 个防水层材料样品。样品应该从施工材料中取得，取样时间平均分到施工时间中，制作样品的直径为 70mm、厚度为 7mm。

9.4.2　沥青混合料生产系统

1）优化复合沥青混合系统

为实现湖沥青熔化为液态并均匀混合的目标，在熔化设备罐体内设置有热油盘管，在罐体上部设置有熔化操作平台，并在罐体内安装两套卧式搅拌器，设置三层水平搅拌叶片，搅拌速率宜达到 6～8 转/min。在罐体顶部设置有提升装置，在罐体内设置有液位计。同时，为了使得湖沥青快速熔化，将罐体内的热油管道设成热油系统。浇注式用沥青混合生产及混合设备控制系统流程图分别如图 9.4-3、图 9.4-4 所示。经过实践应用证明，该套混合设备能够专业、高效地生产出满足设计要求的沥青，且能够保证湖沥青中的灰分不沉淀、不堵塞沥青管道。

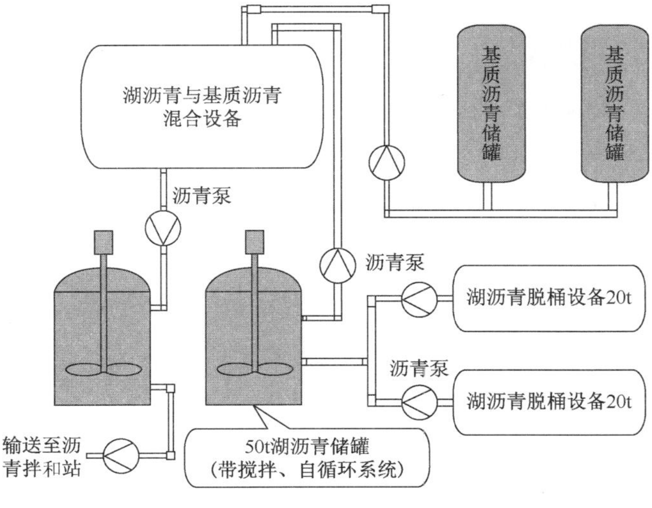

图 9.4-3　浇注式用沥青混合生产流程

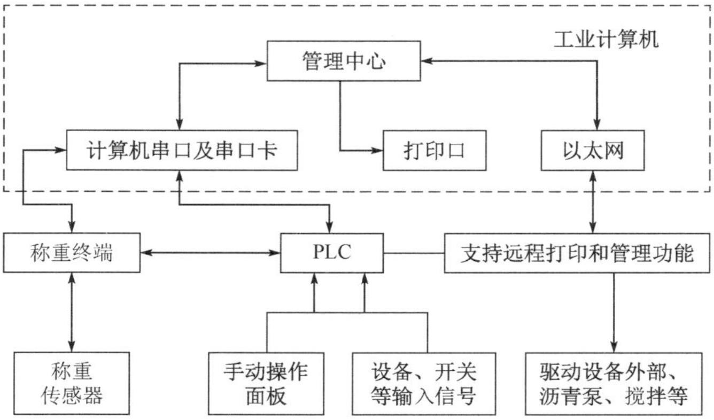

图 9.4-4　混合设备控制系统流程

2)开发矿粉加热系统

针对浇注式沥青混合料矿粉用量大(约占混合料总质量的 25% ~30%)的特点,如果添加常温的矿粉进入搅拌缸,需要将集料的温度加热到 320 ~340℃,才能满足出料温度的要求。这将对沥青拌和楼加热系统提出更高的要求,也易引起沥青老化,同时也降低了生产效率。为此,需要将矿粉预加热,以降低集料的加热温度。将矿粉分别加入冷料储存罐中,通过提升机提升到两个矿粉加热器中分别进行加热,矿粉加热目标温度为 110℃,矿粉加热生产效率为 5t/h。同时,可将满足温度要求的加热矿粉储存到两个带保温装置的储存罐中,热矿粉储存罐下分别配置两个最大称量重量为 750kg 的矿粉秤,进行称量后导入搅拌缸。全矿粉加热系统及其沥青拌和站设置如图 9.4-5 所示。

图 9.4-5　全矿粉加热系统及其沥青拌和站设置图

9.4.3　GMA 施工

1)原材料质量管理要求

(1)堆放各种矿料的地坪必须硬化,并具有良好的排水系统,避免材料被污染;各品种材料间采用墙体隔开,以免相互混杂。

(2)必须搭建雨篷覆盖粗、细集料及矿粉,以防水、防潮。

(3)集料转运过程中需要采取有效防雨、防潮措施,同时采取有效措施减少集料离析。

2）沥青混合料拌和站

（1）石灰岩填料应采用可加热筒仓储存，拌和前要求矿粉填料预加热。

（2）储存冷料和填料的料仓、传送装置需覆盖。

3）沥青混合料拌和

（1）投料顺序：

①粗集料（5～10mm，10～15mm）由冷料仓加入，通过滚筒加热到330～340℃并进行筛分后进入热料仓，根据配合比用量称重后进入搅拌缸。

②细集料中的A料和B料通过人工直接加到搅拌缸。

③细集料中的C料和矿粉通过矿粉仓加入搅拌缸。

④混合沥青加热到160℃，由沥青混合加热搅拌设备直接泵入搅拌缸。

（2）拌和时间。

集料和矿粉加入搅拌缸后干拌3min，然后泵入混合沥青湿拌2min，总搅拌时间为5min，然后出料。

（3）混合料出料温度：180～200℃。

加入石灰岩填料时，其含水率不能超过重量的1%。承包人应上报以下信息：

（1）每次搅拌的温度和具体时间。

（2）搅拌过程中不同工序的温度，温度应在规定范围内。

4）沥青混合料的运输

（1）GMA运输工具应是可加热、保温的，具备高效搅拌器，能连续搅拌，防止出现离析和过热现象（尤其是加热部位）。

（2）使用校准的恒温器控制沥青混合料加热温度。

（3）承包人应向监理说明助滑剂的种类、浓度和预计用量。不能使用柴油或者类似溶剂。运输、铺设和压实沥青过程中，使用的助滑剂不能改变沥青的软化点或与后续路面的黏结力。

（4）保持沥青混合料从搅拌站运送到工地卡车清洁，保证沥青混合料材料不受污染、不发生离析。

（5）运输车辆驶上桥前，要先清理车轮上的碎石等杂物，而且车上应装有托盘或其他可以收集溢出来的油的装置。

（6）GMA的出料温度控制在210～230℃，不允许超过240℃，出料至摊铺的拌和时间为2～2.5h，如试验段确定的允许拌和时间范围与此有差异，以监理批准的拌和时间为准。

(7)两辆连续车辆运送的材料摊铺温差不应超过10℃。

5)沥青混合料摊铺

(1)行车道的GMA应采用机械铺设。铺设温度应在180~230℃。可以人工铺装非交通区域和应急通道。

(2)为了确保运输车辆不破坏或污染已完成的铺装,应事先做好工作计划。在铺下一层之前,先清理已完成的铺装层。

(3)全程监控沥青混合料温度,要求混合料温度保持不过热的状态,保证混合料均匀摊铺。

(4)铺设前,彻底清洗和干燥基面,确保GMA不形成气泡。

(5)运输卡车应连续卸料,不应中断15min以上。如果因意外情况中止15min以上,则应降低GMA的温度,且重新开始铺筑后要重新对沥青混合料取样,以确定是否出现了过度硬化。

(6)机器摊铺应尽量采用"上坡式"方法,即最先铺设最低车道的路面。

(7)铺设沥青GMA时,其与竖向边板(桥面板的竖向边界)之间不能留有缝隙。

(8)处理接缝前,需先除掉接缝边缘的碎屑,浇筑式沥青混合料的纵、横向施工缝采用沥青类贴缝条进行密封,依靠温度使其软化,与铺装层之间形成良好结合,达到防排水的目的。铺装与其他结构物的结合部位,如栏杆、竖梁底部等,都采用热熔沥青进行密封。

9.4.4　SMA施工

1)原材料质量管理要求

(1)堆放各种矿料的地坪必须硬化,并具有良好的排水系统,避免材料被污染;各品种材料间应用墙体隔开,以免相互混杂。

(2)粗、细集料及矿粉必须搭建雨篷覆盖,以防水、防潮。

(3)集料转运过程中需要采取有效防雨、防潮措施,同时采取有效措施减少集料离析。

(4)木质素纤维在保管、存放、运输过程中均不得受潮。

2)改性沥青SMA-13的拌和

(1)改性沥青SMA-13的施工温度范围见表9.4-1。

(2)拌和楼应逐盘打印改性沥青及各种矿料的用量和拌和温度,每天应用拌和总量检验各种材料的配比和改性沥青SMA-13油石比的误差。

(3)拌和时间由试拌确定。改性沥青 SMA-13 拌和时间及加料次序参考表 9.4-2。

改性沥青 SMA-13 的施工温度(℃) 表 9.4-1

沥青加热温度	160～170
集料温度	190～220
混合料出厂温度	170～185,超过 195 废弃
摊铺温度	不低于 160
初压开始温度	不低于 150
复压最低温度	不低于 130
碾压终了温度	不低于 110

注:碾压温度是指碾压层内部温度。

改性沥青 SMA-13 拌和时间及加料采用次序 表 9.4-2

加矿料	干拌	加沥青	湿拌	出料
加矿粉	约 10s	加纤维	约 40s	
总生产时间约 60～70s				

3)改性沥青 SMA-13 的运输

(1)检测沥青混合料出厂的温度和运到现场的温度。插入深度要大于 150mm。在运料卡车侧面中部设专用检测孔,孔口距车厢底面约 300mm。

(2)拌和机向运料车放料时,汽车应前后移动,分 3 次以上装料,以减少粗集料的离析现象。

(3)沥青混合料运输车的运量应与拌和能力和摊铺速度相匹配,摊铺机前方应有 5 辆运料车等候卸料。

(4)运料车应用完整无损的双层篷布覆盖,卸料过程中继续覆盖,直到卸料结束取走篷布,以资保温防雨和避免环境污染。

(5)连续摊铺过程中,运料车在摊铺机前 10～30cm 处停住,不得撞击摊铺机。卸料过程中运料车应挂空挡,由摊铺机推动前进。

4)改性沥青 SMA-13 的摊铺

(1)采用两台摊铺机梯队摊铺,以确保摊铺层均匀性和压实度。摊铺机的摊铺速度为 2～3m/min。

(2)改性沥青 SMA 沥青混合料上面层宜采用非接触式平衡梁装置控制摊铺厚度。由两台摊铺机联合作业实施摊铺,前摊铺机过后,摊铺层纵向接缝上应呈斜坡,后面摊铺机应跨缝 5～10cm 摊铺。两台摊铺机距离不应超过 10m。

(3)螺旋布料器的料量应高于螺旋布料器中心,熨平板挡料板前混合料在其全宽范围内均匀分布。

(4)摊铺遇雨时,立即停止施工,并清除未压实成型的混合料。遭受雨淋的混合料应废弃,不得卸入摊铺机摊铺。

5)改性沥青 SMA-13 的压实

(1)改性沥青 SMA-13 的初压采用钢轮振动压路机碾压,每个摊铺车道均应用 2 个或 2 个以上能压载的自行式振荡和振动(可同时垂直和水平移动)压路机。碾压应遵循紧跟、慢压、高频、低幅的原则进行。初压和复压均不宜少于 2 台。碾压段的长度控制在 20 ~ 30m 为宜,改性沥青 SMA-1 严禁使用轮胎压路机。

(2)在初压和复压过程中,采用同类压路机并列成梯队压实,采用振动压路机压实 SMA-13 路面时,压路机轮迹的重叠宽度不应超过 20cm,当采用静载压路机时,压路机的轮迹应重叠 1/3 ~ 1/4 碾压宽度。不得向压路机轮表面喷涂油类或油水混合液,可喷涂清水或专用的隔离剂,喷洒应呈雾状,满足不粘轮的要求。

(3)压路机应以均匀速度碾压。压路机适宜的碾压速度随初压、复压、终压及压路机的类型而有所区别,可参照表 9.4-3 给出的压路机碾压速度通过试铺确定。

压路机碾压速度(km/h)　　表 9.4-3

压路机类型	初　压	复　压	终　压
静载钢轮压路机	2 ~ 3	2.5 ~ 5	2.5 ~ 5
钢轮振动压路机	2 ~ 4	4 ~ 5	—

6)施工接缝的处理

(1)纵向施工缝:对于采用两台摊铺机成梯队联合摊铺方式的纵向接缝,应在前部已摊铺混合料部分留下 10 ~ 20cm 宽暂不碾压,作为后高程基准面,并有 5 ~ 10cm 左右的摊铺层重叠以热接缝形式在最后做跨接缝碾压,以消除缝迹。

(2)横向施工缝:全部采用平接缝。横向施工缝应远离桥梁伸缩缝 20m 以上,不许设在伸缩缝处,以确保伸缩缝两边路面表面的平顺。

9.4.5　桥面防水、排水处理

本桥采用设置路边排水沟的方式收集和排出路表水以及铺装层间水。

1)横、纵坡排水

桥面铺装应根据箱梁顶板的横坡、纵坡和箱梁顶板厚度变化,进行连续摊铺,以达到桥面排水设计要求。

2)伸缩缝

如伸缩缝安装采用后装式,要求回填混凝土部分与原桥面沥青混合料铺装衔接平顺,不影响主桥横、纵坡排水。

3)填缝料

浇筑式沥青混合料的纵、横向施工缝采用沥青类贴缝条进行密封,依靠温度使其软化,与铺装层之间形成良好结合,达到防排水的目的。在面层铺装与其他结构物的结合部位,如栏杆、竖梁底部等,都采用热熔沥青进行密封,以防路面水下渗。

9.4.6　浇注式沥青混凝土施工工艺影响试验评价

(1)MA 沥青混合料生产时,集料常温状态下,混合料达到设定的温度需要 3h 左右,混合料达到设定的温度后,再搅拌 1 ~2.5h 混合料的各项指标满足设计要求,总的搅拌时间为 4 ~5.5h,施工效率较低。随着搅拌时间的增加,高温稳定性增强,搅拌时间超过某一个值后,老化达到临界值,动稳定度激增。

(2)GMA 工艺条件下,各种集料和矿粉都先经过加热,然后在拌缸中拌和,沥青加入后混合料温度可短时间升至 190 ~200℃。拌和站搅拌阶段的时间较短(2 ~3min),然后在 cooker 车(浇注式沥青混凝土运输车)中搅拌,由于 cooker 车封闭较好,故初始阶段老化的影响较小。由于 GMA 混合料可以在较短时间内升至较高的温度,在满足高温性能和低温疲劳性能的条件下,可在较短的时间内(2.5 ~3h)达到可施工状态。

(3)搅拌时间对 MA/GMA 的性能有较大影响。在温度一定的条件下,搅拌时间越长混合料的高温稳定性越来越好,但低温抗疲劳能力越来越差,搅拌时间在一定时间范围内,混合料的高温性能和疲劳性能达到平衡,此时为合适的摊铺施工时间。

(4)搅拌温度对 MA/GMA 混合料的性能也有较大的影响。混合料搅拌温度越高,沥青的老化越剧烈,混合料的高温稳定性就越好,抗疲劳性能就越差。反之,混合料的高温稳定性就越差,抗疲劳性能越好。故只有控制 MA/GMA 混合料搅拌温度在一定范围内,才能使混合料既满足高温稳定性的要求,又满足疲劳性能的要求。

9.5　本章小结

本章对 GMA 浇筑式沥青钢桥面铺装体系进行总结,得到如下创新技术成果:

(1)港珠澳大桥钢桥面铺装设计考虑桥面板刚度、温度环境、交通荷载特点三个基本条件,明确了港珠澳大桥钢桥面板结构,桥面铺装温度设计范围为 0 ~60℃,交通荷载等级属于中等交通条件。根据港珠澳大桥邻近地区钢桥面铺装工程的成功经验,同时参考国内外相关经验,确定港珠澳大桥钢桥面铺装推荐方案为“GMA 浇注式沥青 + SMA”方案。

(2)港珠澳大桥桥面铺装加速加载试验的结果表明,GMA 浇注式沥青混合料的高温性能可以达到甚至优于 MA 沥青混合料。采用 GMA 工艺不仅解决了生产工效问题,同时浇注式沥青混凝土的性能达到英国标准体系要求,港珠澳大桥桥面铺装推荐方案能满足钢桥面铺装高温稳定性设计要求,即疲劳耐久性要求。

(3)港珠澳大桥采用了 GMA 全新工艺,即用 GA 生产工艺拌和 MA 浇注式沥青混合料的施工方案,显著提高了施工效率,为港珠澳大桥大规模钢桥面铺装施工建立了关键技术基础和条件。

本章总结的主要创新点为:

(1)形成了钢桥面铺装足尺仿真加速加载试验技术。

(2)研发了铺装集料的生产加工与精细分级技术,并建立了自动化生产线。

(3)首次研发出超大规模钢桥面 GMA 浇注式沥青铺装设计、施工、质量控制关键技术及关键装备。

参考文献

[1] 孟凡超,张清华,谢红兵,等. 钢桥面板抗疲劳关键技术[M]. 北京:人民交通出版社股份有限公司,2018.

[2] 苏权科,谢红兵. 港珠澳大桥钢结构桥梁建设综述[J]. 中国公路学报,2016,29(12):1-9.

[3] 杨斌财. 港珠澳大桥桥梁工程钢管复合桩施工及质量控制[J]. 工程质量,2019,37(11):1-4+13.

[4] 刘俊利,徐振山. 港珠澳大桥钢管复合桩牺牲阳极保护施工技术[J]. 价值工程,2019,38(09):96-98.

[5] 文德安,孙鹏. 港珠澳大桥青州航道桥钢管复合桩施工技术[J]. 公路交通科技(应用技术版),2018,14(03):168-172.

[6] 刘巨仑. 港珠澳大桥埋置式预制墩台安装后期施工技术研究[J]. 居舍,2017(32):51-52.

[7] 洪彩葵,马杰. 港珠澳大桥整体预制墩台全液压模板设计[C]//2019全国模板脚手架工程创新技术交流会暨首届工程建设行业杰出科技青年论坛论文集,2019:22-25.

[8] 黄金保,王海波. 港珠澳大桥预制墩台模板施工技术[J]. 中国港湾建设,2019,39(06):67-72.

[9] 孟凡超,苏权科,张鸿,等. 海上装配化桥梁墩台建设关键技术[M]. 北京:人民交通出版社股份有限公司,2018.

[10] 梅晓亮,张志强. 港珠澳大桥深水区非通航孔桥钢箱梁架设线形分析[J]. 桥梁建

设,2016,46(01):106-110.

[11] 陈钊庭,王荣辉. 港珠澳大桥深水区非通航孔桥大节段钢箱梁施工全过程控制[J]. 桥梁建设,2015,45(05):112-116.

[12] 刘沐宇,李倩,黄岳斌,等. 港珠澳大桥钢-混组合连续梁桥超长时间收缩徐变效应[J]. 中国公路学报,2016,29(12):60-69.

[13] 朴泷,周高明,吴小兵,等. 港珠澳大桥浅水区非通航孔桥钢-混组合梁施工技术[J]. 桥梁建设,2016,46(02):13-18.

[14] 徐腾飞. 港珠澳大桥非通航孔 85m 组合连续箱梁体系转换线形监测与分析[J]. 科学技术与工程,2015,15(35):238-244 +253.

[15] 李克非,苏权科,王胜年,等. 港珠澳大桥混凝土结构耐久性评估与再设计[M]. 北京:人民交通出版社股份有限公司,2018.

[16] 中国公路学会. 港珠澳大桥施工技术指南　第六分册:钢混组合箱梁制造及安装:T/CHTS 10017—2019[S]. 北京:人民交通出版社股份有限公司,2019.

[17] 王胜年,苏权科,李克非,等. 港珠澳大桥混凝土结构耐久性设计与施工技术[M]. 北京:人民交通出版社股份有限公司,2018.

[18] 唐维. 港珠澳大桥江海直达船航道桥超重异形钢塔吊具安装与拆除施工[J]. 中国标准化,2018(12):214-217.

[19] 赵晓晋,景强,贺拴海,等. 港珠澳大桥青州航道桥主梁合龙施工技术[J]. 桥梁建设,2017,47(05):117-121.

[20] 潘军,徐瑜. 港珠澳大桥九洲航道桥主梁及桥塔施工关键技术[J]. 桥梁建设,2016,46(06):1-6.

[21] 广东省长大公路工程有限公司. 港珠澳大桥三塔斜拉桥与装配式非通航孔桥施工技术[M]. 北京:人民交通出版社股份有限公司,2017.

[22] 孟凡超,苏权科,徐伟,等. 长寿命钢桥面铺装关键技术[M]. 北京:人民交通出版社股份有限公司,2018.

[23] 中国公路学会. 港珠澳大桥施工技术指南　第七分册:钢桥面铺装工程:T/CHTS 10018—2019[S]. 北京:人民交通出版社股份有限公司,2019.

[24] 中国公路学会. 港珠澳大桥施工技术指南　第八分册:混凝土桥面铺装工程:T/CHTS 10019—2019[S]. 北京:人民交通出版社股份有限公司,2019.